아동권리와 복지

윤경미 • 김시아 • 오새니 • 이혜정 • 정희윤 • 조소연 • 조안나 • 홍은숙

창지사

머리말

현대사회에서 아동에 대한 인식은 과거 단순한 보호 대상에서 벗어나 독립적인 권리 주체로 전환되고 있다. 「유엔아동권리협약」이 1989년 국제사회에 등장한 이래, 아동을 바라보는 시각에 획기적인 변화가 일어났으며, 한국 사회 또한 이러한 글로벌 패러다임의 변화에 발맞추어 아동의 권리 신장과 복지 향상을 위한 지속적인 노력을 기울였다.

그러나 여전히 우리 사회 곳곳에서는 아동이 경험하는 다양한 형태의 차별과 배제, 폭력과 방임이 존재하고 있다. 급변하는 사회 환경 속에서 아동이 직면하는 새로운 위험 요소들이 등장하고 있으며, 디지털 시대의 도래와 함께 사이버 폭력, 개인정보 침해, 온라인 그루밍 등 아동보호의 영역 또한 확장되고 있다. 코로나19 팬데믹이 가져온 사회적 거리 두기는 아동의 교육권, 놀 권리, 참여권에 새로운 도진을 제기하였고, 저출산 고령화 사회로의 진입은 아동정책의 우선순위와 방향성에 대한 재검토를 요구하고 있다.

더욱이 다문화가정의 증가, 가족 형태의 다양화, 사회경제적 불평등의 심화는 아동의 성장 환경을 더욱 복잡하고 다층적으로 만들고 있다. 이주배경 아동, 한부모 가정 아동, 조손 가정 아동, 시설보호아동 등 다양한 배경의 아동이 각각 고유한 욕구와 권리를 가지고 있음에도 불구하고, 이들을 포괄하는 통합적이고 개별화된 접근은 여전히 부족한 실정이다. 이러한 현실은 아동권리와 복지에 대한 보다 체계적이고 통합적인 접근의 필요성을 절실히 보여 준다.

아동권리의 핵심 원칙인 비차별, 아동 최선의 이익, 생존과 발달의 권리, 아동의 의견 존중의 권리는 단순한 이상이 아닌 현실에서 구현되어야 할 구체적인 목표이고, 이를 위해서는 아동권리에 대한 올바른 이해와 함께, 이를 실현할 수 있는 제도적 기반과 실천적 방법론이 필요하다. 또한 아동복지가 단순한 구호나 시혜적 차원을 넘어 권리에 기반한 접근으로 전환되어야 하며, 예방적이고 통합적인 서비스 체계가 구축되어야 할 것이다.

본서는 이러한 문제의식에서 출발하여 아동권리의 철학적 기반부터 현실적 적용까지, 그리고 아동복지의 이론적 토대부터 실천적 방안까지 포괄적으로 다루고자 하였다. 특히 아동권리와 복지 분야의 이론과 실무를 습득할 수 있도록 구성하였다.

1장은 아동권리의 개념과 발전 과정 및 「유엔아동권리협약」의 내용을 다루고(김시아), 2장에서는 아동복지의 이론적 기초를 제시하였다(홍은숙). 3장은 아동권리와 복지가 발전해 온 기초적 토대를 제시하였으며(정희윤), 4장은 우리나라 아동복지정책의 현황과 과제를 검토하고자 하였다(윤경미). 5장은 아동복지 현장에서 적용할 수 있는 실천 방법을 제시하고(조안나), 6장은 영유아기 아동을 위한 보육 서비스의 현황과 발전 방향성을 살펴보고(이혜정), 7장은 아동학대 예방과 피해아동 보호를 위한 서비스를 알아보고(조소연), 8장은 가정위탁과 입양을 위한 아동보호 서비스에 관한 대안가정 보호의 원리와 실제를 살펴보고(윤경미), 9장은 시설아동보호 및 아동복지시설의 현황과 개선 방안을 모색하고자 하였다(홍은숙). 10장은 경제적 어려움에 처한 아동과 가족을 위한 빈곤아동을 위한 복지 서비스(조안나), 11장은 장애아동의 권리 보장과 통합적 서비스를 제시하였고(오새니), 12장은 변화하는 가족 형태에 따른 다양한 가족의 아동보호 서비스를 살펴보고(오새니), 마지막으로 13장은 미래 지향적 발전 방향을 위해 아동권리와 복지의 전망과 과제를 제시하였다(윤경미).

무엇보다 본서는 아동을 권리의 주체로 인식하고, 아동의 목소리에 귀 기울이며, 아동의 관점에서 문제를 바라보고자 노력하였고, 아동권리와 복지는 어른들이 아동을 위해 무엇인가를 해 주는 것이 아니라, 아동이 가진 고유한 권리를 인정하고 보장하는 것임을 강조하고자 하였다. 또한 이론과 실무의 균형을 맞추어, 현장에서 활용할 수 있는 구체적인 지침과 사례를 담고자 하였다.

영유아교사, 사회복지사, 아동권리 옹호 활동에 참여하는 시민사회 관계자, 그리고 아동권리에 관심을 가진 모든 이에게 본서가 유용한 지침서가 되기를 희망한다. 특히 학생들에게는 체계적인 학습 자료로, 아동 관련 기관에서 일하는 실무자들에게는 실천적 참고서로 활용되기를 기대한다.

그동안 많은 연구자와 실무자들이 아동권리와 복지 발전을 위해 헌신해 왔다. 이들의 노력과 성과를 바탕으로 하여 본서가 작성될 수 있었음을 깊이 감사드린다. 무엇보다 이러한 모든 시도가 우리 사회 속 어떤 아동도 소외당하지 않고 온전한 성장 기회를 누릴 수 있는 사회적 기반 마련에 도움이 되기를 바란다.

아동은 우리의 현재이자 미래이다. 현재를 살아가는 아동이 장차 사회의 중심 역할을 담당할 수 있도록 이들의 권리를 인정하고 복지를 실현하는 것은 사회 전체가 함께 져야 할 사명이다. 본서가 작은 보탬이 되기를 희망하며, 아동이 있는 곳 어디에서나 아동의 권리가 온전히 실현되는 그날을 기대해 본다.

2026년 1월

저자 일동

차례

제 1 장

아동권리와 기초

아동복지는 아동의 존엄성과 권리를 보장하고 실현하기 위한 사회적 책무에서 출발한다. 특히 아동의 권리를 존중하고 보호하는 것은 단순한 보호 차원을 넘어 아동을 권리의 주체로 인식하는 인권기반 접근(human rights-based approach)의 핵심 요소이다. 본 장에서는 아동권리 개념의 기초와 국제적·국내적 제도 기반을 통해 아동복지의 이념적 토대를 다룬다.

먼저, 아동의 개념과 아동과 권리에 대한 기본 이해를 바탕으로, 아동이 단순한 보호의 대상이 아니라 독립된 인격과 권리를 가진 존재임을 살펴본다. 이어서 아동권리 보장의 핵심적 기준이 되는 「유엔아동권리협약」의 제정 배경과 구성, 4대 권리 및 일반 원칙, 협약의 국내 이행 과정을 정리한다. 이러한 국제 기준은 국내 아동복지의 정책과 실천에 중요한 지침이 된다. 다음으로, 한국에서 아동권리 인식이 어떻게 발달해 왔는지를 역사적으로 조망하고, 아동권리 실태 및 보장을 위한 제도적 기반(아동정책기본계획, 아동정책영향평가, 아동권리보장원 등)을 살펴본다. 마지막으로, 아동권리 정책이 나아가야 할 방향을 논의함으로써 아동권리에 기반한 복지 실천의 필요성과 지향점을 모색한다.

1. 아동과 권리의 이해

1) 아동의 개념

'아동(兒童)'은 표준국어대사전(2025)에 따르면 "나이가 적은 아이, 대개 유치원에 다니는 나이부터 사춘기 이전까지의 아이"를 의미하며, 법적 정의로는 「아동복지법」에 따라 "18세 미만의 사람"을 지칭한다. 이처럼 오늘날 아동의 개념은 사전적 의미뿐만 아니라 학문적 접근과 법적 기준에 따라 다양하게 정의되며, 그 범위와 의미는 시대적·사회적 맥락에 따라 확장되고 있다.

먼저, 발달심리학에서는 인간의 성장 발달 과정을 기준으로 영아기, 유아기, 아동기, 청소년기 등으로 연령 단계를 세분화하며, 이는 아동의 인지, 정서, 사회성 발달 특성을 이해하는 데 활용된다(백혜영·손희원·이지희, 2024). 한편, 법적 측면에서는 아동과 청소년의 권리를 보호하고 증진하기 위해 다양한 법률이 제정·운영되고 있다. 대표적으로 「영유아보육법」, 「아동복지법」, 「청소년 기본법」 등이 있으며, 이들 법률은 「유엔아동권리협약」의 이념을 반영하여 국가가 아동의 권리를 보장하고 실현할 책임이 있음을 명시하고 있다. 그러나 각 법령은 법의 목적과 대상에 따라 아동의 연령 기준을 다르게 규정하고 있으며, 이는 아동이라는 개념이 단일하고 고정된 실체가 아니라 사회적으로 구성된 개념임을 보여 준다. 다시 말해, 아동은 단순히 생물학적 연령만으로 규정되는 존재가 아니라, 사회적·문화적·역사적 맥락에 따라 다르게 인식되어 온 존재이다.

이처럼 법률마다 규율 대상과 범위가 다르므로, 현실에서는 아동과 청소년에 대한 정책 집행과 권리 보장에서 일관성을 확보하는 데 어려움이 있으며, 이는 제도적 한계로 지적된다. 예를 들어, 「아동복지법」은 18세 미만을 아동으로 보지만, 「영유아보육법」은 만 6세 이하를 대상으로 하고, 「청소년 기본법」은 9세 이상 24세 이하를 청소년으로 정의한다. 이처럼 법률마다 아동·청소년의 개념이 다르고 연령 기준이 일관되지 않다.

〈표 1-1〉 아동 · 청소년 연령별 법률 규정 비교(2025년 5월 기준)

용어	법령	정의
영아	「아이돌봄 지원법」	24개월 이하 영아
영유아	「영유아보육법」	6세 미만의 취학 전 아동
영유아	「모자보건법」	6년 미만인 사람
유아	「유아교육법」	만 3세부터 초등학교 취학 전까지의 어린이
아이	「아이돌봄 지원법」	만 12세 이하 아동
어린이	「도로교통법」	13세 미만인 사람
어린이	「어린이안전관리에 관한 법률」	13세 미만의 사람
어린이	「어린이제품 안전 특별법」	만 13세 이하의 어린이
아동	「아동복지법」	18세 미만인 사람
아동	「아동의 빈곤예방 및 지원 등에 관한 법률」	18세 미만인 사람
아동	「아동학대범죄의 처벌 등에 관한 특례법」	18세 미만인 사람
아동	「장애아동 복지지원법」	18세 미만의 사람
아동	「실종아동등의 보호 및 지원에 관한 법률」	실종 당시 18세 미만인 아동
아동	「국내입양에 관한 특별법」	18세 미만인 사람
아동	「국민기초생활 보장법」	18세 미만인 사람
아동	「한부모가족지원법」	18세 미만(취학 중인 경우에는 22세 미만)
청소년	「청소년 기본법」	9세 이상 24세 이하인 사람
청소년	「청소년 보호법」	19세 미만인 사람
청소년	「청소년복지 지원법」	9세 이상 24세 이하인 사람
청소년	「청소년활동 진흥법」	9세 이상 24세 이하인 사람
청소년	「학교 밖 청소년 지원에 관한 법률」	9세 이상 24세 이하인 사람
아동 · 청소년	「아동 · 청소년의 성보호에 관한 법률」	9세 이상 19세 미만인 자
아동 · 청소년	「다문화가족지원법」	24세 이하인 사람
소년	「소년법」	19세 미만인 자
촉법소년	「소년법」	10세 이상 14세 미만
범죄소년	「소년법」	14세 이상 19세 미만
미성년자	「민법」	19세 미만인 사람
형사 미성년자	「형법」	만 14세 미만의 사람

<표 1-1>에서 제시한 바와 같이, 영아는 「아이돌봄 지원법」에서 24개월 이하로 정의하며, 출생 직후부터 돌봄이 필요한 초기 발달 단계의 아동을 의미한다. 유아는 「유아교육법」에서 3세부터 초등학교 입학 전까지로 정의하며, 유치원 교육의 대상이 된다. 어린이는 「도로교통법」, 「어린이제품 안전 특별법」, 「어린이안전관리에 관한 법률」 등에서 사용되며, 대체로 13세 미만의 사람을 의미한다. 아동은 「아동복지법」, 「아동학대범죄의 처벌 등에 관한 특례법」, 「장애아동복지지원법」, 「실종아동등의 보호 및 지원에 관한 법률」 등에서 대부분 18세 미만의 사람으로 정의한다. 청소년도 법령에 따라 연령 기준이 다양하게 설정되어 있다. 「청소년 기본법」, 「청소년복지 지원법」, 「청소년활동 진흥법」 등에서는 9세 이상 24세 이하로 가장 넓은 범위를 포함하며, 「청소년 보호법」과 「아동 · 청소년의 성보호에 관한 법률」에서는 19세 미만을 기준으로 한다.

이처럼 동일한 연령군이 법령에 따라 '영아', '유아', '어린이', '아동', '청소년' 등 다양한 명칭으로 분류되는 현실은 정책 집행 과정에서 비효율성과 단절을 유발할 수 있다. 이렇게 다양한 명칭과 더불어 보건복지부, 여성가족부, 교육부, 법무부 등 다양한 부처가 각자의 관할 범위에서 아동 · 청소년을 위한 사업을 수행하다 보니, 전달체계가 분절적으로 운영될 우려가 있다. 실제로 법령 간 연령 구분의 불일치는 부처 간 연계 부족, 서비스의 중복 혹은 공백을 초래하며, 이는 아동이 연속적이고 통합적인 복지 서비스를 안정적으로 제공받지 못하게 하는 구조적 한계를 낳는다는 비판도 제기되고 있다(조소연 · 김시아 · 이미라, 2025).

따라서 아동의 권리를 효과적으로 보장하기 위해서는 법적 정의 간 정합성을 확보하고, 정책 대상 연령의 일관성과 연속성을 고려한 조정이 필요하다. 특히 아동을 단순한 서비스의 수혜자가 아닌 권리의 주체로 인식하는 권리 기반 접근이 병행되어야 할 것이다.

2) 아동과 권리

아동권리란 아동이 하나의 독립된 인간으로서 기본적인 삶의 조건을 보장받

고, 인간답게 살아갈 수 있는 권리를 의미한다. 이는 아동이 단순히 보호의 대상이 아니라, 인권의 주체로서 존중받아야 함을 전제로 하며, 아동권리는 곧 아동의 기본적인 인권을 말한다(노혜련 · 김미연 · 조소연, 2021).

역사학자 필리프 아리에스(Philippe Ariès)는 저서 『아동의 탄생(*L'Enfant et la Vie Familiale sous l'Ancien Régime*)』(1960)에서 아동이라는 개념이 근대에 이르러서야 비로소 '발견'되었다고 주장하였다. 그는 중세 유럽 사회에서는 아동이 지금과 같은 독립된 존재로 인식되지 않았으며, 대개 7세 전후가 되면 성인의 세계에 편입되어 노동과 사회생활에 참여하였다고 설명하였다(Ariès, 2003). 그러나 근대 이후 가족과 사회가 아동에게 관심을 기울이기 시작하면서, 아동은 보호와 교육의 대상으로 주목받았다. 그는 이러한 변화 과정을 통해 아동이라는 개념이 생물학적 실체가 아닌 역사적 산물임을 보여 주었으며, 오늘날 아동을 보호의 대상이자 동시에 권리의 주체로 인식하게 되는 변화에도 기여하였다.

권리(權利)는 일반적으로 '권세와 이익'을 의미하며, 이는 개인이나 집단이 사회 안에서 정당하게 누릴 수 있는 권위와 혜택을 포괄한다(표준국어대사전, 2025). 법률적으로는 "어떤 일을 행하거나 타인에게 정당하게 요구할 수 있는 힘이나 자격"을 뜻한다(표준국어대사전, 2025). 이러한 정의에 따르면, 권리는 단순히 주어지는 혜택이 아니라, 사회와 법이 인정하는 정당한 자격과 행위의 근거가 된다. 예를 들어, 교육을 받을 권리, 표현의 자유, 복지 혜택을 요구할 권리 등은 개인이 타인이나 국가에 대해 당당히 행사할 수 있는 권리로 작동한다. 따라서 권리는 자율성과 책임을 동반하며, 요구 가능성이 핵심 요소로 작용한다. 그리고 권리는 선언적 개념이 아닌, 실질적으로 실현되어야 하며, 이를 위해 정책과 제도의 변화가 수반되어야 한다.

아동의 권리를 보호하고 실현하기 위한 국제사회의 공동 의지가 집약된 대표적인 국제 문서가 바로 「유엔아동권리협약」이다. 이 협약은 전 세계 모든 아동이 인간으로서의 존엄을 지키며 살아갈 수 있도록, 생존권, 보호권, 발달권, 참여권 등 기본적 권리를 포괄적으로 보장하고자 하는 국제사회의 합의에 따라 제정되었다. 특히 「유엔아동권리협약」은 아동의 권리를 독립된 조약으로 규정함으로써, 기존의 「세계인권선언」만으로는 충분히 다루기 어려웠던 아동기 고유의 특성과 권리 침해 가능성을 제도적으로 보완하고자 하였다(아동권리보장원, 2022). 이를 통해 아동은 단순한 보호의 대상이 아닌, 권리를 지닌 독립된 주체로 인정되어야 한다는 국제사회의 인식 변화를 분명히 드러낸다.

오스트레일리아 멜버른 대학교(Melbourne Law School)의 법학 교수이자, 국제인권법과 아동권리법 분야의 대표적 학자인 토빈(Tobin, 2013)은 아동이 정당한 권리의 주체임을 다음과 같은 근거를 통해 설명한다.

첫째, 아동은 고유한 이익을 가진 존재로, 단지 타인의 보호 아래에 있는 대상이 아니라 자기 삶에서 중요한 이익을 실현할 권리가 있다. 전통적인 '의지 이론(will theory)'에서는 권리를 주장할 능력이 있어야 권리의 주체로 인정되었기 때문에, 아동은 권리에서 배제되기 쉬웠다. 하지만 토빈은 '이익 이론(interest theory)'에 따라 아동이 스스로 말하지 못하더라도, 중요한 이익을 지닌 존재이기에 권리를 가져야 한다고 주장한다.

둘째, 아동은 단순히 보호만 받아야 하는 존재가 아니라, 점진적으로 성장하며 자율성을 발달시키는 존재이다. 그는 이를 '점진적으로 성장하는 능력(evolving capacities)'이라고 표현하며, 아동이 나이에 따라 판단력과 참여 능력을 키워 가는 과정을 강조하였다. 이에 따라 아동은 보호받을 권리뿐만 아니라, 자신의 의견을 표현하고 참여할 권리도 보장받아야 한다. 이러한 관점은 「유엔아동권리협약」 제5조(부모의 지도와 책임)와 제12조(아동의 의견 존중)와도 연결된다.

셋째, 아동은 생물학적 존재이자 사회적으로 구성된 존재로 이해된다. 아동은 특정한 발달 특성이 있는 생물학적 존재인 동시에, 시대와 사회에 따라 다르게 정의되고 인식되는 사회적 개념이기도 하다. 이는 아동의 권리가 보편적으로 보장되어야 하되, 사회문화적 맥락에 따라 실현 방식은 달라질 수 있음을 시사한다.

그러므로 아동은 단순히 미성숙한 존재나 보호의 대상이 아니라, '존엄한 인간'으로서 권리를 가진 주체로 이해되어야 한다. 아동은 성장 과정에서 성인보다 높은 의존성을 보이기도 하지만, 동시에 스스로 판단하고 선택할 수 있는 자율성도 함께 지닌다. 이러한 의존성과 자율성은 아동이라는 존재의 고유한 특성이며, 아동이 단순히 돌봄의 대상에 머무르지 않고 자기 삶에 주체적으로 참여할 가능성을 보여 준다. 따라서 아동은 능동적 참여자이자 행위 주체로서 존중받아야 한다.

아동권리는 인간으로서 보편적으로 보장받아야 할 인권에 더해, 아동이 지닌 발달적 · 사회적 특수성을 반영한 고유한 권리를 포함한다. 즉, 아동은 모든 인간이 가지는 기본권을 누릴 권리가 있을 뿐 아니라, 성장 과정에서 나타나는 미성숙성과 취약성을 고려해 특별한 보호와 지원을 받을 고유한 권리도 지닌다. 아동은 최소한 만 18세가 될 때까지 세상을 살아가는 데 필요한 준비를 충분히 할 수 있어야 하며, 인간으로서 기본적인 권리를 온전히 행사할 수 있을 때까지 이러한 보호와 지원이 지속적으로 보장되어야 한다(김희진, 2021).

2. 아동권리에 관한 국제협약

1)「유엔아동권리협약」배경

아동의 권리에 대한 국제적인 논의는 20세기 초부터 점차 구체화되기 시작하였다. 세계 아동권리의 역사를 살펴보면, 1924년 국제연맹은 '아동의 권리에 관한 제네바 선언'을 채택하였고, 이후 아동권리에 대한 논의의 출발점이 되었다. 제네바 선언은 훗날 유엔의 '아동권리선언' 제정으로 이어지는 기초를 제공하였다는 점에서 역사적 의의가 있으나 아동을 '권리의 주체'로 명확히 인식하기보다는 주로 불리한 조건에 처한 아동에게 특별한 보호를 제공하고자 하는 '시혜적 성격'이 강하다는 평가를 받고 있다(아동권리보장원, 2022).

〈표 1-2〉 제네바 선언(1924년)

제1조 물질적으로나 정신적으로나 아동의 정상적인 발달에 필요한 수단이 아동에게 주어져야 한다.
제2조 배고픈 아동에겐 음식을, 병든 아동에겐 도움을 주어야 한다. 잘못에 빠진 아동은 교화되어야 하고, 고아와 집 없는 아동은 보호와 구제를 받아야 한다.
제3조 아동은 재난 시에 가장 먼저 구제되어야 한다.
제4조 아동은 생계를 유지할 수 있는 상황에 있어야 하며, 모든 형태의 착취로부터 보호되어야 한다.
제5조 아동은 자신의 능력을 널리 인류 동포를 위하여 바칠 수 있도록 양육되어야 한다.

출처: 아동권리보장원(2022). p.67.

이후 국제사회는 1948년 「세계인권선언」을 통해 모든 인간이 존엄과 권리를 가진 존재임을 선언하였다. 그러나 선언 이후에도 아동은 여전히 사회적 보호로부터 배제되거나, 차별과 방임, 학대의 위험에 노출되는 경우가 많았다. 이에 따라 국제사회는 아동을 특별한 보호가 필요한 존재로 인식하고, 아동만을 위한 권리 협약을 별도로 마련할 필요성을 제기하였다.

1959년 국제연합(UN) 총회는 「아동권리선언」을 채택하여 아동의 생존, 보호, 발달, 교육에 관한 권리를 선언적 형태로 명시하였다. 이후 이러한 선언적 내용은 보다 구체적이고 법적 구속력을 갖는 협약 형태로 발전하였다. 특히 1979년은 국제연합(UN)이 지정한 '세계 아동의 해'로, 이를 계기로 각국은 아동의 권리를 보장하기 위한 법적 · 제도적 논의를 본격적으로 전개하게 되었다. 이러한 흐름 속에서 1989년 11월 20일에 유엔총회는 「유엔아동권리협약(United Nations Convention on the Rights of the Child, UNCRC)」을 만장일치로 채택하였다(아동권리보장원, 2022). 이 협약은 아동을 단순한 보호의 대상으로 보지 않고, 존엄성과 권리를 지닌 독립된 존재로 규정하였다. 아동의 생존, 발달, 보호, 참여에 관한 기본적인 권리를 명시하고 있으며, 각국 정부가 아동의 권리를 실질적으로 보장하고 아동이 사회에서 배제되거나 소외되지 않도록 책임을 질 것을

강조한다. 공식적으로 1990년 9월 2일에 발효되었으며, 2025년 5월 기준으로 총 196개국이 비준하여 인류 역사상 가장 광범위하게 채택된 인권 협약이다(United Nations Treaty Collection, n.d.).

2) 「유엔아동권리협약」 구성 및 내용

「유엔아동권리협약」은 전문과 총 54개의 조항, 3개의 선택의정서로 구성되어 있다. 54개의 조항은 제1조부터 42조까지 실제적인 아동의 권리에 관한 다양한 내용을, 제43조부터 54조까지는 협약의 이행에 관한 내용을 담고 있다. 예를 들어, 제6조는 아동의 생명을 보호하고 생존을 보장할 권리를 명시하고 있으며, 제12조는 아동이 자신에게 영향을 미치는 사안에 의견을 표현할 권리를 지닌 존재임을 선언한다. 이는 아동을 수동적인 보호 대상으로 간주하던 기존의 관점에서 벗어나, 아동을 능동적인 참여자이자 독립된 인격체로 바라보는 전환을 의미하는 것이다(황옥경, 2017). 제32조는 유해하거나 위험한 노동으로부터 아동을 보호해야 한다고 규정하고 있다. 이처럼 협약은 생명, 보호, 복지, 교육 등 아동의 삶 전반에 길쳐 권리를 보장해야 할 필요성을 강조하고 있다. 또한 아동이 일상생활 속에서 자신의 권리를 실질적으로 누릴 수 있도록 국가가 어떤 역할을 해야 하는지도 구체적으로 제시하고 있다.

〈표 1-3〉 유엔아동권리협약

제1조 아동은 18세 미만의 모든 사람을 말한다.

제2조 아동은 모든 종류의 차별로부터 보호받으며, 부당한 대우를 받아서는 안 된다.

제3조 아동에 관한 모든 결정에 있어 아동의 최상의 이익이 우선되어야 한다.

제4조 국가는 아동의 권리를 실현하기 위해 모든 책임을 다해야 한다.

제5조 부모를 비롯한 아동을 보호하는 성인들은 아동의 잠재력을 키워 줄 수 있는 방법으로 적절한 감독과 지도를 행할 책임과 의무가 있다.

제6조 아동은 생명에 대한 고유한 권리가 있으며, 국가는 아동의 생존과 발달을 보장해야 한다.

제7조 아동은 국적과 이름을 가질 권리가 있으며, 부모를 알고 부모에 의하여 양육받을 권리가 있다.

제8조 국가는 국적, 이름, 가족 관계를 포함한 아동의 신분을 지켜 주고 보호해 줄 의무가 있다.

제9조 부모와의 분리가 아동의 최상의 이익을 위하여 필요한 경우를 제외하고, 아동은 부모로부터 분리되지 않아야 하며, 분리된 경우 부모와 연락을 지속할 권리가 있다.

제10조 아동이 부모와 떨어져 다른 나라에 살고 있는 경우, 국가는 가족의 재결합을 위해 인도적인 방법으로 입국이나 출국을 신속하게 처리해 주어야 한다.

제11조 아동이 불법으로 다른 나라에 보내졌을 경우 국가는 아동이 돌아올 수 있도록 모든 노력을 다해야 한다.

제12조 아동은 자신들과 관련된 문제 상황에 대해 의견을 표현할 권리가 있으며, 아동의 의견은 존중되고 진지하게 받아들여져야 한다.

제13조 아동은 말이나 글, 예술 등 다양한 형태로 표현할 권리를 가지며, 아동의 생각이 다른 사람에게 해롭지 않은 한 자유롭게 표현하거나 이야기할 수 있다.

제14조 아동은 자유롭게 생각하고 자신이 양심에 따라 행동하며, 원하는 종교를 가질 수 있어야 한다.

제15조 아동은 단체와 모임에 가입할 수 있고, 평화적 집회에 참가할 수 있다.

제16조 아동은 사생활과 가족, 집, 통신 등에 불법적 간섭이나 공격을 받지 않아야 한다.

제17조 아동은 신문이나 방송, 잡지를 통해 도움이 되는 정보를 얻고, 유해한 정보로부터 보호받을 권리가 있다

제18조 부모는 아동의 양육과 발달에 일차적 책임을 가지며, 국가는 부모가 아동의 양육에 책임을 다할 수 있도록 적절한 지원을 제공해야 한다.

제19조 아동은 모든 형태의 학대, 방임, 착취로부터 보호되어야 하며, 국가는 이로부터 아동을 보호하기 위해 적절한 도움과 서비스를 지원해야 한다.

제20조 부모가 없거나 부모와 함께 사는 것이 아동에게 안전하지 않아 부모와 헤어져 살아야 하는 경우 아동은 국가로부터 특별한 돌봄과 지원을 받을 권리가 있다.

제21조 아동이 입양되어야 할 때 아동의 최상의 이익이 고려되어야 한다. 입양을 결정하는 곳은 믿을만한 정부기관이어야 하며, 부모나 친척 등 아동과 관련된 성인들의 동의를 얻어야 한다.

제22조 난민아동은 특별한 보호와 지원을 받아야 하며, 정부와 여러 단체들은 아동이 가

족과 재결합할 수 있도록 노력해야 한다.

제23조 장애아동은 존엄성 보장 · 자립 촉진 · 활발한 사회참여를 통해 성장할 수 있도록 특별한 보살핌, 교육, 훈련을 받을 권리가 있다.

제24조 아동은 건강하게 자랄 권리가 있으며, 깨끗한 환경, 의료 서비스, 안전한 물, 영양가 있는 음식을 제공받아야 한다.

제25조 아동이 보호 치료의 목적으로 시설에서 생활하게 된 경우, 정부는 아동에게 제공되는 치료 및 환경에 대해 정기적으로 평가해야 한다.

제26조 아동은 사회보험을 포함한 사회보장제도의 혜택을 받을 권리가 있다.

제27조 아동은 신체적 · 지적 · 정신적 · 도덕적 및 사회적 발달에 적합한 생활 수준을 누릴 권리가 있다.

제28조 아동은 교육받을 권리가 있다. 초등교육은 무상으로 제공되어야 하며, 학교 규율은 아동의 존엄성을 침해하지 않아야 한다.

제29조 교육은 아동의 인격, 재능, 정신적, 신체적 능력을 최대한으로 계발할 수 있어야 한다. 또한 교육을 통해 인권과 자유, 평화 정신을 배우고 다른 문화 존중, 관용, 성(性)평등 및 우정의 정신에 입각하여 책임 있는 삶을 살 수 있도록 준비하여야 한다.

제30조 소수집단 또는 선주민 아동은 그들의 문화, 언어, 종교를 가질 권리가 있다.

제31조 아동은 휴식과 여가를 즐기고, 자신의 연령에 적합한 놀이 및 예술과 문화활동에 자유롭게 참여할 수 있는 권리가 있다.

제32조 아동은 경제적 착취와 노동으로부터 보호받을 권리가 있다. 또한 교육에 방해가 되거나 몸과 마음에 해로운 상황에서 일하지 않도록 보호받아야 한다.

제33조 아동은 유해한 물질(마약, 향정신성 물질)로부터 보호받을 권리가 있다.

제34조 아동은 모든 형태의 성매매, 성착취, 성학대로부터 보호받고 도움받을 권리가 있다.

제35조 아동은 유괴나 매매, 거래되는 것으로부터 보호받을 권리가 있다.

제36조 아동은 자신들의 복지를 해치는 모든 형태의 착취로부터 보호받을 권리가 있다.

제37조 아동에게 사형이나 종신형 등의 큰 벌을 내릴 수 없으며, 아동을 고문해서는 안 된다. 아동을 체포하거나 감금하는 일은 최후의 방법으로 선택되어야 하며, 감금되어 있는 동안 가족과 연락할 권리가 있다.

제38조 15세 미만의 아동은 절대로 군대에 입대해서는 안 되며, 전쟁 지역의 아동은 특별한 보호를 받아야만 한다.

제39조 모든 형태의 유기, 착취, 고문, 무력분쟁 등으로 인하여 피해를 당한 아동은 신체적 · 심리적 회복과 사회통합을 위해 특별한 보살핌과 치료를 받을 권리가 있다.

제40조 범죄에 기소된 아동은 그들의 연령이나 주변 환경을 고려하여 사회복귀를 촉진할 수 있는 방향으로 존엄하고 공정한 대우를 받을 권리가 있다.

제41조 만약 국가의 법이 이 협약의 조항보다 아동을 더 잘 보호한다면, 그 법은 유지되어야 한다.

제42조 모든 아동과 성인은 본 협약의 권리들을 알아야만 한다.

출처: 국제아동인권센터(http://incrc.org/uncrc/).

유엔은 아동의 권리를 보다 구체적이고 실질적으로 보장하기 위해, 필요에 따라 「유엔아동권리협약」에 선택의정서를 추가로 채택하고 있다. 선택의정서는 협약의 내용을 보완하기 위한 국제 문서로, 각국이 자율적으로 서명하고 비준함으로써 효력을 갖는다(민소영 외, 2023). 현재까지 「유엔아동권리협약」에는 세 가지 선택의정서가 채택되었으며, 모두 발효되어 효력을 갖고 있다.

① 「아동의 무력분쟁 관여에 관한 선택의정서(Optional Protocol to the Convention on the Rights of the Child on the Involvement of Children in Armed Conflict, OP1-CRC)」에는 아동이 전쟁이나 무력분쟁에 직접 참여하지 않도록 보호하기 위한 내용을 담고 있다. 이 선택의정서는 2000년 5월 유엔 총회에서 채택되었으며, 2002년 2월 12일부터 발효되었다. 해당 의정서에서는 18세 미만 아동이 적대행위에 직접 참여하거나 의무적인 병역에 동원되지 않도록 각국이 필요한 입법과 행정 조치를 취할 것을 규정하고 있다(United Nations, 2000).

② 「아동매매, 아동성매매 및 아동음란물에 관한 선택의정서(Optional Protocol to the Convention on the Rights of the Child on the Sale of Children, Child Prostitution and Child Pornography, OP2-CRC)」에는 아동을 대상으로 한 매매, 성적 착취, 음란물 제작 · 배포 등을 금지하고, 이를 예방하며

처벌하기 위한 국제적 기준을 제시한다. 국가들은 관련 행위를 형사처벌하고, 피해아동을 보호·지원하기 위한 제도를 마련해야 한다. 이 선택의정서는 2002년 1월 18일에 발효되었다(United Nations, 2000).

③ 「아동의 개인청원권에 관한 선택의정서(Optional Protocol to the Convention on the Rights of the Child on a Communications Procedure, OP3-CRC)」에는 아동이나 아동을 대리하는 자가 국가 차원에서 권리가 침해되었다고 판단될 경우, 유엔아동권리위원회에 직접 진정을 제기할 수 있도록 절차를 보장한다. 이는 아동의 권리 보호를 위한 국제적 권리 구제 수단으로 기능한다. 이 선택의정서는 2014년 4월 14일에 발효되었다(United Nations, 2011).

우리나라는 2004년에 「아동의 무력분쟁 참여에 관한 선택의정서」와 「아동매매, 아동성매매 및 아동음란물에 관한 선택의정서」를 비준하였으며, '아동의 개인청원권에 관한 선택의정서'의 경우 국내법과의 충돌 가능성으로 인해 현재까지는 비준하지 않고 법적 검토를 진행 중이다(민소영 외, 2023). 이러한 선택의정서는 아동의 권리가 실제 생활 속에서 보호받을 수 있도록 현실적인 상황에 맞는 구체적인 기준과 절차를 제시한다는 점에서 중요한 의미를 지닌다. 이를 통해 「유엔아동권리협약」은 아동이 인간으로서 존엄하게 살아갈 수 있도록 보장하기 위한 국제적 기준을 제시하고 있다. 이 원칙들은 각국이 아동 관련 정책을 수립하고 법률을 제정할 때 중심 기준으로도 작용한다.

3) 「유엔아동권리협약」 4대 권리와 일반 원칙

「유엔아동권리협약」은 아동의 삶 전반에 걸쳐 반드시 보장되어야 할 기본적인 네 가지 권리와 원칙을 제시하였다(아동권리보장원, n.d.). 이러한 네 가지 권리와 원칙은 협약 전반에 걸쳐 모든 조항에 적용되며, 아동권리 실천의 기준이 된다.

(1) 아동의 4대 권리

아동의 4대 권리로 생존권, 보호권, 발달권, 참여권이 있다.

첫째, 생존권은 아동이 생명을 보호받고, 건강하게 자라기 위해 기본적인 식사, 위생, 의료 서비스 등을 제공받을 권리를 의미한다.

둘째, 보호권은 아동이 학대, 방임, 착취, 폭력 등으로부터 안전하게 보호받을 권리를 의미하며, 이는 예를 들어 가정 내 폭력이나 아동노동으로부터의 보호를 포함한다.

셋째, 발달권은 아동이 자신의 잠재력을 충분히 발휘하며 성장할 수 있는 권리를 말하며, 이는 교육받을 권리나 여가·문화 활동 참여 등의 기회를 포함한다.

넷째, 참여권은 아동이 자신의 의견을 자유롭게 표현하고, 자신에게 영향을 미치는 일에 적극적으로 참여할 권리를 의미한다. 예를 들어, 학교나 가정에서 자신의 의견을 말하고 존중받는 권리가 이에 해당한다.

(2) 아동의 일반 원칙

아동의 권리를 실현하기 위한 네 가지 핵심 원칙을 제시하고 있으며, 이는 비차별 원칙, 아동 최선의 이익, 생존과 발달의 권리, 아동의 의견 존중이다.

첫째, 비차별 원칙은 아동의 인종, 성별, 출신, 장애 유무 등 어떠한 배경에도 관계없이 모든 아동이 동등한 권리를 보장받아야 함을 의미한다.

둘째, 아동 최선의 이익은 아동에게 영향을 미치는 모든 것을 결정할 때는 아동의 이익을 최우선으로 고려해야 함을 강조한다.

셋째, 생존과 발달의 권리는 아동이 생명을 보호받을 뿐만 아니라, 신체적·정신적·사회적으로 건강하게 성장할 수 있는 권리를 포함한다.

넷째, 아동의 의견 존중은 아동이 자신의 의견을 표현할 수 있는 권리를 가지며, 그 의견은 아동의 나이와 성숙도를 고려하여 존중받아야 한다는 의미이다.

이러한 원칙들은 아동을 단순히 보호의 대상으로만 보지 않고, 독립적인 권리 주체로 인정하는 데 중요한 역할을 하고 있다.

4) 「유엔아동권리협약」 이행

「유엔아동권리협약」은 아동의 권리를 보호하기 위해 8개 주요 영역(cluster)으로 나누어 구성된다. 8개 영역은 일반이행조치, 일반 원칙, 시민권과 자유, 아동에 대한 폭력, 가정 환경과 대안양육, 장애 · 기초보건 · 복지, 교육 · 여가 · 문화, 특별보호조치로, 각 국가가 협약을 이행하는 데 중요한 기준이 된다.

〈표 1-4〉 「유엔아동권리협약」 8개 영역

영역	내용
일반이행조치	유보, 법 제정, 포괄적인 정책 및 전략, 조정, 자원의 할당, 자료 수집, 독립 모니터링, 보급 · 인식 제고 및 훈련, 국제협력, 아동권리와 기업 부문
일반 원칙	비차별, 아동 최선의 이익, 생존과 발달의 권리, 아동의 의견 존중
시민권과 자유	출생 등록, 정체성에 대한 권리, 표현 · 결사 및 평화적 집회의 자유, 사생활에 대한 권리
아동에 대한 폭력	체벌을 포함한 폭력, 성적 착취 및 학대, 유해한 관행
가정 환경과 대안양육	가정 환경, 가정 환경 상실 아동, 불법 해외 이송 및 미귀환, 수용자 자녀
장애 · 기초보건 · 복지	장애아동, 건강 및 보건 서비스, 정신건강, 청소년보건, 생활 수준
교육 · 여가 · 문화	교육 및 교육의 목표
특별보호조치	난민신청 아동 및 난민아동 · 이주아동, 아동노동을 포함한 경제적 착취, 매매, 거래, 약취유인, 소년사법, OPSC, OPAC

출처: 민소영 외(2023).

「유엔아동권리협약」을 비준한 국가는 협약 제44조에 따라, 비준 후 2년 이내에 첫 번째 국가보고서를 제출하고, 이후에는 5년마다 이행 상황을 유엔아동권리위원회에 보고해야 한다. 우리나라도 협약 이행의 책임을 다하기 위해 정기적으로 국가보고서를 제출해 왔으며, 지금까지 총 네 차례의 공식 심의를 받았다(민소영 외, 2023).

우리나라는 협약을 비준한 후 2년이 지난 1994년 제1차 국가보고서를 제출한 것을 시작으로, 2000년 제2차, 2009년 제3 · 4차 통합보고서, 2017년 제5 · 6차 통합보고서를 유엔아동권리위원회에 제출하였다. 이에 대한 심의는 각각 1996년, 2003년, 2011년, 2019년에 이루어졌으며, 그때마다 위원회는 국가의 성과와 함께 보완이 필요한 사항에 대해 권고를 제시해 왔다(국제아동인권센터 홈페이지, n.d.).

특히 제5·6차 통합보고서에 대한 2019년 심의에서는 아동수당 도입, 아동권리보장원 설립, 입양허가제 도입 등 아동정책의 발전이 긍정적으로 평가되었다. 동시에 위원회는 보편적 아동등록제의 도입, 아동 관련 예산 확대, 모든 체벌의 명시적 금지, 과도한 학습 경쟁 완화 등의 과제를 권고사항으로 제안하였다(보건복지부 홈페이지, 2021.11.19.).

제7차 이행 보고의 경우, 협약 이행 모니터링 절차가 간소하게 변경되었다. 이에 유엔아동권리위원회가 아동, NGO, 국가인권위원회 등 여러 이해관계자로부터 보고서를 먼저 받고 그 내용을 검토하여 의견을 주면, 정부에서는 이를 반영하여 국가보고서를 작성하고 제출한다(국제아동인권센터 홈페이지, n.d.).

3. 한국의 아동권리 보장

아동권리보장원은 국내 아동권리 분야의 대표 연구자들과 함께 3년간 공동 연구를 진행하여 『대한민국 아동권리 100년사』(2022)를 편찬하였다. 이를 통해 우리나라 아동권리의 역사적 전개 과정을 여섯 시기로 구분하였다. 즉, 전통과 근대의 만남(구한말에서 1923년 이전까지), 민족운동과 아동의 발견(1923~1944년), 국가 재건과 아동권리(1945~1960년), 아동권리의 형성기(1961~1990년), 아동권리의 성장기(1991~2004년), 아동권리의 확산기(2005년 이후)로 구분하였다(아동권리보장원, 2022). 본서에서는 이와 같은 시대 구분을 참고하되, 아동권리와 관련된 주요 이슈를 중심으로 살펴보고자 한다.

1) 아동권리 발달 이슈[1)]

(1) 어린이날의 제정과 아동 인식의 출발

우리 사회는 오랜 시간 동안 아동을 독립된 존재라기보다 성인의 부속물이나 종족 보존을 위한 수단으로 인식해 왔다. 특히 유교적 전통은 어른과 아이 사이의 위계와 질서를 강조하며, 아동에게 순종과 복종을 요구하는 분위기를 형성하였다. 여기에 일제 강점기라는 시대적 상황이 더해지면서, 아동을 주체적인 존재가 아닌 수동적 보호 또는 통제의 대상으로 여기는 시각이 더욱 강화되었다.

그러나 이러한 인식은 1920년대 전후로 점차 변화하기 시작하였다. 1922년 천도교회에서는 5월 1일을 '어린이날'로 정하고, 소년을 보호하자는 내용을 담은 7가지 전단을 배포하며 아동의 존재에 대한 새로운 관심을 불러일으켰다. 이어 1923년 5월 1일, 조선소년운동협회가 주최한 제1회 어린이날 행사는 우리나라에서 아동을 하나의 인격체로 존중하고 보호해야 한다는 사회적 관심이 본격적으로 확산되는 계기가 되었다. 이러한 아동권리 운동의 중심에는 방정환을 비롯한 어린이 운동가들이 있었다. 이들은 아동을 권리의 주체로 인식하고, 아동의 존엄성과 권리를 대중에게 알리고자 하는 움직임을 적극적으로 펼쳤다(한국방정환재단, n.d.).

당시 발표된 '소년운동의 기초 조건', '어른에게 드리는 글', '어린 동무들에게', '어린이날의 약속' 등의 선언문은 아동에 대한 사회적 인식을 변화시키는 데 중요한 역할을 하였다. 이를 통해 아동을 보호의 대상이 아닌 권리의 주체로 바라보는 인식이 점차 사회 전반으로 확산되는 계기가 마련되었다(아동권리보장원, 2022).

---

1) 아동권리보장원(2022). 『대한민국 아동권리 100년사』 인용

〈표 1-5〉 소년운동의 기초 조건(1923. 5. 1.)

첫째, 어린이를 재래의 윤리적 압박으로부터 해방하여 그들에게 대한 완전한 인격적 대우를 허하게 하라. 둘째, 어린이를 재래의 경제적 압박으로부터 해방하여 만 14세 이하의 그들에게 대한 무상 또는 유상의 노동을 폐하게 하라. 셋째, 어린이 그들이 고요히 배우고 즐거이 놀기에 족한 각양의 가정 또한 사회적 시설을 행하게 하라.

출처: 아동권리보장원(2022). p.59.

신문 기사에도 어린이의 존재를 인정하고 권리를 존중해야 한다는 인식이 드러나, 이 시기의 아동에 대한 사회적 인식을 간접적으로 엿볼 수 있다.

〈표 1-6〉 아동에 대한 신문 기사

어린이의 존재를 인정하고 개성을 존중하여 고통을 주지 않고, 무한히 인자한 마음으로 어린이를 대하며 교육하기 위해서는 교육하는 어른들부터 씩씩하고 의협심이 있어야 함 『조선일보』, 1923. 11. 15. 〈가뎡과 어린이〉
어린이의 우는 모습도 매를 드는 것이 아니라 마음을 헤어려주고, 장난감을 고를 때도 자유롭게 고르게 하고, 작곡도 해보게 함으로 천재를 발휘시키는 완전한 교육을 해야 함 『조선일보』, 1926. 1. 1. 〈존중하여야 할 어린이의 기본〉
어린이들은 활발하고 명랑한 것이 본질이기에 장난을 그저 꾸짖는 것이 아니라, 나쁜 일이 아니라면 그대로 존중하여 어린이의 의견을 존중하는 동시에 지도하는 태도로 대하는 것이 중요함 『동아일보』, 1937. 8. 27. 〈작난꾸레기와 쌈쟁이는 어떠케 할가〉

출처: 아동권리보장원(2022). pp.77-78.

아동권리의 상징적 기념일인 어린이날은 1937년 일제에 의해 강제로 중단되었다가, 해방 이후인 1946년 5월 5일에 제24회 어린이날이 다시 개최되며 부활

하였다. 이후 정부는 아동의 권리 인식 확산과 보장을 위한 노력의 일환으로, 1957년 5월 5일에「대한민국 어린이 헌장」을 제정 · 선포하였다. 이 헌장이 제정된 배경에는 1924년 국제연맹이 채택한「아동의 권리에 관한 제네바 선언」이후에도 한국에는 아동보호와 관련된 법률이나 기본 강령 역할을 수행할 수 있는 문서가 없었다는 현실이 있었다. 이에 따라 한국사회는 어린이 육성의 기본 정신을 명확히 하고, 인간의 존엄성과 인권을 존중하는 사회적 가치를 확산하고자 하였다.「대한민국 어린이 헌장」은 제네바 선언과 유사한 내용을 담고 있으며, 아동복지 증진을 위한 국가, 사회, 가정의 책임을 공적으로 천명한 선언으로 기록되고 있다.

〈표 1-7〉 대한민국 어린이 헌장(1975)

어린이는 나라와 겨레의 앞날을 이어 나갈 새 사람이므로 그들의 몸과 마음을 귀히 여겨 옳고 아름답고 씩씩하게 자라도록 힘써야 한다.

- 어린이는 인간으로서 존중하여야 하며 사회의 한 사람으로서 올바르게 키워야 한다.
- 어린이는 튼튼하게 낳아 가정과 사회에서 참된 애정으로 교육하여야 한다.
- 어린이에게는 마음껏 놀고 공부할 수 있는 시설과 환경을 마련해 주어야 한다.
- 어린이는 공부나 일이 몸과 마음에 짐이 되지 않아야 한다.
- 어린이는 위험한 때 맨 먼저 구출하여야 한다.
- 어린이는 어떠한 경우에라도 악용의 대상이 되어서는 아니 된다.
- 굶주린 어린이는 먹여야 한다. 병든 어린이는 치료해 주어야 하고, 신체와 정신에 결함이 있는 어린이는 도와주어야 한다. 불량아는 교화하여야 하고 고아나 부랑아는 구호하여야 한다.
- 어린이는 자연과 예술을 사랑하고 과학을 탐구하며 도의를 존중하도록 이끌어야 한다.
- 어린이는 좋은 국민으로서 인류의 자유와 평화와 문화 발전에 공헌할 수 있도록 키워야 한다.

출처: 아동권리보장원(2022). pp.144-145.

(2) 헌법과 아동복지법: 아동 권리 인식의 법적 기반

우리나라는 국가의 최고 법인 「대한민국헌법」을 통하여 모든 국민의 기본적인 권리를 보장하고 있다. 여기서 '국민'의 범주에는 아동과 청소년도 포함되며, 이들 역시 헌법이 보장하는 권리의 주체이다. 특히 헌법 제2장은 '국민의 권리와 의무'를 규정하고 있는데, 이 조항에서 사용된 '국민'이라는 표현은 연령에 관계없이 대한민국 국적을 가진 모든 사람, 즉 아동과 청소년도 당연히 포함된다. 예를 들어, 헌법 제10조는 모든 국민이 인간으로서의 존엄과 가치를 지니며 행복을 추구할 권리가 있다고 명시하고 있고, 제31조는 교육을 받을 권리를, 제32조는 근로의 권리와 함께 연소자 보호에 대한 내용을 담고 있다. 또한 제34조에서는 인간다운 생활을 할 권리와 청소년 복지 향상을 위한 국가의 책임을 규정하고 있으며, 제37조에서는 국민의 자유와 권리를 보장함과 동시에 공공복리를 위한 제한도 가능하다는 점을 제시하고 있다(대한민국헌법, 1987).

1945년 8 · 15 광복과 1950년 6 · 25 전쟁을 거치면서 우리 사회에는 많은 전쟁 고아와 유기 아동이 발생하였다. 이 시기의 아동복지는 주로 외국 자선단체의 원조에 의존했으며, 아동복지시설도 이러한 지원을 바탕으로 설립되었다. 당시의 복지사업은 부모에게서 유기되거나 돌봄을 받을 수 없는 아동 등 '요보호 아동' 중심으로 이루어졌으며, 기본적으로 생존을 위한 구호적 성격이 강했다. 이러한 시대적 상황에 대응하기 위해, 제3공화국 시기였던 1961년 12월 30일 「아동복리법」(법률 제912호)이 제정 · 공포되었다. 이 법은 빈곤과 보호자 부재 등으로 위기에 처한 아동을 보호하는 것을 주목적으로 하며, 국가가 최소한의 생계 지원과 보호 조치를 제공하는 데 중점을 두었다. 당시에는 아동복지를 사회 전체의 책임으로 보기보다는, 취약계층 아동을 '구제'의 대상으로 여기는 인식이 강했다.

1970~1980년대를 거치며 경제가 성장하고 사회구조도 빠르게 변화함에 따라, 아동에 대한 사회적 인식도 달라지기 시작했다. 아동을 단지 보호의 대상이 아닌, 권리와 발달의 주체로 바라보아야 한다는 사회적 요구가 확산되었다. 이

에 따라, 기존의 「아동복리법」은 변화된 현실을 반영하기에 한계가 있었고, 결국 1981년 4월 13일 법 명칭을 「아동복지법」으로 변경하고 법 내용을 전면 개정하였다.

개정된 「아동복지법」은 요보호아동뿐만 아니라 모든 아동을 복지의 대상으로 보고, 유아기의 인격 형성과 능력 개발을 지원할 수 있는 환경을 조성하는 것을 주요 목표로 삼았다. 이는 아동의 권리를 보장하려는 국가의 책임과 역할을 보다 적극적으로 확대한 중요한 전환점이었다. 이러한 변화는 아동을 단순한 보호 대상에서 권리의 주체로 인식하려는 흐름과 맞닿아 있으며, 특히 「대한민국헌법」과 「아동복지법」은 사회적 약자 보호와 복지 권리의 관점에서 아동권리에 대한 초기 인식을 제도적으로 드러낸 법적 기반이라 할 수 있다.

〈표 1-8〉 「아동복지법」 제2조

제2조(기본 이념) ① 아동은 자신 또는 부모의 성별, 연령, 종교, 사회적 신분, 재산, 장애 유무, 출생 지역, 인종 등에 따른 어떠한 종류의 차별도 받지 아니하고 자라나야 한다. ② 아동은 완전하고 조화로운 인격발달을 위하여 안전한 가정 환경에서 행복하게 자라나야 한다. <개정 2025. 4. 1.> ③ 아동에 관한 모든 활동에 있어서 아동의 이익이 최우선적으로 고려되어야 한다. ④ 아동은 아동의 권리보장과 복지증진을 위하여 이 법에 따른 보호와 지원을 받을 권리를 가진다. [시행일: 2025. 10. 2.] 제2조

(3) 청소년 헌장: 권리 주체로서의 청소년 인식 전환

1985년 유엔은 청소년의 사회참여와 평화 기여를 독려하고자 '국제청소년의 해(International Youth Year)'를 지정하였다. 이 해의 핵심 주제는 '참여(Participation)', '발전(Development)', '평화(Peace)'였으며, 청소년을 단순히 보호받는 대상이 아니라 능동적인 사회 구성원으로 인식할 것을 국제사회에 제안하였다 (국가기록원, n.d.).

이러한 국제적 흐름에 따라 우리나라도 청소년정책의 방향성을 정립할 필요성을 인식하였고, 이에 청소년에 대한 국가 비전과 기본 이념을 담은「청소년헌장」의 제정이 추진되었다. 우리나라 청소년헌장은 1987년「청소년육성법」제정을 계기로 본격 논의되었으며, 한국청소년단체협의회를 중심으로 교사, 전문가, 학생 등의 참여로 초안이 마련되었다. 이후 공청회, 관련 위원회의 심의를 거쳐 1990년 5월 12일 공식 선포되었다. 헌장은 "청소년은 새 시대의 주역이다."라는 선언으로 시작하며, '청소년의 권리와 책임', '가정, 학교, 사회의 역할과 책무', '공동체 구성원으로서의 의무' 등을 규정하였다.

1998년에는 급변하는 사회 환경과 청소년을 둘러싼 현실 변화에 대응하고자「청소년헌장」의 개정이 추진되었다. 이 과정에서 다양한 배경의 청소년 당사자가 직접 참여하고, 전문가와 현장 실무자의 의견이 폭넓게 수렴되었다는 점은 개정 작업의 중요한 특징이다. 특히 청소년 스스로가 헌장 개정에 참여함으로써, 헌장 내용에 청소년의 실제 경험과 관점이 반영되었고, 이는 청소년 참여권을 실질적으로 구현한 사례로 평가된다. 같은 해 10월 25일, 대통령의 재가를 받아 개정된「청소년헌장」이 공식적으로 선포되었다. 청소년을 단순한 보호 대상이 아닌 권리의 주체이자 사회의 동등한 구성원으로 인식하는 방향으로 그 내용으로 개정된「청소년헌장」은 청소년 정책 및 제도의 기본 이념으로 자리잡아 왔다(국가기록원, n.d.).

청소년 헌장은 <표 1-9>와 같이, 전문, 청소년 권리에 관한 12개 조항, 청소년 책임에 관한 9개 조항으로 구성되어 있다.

〈표 1-9〉 청소년 헌장(1998)

전문

청소년은 자기 삶의 주인이다. 청소년은 인격체로서 존중받을 권리와 시민으로서 미래를 열어 갈 권리를 가진다. 청소년은 스스로 생각하고 선택하며 활동하는 삶의 주체로서 자율과 참여의 기회를 누린다. 청소년은 생명의 가치를 존중하며 정의로운 공동체의 성원으로 책임 있는 삶을 살아간다. 가정 · 학교 · 사회 그리고 국가는 위의 정신에 따라 청소년의 인간다운 삶을 보장하고 청소년 스스로 행복을 가꾸며 살아갈 수 있도록 여건과 환경을 조성한다.

청소년의 권리

- 청소년은 생존에 필요한 기본적인 영양 · 주거 · 의료 · 교육 등을 보장받아 정신적 · 신체적으로 균형 있게 성장할 권리를 가진다.
- 청소년은 출신 · 성별 · 종교 · 학력 · 연령 · 지역 등의 차이와 신체적 · 정신적 장애 등을 이유로 차별받지 않을 권리를 가진다.
- 청소년은 물리적 폭력뿐만 아니라 공포와 억압을 포함하는 정신적인 폭력으로부터 보호받을 권리를 가진다.
- 청소년은 사적인 삶의 영역을 침해받지 않을 권리를 가진다.
- 청소년은 자신의 생각과 느낌을 자유롭게 펼칠 권리를 가진다.
- 청소년은 자유로운 의사에 따라 건전한 모임을 만들고 올바른 신념에 따라 활동할 권리를 가진다.
- 청소년은 배움을 통해 진리를 추구하고 자아를 실현해 갈 권리를 가진다.
- 청소년은 일할 권리와 직업을 선택할 권리를 가진다.
- 청소년은 여가를 누릴 권리를 가진다.
- 청소년은 건전하고 다양한 문화 · 예술 활동에 자유롭게 참여할 권리를 가진다.
- 청소년은 다양한 매체를 통하여 자신의 삶에 필요한 정보에 접근할 권리를 가진다.
- 청소년은 자신의 삶과 관련된 정책 결정 과정에 민주적 절차에 따라 참여할 권리를 가진다.

청소년의 책임

- 청소년은 자신의 삶을 소중히 여기며 자신이 선택한 삶에 책임을 진다.
- 청소년은 앞 세대가 물려준 지혜를 시대에 맞게 되살려 다음 세대에 물려줄 책임이 있다.

- 청소년은 가정 · 학교 · 사회 · 국가 · 인류공동체의 성원으로서 자기와 다른 삶의 방식도 존중할 줄 알아야 한다.
- 청소년은 삶의 터전인 자연을 소중히 여기고 모든 생명들과 더불어 살아간다.
- 청소년은 통일 시대의 주역으로서 평화롭게 공존하는 방법을 익힌다.
- 청소년은 남녀평등의 가치를 배우고 이를 모든 생활에서 실천한다.
- 청소년은 가정에서 책임을 다하며 조화롭고 평등한 가족문화를 만들어 간다.
- 청소년은 서로에게 정신적 · 신체적 폭력을 행사하지 않는다.
- 청소년은 장애인을 비롯한 소외받기 쉬운 사람들과 더불어 살아간다.

출처: 대한민국 정책브리핑(www.korea.kr).

(4) 아동권리헌장: 아동권리 중심의 국가선언

우리나라는 1991년 11월 「아동권리협약(Convention on the Rights of the Child)」을 비준하고, 같은 해 12월 20일부터 이를 국내에 적용하였다.[2)] 이 협약은 「대한민국헌법」 제6조에 따라 국내법과 동일한 효력을 가지며, “헌법에 의하여 체결 · 공포된 조약과 일반적으로 승인된 국제법규는 국내법과 같은 효력을 가진다.”라고 명시되어 있다. 따라서 아동권리협약은 대한민국 내에서 법적 효력을 가지는 국제인권조약으로서, 아동을 단순히 보호의 대상으로 보는 관점에서 벗어나, 독립된 인격체이자 권리의 주체로 인정하는 데 중요한 법적 근거가 된다.

그러나 이후에도 아동의 삶의 만족도는 OECD 회원국 중 최하위 수준에 머물렀으며, 아동권리에 대한 인식 역시 부족하였다. 특히 아동학대 사망 사건 등은 가정 내 보호체계의 한계를 드러내며, 아동을 위한 제도적 · 문화적 기반이 여전히 미흡함을 보여 주었다. 이러한 상황 속에서 아동 스스로 자신의 권리를 인식하고, 어른들 역시 아동을 독립된 권리의 주체로 존중하는 사회적 인식 전환이 필요하다는 공감대가 형성되었다(보건복지부, 2016).

2) https://www.law.go.kr/조약/아동의 권리에 관한 협약/(1072,19911220)

또한 기존의 「대한민국 어린이 헌장」(1957년 제정, 1988년 개정)과 「청소년 헌장」(1990년 제정, 1998년 개정)은 「유엔아동권리협약」의 이념을 충분히 반영하지 못하였으며, 여전히 아동을 성인의 보호 대상 또는 양육의 대상으로 보는 시각이 담겨 있고, 권리의 범위 또한 제한적이고, 아동을 독립된 권리 주체로 인식하는 데 한계가 있었다(보건복지부, 2016). 이러한 배경을 바탕으로 제1차 아동정책기본계획(2015~2019)의 비전인 '행복한 아동, 존중받는 아동'의 실현을 위한 가치적 기반으로 기능할 수 있도록 「아동권리헌장」을 제정하게 되었다(보건복지부, 2016).

〈표 1-10〉 「아동권리헌장」 제정(2016. 5. 2.)

모든 아동은 독립된 인격체로 존중받고 차별받지 않아야 한다. 또한 생명을 존중받고, 보호받으며, 발달하고 참여할 수 있는 고유한 권리가 있다. 부모와 사회, 국가와 지방자치단체는 아동의 이익을 최우선적으로 고려해야 하며, 다음과 같은 아동의 권리를 확인하고 실현할 책임이 있다.

① 아동은 생명을 존중받아야 하며 부모와 가족의 보살핌을 받을 권리가 있다.
② 아동은 모든 형태의 학대와 방임, 폭력과 착취로부터 보호받을 권리가 있다.
③ 아동은 출신, 성별, 언어, 인종, 종교, 사회·경제적 배경, 학력, 연령, 장애 등의 이유로 차별받지 않을 권리가 있다.
④ 아동은 개인적인 생활이 부당하게 공개되지 않고 보호받을 권리가 있다.
⑤ 아동은 신체적·정신적·사회적으로 건강하게 성장하고 발달하는 데 필요한 기본적인 영양, 주거, 의료 등을 지원받을 권리가 있다.
⑥ 아동은 자신이 살아가는 데 필요한 지식과 정보를 알 권리가 있다.
⑦ 아동은 자유롭게 상상하고 도전하며 창의적으로 활동하고 자신의 능력과 소질에 따라 교육받을 권리가 있다.
⑧ 아동은 휴식과 여가를 누리며 다양한 놀이와 오락, 문화·예술 활동에 자유롭고 즐겁게 참여할 권리가 있다.
⑨ 아동은 자신의 생각이나 느낌을 자유롭게 표현할 수 있으며, 자신에게 영향을 주는 결정에 대해 의견을 말하고 이를 존중받을 권리가 있다.

출처: 보건복지부 발간자료(https://www.mohw.go.kr/board.es?mid=a10411010300&bid=0019&act=view&list_no=337395&tag=&nPage=52).

2) 아동권리 실태

우리나라는 1991년 「유엔아동권리협약」에 비준한 이후, 협약에 명시된 아동의 권리를 국가 차원에서 실현할 법적 의무를 지니게 되었다. 이에 따라 아동의 권리가 국내에서 얼마나 실질적으로 보장되고 있는지, 인권 상황은 어떠한지, 그리고 그 이행 수준을 점검하기 위한 다양한 조사와 모니터링이 지속적으로 수행되고 있다(모상현 외, 2010).

아동권리 관련 대표적인 조사로는 「아동복지법」에 따라 실시되는 '아동종합실태조사'가 있다. 이 조사는 2008년부터 5년 주기로 시행되어 왔으며, 2023년부터는 3년 주기로 개편되었다. 0세에서 18세 미만의 아동이 있는 가구를 대상으로 아동의 삶의 질과 권리 실현 수준을 종합적으로 파악할 수 있는 전국 단위의 조사로서, 국가승인통계(제117074호)로 등록되어 있다(이상정 외, 2023). 또 다른 국가 단위 조사는 여성가족부가 주관하는 '청소년종합실태조사'로, 「청소년보호법」 제15조의2에 따라 3년 주기로 실시된다. 9세에서 24세까지의 청소년과 그들의 주 양육자를 대상으로 하며, 청소년의 의식, 태도, 생활, 여가, 건강 등 전반적인 생활 실태를 파악하는 데 목적이 있다. 이 조사는 2011년을 시작으로 2023년에 제5차 청소년종합실태조사가 실시되었으며, 국가승인통계(제154013호)로 관리되고 있다(김지경 외, 2023).

이외에도 한국청소년정책연구원이 수행하는 '아동 · 청소년 인권실태조사'와 보건복지부 및 아동권리보장원이 실시하는 '아동권리인식조사'는 아동과 청소년의 권리 인식 수준 및 인권 현황을 분석하여 정책 수립의 기초자료로 활용된다. 이와 같은 조사는 「유엔아동권리협약」 이행의 실태를 정기적으로 점검하고, 국내 아동권리정책의 개선과 발전을 위한 근거 자료로 중요한 역할을 한다. 이 중에서 최근 발표된 2023 아동종합실태조사의 결과(이상정 외, 2023)를 중심으로 아동권리 실태를 살펴보았다.

(1) 아동의 권리 인식

2023년 아동종합실태조사를 통해 「유엔아동권리협약」에 대한 인식 조사 결과에 따르면(이상정 외, 2023), 협약의 존재를 '들어본 적이 있거나 내용을 알고 있다'라고 응답한 아동의 비율은 2023년 기준 57.6%로 나타났다. 이는 2013년의 32.6%, 2018년의 49.5%와 비교해 점진적으로 상승한 수치로, 아동권리에 대한 사회적 인식이 꾸준히 확산되고 있음을 보여 준다. 한편, 아동의 권리에 대한 인식은 주 양육자 집단에서도 비슷한 경향을 보인다. 2023년 기준, 주 양육자의 62.1%가 「유엔아동권리협약」을 들어본 적이 있거나 내용을 인지하고 있다고 응답하였으며, 이는 2013년 48.7%, 2018년 65.0%에 비해 소폭 감소한 수치이다.

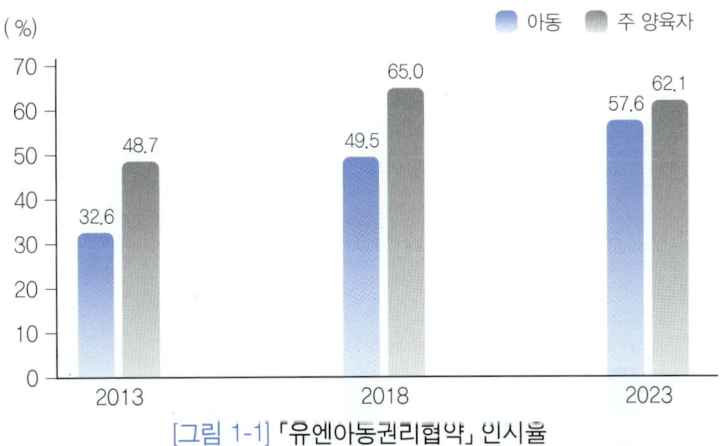

[그림 1-1] 「유엔아동권리협약」 인시율

출처: 이상정 외(2023). 2023 아동종합실태조사. p.381〈표 8-35〉 재구성.

다음으로 아동의 4대 권리(생존권, 보호권, 발달권, 참여권)에 대해 들어본 적이 있거나 내용을 알고 있다고 응답한 비율은 전반적으로 향상된 것으로 나타났다(이상정 외, 2023). 생존권에 관한 인식 수준은 2018년 70.8%에서 2023년 74.2%로, 보호권은 2018년 69.8%에서 2023년 73.4%로, 발달권은 2018년 67.6%에서 2023년 73.0%로, 참여권은 2018년 67.1%에서 2023년 70.8%로 모든 영역에서 인식 점수가 향상되었다.

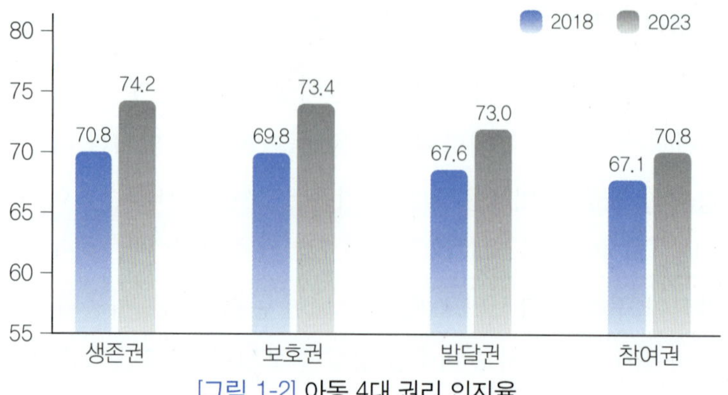

[그림 1-2] 아동 4대 권리 인지율

출처: 이상정 외(2023). 2023 아동종합실태조사. p.384 〈표 8-36〉 재구성.

(2) 아동권리 보장 수준

2023년도 아동종합실태조사를 통해 아동과 부모 모두 가정, 학교, 지역사회, 사회 전반, 사이버 공간에서 아동이 존중받고 있다고 인식하는 정도를 조사한 결과, 가정에서 존중받는다고 응답한 경우가 98%로 가장 높게 나타났으며, 학교에서 96.1%, 지역에서 93.4%, 사회에서 87.4%, 인터넷이나 사이버 공간에서 72.2% 순으로 나타났다(이상정 외, 2023).

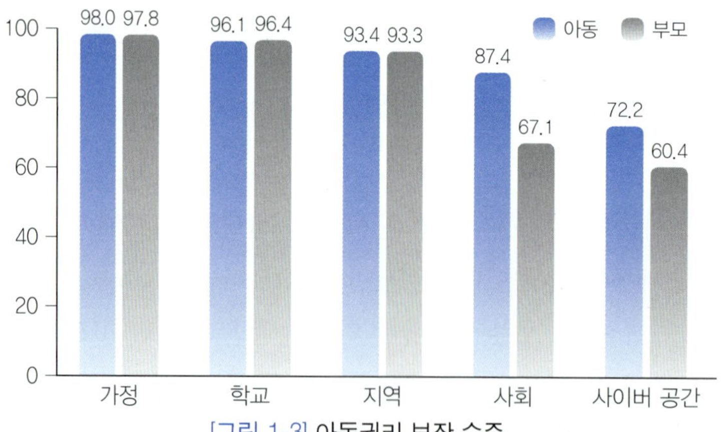

[그림 1-3] 아동권리 보장 수준

출처: 이상정 외(2023). 2023 아동종합실태조사. p.409 〈표 8-60〉 재구성.

이처럼 전반적으로 아동과 부모 간 인식 수준은 유사하였으나, 사이버 공간에서는 아동(72.2%)과 부모(60.4%) 모두 아동의 권리가 존중받고 있다고 인식하는 수준이 낮았으며, 부모가 아동보다 더욱 부정적인 인식을 보였다.

조사 결과를 토대로 도출할 수 있는 시사점은 다음과 같다. 첫째, 아동과 보호자 모두 「유엔아동권리협약」에 대한 기본적인 인식 수준은 점차 향상되고 있는 것으로 나타났다. 그러나 협약의 구체적인 내용까지 정확히 이해하는 비율은 낮은 편으로, 더 체계적인 아동권리 교육과 지속적인 사회적 홍보가 필요한 상황이다. 둘째, 협약이 제시하는 아동의 4대 권리(생존권, 보호권, 발달권, 참여권) 가운데 참여권은 상대적으로 낮은 수준을 보이고 있지만, 최근 5년간 꾸준한 증가 추세를 보이며 긍정적인 변화를 나타내고 있다. 이는 아동의 의견과 참여를 존중하는 문화가 점차 확산되고 있음을 시사하며, 아동권리가 일상에서 점차 인식되고 존중받기 시작하고 있다는 흐름으로 해석할 수 있다. 셋째, 디지털 환경의 확산은 아동권리 실현에 새로운 과제를 던지고 있다. 유엔아동권리위원회의 일반논평 제25호도 디지털 환경에서 아동권리를 보장하기 위한 정책적 대응의 중요성을 강조한 바 있다(국가인권위원회, 2021). 특히 사이버 공간에서의 아동보호와 디지털 리터러시 교육, 관련 제도의 정비가 필요하다는 점이 부각되고 있다.

아동권리에 대한 인식은 인간의 존엄성과 평등이라는 철학적 기반 위에서 형성되어야 한다. 김정래(2020)는 아동권리를 '인간의 조건'이라는 철학적 토대 위에서 이해해야 한다고 주장하며, 이러한 관점이 사회 전반의 문화와 태도에 반영되어야 함을 강조하였다. 아동권리는 성인의 기준이나 권위에 종속되는 개념이 아니라, 아동이 독립적인 권리의 주체임을 인정하는 데에서 출발해야 한다.

그럼에도 불구하고, 우리 사회에는 여전히 아동과 청소년을 '미성숙하고 보호받아야 할 존재'로만 보는 인식이 강하게 남아 있나. 이러한 시선은 아동 인구의 감소, 아동학대, 경쟁 중심의 교육 체제, 아동·청소년 자살 문제, 낮은 사회참여도 등 여러 사회 문제와 연결되어 있다. 따라서 이들을 권리의 주체로 인식하고 권리와 복지를 적극적으로 강화하려는 정책적 · 사회문화적 노력이 절실하다.

이러한 변화의 흐름 속에서 아동권리보장원은 제101회 어린이날을 맞아 아동들과 함께 '함께 만드는 어린이 존중 용어 사전'을 제작하였다. 이 사전은 일상에서 아동권리를 침해하거나 차별을 조장할 수 있는 표현을 파악하고, 아동을 독립된 인격체로 존중하는 언어 사용 문화를 확산시키기 위해 기획되었다(아동권리보장원, 2023). 이는 아동을 권리의 주체로 인식하는 언어적 실천의 한 예로서, 아동권리 인식 증진을 위한 사회적 기반을 강화하는 데 기여하고 있다.

〈표 1-11〉 어린이 존중을 위한 용어(표현)

사용하는 용어(표현)	어린이 존중을 위해 대신 사용해야 하는 용어(표현)
ㅇ린이 (주린이, 부린이, 요린이, 헬린이 등)	초보자, 입문자, 초심자, 스타터(Starter) 등
잼민이	이름 부르기, 어린 친구, 동생아, 초등학생, 어린이 등
초딩	초등학생, 어린이 등
ㅇㅇ충	'ㅇㅇ'에 해당하는 정확한 표현 사용(급식충→급식을 먹는 학생)
군(君), 양(孃)	~씨, ~님 등
노키즈존(No Kids Zone)	다른 용어로 바꾸어 표현하는 것은 바람직하지 않음. 사라져야 하는 용어이자 문화

출처: 아동권리보장원(2023).

3) 아동권리 보장을 위한 제도적 기반

(1) 아동정책기본계획

유엔아동권리위원회는 각 국가가 「유엔아동권리협약」에서 제시하는 아동의 권리를 효과적으로 실현할 수 있도록 국가 차원의 행동계획을 수립하고 실행할 것을 권고하고 있다(제4조 권리의 이행에 관한 의무). 2011년 유엔아동권리위원회는 대한민국 정부가 제출한 「유엔아동권리협약 제3 · 4차 국가보고서」에

대한 최종 견해에서, 권리 기반의 포괄적인 국가 차원의 계획이 부재하다는 점에 깊은 우려를 표명하였다(대한민국정부, 2008). 이러한 국제사회의 권고는 국내 아동정책 체계를 정비하는 계기가 되었고, 이러한 배경에서 2011년 정부는 「아동복지법」을 개정하여 국가가 주기적으로 아동정책기본계획을 수립하도록 법적 근거를 마련하였다. 개정된 법은 2012년 8월부터 시행되었으며, 이를 통해 아동정책은 선별적 보호 중심에서 모든 아동의 권리 보장을 강조하는 방향으로 전환되었다. 또한 아동정책의 중장기적 방향을 설정하고 실행력을 높이고자 '아동정책기본계획'을 수립하게 되었다.

구체적으로 「아동복지법」 제7조(아동정책기본계획의 수립)와 같은 법 시행령 제2조(아동정책기본계획 수립 등)에 따라 아동정책기본계획 수립이 명문화되어 있다. 이 계획은 중앙정부와 지방자치단체가 함께 이행해야 할 정책 방향과 과제를 포함하며, 매년 수립되는 시행계획을 통해 실제 이행 상황을 점검할 수 있도록 한다. 이러한 과정을 통해 아동정책의 실질적 실행력을 강화할 수 있다.

그러므로 아동정책기본계획의 수립은 아동의 삶의 질을 실질적으로 향상시키기 위한 정책적 기반을 마련하였다는 점에서 중요한 의의를 지닌다. 또한 이는 아동의 권리를 중심에 둔 국가 아동정책의 방향성과 기준을 제시함으로써, 향후 아동권리 실현을 위한 제도적 토대를 공고히 한다는 점에서도 그 의미가 크다.

〈표 1-12〉「아동복지법」 제7조와 「아동복지법 시행령」 제2조

「아동복지법」	「아동복지법 시행령」
제7조(아동정책기본계획의 수립)	제2조(아동정책기본계획의 수립 등)
① 보건복지부 장관은 아동정책의 효율적인 추진을 위하여 5년마다 아동정책기본계획(이하 "기본계획"이라 한다)을 수립하여야 한다. ② 기본계획은 다음 각 호의 사항을 포함하여야 한다. 1. 이전의 기본계획에 관한 분석 · 평가 2. 아동정책에 관한 기본방향 및 추진목표 3. 주요 추진 과제 및 추진 방법 4. 재원조달방안 5. 그 밖에 아동정책을 시행하기 위하여 특히 필요하다고 인정되는 사항 ③ 보건복지부 장관은 기본계획을 수립할 때에는 미리 관계 중앙행정기관의 장과 협의하여야 한다. ④ 기본계획은 제10조에 따른 아동정책조정위원회의 심의를 거쳐 확정한다. 이 경우 보건복지부 장관은 확정된 기본계획을 관계 중앙행정기관의 장 및 특별시장 · 광역시장 · 도지사 · 특별자치도지사(이하 "시 · 도지사"라 한다)에게 알려야 한다.	① 보건복지부 장관은 「아동복지법」(이하 "법"이라 한다) 제7조 제1항에 따른 아동정책기본계획(이하 "기본계획"이라 한다)의 효율적인 수립을 위하여 미리 기본계획안 작성지침을 정하여 관계 중앙행정기관의 장에게 통보하여야 한다. ② 관계 중앙행정기관의 장은 제1항에 따른 기본계획안 작성지침에 따라 소관별 기본계획안을 작성하여 보건복지부 장관에게 제출하여야 하고, 보건복지부 장관은 제출받은 소관별 기본계획안과 보건복지부 소관의 기본계획안을 종합하여 기본계획을 수립하여야 한다. ③ 관계 중앙행정기관의 장은 법 제7조 제4항에 따라 확정된 기본계획 중 소관 사항을 변경할 필요가 있는 경우에는 기본계획 변경안을 작성하여 보건복지부 장관에게 제출하여야 한다. ④ 보건복지부 장관은 법 제7조 제4항에 따라 확정된 기본계획을 변경하려는 경우에는 법 제10조에 따른 아동정책조정위원회(이하 "위원회"라 한다)의 심의를 거쳐야 한다. ⑤ 보건복지부 장관은 제4항에 따라 변경된 기본계획을 관계 중앙행정기관의 장 및 특별시장 · 광역시장 · 특별자치시장 · 도지사 · 특별자치도지사(이하 "시 · 도지사"라 한다)에게 알려야 한다.

(2) 아동정책영향평가

아동정책영향평가(Child Policy Impact Assessment)란 국가와 지방자치단체가 정책을 수립하거나 시행하기 전에, 해당 정책이 아동과 아동의 권리에 미치는 긍정적 · 부정적 영향을 아동권리 관점에서 분석 · 평가하는 제도이다(보건복지부 · 아동권리보장원, 2025).

아동정책영향평가의 도입 배경을 살펴보면, 유엔아동권리위원회는 일반논

평 제5호를 통해 아동의 '최상의 이익' 원칙을 실현하는 수단으로서, 모든 국가에 아동영향평가 제도를 도입할 것을 권고한 바 있다. 또한 유엔아동권리위원회는 2011년 제3·4차 국가보고서 심의를 통하여 우리나라에 아동정책영향평가의 실시를 명시적으로 권고하였고, 이에 따라 정부는 2016년 「아동복지법」 제11조의2를 통해 관련 제도의 법적 근거를 마련하였다(김시아 외, 2022).

〈표 1-13〉 「아동복지법」 제11조의2(아동정책영향평가)

① 국가와 지방자치단체는 대통령령으로 정하는 바에 따라 아동 관련 정책이 아동복지에 미치는 영향을 분석·평가(이하 "아동정책영향평가"라 한다)하고, 그 결과를 아동 관련 정책의 수립·시행에 반영하여야 한다. ② 국가와 지방자치단체는 제10조의2에 따른 보장원에 아동정책영향평가를 위탁할 수 있다. <신설 2019. 1. 15.> ③ 그 밖에 아동정책영향평가의 방법과 절차, 위탁 등에 필요한 사항은 대통령령으로 정한다. <개정 2019. 1. 15.> [본조신설 2016. 3. 22.]

더불어 2019년 관계부처가 공동으로 발표한 '포용국가 아동정책'에서는 이 제도의 구체적 도입 및 시행계획이 제시되었다. 이에 따라 제2차 아동정책기본계획의 추진전략 1 '권리주체 아동권리 실현' 아래, 아동정책영향평가의 활성화가 중요한 과제로 설정되었다.

아동정책영향평가는 아동권리보장원에 위탁하여 운영하고 있으며(「아동복지법」 제11조의2), 자체평가와 전문평가로 이원화되어 수행되고 있다.

자체평가는 지자체 공무원이 직접 수행하는 방식으로, 아동과 직·간접적으로 관련된 법령, 계획, 사업 등을 포함한다. 전국 243개 지방자치단체 중 자체평가를 시행한 비율은 2021년 40.7%, 2022년 57.6%, 2023년 74% 등으로 지속적인 확대 추세에 있다(보건복지부·아동권리보장원, 2025). 전문평가는 아동 관련 정책 중 심층적인 평가가 필요한 정책을 대상으로 관련 전문기관이 수행하며, 2019년

(시범사업 1차)부터 2024년까지 17건 정책을 대상으로 수행되었다(보건복지부 · 아동권리보장원, 2025).

〈표 1-14〉 아동정책영향평가 전문평가 추진 현황

연도	대상정책	
2019년 (시범사업 1차)	• 어린이 · 청소년 화장품 관리 • 지역축제 운영	• 대중교통 운영
2020년 (시범사업 2차)	• 청소년보호 종합대책	• 아동디지털 성범죄
2021년 1차년도	• 이주배경 아동청소년 • 아동의 법정 대리인 제도	• 보호대상아동 정신건강
2022년 2차년도	• 방송콘텐츠 심의 • 재난관리	• 건강형평 • 여가 · 놀이 · 문화
2023년 3차년도	• 주거지원 • 정신건강(자살예방)	• 진로교육 • 의료보장
2024년 4차년도	• 고용지원 등	

출처: 아동권리보장원 아동정책영향평가 홈페이지(https://child.ncrc.or.kr/).

아동정책영향평가는 단순한 절차적 요건을 넘어서, 정책이 아동에게 미치는 잠재적 영향을 사전에 분석함으로써 아동권리 중심의 정책 형성을 가능하게 하는 핵심적인 수단이다. 이 제도를 통해 정책의 효과성과 정당성을 높일 수 있으며, 국민의 아동권리에 대한 인식 제고에도 긍정적인 영향을 미칠 수 있다(김은정 외, 2018).

특히 아동정책영향평가의 수행 여부는 해당 정책이 실제로 아동의 권리를 얼마나 충실히 반영하고 있는지를 판단할 수 있는 중요한 척도로 작용한다. 나아가 지방자치단체가 아동정책시행계획과 아동정책영향평가를 유기적으로 연계하여 운영할 경우, 아동권리 중심의 정책 이행을 보다 체계적이고 효율적으로 실현할 수 있다(김시아 · 조소연, 2023).

(3) 아동권리보장원

아동권리보장원(National Center for the Rights of the Child, NCRC)은 아동정책의 종합적 수행과 아동복지사업의 효과적 추진을 위해 필요한 정책 수립을 지원하고, 관련 사업의 평가 등을 수행하기 위해 설립되었다(아동권리보장원, n.d.).

우리나라는 「유엔아동권리협약」 제4조의 권고에 따라, 아동의 권리를 실질적으로 보장하기 위한 국가 차원의 이행 체계를 마련할 필요성이 지속적으로 제기되어 왔다. 그러나 아동 관련 중앙지원 업무가 여러 기관에 분산되어 있어, 기관 간 연계가 부족하고 정책과 서비스의 일관성이 떨어지는 문제가 있었다. 이러한 한계를 극복하고자 민간에 흩어져 있던 아동 서비스 지원 기능을 통합하여, 아동에 대한 보호와 권리 실현을 체계적이고 연속적으로 추진할 필요성이 강조되었다. 특히 요보호아동 보호체계를 아동의 발생 단계부터 보호종료 이후까지 통합적으로 지원하는 아동 중심의 보호체계 구축이 중요한 과제로 제시되었다(관계부처합동, 2019).

이에 따라 정부는 2016년 7월 「아동복지법」 일부개정을 통해 아동권리보장원 설립을 본격적으로 추진하기 시작하였다. 이후 2018년 12월 27일 해당 법안이 국회를 통과하였고, 2019년 1월 15일 개정 법률이 공포되었다. 설립을 위한 추진단 운영과 정책 토론회 개최 등의 절차를 거쳐, 2019년 7월 16일 아동권리보장원이 공식 출범하였다(보건복지부 보도자료, 2019. 7. 16.).

구체적으로 2019년 7월 16일 민간에서 위탁 운영되던 중앙입양원, 드림스타트사업지원단, 아동자립지원단, 실종아동전문기관 등 4개 기관이 통합되면서 아동권리보장원이 공식적으로 출범하였다. 이후 2020년 1월 1일에는 중앙아동보호전문기관, 디딤씨앗지원사업단, 지역아동센터중앙지원단, 중앙가정위탁지원센터 등 4개 기관이 추가로 통합되었다. 이러한 통합과정은 아동의 권리보장과 복지, 보호 기능을 하나의 조직 내에서 연계적이고 유기적으로 수행할 수 있는 기반을 마련하였다는 점에서 중요한 의미를 가진다. 2020년 1월 29일에는 아동권리보장원이 기획재정부 고시에 따른 기타 공공기관으로 지정되면서 법적 지위와 공공성을 공식적으로 인정받게 되었다(아동권리보장원, n.d.).

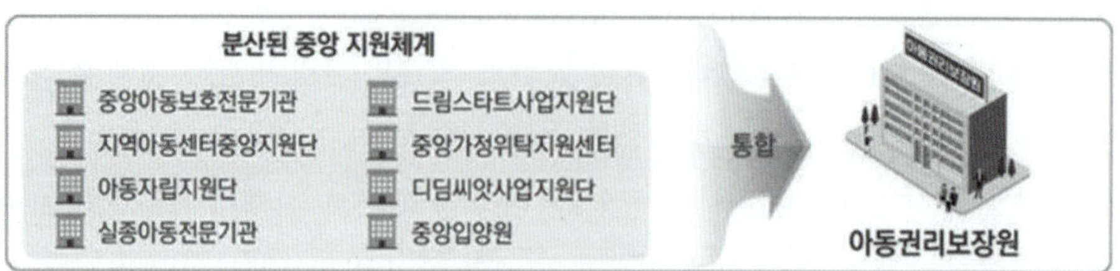

[그림 1-4] 아동권리보장원 설립(2019년 7월)

출처: 관계부처합동(2019). p.21.

아동권리보장원은「아동복지법」제10조의2(아동권리보장원의 설립 및 운영)에 따라 아동의 권리를 보장하고, 아동정책의 효과적인 수립과 이행을 지원하는 기관으로서 다음과 같은 기능을 수행한다.

- 아동정책 수립을 위한 자료를 개발하고 정책을 분석한다.
- 아동정책기본계획 및 시행계획의 수립과 평가를 지원한다.
- 아동정책조정위원회의 운영을 지원한다.
- 아동정책영향평가를 수행하고, 정책의 아동영향을 분석한다.
- 아동보호체계에 필요한 기술을 개발하고 현장에 제공한다.
- 아동학대를 예방하기 위한 사업을 활성화한다.
- 가정위탁사업을 운영하고, 관련 지원체계를 구축한다.
- 지역 아동복지사업 및 아동복지시설이 원활하게 운영되도록 지원한다.
- 「국내입양에 관한 특별법」및「국제입양에 관한 법률」에 따른 국내입양 활성화 및 입양 사후관리를 위한 업무를 수행한다.
- 아동 관련 통계를 구축하고, 관련 조사를 실시한다.
- 아동 관련 교육을 실시하고 권리에 대한 홍보를 수행한다.
- 해외의 아동정책을 조사하고 사례를 분석하여 국내 정책에 반영한다.
- 보건복지부 장관, 국가 또는 지방자치단체장 등으로부터 위탁받은 업무를 수행한다.

2025년 7월 19일부터 「국내입양에 관한 특별법」 및 「국제입양에 관한 법률」이 시행되면서 공적 입양체계가 도입되었다. 아동권리보장원은 아동 최선의 이익을 기준으로 입양 절차 지원과 입양정보공개청구 서비스 제공 등을 수행하며, 입양 업무를 체계적이고 공공적으로 수행하는 국가기관의 기능을 실질적으로 담당하고 있다(보건복지부, 2025).

〈표 1-15〉 「아동복지법」 제10조의2(아동권리보장원의 설립 및 운영)

① 보건복지부 장관은 아동정책에 대한 종합적인 수행과 아동복지 관련 사업의 효과적인 추진을 위하여 필요한 정책의 수립을 지원하고 사업평가 등의 업무를 수행할 수 있도록 아동권리보장원(이하 "보장원"이라 한다)을 설립한다.

② 보장원은 다음 각 호의 업무를 수행한다. <개정 2020. 4. 7., 2020. 12. 29., 2023. 7. 18.>

1. 아동정책 수립을 위한 자료 개발 및 정책 분석
2. 제7조의 기본계획 수립 및 제8조 제2항의 시행계획 평가 지원
3. 제10조의 위원회 운영 지원
4. 제11조의2의 아동정책영향평가 지원
5. 제15조, 제15조의2, 제15조의3, 제16조, 제16조의2의 아동보호 서비스에 대한 기술지원
6. 아동학대의 예방과 방지를 위한 제22조 제6항 각 호의 업무
7. 가정위탁사업 활성화 등을 위한 제48조 제6항 각 호의 업무
8. 지역 아동복지사업 및 아동복지시설의 원활한 운영을 위한 지원
9. 「국내입양에 관한 특별법」 및 「국제입양에 관한 법률」에 따른 입양 체계의 구축 및 운영을 위한 다음 각 목의 업무
   가. 국내외 입양정책 및 서비스에 관한 조사 · 연구
   나. 양부모 및 예비양부모에 대한 교육 운영
   다. 「국내입양에 관한 특별법」에 따른 입양정책위원회 운영 지원
   라. 입양정보 공개 청구 관련 업무
   마. 입양 관련 국제협력 업무
   바. 「국내입양에 관한 특별법」 및 「국제입양에 관한 법률」에 따라 보건복지부 장관으로부터 위탁받은 업무

사. 그 밖에 「국내입양에 관한 특별법」 및 「국제입양에 관한 법률」에 따른 입양 체계 구축 및 운영과 관련하여 보건복지부 장관이 필요하다고 인정하는 업무

10. 아동 관련 조사 및 통계 구축
11. 아동 관련 교육 및 홍보
12. 아동 관련 해외정책 조사 및 사례분석
13. 그 밖에 이 법 또는 다른 법령에 따라 보건복지부 장관, 국가 또는 지방자치단체로부터 위탁받은 업무

[본조신설 2019. 1. 15.]

[시행일 : 2025. 7. 19.] 제10조의2 제2항제9호

4. 아동권리 보장을 위한 정책 방향

오늘날 아동의 삶은 빠르게 변화하는 사회 환경 속에서 다양한 도전에 직면하고 있다. 특히 디지털 기술의 확산, 기후변화의 심화, 사회경제적 불평등의 확대는 아동의 권리 실현에 실질적인 영향을 미치고 있으며, 이에 따른 정책적 대응의 필요성이 점점 더 강조되고 있다. 이러한 흐름 속에서 유니세프 이노첸티(UNICEF Innocenti)의 「청소년 · 아동권리 미래예측 보고서(Young Visionaries)」(2024)는 최근 청소년 참여자들의 목소리를 반영하여, 아동권리정책이 나아가야 할 방향을 제시하였다. 이를 참고하여 본서에서는 아동권리정책의 핵심 방향을 다음 다섯 가지로 제안한다.

첫째, 아동을 보호의 대상이 아니라 권리의 주체로 인식하고, 모든 정책에 아동의 권리 관점이 반영되어야 한다. 이는 모든 정책 수립 과정에서 아동의 권리를 중심에 두고 고려해야 함을 의미한다. 이때 아동이 자신의 권리를 알고, 그것을 행사할 수 있도록 정보 접근성과 역량을 함께 강화하는 것이 중요하다.

둘째, 아동과 청소년이 정책 결정 과정에 실질적으로 참여할 수 있도록 제도적 기반이 마련되어야 한다. 아동의 참여권은 단순히 의견을 수렴하는 수준을

넘어서, 정책 형성 과정 전반에 아동이 실질적으로 참여할 수 있는 구조와 기회를 제공해야 한다.

셋째, 디지털 환경에서 아동의 권리를 보호하기 위한 정책과 교육이 필요하다. 디지털 기술은 아동에게 다양한 기회와 자원을 제공하지만, 동시에 프라이버시 침해, 유해 정보 노출, 디지털 중독 등 새로운 위험 요소도 내포하고 있다. 아동의 온라인 안전을 보호하고, 책임감 있는 기술 이용을 위한 디지털 리터러시 교육, 정보접근권과 자기결정권 보장이 병행되어야 한다.

넷째, 기후변화에 대응하여 아동의 환경권을 보장하고, 아동이 관련 논의에 참여할 수 있는 기회를 제공해야 한다. 기후변화는 아동의 생존, 건강, 발달에 직접적인 위협이 되며, 특히 취약한 아동일수록 더 큰 영향을 받을 수 있다. 아동은 기후 위기의 피해자일 뿐 아니라, 해결 과정에 참여할 수 있는 주체로서 인식되어야 하며, 이를 위해 환경교육과 참여기회 확대가 필요하다.

다섯째, 성별, 장애, 경제적 여건, 이주 배경 등 다양한 요인이 복합적으로 작용하는 차별을 고려한 정책이 필요하다. 이를 통해 모든 아동이 동등하게 권리를 보장받을 수 있도록 해야 한다.

마지막으로 아동의 권리를 보장하기 위한 정책이 시대 변화에 맞게 설계되고 실천되어야 함을 강조한다.

?! 생각해 봅시다

1. 유엔아동권리협약은 아동을 보호의 대상이 아닌 '권리의 주체'로 바라보는 패러다임 전환을 제시한다. 오늘날 우리 사회에서 아동의 목소리가 얼마나 반영되고 있는지 다양한 사례를 통해 평가해 보고, 아동의 참여권을 실현하기 위한 방안을 제안해 보자.
2. '아동의 놀 권리'는 「유엔아동권리협약」 제31조에 명시된 권리이지만, 입시 경쟁, 사교육, 놀이시간 및 공간 부족 등으로 인해 제대로 보장받지 못하는 경우가 많다. 일상의 사례를 통하여 '놀 권리'가 침해되는 상황을 살펴보고, 이를 회복하기 위한 사회적 · 정책적 개선 방안을 논의해 보자.
3. 아동권리는 모든 아동에게 평등하게 보장되어야 하지만, 현실에서는 출신 국가, 가정 환경, 성별, 지역 등에 따라 권리 격차가 존재한다. 우리 사회에서 어떤 아동이 권리 보장의 사각지대에 놓여 있는지 살펴보고, 이를 해결하기 위한 포괄적 접근 방안을 제안해 보자.

제2장

아동복지의 기초

아동의 건전한 발달과 성장을 위해서는 아동복지가 실현되어야 한다. 아동복지가 잘 실현되기 위해서는 기본적으로 권리와 책임의 원칙, 보편성과 선별성의 원칙, 개발적 기능의 원칙, 포괄성의 원칙, 전문성의 원칙, 예방성과 치료성의 원칙이 고려되어야 한다. 아동복지의 주체는 모든 국민이다. 아동을 위한 복지의 방향은 아동, 부모, 국가와 사회적인 측면에서 살펴보아야 한다. 아동복지를 실천함에 있어서 중요하게 고려되는 사항이 보편성과 선별성의 원칙이다. 아동복지에 있어서 보편성의 원칙이란 전체 아동을 대상으로, 급여나 서비스를 제공하는 원칙이다. 선별성의 원칙은 빈곤계층의 아동이나 가장 욕구가 큰 아동에게 급여나 서비스를 제공하는 원칙이다. 포괄성의 원칙은 아동은 전체성을 띤 인간으로서 이들에게 관련되는 원칙들을 상호 보완적으로 적용하여야 한다는 것이다. 즉, 아동복지의 기본 전제가 되는 요소들과 관련되는 프로그램이나 서비스가 포괄적으로 제공되어야 한다. 또한 아동복지가 성공하기 위해서는 무엇보다 전문성의 원칙이 중요하다.

1. 아동복지의 개념

1) 아동의 개념

아동은 어린이, 유아, 청소년 등의 용어와 조금씩 다르면서 비슷하게 혼용되기도 하고, 시대와 사회의 변천 및 학자의 관점에 따라 다양하게 인식되고 있다. 아동에 대한 개념은 아동기에 해당하는 인구 집단의 보편적인 특성과 욕구를 중심으로 정의 내리기도 하고, 사회가 그 사회의 아동에게 부여하는 독특한 일련의 역할과 기대로 설명하는 사회학적 개념으로 정의 내리기도 한다(김성경 외, 2005 : 19).

발달심리학에서는 아동기를 영아기와 유아기 이후의 시기에 해당하는 것으로 보고, 대개 5~12세의 연령으로 규정하고 있다. 이러한 구분은 다른 단계와는 차이가 있는 주요 발달 과업을 지니는 연령으로 제시된다(김성경 외, 2005 : 20). 그리고 교육학적 입장에서는 교육의 대상으로서 아동의 개념을 정의 내리는데, 우리 사회에서는 초등교육과정에 해당되는 시기, 즉 6~12세에 해당되는 자로 이해되어 왔다(김성경 외, 2005 : 20). 「아동복지법」에서는 아동의 개념을 "18세 미만의 자"로 규정하고 있다. 따라서 아동복지정책의 대상이 되는 아동은 '18세 미만의 자'를 의미한다. 국가법령정보센터(2017)에 아동의 연령과 명칭이 아동 관련 법에 따라 다르게 표현되는데, 설명하면 〈표 2-1〉과 같다.

〈표 2-1〉 아동 관련 법의 명칭과 연령 범위

법률명	명칭	연령범위
「대한민국헌법」	아동	18세 미만인 자
UN아동권리협약	형사 미성년	18세 미만인 자
「헤이그 국제아동탈취협약 이행에 관한 법률」	아동	18세 미만인 자
「아동복지법」	아동	18세 미만인 자
「국내 입양에 관한 특별법」	아동	18세 미만인 자

법률명	명칭	연령범위
「한부모가족지원법」	아동	18세 미만인 자 (취학 중인 경우는 22세 미만)
「아동의 빈곤예방 및 지원 등에 관한 법률」	아동	18세 미만인 자
「실종아동등의 보호 및 지원에 관한 법률」	아동	실종 당시 14세 미만인 아동
「청소년 기본법」	청소년	9세 이상 24세 이하의 자
「청소년 보호법」	청소년	만 19세 미만인 자
「아동·청소년의 성보호에 관한 법률」	아동·청소년	19세 미만인 자
「소년법」	소년	19세 미만인 자
「근로기준법」	연소자	15세 미만(최저연령) 중학교 재학 중인 18세 미만인 자
「민법」	미성년자	만 19세 미만인 자
「형법」	형사 미성년자	14세가 되지 아니한 자
「모자보건법」	영유아	출생 후 6년 미만인 자
「영유아보육법」	영유아	6세 미만의 취학 전 아동
「도로교통법」	어린이	13세 미만의 자
「국민기초생활 보장법」	아동	18세 미만의 자

2) 아동복지의 개념

아동복지는 '아동'이라는 단어와 '복지'라는 단어의 합성어로서, 영어 'child welfare'로 표기할 수 있다. welfare는 복지를 뜻하는 말로, '행복, 보호' 등의 다른 의미를 가진다. welfare는 well fare의 합성어로, well은 '잘, 훌륭히, 충분히, 나은' 등의 뜻을 가진 부사이며, fare는 '지내다, 되어 가다'라는 의미의 동사이다. 즉, welfare는 '잘 지내다' 혹은 '충분히 되어 가다'라는 의미이다. 따라서 child welfare, 아동 복지란 '아동이 행복하게 잘 지내다', '아동이 안녕한 상태'라고 설명할 수 있다.

아동복지에 대한 개념 정의는 학자마다 조금씩 다르게 정의되어 왔다. 카두신과 마틴(Kadushin & Martin, 1988)은 아동복지의 의미를 넓은 의미와 좁은 의미 두 가지로 분류하여 정의하였다. 먼저 좁은 의미의 아동복지는 특수한 욕구를 가진 아동과 가족을 대상으로 사회복지기관을 비롯한 특정 기관에서 제공하는 서비스라고 정의하였다. 넓은 의미의 아동복지는 모든 아동의 행복을 위하여 그들의 신체적 · 사회적 · 심리적 발달을 보호하고 촉진하기 위한 모든 대책이라고 정의하였다.

프렌들렌더와 압테(Friendlander & Apte, 1980)는 사회적 · 경제적 활동으로 아동복지의 기능적 측면을 강조하였다. 빈곤 · 방치 · 유기 · 질병 · 결함 등을 지닌 아동을 대상으로, 이들이 신체적 · 정서적 · 지적 발달에 있어 안전하고 행복할 수 있도록 공공기관과 민간기관에서 사회 · 경제 · 보건적 활동을 실시하는 것이라고 설명하였다.

레어드와 하트먼(Laird & Hartman, 1985)은 아동복지는 비복지 상황에 처한 아동의 욕구를 충족시키기 위한 공적이고 전문적인 지원 과정이라고 정의하였다.

장인협과 오인수(2001)는 아동복지는 사회 구성원으로서 아동의 기본적인 욕구를 충족시키고 건전한 성장과 발달을 도모하기 위해 여러 가지 활동을 가능하게 하는 공적인 방법과 절차라고 정의하며, 방법과 절차에는 아동과 관련된 법령, 공공조직 및 민간기관, 사회복지 전문직과 같은 제도화된 실천 방법을 모두 포함하고 있다고 보았다.

「아동복지법」에서는 아동복지를 "아동이 행복한 삶을 누릴 수 있는 기본적인 여건을 조성하고 조화롭게 성장 · 발달할 수 있도록 하기 위한 경제적 · 사회적 · 정서적 지원"으로 규정하고 있다. 「청소년 기본법」에서는 '청소년이 정상적인 삶을 영위할 수 있는 기본적인 여건을 조성하고 성장 · 발달할 수 있도록 제공되는 사회적 · 경제적 지원이라고 설명한다(김성경, 2005). 베이커(Baker, 1995)는 사회복지사전에서 아동복지를 아동의 건전한 발달, 양육, 보호를 지향하는 인간 서비스와 사회복지 프로그램 및 이데올로기의 한 부분이며, 아동복지사업은 건전하고 긍정적인 아동발달을 방해하는 상황을 방지하기 위해 계획된다고 정의하였다.

마이어(Meyer)는 "아동복지는 지속적인 사회체계의 하나로, 아동의 복지를

증진시키기 위한 사회제도이며, 하나의 전문직으로서 사회사업의 한 분야"라고 정의하여 사회복지 전문직의 한 분야로서 아동복지를 강조하였다(이재연 외, 2008 : 35 재인용).

우리나라의 『사회복지사전』에서는 "아동복지란 일반적으로 특수한 장애를 가진 아동뿐만 아니라 모든 아동이 가족 및 사회의 일원으로서 육체적으로나 정신적으로 건전하게 성장·발달할 수 있도록 지역사회나 사회복지 서비스 분야에 있는 공·사 단체나 기관들이 협력하여 아동복지에 필요한 사업을 계획하며 실행에 옮기는 조직적인 활동"이라고 정의하였다.

「아동복지법」 측면에서는 "아동이 건강하게 출생하여 행복하고 안전하게 자라나도록 그 복지를 보장함을 목적으로 하고 있다."(제1조)라고 규정하고, 아동복지를 "아동이 행복한 삶을 누릴 수 있는 기본적인 여건을 조성하고 조화롭게 성장·발달할 수 있도록 하기 위한 경제적·사회적·정서적 지원"(제3조)이라고 정의함으로써, 보호가 필요한 아동뿐만 아니라 모든 아동의 안녕과 복지를 제도적으로 보장하고 있다.

「아동복지법」에 명시된 법의 목적 및 아동복지의 정의는 <표 2-2>와 같다.

<표 2-2> 「아동복지법」에 명시된 법의 목적 및 아동복지의 정의

구분	내용
제1조 (목적)	이 법은 아동이 건강하게 출생하여 행복하고 안전하게 자랄 수 있도록 아동의 복지를 보장하는 것을 목적으로 한다.
제2조 (기본 이념)	① 아동은 자신 또는 부모의 성별, 연령, 종교, 사회적 신분, 재산, 장애 유무, 출생 지역, 인종 등에 따른 어떠한 종류의 차별도 받지 아니하고 자라나야 한다. ② 아동은 완전하고 조화로운 인격 발달을 위하여 안정된 가정 환경에서 행복하게 자라나야 한다. ③ 아동에 관한 모든 활동에 있어서 아동의 이익이 최우선적으로 고려되어야 한다. ④ 아동은 아동의 권리보장과 복지증진을 위하여 이 법에 따른 보호와 지원을 받을 권리를 가진다.
제3조 (정의)	'아동복지'란 아동이 행복한 삶을 누릴 수 있는 기본적인 여건을 조성하고 조화롭게 성장, 발달할 수 있도록 하기 위한 경제적·사회적·정서적 지원을 말한다.

이상과 같이 아동복지에 대한 정의는 시대의 흐름과 학자에 따라 다양하게 정의하고 있다. 이를 정리하여 설명하면 다음과 같다.

협의의 아동복지는 과거 아동복리법에 의한 복지 개념으로, 빈곤 아동, 학대받은 아동, 해체가정 아동, 장애아동 등을 서비스의 대상으로 여겼다. 넓은 의미의 아동복지는 요보호아동뿐만 아니라 모든 아동과 그 가족을 대상으로 서비스를 제공하는 것을 말한다. 카두신(Kadushin, 1984)은 넓은 의미로 아동복지를 모든 아동의 행복 및 사회 적응을 위한 각종 활동이라고 정의하였다. 아동복지는 아동과 가족의 욕구를 충족시키기 위하여 지역사회와 조화를 이루어 아동의 잠재 능력 발전을 위한 다양한 서비스 및 제도와 정책을 제공하는 것을 의미한다.

오늘날 아동복지의 개념은 넓은 의미의 아동복지를 수용하고 있으며, 아동복지의 개념을 정의하면, '특별한 문제나 욕구가 있는 아동을 포함한 모든 아동이 가족 및 사회의 일원으로서 건강하고 건전하게 성장할 수 있도록 개인·민간·지역사회와 국가가 상호 협력하여 아동의 권리를 실질적으로 보장하는 제반의 활동'으로 정의할 수 있다(이재연, 2010).

3) 아동복지의 의의

아동복지의 의의는 세 가지 측면에서 찾을 수 있다. 아동 개개인의 기본적 생활 보장, 미래 인력의 보호와 육성, 그리고 나아가서는 장차 발생할 수 있는 다양한 사회 문제를 예방할 수 있다는 점이다. 이를 구체적으로 설명하면 다음과 같다.

(1) 기본적 생활 보장

인간은 누구나 태어나면서 타인의 보호와 양육이 필요하다. 출생에서 2세 정도까지의 영아기는 가장 기본적인 생리적 욕구를 혼자 힘으로 충족하기는 어

려우므로 타인의 도움 없이는 생존 자체가 불가능하다. 유아기와 아동기에는 생리적 욕구 해결이나 언어에 의한 의사소통이 어느 정도 가능하지만, 혼자서 지낼 수 없고 노동 능력도 없어서 여전히 의존적인 특성을 보인다.

즉, 한 인간이 스스로 자립한 사회적 인간으로 성숙하기 위해서는 일정한 기간 동안 타인의 도움이 절대적으로 필요하다. 옛날에는 대체로 부모와 가족에 의해서 자립할 수 있을 때까지의 기본적 생활이 보장되었으나, 현대사회에서는 핵가족화 및 여성의 취업 증가로 인한 가족의 구조와 기능의 변화, 그리고 가치관의 변화로 부모나 가족이 아동의 보호와 양육을 적절히 수행하지 못하는 경우가 늘어나고 있다. 이러한 현대 가정의 기능 변화에 따라 자녀 양육 및 교육의 문제를 개별 가정만의 문제로 인식하기보다는 사회적 · 국가적 책임으로 보아야 한다는 관점이 확산되고 있다.

부모나 가족이 당면한 신체적 · 정서적 · 사회적 · 경제적 어려움으로 양육 기능을 다하지 못할 경우, 이러한 부모나 가족을 도와 아동이 기본적인 생활을 유지하여 건전하게 성장 발달할 수 있도록 기본적 생활을 보장하는 사회적 체계를 갖추는 것이 아동복지의 의의이다.

(2) 미래 국가 인력의 보호와 육성

아동은 미래 사회를 이끌어 갈 주역으로, 이들을 적절히 보호하고 교육하는 것은 장차 나라의 장래와 직접적인 관련을 갖는다. 아동이 전문적 지식과 건전한 인격을 갖춘 인간으로 성장하는 것은 한 사회와 국가의 발전을 도모할 수 있는 기회이나, 이를 박탈당한 채 성장하고 있는 아동이 늘고 있는 실정이며, 이러한 현상은 산업화 및 도시화의 진전으로 앞으로 더 심화될 것으로 예측된다.

환경적 박탈로 인해 불이익을 당하고 있는 아동의 복지 증진을 위해 현재 세계 여러 나라는 각종 교육, 문화, 의료시설을 설치하고 이들의 건전 육성을 도모하고 있다. 예를 들어, 미국에서 1960년대 중반부터 1970년대 초반까지 강력하게 추진되었던 헤드스타트(Head Start) 운동은 미국 복지정책의 중요한 사업

중 하나이다. 기본 취지는 문화실조를 경험하고 있는 빈곤가정의 자녀에게 정부가 교육 혜택을 제도적으로 보장함으로써 사회적 계층 상승을 가능하게 하는 고등교육의 기회를 넓히자는 것이었다. 이는 부모의 가난이 자녀 세대에게 전수되는 구조적 빈곤의 악순환을 단절시킬 수 있는 방법인 동시에 미래 인력의 질을 향상시킴으로써 국가 발전에 이바지할 수 있는 대표적인 아동복지정책이었다.

「대한민국헌법」 제34조 제1항에서도 "모든 국민은 인간다운 생활을 할 권리를 가진다."라며, 국민의 일원인 아동 역시 행복 추구 및 인간다운 삶을 누릴 권리를 갖는다고 명시하고 있다. 「아동복지법」 제1조는 "이 법은 아동이 건강하게 출생하여 행복하고 안전하게 자랄 수 있도록 아동의 복지를 보장하는 것을 목적으로 한다."라고 하였으며, 「아동복지법」 제4~5조에는 모든 국민은 아동을 보호, 양육하고 사회생활에 적응되도록 육성할 책임을 진다고 하였다. 이와 같이 아동이 전문적인 지식과 건전한 인격으로 미래 사회를 이끌어 가기 위해 국가에서는 아동을 사회 구성원으로 발달시키는 제도를 정립하는 것이 중요하다.

1980년대 이후부터 우리나라에서도 영유아 보호 및 교육에 대한 관심과 이를 위한 제도 등이 마련되고 있는바, 이는 아동이 사회와 국가의 주역임을 인정하고 이들을 보호·육성하려는 노력의 결실이라고 볼 수 있다. 미래의 동력으로써 아동을 유능한 사회 구성원으로 발달시키는 제도의 확충 역시 아동복지의 큰 의의라 할 수 있다.

(3) 사회 문제의 예방

아동은 성인과 마찬가지로 다양한 욕구를 가지고 있으나, 스스로는 이러한 욕구를 충족할 수 있는 능력이 없으므로 가족이나 사회에서 이를 충족시켜 주어야 한다. 아동의 욕구가 적절히 충족되지 않으면 사회의 유능한 성원이 되기 위한 건강한 발달을 도모하기 어렵다. 따라서 아동기에는 적절한 의식주 생활을 통한 기본적인 생리적 욕구 및 다양한 환경을 접하거나 장난감과 놀이를 통

해 즐거움을 누리는 등의 문화적 욕구가 충족되어야 한다. 만일 환경적 결핍으로 계속되는 욕구의 좌절을 경험하면 정서불안이나 신체적 이상을 경험하기 쉽고, 청소년기의 비행이나 가출 등으로 연결되기도 한다.

산업화와 도시화로 인해 증가하고 있는 빈민층이나 결손가정의 아동은 욕구를 적절히 충족시키는 것과는 거리가 먼 환경에서 성장하는 경우가 많다. 이들이 처해 있는 부적절한 환경은 아동의 잠재력이나 가능성을 개발할 기회를 박탈하고 계속되는 좌절감을 경험하게 하므로, 결국 비행이나 일탈 등의 부정적 행동 유형을 습득하게 하여 다양한 사회 문제를 발생시킨다.

복지란, 인간의 욕구를 충족시키거나 사회 문제를 해결하기 위한 각종의 서비스를 말하며, 아동복지의 목적은 아동이 신체적 · 정신적으로 적응하여 자신의 잠재력을 최대로 실현함으로써 행복한 상태가 되도록 하는 데 있다. 이러한 관점에서 아동복지란, 아동이 가지고 있는 욕구를 충족시켜 행복감과 만족감을 누리게 함으로써 사회 문제를 미연에 방지하거나 해결하기 위한 각종 활동 및 제도의 정비로 볼 수 있다. 그러므로 환경적 박탈을 경험한 아동이 성장해서 야기할 사회 문제의 발생을 미연에 방지하기 위한 것도 아동복지의 의의라 할 수 있다.

2. 아동복지의 특성

1) 아동복지의 이념

아동을 보는 관점은 시대적 상황에 따라 다양하게 설명할 수 있으며, 아동의 욕구와 문제를 해결하는 방법도 시대와 문화적 배경에 따라 다르게 설명할 수 있다. 산업혁명 이후 여성의 사회 진출이 많아지고 가정 안에서는 자녀를 돌보는 일에 대한 문제가 발생하여 사회 개입이 필요한 가정과 아동이 증가하였다. 산업화, 가족 제도의 변천, 가족계획, 도시 집중 및 인구 과밀 현상이 아동 양육에 대한 가정 기능의 약화 내지 결함의 원인으로, 이에 가정이 책임지고 기르던 자녀를 이제는 국가나 사회가 공통으로 책임지고 잘 길러 보자는 것이 아동복지의 기본 이념이다. 이러한 아동복지의 기본 이념으로 자유방임주의와 가부장제, 국가부권주의와 아동보호, 가족중심주의와 부모의 권리, 아동의 권리와 해방 관점에 대해 살펴보면 다음과 같다.

(1) 자유방임주의와 가부장제

자유방임주의와 가부장제의 관점은 국가의 역할을 최소화하되 개인 및 가족의 역학을 최대화하는 것을 주장한다. 특히 아동복지의 관점에서 부모와 아동과의 관계를 중요시하고 있다. 자유방임주의와 가부장제의 관점은 국가에 대한 불신과 정부 권력의 위험성에 의한 인식으로 정부가 침해해서는 안 되는 영역과 침해해도 되는 영역으로 나누고 있다. 특히 아동을 포함한 가족과 가족의 생활에 관련된 부분은 상대적으로 사적인 장소로 간주하여 정부가 침해해서는 안 되는 영역으로 보고자 하였다.

또 다른 관점으로는 가부장제를 주장하며, 가정의 권력이 남편 또는 아버지인 남성에게 주어져야 한다고 보고 있다. 이는 가정에서의 남성이 여성, 아내, 자녀의 어머니와 아동, 자녀에게 권력을 가질 수 있는 것을 의미한다. 즉, 가부장제라는 제도에 의하여 여성과 아동에 대한 남성의 권력이 필수로 수반되는 것을 말해 주고 있다. 그러므로 자유방임주의의 관점에서는 최소화된 국가의 개입이 전통 사회에서 남성에게 큰 권한을 부여하여 가부장 제도를 실제로 더 강화시키고 가부장제를 가치 있는 개념으로 중요시하고 있다.

자유방임주의 관점은 아동을 포함한 가족 문제에 있어 국가의 개입은 최소화되어야 하며, 이러한 작은 정부가 가족을 더 자유롭고 강하게 한다고 주장한다. 그러므로 정부가 약할수록 가족은 더 강해지므로 가족 및 아동에게 약한 정부, 작은 정부가 더 유리하다. 부모와 자녀 관계와 아동의 심리는 생물학적 유대도 중요하지만, 심리적 유대를 더 강조하고 있다. 아동이 정상적으로 가정에

서 한 구성원으로서 존재하고 아동의 최상의 이익이 보장되며 생물학적 유대가 아닌 심리학적 유대로서 보호되지만, 아동의 기본적인 보호 조건이 성립이 안 될 경우에만 정부가 개입된다는 것을 의미한다.

자유방임주의에서는 국가의 최대 개입은 아동을 포함한 가족을 억압한다는 입장을 취하고 있다. 즉, 개인 및 아동을 포함한 가족의 자유를 위하여 국가는 최소의 개입을 요구한다. 국가의 어떠한 조치도 구속이나 통제로 간주하고 원하지 않는 입장이다. 그러므로 국가는 가족 및 부모의 역할을 대신할 수 없으며, 가족이나 부모의 역할로서 아동을 보호할 수 없는 문제가 발생하였을 때, 즉 상황이 부모 및 가족의 심리적 결함이나 가족의 경제적 어려움으로 아동을 보호할 수 없는 조건일 경우에만 국가가 개입하여 문제 해결을 위해 노력해야 한다. 자유방임주의와 가부장제의 관점에서는 부모의 권리가 중시되며, 자녀 양육의 책임자로서 국가는 가족을 존중해 주어야 한다는 입장이다.

(2) 국가부권주의와 아동보호

아동보호에 관한 광범위한 국가의 개입을 인정하며, 부모의 아동에 대한 보호가 부적절할 때, 국가는 때로 개입 자체가 권위주의적이라 하더라도 아동과 아동을 둘러싼 가족에게 개입할 수 있다고 본다. 또한 가족이나 부모보다는 아동에게 더 초점을 맞추고 관심을 두고 있다. 국가적 차원에서 가족으로부터 부적절한 보호를 받는 아동의 경우, 더욱 건강하고 양질의 보호가 제공되는 새로운 가족에서 아동이 양육되는 것을 우선한다. 자유방임주의 관점에서는 부모의 권리와 자유가 강조되는 대신, 아동이 주체가 되어 가장 중요하게 여겨진다. 이에 따라 아동의 양육과 보호에 관한 아동의 권리가 더욱 구체적이고 체계적으로 보장되어야 한다고 주장한다.

부모와 자녀와의 관계에서 아동이 부모와 분리되었을 경우나 또 다른 형태의 심리적 결속이 형성되었을 경우, 국가 차원에서 좀 더 나은 보호를 아동에게 제공함으로써 아동에게 복지를 좀 더 일찍 준비하고 문제 있는 보호를 더욱 신속히 예방하고자 한다. 즉, 입양이나 위탁보호를 통하여 대리보호에 더 긍정적인 입장을 보인다. 특히 입양에 있어서는 아동의 보호를 최우선으로 생각하고 아동의 복지로서 최선의 해결책이라고 강조하고 있다.

이 관점은 국가의 미래는 사회를 나타내는 아동에게 관심을 갖는다는 도구주의적인 관점을 반영하고 있으며, 동시에 아동과 성인의 관계에 있어서 부모기에 관한 자격 부여의 개념도 갖고 있다. 즉, 아동은 주체적으로 무언가를 선택할 수 없으며, 자신을 방어하기에는 너무나 약한 존재이기 때문에 성인이 부모로서 자녀인 아동을 보호할 특별하고 도덕적인 의무를 국가가 갖고 있다는 입장이다.

(3) 가족중심주의와 부모의 권리

부모와 자녀 관계의 가치가 유지되어야 하고, 이를 위하여 아동과 가족을 위한 다양한 서비스가 제공되어야 한다고 본다. 동시에 가족과 아동을 지지해 주는 역할을 중시하며, 심리적 부모와 자녀의 관계를 간과하지 않는다.

이 관점은 위기에 처한 가족이나 문제가 있는 아동을 그러한 부모나 가족으로부터 분리하여 대리적 보호를 제공하는 국가부권주의적 관점과는 달리, 국가가 그러한 가족을 지지할 수 있도록 다양한 서비스를 제공하는 점을 강조한다. 또한 자유방임주의 관점과 같이 국가의 역할을 최소화하는 시각과도 매우 다르다. 국가는 아동을 포함한 가족 전체를 위한 적극적이고 체계적인 서비스를 제공하여야 하고, 덜 권위주의적이고 예방적인 차원이며 지지적인 역할을 강조하고 있다. 가족중심주의적 관점은 아동이 친부모와 함께 있어야 한다고 본다.

또한 이 관점은 부모의 관심과 욕구는 중요하며, 부모는 곧 아동복지의 목적으로 간주되는 중요한 수단으로 본다. 그러므로 가족의 역할이 제대로 기능하지 못하거나 부모 개인의 심리적 결함은 개인이나 가족의 문제로 보지 않고 사회적 또는 환경적 문제로 본다. 취약한 부모, 한부모, 빈곤부모 및 그 외의 불행

한 환경적 조건에 처한 아동과 그를 포함한 가족을 위하여 폭 넓은 역할을 수행할 수 있도록 도와주어야 한다는 관점을 주장하고 있다.

가족중심적 관점은 혈연관계를 중시하며 생물학적 부모의 중요성을 강조한다. 그런 의미에서 부모의 친권이 우선시된다. 그러나 아동도 부모와 마찬가지로 부모를 거부할 수 있어야 한다. 그러나 그런 의미에서 아동이 적절한 보호를 받을 권리는 있지만 선택할 권리는 없다고 본다. 즉, 아동의 이익을 위하여 부모의 절대적인 능력을 근거로 하며, 부모에 대한 지나친 신뢰가 전제된다고 주장한다.

(4) 아동의 권리와 해방

이 관점은 아동 자체를 성인과 같은 자유와 자율을 지닌 하나의 독립된 존재로 본다. 그러므로 아동의 권리와 해방을 주장하는 이 관점은 성인과 국가가 아동을 통제하는 생각에 대해 반대한다. 아동의 자율과 자유, 자기결정권이 중요시되는 개념이다. 이는 아동의 행동, 감성, 사고, 지식, 기술적 측면 모두에 적용되어야 한다고 주장한다.

아동의 권리는 단순히 아동의 보호나 아동복지의 의미가 아니라, 아동에게 자유와 자기결정권을 부여하며 동시에 자율성도 함께 적용되는 것을 의미한다. 성인의 의무는 아동의 행동을 허락하고, 아동의 말을 듣고, 아동의 욕구를 존중하는 것으로 아동의 권리를 극대화한다. 또한 아동이 성인으로부터 자유롭도록 국가가 보장해야 한다. 정부는 아동을 연령으로 구분하지 말고 성인이 법적으로 할 수 있는 모든 것을 아동에게도 허용해야 한다고 주장하면서, 아동 권리를 성인의 권리와 같다고 본다. 권리는 나이와 상관없이 누구에게나 모두 부여되어야 하므로, 국가는 아동의 권리 확보를 위해 최소한의 개입을 한다는 입장이다.

2) 아동복지의 기본 전제

아동복지는 아동의 다양한 욕구를 충족시킬 수 있도록 지원해 주는 것이다. 아동의 욕구를 충족시켜 줄 수 있는 복지를 실현하기 위해서는 전제 조건이 필요하다.

1924년 유엔이 발표한 「아동권리헌장」과 1959년 「아동에 관한 권리선언」에서는 아동에 대한 특별 지원, 위험으로부터 우선적 보호, 착취로부터의 보호, 의무교육 등에 대하여 규정하였다. 「대한민국 어린이 헌장」에도 인간의 존엄성 존중, 건전한 가정에서의 보호, 영양, 질병의 예방과 치료, 평등한 교육, 문화, 놀이와 오락에 대한 권리, 유해 환경과 학대로부터의 보호, 장애아동에 관한 보호 등이 포함되어 있다. 또한 장인협과 오정수(2001)는 아동복지의 기본 전제로 안정된 부모와 가정, 경제적 안정, 교육받을 권리, 노동, 건강, 놀이와 여가, 특수 욕구를 가진 아동에 대한 보호를 설명하고 있다.

(1) 안정된 부모와 가정

안정된 부모와 가정은 아동복지에 일차적 책임을 지며, 직접적인 영향을 미친다. 아동은 안정된 가정에서 생존에 필요한 생리적 욕구를 충족시키며 정서적인 인간관계를 경험하고 사회화의 기초를 형성한다. 오늘날 가족은 과거에 비해 기능과 구조 면에서 많은 변화를 겪고 있고, 가족 내 아동 양육 체계는 약화되고 있다.

부모는 부모 역할에 많은 어려움을 느끼면 자녀에게 정서적 안정감을 주지 못한다. 좋은 부모가 될 수 있도록 도와주어야 자녀에게 좋은 영향을 줄 수 있다. 예방 차원으로 아동의 복지를 위해서는 가정생활을 보장하고 보호 및 강화하며, 가족 구성원들이 각자의 사회적 기능을 원활하게 수행할 수 있도록 주택정책과 가족정책 및 가족복지 서비스 등이 기본적으로 제공되는 가족 중심의 아동복지가 되어 가정 안에서 아동이 잘 양육되도록 지원해야 한다.

(2) 경제적 안정

아동의 건전한 발달을 돕기 위해서는 안정된 가정생활에 필요한 물질적 욕구가 충족되어야 한다. 오늘날 빈곤의 개념은 최저생계비 이하의 상태를 의미하는 것뿐만 아니라, 교육, 건강, 기회 등의 사회적 여건 또는 자원의 결핍 상태를 의미한다. 빈곤이 아동에게 미치는 영향은 신체적으로 영양 부족은 건전한 신체발달에 장애를 가져오기도 한다. 또한 심리적 박탈감과 불안감, 대인 관계와 인격 형성에도 부정적인 영향을 끼치고 인지능력 발달에도 부정적인 영향을 미친다는 연구 결과가 있다(장명림, 2009). 국가는 가정의 경제적 안정을 돕고, 절대적 빈곤과 상대적 빈곤의 상태에 처한 가정의 요구와 필요에 부응할 수 있는 각종 복지 대책이 마련되어야 한다. 이를 위해 국가는 공석부소, 사회보험, 아동수당제도 등을 실시하고 부모에게 취업훈련과 취업알선을 통한 고용의 기회를 제공해야 한다. 저소득층 가정의 아동에게는 무료 급식 확대와 정기적인 건강 검진 및 지역 아동센터 등을 활용하여 문화 체험을 할 수 있는 기회를 적극적으로 지원해 주어야 한다.

(3) 교육받을 권리

우리나라 헌법에서는 모든 국민이 능력에 따라 균등하게 교육을 받을 권리를 명시하고 있다. 아동의 권리 중 교육을 받을 권리는 헌법 제31조에서 명시된 조항으로, 아동의 능력, 필요성, 흥미에 따라 교육의 기회가 부여되어야 하며, 모든 아동은 교육을 받을 수 있도록 교육 시설 및 교육 내용에 있어서 아동의 욕구를 반영한 아동을 위한 교육이 이루어져야 한다. 모든 아동은 누구나 타고난 잠재적 능력이 있으므로, 아동 개인의 흥미, 능력, 필요에 따라 적절한 교육이 이루어져야 한다. 어려서부터 유치원이나 학교와 관계를 갖게 되는데 유치원과 학교는 단순히 지식을 전달할 뿐만 아니라 아동의 전인격적 교육을 목표로 삼고 있다. 따라서 아동이 유치원과 학교에 머무는 동안에는 건강, 행복 등을 함께 고려해야 한다. 유치원과 학교가 이러한 역할을 수행하기 위해서는 물리적 환경과 보육·교육 프로그램 개선이 필요하며, 특히 특수한 장애를 지닌 아동에게도 조기에 특수교육을 받을 수 있도록 교육제도가 마련되어 교육적 재활을 비롯한 각종 재활 서비스를 통하여 자신의 능력을 발휘 및 향상시키고 사회생활에 적응할 수 있도록 지지해야 한다.

(4) 노동

모든 아동은 성장·발달하고 보호받아야 하는 미성숙한 존재이므로 연소 노동이나 유해 노동으로부터 보호받아야 한다. 「아동의 권리에 관한 협약」(1989)에도 아동은 경제적 착취 및 위험, 아동의 신체적·지적·정신적·도덕적·사회적 발전에 유해한 노동으로부터 보호받을 권리가 있음을 국가가 인정해야 한다고 규정하고 있다(협약 제32조). 우리나라 「근로기준법」은 15세 미만인 자의 근로자 사용의 금지, 여성과 18세 미만인 자의 위험한 사업에의 사용 금지, 15세 이상 18세 미만인 자의 근로 시간은 1일 7시간, 1주 35시간을 초과하지 못함을 명시하고 있다(근로기준법, 2024). 따라서 아동은 노동 착취로부터 보호받아야 하고 가족과 지역사회뿐만 아니라 국가적 차원, 더 나아가 국제적 차원에서 아동 노동을 근절하기 위한 접근이 필요하다. 아동을 법률로 연소 노동에서 보호하는 것은 아동이 아직도 성장하고 보호받아야 하는 대상이라는 아동발달적 관점에 근거한 것이다. 아동의 노동은 교육받을 권리나 놀 권리를 침해할 수 있으므로 노동으로부터 보호되어야 한다.

(5) 건강

아동의 건강은 아동복지의 기본이다. 아동이 건강하게 출생하여 행복하고 안전하게 자랄 수 있도록 지원하는 것은 아동 개개인의 생존과 직결되며, 우리나라 미래와도 관계가 있다는 점에서, 건강은 아동복지의 기본 전제가 되는 요인이다. 아동의 건강 관리는 부모의 신체적·정신적 건강 관리와 밀접한 관계가

있다. 특히 국제적으로 1948년 유엔총회에서 채택된 「세계인권선언」 제25조에 "모성과 아동은 특별한 배려와 지원을 요구할 수 있다."라고 규정하고 있으며, 우리나라 「아동복지법」 제1조에서도 "아동이 건전하게 출생하여 행복하고 안전하게 자랄 수 있도록 아동의 복지를 보장하는 것을 목적으로 한다."라고 규정하고 있다. 따라서 국가와 사회는 모든 아동의 신체적·정신적 건강을 위하여 공공의료 서비스를 지원하여 아동의 안녕과 건강한 성장 및 발달을 도모해야 한다. 모체의 건강은 태아의 건강에 직접적 영향을 미치므로 모체가 영양을 충분히 공급받고 심리적 안정을 유지하며 약물 등에 노출되지 않아야 한다.

아동의 건강 유지와 영양 공급은 부모가 어떤 상황에 처해 있든 아동에게 보장되어야 할 기본 전제이며, 건강한 사회 구성원으로 자라나도록 하기 위한 필요조건이다. 오늘날 아동은 가족해체를 비롯한 여러 가정문제 속에서 스트레스를 겪고 있다. 이로 인해 아동은 외로움, 우울, 불안, 위축 등의 내재화 문제행동과 공격성, 폭력, 파괴적 행동, 도벽 등의 외현화 문제행동을 보인다. 그러므로 신체적 건강뿐만 아니라 정서적 건강에도 여러 가지 지원을 하여 국가의 모든 아동이 신체적·정신적으로 건강하게 자랄 수 있도록 해야 한다.

(6) 놀이와 여가

아동은 놀이와 여가를 통해 자신의 신체 기능을 조정하고 감정을 표출함으로써 원하는 바를 충족하게 된다. 따라서 놀이와 여가는 아동의 중요한 권리이자 아동복지의 기본 전제이다. 아동은 놀이를 통해서 신체적 건강뿐만 아니라 알고자 하는 것을 알게 되고 정서적 안정감을 경험하게 된다. 아동은 놀이를 통해 자신이 가진 잠재적 능력을 펼쳐가며 조화롭게 발달할 수 있다.

우리나라 「아동복지법」 제52조(아동복지시설의 종류)에서는 아동전용시설의 설치를, 「어린이 헌장」 제5조에는 "어린이는 즐겁고 유익한 놀이와 오락을 위한 시설과 환경을 제공받아야 한다."라고 규정함으로써 아동이 뛰어놀 수 있는 놀이 공간 확보를 명시하고 있다. 그러나 우리나라 아동의 '삶의 만족도'는

OECD 국가 중 최하위이며, 아동의 절반 이상(52.8%)이 정기적 여가 활동(취미 생활, 스포츠, 동아리 활동 등)을 하지 않는 것으로 나타났다(임경옥 외, 2021).

2011년 유엔아동권리위원회는 제3, 4차 국가보고서 심의 이후, 우리 사회의 극심한 경쟁과 사교육에 대한 우려와 함께 "협약 제31조에 따라 여가, 문화 및 오락 활동에 대한 아동의 권리를 보장하라."라고 권고한 바 있다. 따라서 국가와 사회는 아동에게 놀이와 여가 활동을 지원하여 아동의 안녕과 건강한 성장 및 발달을 도모해야 한다.

(7) 특수한 욕구를 가진 아동에 대한 보호

아동복지가 모든 아동을 대상으로 한다면, 특수한 욕구를 가진 아동에 대해서는 사회적으로 특별한 보호가 마련되어야 한다. 신체적 · 정신적 · 정서적 · 발달적 · 행동적 장애를 가진 아동에게 조기 발견과 함께 특수한 보호와 치료의 기회를 부여하고, 최소 제한적 환경을 마련하여 이들이 사회적 기능을 보다 잘 수행할 수 있도록 대안적 조치를 마련해 주어야 한다.

빈곤한 가정의 아동, 취업모의 자녀, 한부모의 아동, 해체된 가정의 이동 등 여러 이유로 인해 사회적 차원에서 특수보호가 필요한 아동을 위한 특별한 보호가 있어야 한다. 특별한 장애가 있는 아동은 조기 발견과 함께 특수 치료의 기회가 있어야 한다. 다문화 가족이 늘어나고 있는 요즘에는 그들의 문제에도 관심을 가지고 도와줄 수 있는 복지 대책을 마련해야 한다.

3) 아동복지의 원칙

아동의 건전한 발달과 성장을 위해서는 아동복지가 실현되어야 한다. 아동복지가 잘 실현되기 위해서는 기본적으로 권리와 책임의 원칙, 보편성과 선별성의 원칙, 개발적 기능의 원칙, 포괄성의 원칙, 전문성의 원칙, 예방성과 치료성의 원칙이 고려되어야 한다(장인협 외, 2004; 김성경, 2009).

(1) 권리와 책임의 원칙

아동복지의 주체는 모든 국민이다. 아동을 위한 복지의 방향은 아동, 부모, 국가와 사회적인 측면에서 살펴보아야 한다.

① 아동의 권리와 책임

모든 아동은 하나의 인간으로서 태어날 때부터 독자적 권리를 지니고 있다. 아동의 권리에 대해서는 법률상으로는 물론 아동의 권리선언에 관한 협약이나 어린이 헌장 등에 명시되어 있다.

20세기 이후 아동을 권리의 주체로 인식하게 된 관점의 변화는 아동복지 서비스에도 많은 영향을 미치게 되었다. 아동은 가족과 지역사회, 국가로부터 보호받을 권리를 갖는 동시에 책임도 부여된다. 그들은 사회의 정당한 기대에 충족되도록 개인으로서의 책임감을 발전시켜야 한다. 아동은 지도와 보호를 받아야 하는 권리를 지닌 것과 마찬가지로 성인의 기대에 충족, 합리적 요망의 수긍, 자발적 활동이나 계획에의 참여, 자기 발전 기회의 적극적 활동에 대한 책임 의식을 가져야 한다.

② 부모의 권리와 책임

사회적 변화에 따라 가정의 기능이 약화되었음에도 부모는 아동을 보호 · 육성할 최우선적인 권리와 책임이 있다. 아동의 생활 방식이나 행동 기준을 결정할 권리를 가지는 것이다. 이러한 권리와 함께 재정적 지원, 신체적 보호, 정서적 양육이나 그 밖에 광범위한 지도 감독의 책임이 따른다.

오늘날 많은 부모들이 자녀에 대한 권리만 주장할 뿐 책임 감당을 못하는 데에 많은 갈등과 문제점이 따르고 있다. 따라서 부모의 책임을 성실히 수행하도록 제반 부모교육 및 제도적인 뒷받침이 있어야 한다.

③ 국가와 사회의 권리와 책임

「아동권리협약」에는 국가는 부모가 양육을 잘 수행할 수 있도록 적절한 지원을 해 주고 아동이 보호받지 못할 경우에는 보호시설을 지정해야 한다고 설명하고 있다. 무엇보다 부모가 아동을 잘 양육할 수 있도록 지원해 주어야 하며, 의무교육을 통해 아동의 교육권을 보장하고 유해한 환경으로부터 아동을 보호해야 한다고 명시하고 있다.

국가와 사회는 아동의 건전한 육성 대책을 위해 아동에게 보호와 혜택을 줄 수 있는 제반 권한을 행사할 수 있어야 한다. 부모와 자녀에게 개입하여 부모의 보호가 법이 정한 바의 수준 이하일 때에는 가정위탁보호나 시설보호 등을 받을 수 있도록 책임을 다하여야 한다.

아동의 보호·육성 대책 수립을 위해서 입법부·사법부·행정부에서는 각기 권한과 책임을 유효 적절하게 수행해야 할 뿐만 아니라 상호 보완적인 관계 수립도 중요하다고 본다.

(2) 보편성과 선별성의 원칙

아동복지를 실천함에 있어서 중요하게 고려되는 사항이 보편성과 선별성의 원칙이다. 아동복지에 있어서 보편성의 원칙이란 전체 아동을 대상으로, 급여나 서비스를 제공하는 원칙이다(장인협·오정수, 2001). 즉, 계층, 인종, 민족, 장애 유무, 부모 유무 등의 조건에 상관없이 모든 아동에게 동등한 급여와 서비스를 제공하는 것을 말한다. 이 원칙은 사회 문제란 불완전하고 불공평한 사회체계에서 기인하는 것으로 개인의 결함이나 잘못에 의해 발생하는 것이 아니라는 기본 관점에서 출발하며, 아동수당, 무상 의무교육 등이 포함된다.

선별주의는 빈곤계층의 아동이나 가장 욕구가 큰 아동에게 급여나 서비스를 제공하는 원칙으로, 그 성격에 있어서 시혜적·범주적이고, 열등처우의 원칙이 불가피하며 낙인으로 인한 수치감을 초래할 수 있다(장인협·오정수, 2001). 아동복지에서 선별성의 원칙은 빈곤가정의 자녀, 질병이나 장애, 학대 위험 등과 같은 범주화에 기초하여 보호대상아동에게 우선적으로 복지 서비스를 제공하는 것을 말한다. 선별성의 원칙에 의해 제공되는 급여나 서비스는 문제의 원인이 자발적이든 비자발적이든 간에 개인에게 있다는 전제하에 문제를 보완하거나 해

소하기 위한 최소한의 보호로서, 일시적 · 보완적 · 잔여적 성격이 강하다.

아동의 보호나 육성대책에는 보편성과 선별성의 원칙이 함께 적용되어야 하는 것이다. 일반 아동복지정책 수립에 있어서 전체 아동을 대상으로 하는 한편, 기여제도와 도움을 필요로 하는 사람에게 요청되는 선별적성 원칙이 적용되어야 한다. 사회복지의 변화가 선별적 복지에서 보편성 복지로 발전하였듯이 아동복지도 보편성의 복지가 다각도로 이루어져야 할 것이다.

(3) 개발적 기능의 원칙

아동복지 측면에서 가장 중요한 것은 아동에게 문제가 생기기 전에 예방하는 것이다. 아동기의 문제는 성인이 되어서도 영향을 미치기 때문이다. 그러나 아동에게 문제가 발생할 경우에는 치료성의 원칙에 따라 이를 해결해야 한다. 아동복지에서 개발적 기능의 원칙이란, 사후 대책적인 기능이 주가 되는 아동복지체계에서 나아가 적극적이고 예방적이며 의도적 변화를 가져올 수 있는 개발지향적 아동복지체계를 형성함을 말한다.

켄달(Kendall, 1974)은 개발적 기능에 대하여 "목적에서는 적극성을 띠고, 접근방법에서는 포괄성을 가지며, 대상 인구가 각 부문에 관련되어야 하고, 종전까지의 순수한 치료적 혹은 미시적 수준에서 지역사회적 · 국가적 · 거시적 수준으로까지의 제 복지기능에 관여하는 것이다."라고 하였다(민미희, 2022). 즉, 아동욕구의 발견 및 변화 예측, 그 변화와 발전에 대한 사람들의 참여, 지도자의 계발, 기관과 집단 간의 조정과 협력의 향상 등과 관련되는 기능들이 적극적으로 수행되어야 한다.

(4) 포괄성의 원칙

아동은 전체성을 띤 인간으로서 이들에게 관련되는 원칙들을 상호 보완적으로 적용하여야 한다. 즉, 아동복지의 기본 전제가 되는 요소들과 관련되는 프로그램이나 서비스가 포괄적으로 제공되어야 한다. 모든 아동은 아동복지의 기본 전제인 안정된 가정생활, 경제적 안정, 교육, 보건, 노동, 놀이, 특수보호 등에 대한 프로그램이나 서비스가 총체적이고 포괄적으로 상호 보완되어야 한다. 아동 문제에 대처할 때 여러 가지 유형의 서비스를 함께 고려해야 그 효과를 거둘 수 있다는 것이다. 아동발달은 서로 유기적인 관계를 가지고 전개되므로 한 영역의 발달 손상은 다른 영역에 파급되며, 아동도 하나의 전체성을 띤 인간으로서 그들에게 직접적으로 관련되는 제 측면들이 상호 보완되는 가운데서 건전한 성장과 발달을 도모할 수 있는 것이다. 이들 중 어느 한 측면만을 충족한다면 아동은 건전하게 성장 발달할 수 없다. 따라서 아동복지사업은 통합적인 서비스가 요청되며, 어느 부문의 분야에 종사하든지 상호 의뢰, 조정 및 보완으로써 아동의 전인적 발달을 도와주어야 한다.

포괄성의 원칙은 행정조직 면에서 적용되어야 한다. 보건복지부, 여성부, 교육부, 문화체육부, 노동부 등 여러 정부 부처에서 산발적으로 관장하고 있는 아동의 복지와 관련되는 사업이나 프로그램이 포괄적으로 수행되기 위해서는 조직과 운영의 연계가 효과적으로 이루어져야 한다.

(5) 전문성의 원칙

아동복지가 성공하기 위해서는 무엇보다 전문성의 원칙이 중요하다. 산업화·정보화 시대에 따라 아동의 욕구나 사고 및 행동문제의 욕구를 충족시키기 위해 전문적 지식이나 기술이 없이는 올바른 문제해결을 얻기 어렵다. 아동의 건전한 발달을 위해서는 이를 위한 전문기구와 아울러 전문적 인력의 활용이 필요하다.

아동복지사업을 효율적으로 전개하기 위해서는 사회복지학을 비롯하여 교육학, 심리학, 아동연구 전문 인력들이 함께해 나가야 한다. 아동 문제에 대처할 때 여러 가지 유형의 서비스를 함께 고려해야 그 효과를 거둘 수 있다는 것이다. 아동발달은 서로 유기적인 관계를 가지고 전개되므로 한 영역의 발달 손

상은 다른 영역에 파급되며, 아동도 하나의 전체성을 띤 인간으로서 그들에게 직접적으로 관련되는 제 측면들이 상호 보완되는 가운데서 건전한 성장과 발달을 도모할 수 있는 것이다.

(6) 예방성과 치료성의 원칙

아동복지에서 중요한 원칙은 예방성이다. 아동기에 발생하는 다양한 발달상의 문제에 대하여 즉각적으로 개입하여 조기에 치료하고 가능한 한 더 큰 문제를 예방하는 것이다. 사전에 예방 노력에도 문제가 발생할 경우에는 아동 문제 발생 즉시 개입하여 아동의 문제를 조기 발견하고 적절한 개입을 통해 더 이상 문제가 악화되는 것을 막고 치료성의 원칙에 따라 해결하여야 한다. 따라서 조기 발견과 치료가 중요하며, 이러한 노력이 피해를 최소화하고 상대적으로 시간이 적게 소요된다.

제3장

아동권리와 복지의 발달

아동복지는 주로 요보호아동을 대상으로 의식주의 문제를 해결해 주는 구제와 지원으로 이해되었다. 따라서 아동은 오랫동안 양육과 보호의 대상으로만 여겨지고, 독립된 주체로 인정받지 못하였다. 이후 20세기에 접어들면서 아동에 관한 사고 및 인식 변화를 통해 아동의 권리를 신장하려는 노력이 시작되었고, 한 인간으로서 최소한의 기본생활과 인간다운 생활을 영위할 수 있는 권리소지자로 인식하게 되었다.

이에 아동이 행복한 삶을 누리기 위해서는 아동이 가진 권리를 사회적으로도 인정받고 그 권리를 충분히 누릴 수 있도록 개인 차원이 아닌 사회와 국가가 중심이 되어 관리하고 보장하는 사회적 의무에 관한 인식과 함께 아동 인권 측면에서 다양한 정책을 확립하고 추진하려는 움직임이 나타나기 시작하였다. 이에 대한 결과물이 바로 「아동권리협약」이다.

1. 아동권리의 역사

우리나라는 소파 방정환의 「아동권리 옹호 운동」을 중심으로 아동의 권리에 관해 관심을 가지기 시작하여 「아동권리선언」, 「대한민국 어린이 헌장」이 제정되고, 이후 1990년 9월 25일에 「유엔아동권리협약」에 서명하였다. 이후에도 수 차례 「아동복지법」 제정과 개정을 통해 아동의 권리가 발전하고 있다. 우리나라 「아동복지법」에서는 아동의 권리를 18세 미만의 연령에 속하는 아동과 청소년이 인간으로서 누려야 할 기본적인 권리의 의미로 규정하고 있다.

서구에서는 프랑스 혁명을 분기점으로 인간의 권리에 대한 사회적 인식이 증대되었으나 아동의 인권에 관한 관심을 지니게 된 역사는 길지 않다. 19세기 말까지 아동을 학대한 부모를 '동물 학대 금지법'에 회부하는 등 아동학대에 관한 법률이 제정되지 않았다. 세계 각국은 1920년대 들어 아동의 권리에 관하여 관심을 가지기 시작했고, 「아동권리에 대한 제네바 선언」을 출발하여 「유엔아동권리선언」과 「유엔아동권리협약」으로 발전하게 되었다.

1) 서구의 아동권리 사상의 발전

(1) 「인권선언」, 「아동권리에 대한 제네바 선언」

아동권리 발달에 관한 세계적 역사는 프랑스 혁명으로 만들어진 「인권선언」(1789)을 통해 자유와 평등이 인간의 천부적이고 보편적 권리임이 인정되면서 시작되었다고 볼 수 있다. 서구에서 아동권리에 관해 관심을 갖게 된 것은 1차 세계대전 이후 전쟁으로 상처 입은 아동에 대한 반성 의견이 커지면서, 기아 문제 해결을 위한 기금을 출범시키고 식량 부족 사태를 막기 위해 노력했던 영국의 에글렌타인 젭(Eglantyne Jebb) 여사가 아동권리에 대한 인식이 필요함을 역설하며, 국제연맹에 제출한 「아동권리에 대한 제네바 선언(Geneva Declaration of the Rights of the Child)」(1924)이 중요한 계기가 되었다. 이는 아동권리를 위

한 최초의 국제적 선언이다. 이를 기초로 1924년 UN의 전신인 국제연맹(League of Nations) 회의에서는 「아동권리에 대한 제네바 선언」 5개 항을 채택하였다. 이 선언에는 아동의 발달 보장, 기초적 보장(주거, 음식, 치료, 위험 등)을 제공하며, 노동 착취로부터 보호해야 함이 명시되어 있다. 빈곤이나 기아, 영양실조가 가장 큰 문제였던 사회적 상황에 따라 기본적인 생존권에 초점을 맞춘 것으로, 아동의 교육권 등 복지권은 제외되었다는 한계가 있으나, 국제사회가 권리보호를 중요한 과제로 인식한 최초의 문서로서 그 의미가 있다.

(2) 「세계인권선언」, 「유엔아동권리선언」

UN은 1948년 「세계인권선언(Universal Declaration of Human Rights)」을 채택하고 "어머니와 어린이는 특별한 보살핌과 도움을 받아야 한다."라는 아동권리 관련 내용을 포함시켰다. 제2차 세계대전 이후에 국제사회는 고통받는 아동들에 대한 국가적 책임을 명시할 필요성에 대해 느끼게 되었고, 1959년 UN 총회에서 10개 조항으로 확대된 「유엔아동권리협약(UNCRC)」을 채택하였다. 출생권, 생존권, 발달권, 행복추구권, 교육권, 여가권 등 아동의 권리를 체계적으로 명시하고, 아동을 권리의 주체로 인정함으로써 이를 보장하겠다는 국제적 의지의 표현 및 모든 아동의 권리 보장이라는 측면에서 아동의 복지권을 강조하였다는 점을 큰 의미로 볼 수 있다.

(3) 세계 아동의 해, 「UN 아동권리협약」 채택

국제사회는 1979년을 '세계 아동의 해'로 선정하고, 아동의 권리를 단순히 선언문이 아닌 법적 구속력을 가진 국제협약의 형태로 발전시킬 필요성을 인식하게 되면서 1989년 UN 총회에서 참가국 만장일치로 「유엔아동권리협약(UN-CRC)」을 채택하였다. 이는 현재까지 역사상 가장 많은 나라로부터 지지를 받은 범세계적 국제인권조약으로 기록되고 있다.

[그림 3-1] 「유엔아동권리협약」 아이콘 포스터

출처: 유니세프 홈페이지(www.unicef.or.kr).

(4) 세계 아동 정상회담 개최, 세계 어린이날 지정

1990년에는 세계 아동 정상회담을 개최하여 보건 · 영양 · 교육에 관한 10개년 계획에 합의하였고, 1995년에는 매년 11월 20일을 '세계 어린이날'로 지정하는 등 아동권리 보장을 위한 활동을 지속적으로 추진해 오고 있다.

2006년에는 「국제장애인권리협약(Convention on the Rights of Persons with Disabilities)」이 제정되었다. 이는 다른 협약들과 달리 장애인들이 직접 회의에 참석하여 논의 과정을 모니터링하고 권리조약의 내용에 대하여 적극적으로 의견을 제안하고 그 내용을 반영했다는 점에서 높이 평가되고 있다. 이러한 국제협약 이외에도 에글렌타인 젭 여사와 그녀의 동생인 도로시(Dorothy Buxton)가 설립한 '세이브더칠드런(save the children)' 등 세계 최대의 민간 아동권리 운동단체가 설립되어 아동의 권리 신장을 위해 활동하고 있다.

2) 우리나라의 아동권리 사상의 발전

(1) 방정환과 아동권리

소파 방정환은 아동의 인권을 보호하기 위하여 '어린이'라는 존칭어를 만들고, '아동권리 옹호 운동'을 전개하였다. 이를 계기로 세계 최초로 어린이 인권선언, 어린이날 제정, 색동회, 소년운동협회 등의 소년단체를 구성하는 교육운동을 전개하였는데(한국방정환재단 홈페이지, children365.or.kr), 이는 본격적으로 아동의 권리에 관해 관심 갖게 된 우리나라 아동권리 사상의 출발점이 되었다.

방정환은 1923년 제1회 어린이날에 전국 행사에서 '아동권리 공약 3장'을 발표하였다. 아동권리 공약 3장은 우리나라 최초의 아동권리선언으로, 첫째 조항에서는 아동의 인격적인 권리(존엄성과 지위)를, 두 번째 조항에서는 노동과 착취의 금지, 세 번째 조항에서는 놀이와 학습의 권리(문화적)를 강조하였다. 당시 뿌리 깊은 유교 사상과 함께 식민지 지배하에 있던 시대적 상황이었지만, 아동의 권리에 대해 진일보한 권리를 강조하고 있는 것으로, 국제연맹의 '제네바 아동권리선언'(1924)보다 1년 앞서 선포된 점에서 그 가치에 대한 의미가 높다.

아동권리 공약 3장

- 어린이를 재래의 윤리적 압박으로부터 해방하여 그들에 대한 완전한 인격적 예우를 허하라.
- 어린이를 재래의 경제적 압박으로부터 해방하여 만 14세 이하의 그들에 대한 무상 또는 유상의 노동을 폐하라.
- 어린이에게 그들이 고요히 배우고 즐거이 놀만 한 각양의 가정 또는 사회적 시설을 행하라.

출처: 한국방정환재단 홈페이지(children365.or.kr).

또한, '어른에게' 드리는 글, '어린 동무에게' 주는 당부의 말이 포함된 어린이 선언문을 배포하였는데, 어른은 아동을 존중하고 아동 각자의 잠재력을 인정하며, 생존과 발달, 보호의 권리를 보장할 것을 언급하였다. 어린이에게도 자신을 귀하게 여기고, 다른 사람도 귀하게 대하는 태도에 관하여 당부의 말을 담고 있다.

어린이 선언문

어른에게 드리는 글

1. 어린이를 내려다보지 마시고 쳐다보아 주시오.
1. 어린이를 늘 가까이하사 자주 이야기를 하여 주시오.
1. 어린이에게 경어를 쓰시되 늘 보드랍게 하여 주시오.
1. 이발이나 목욕, 의복 같은 것을 때맞춰 하도록 하여 주시오.
1. 잠자는 것과 운동하는 것을 충분히 하게 하여 주시오.
1. 산보와 원족 가튼 것을 가끔가끔 시켜 주시오.
1. 어린이를 책망하실 때에는 쉽게 성만 내지 마시고 자세히 타일러 주시오.
1. 어린이들이 서로 모여 즐겁게 놀만한 놀이터나 기관 같은 것을 지어 주시오.
1. 대우주의 뇌신경의 말초는 늙은이에게 있지 아니하고 젊은이에게도 있지 아니하고 오직 어린이 그들에게만 있는 것을 늘 생각하여 주시오.

어린 동무들에게

1. 돋는 해와 지는 해를 반드시 보기로 합시다.
1. 어른에게는 물론이고 당신들끼리도 서로 존대하기로 합시다.
1. 뒷간이나 담벽에 글씨를 쓰거나 그림 같은 것을 그리지 말기로 합시다.
1. 길가에서 떼를 지어 놀거나 유리 같은 것을 버리지 말기로 합시다.
1. 꽃이나 풀을 꺾지 말고 동물을 사랑하기로 합시다.
1. 전차나 기차에서는 어른에게 자리를 사양하기로 합시다.
1. 입은 꼭 다물고 몸은 바르게 가지기로 합시다.

우리의 희망은 오직 한가지 어린이를 잘 키우는 데 있을 뿐입니다. 다 같이 내일을 살리기 위하여 이 몇 가지를 실행합시다. 어린이는 어른보다 더 새로운 사람입니다.

출처: 한국방정환재단 홈페이지(children365.or.kr).

(2) 대한민국 어린이 헌장

우리나라 어린이날은 비록 법률적 효력은 없었으나, 아동 인권을 존중하고, 아동권리와 관련한 구체적 법률 제정의 기반을 마련하기 위해 1957년 5월 5일 「대한민국 어린이 헌장」 제정을 공포하고, 국가적 차원의 공식적 행사로 발전하였다. 이후 1988년에 민주사회의 시민으로서 어린이상을 구체적으로 표상한다는 취지 아래 전면 개정을 시행하여 아동의 존엄성과 존중, 차별 금지, 생존권과 보호권, 교육권의 보장을 폭넓게 보장하여 전문과 11개 조항으로 구성된 「대한민국 어린이 헌장」을 공포하였다. 이는 유니세프(UNICEF)가 권고하는 생존권, 보호권, 발달권, 참여권 보장에 관한 규정과도 일맥상통하는 것이다.

대한민국 어린이 헌장

대한민국 어린이 헌장은 어린이날의 참뜻을 바탕으로 하여 모든 어린이가 차별 없이 인간으로서의 존엄성을 지니고 나라의 앞날을 이어 나갈 새 사람으로 존중되며 아름답고 씩씩하게 자라도록 함을 길잡이로 삼는다.

1. 어린이는 건전하게 태어나 따뜻한 가정에서 사랑 속에 자라야 한다.
2. 어린이는 고른 영양을 취하고, 질병의 예방과 치료를 받으며, 맑고 깨끗한 환경에서 살아야 한다.
3. 어린이는 좋은 교육시설에서 개인의 능력과 소질에 따라 교육을 받아야 한다.
4. 어린이는 빛나는 우리 문화를 이어받아, 새롭게 창조하고 널리 펴 나가는 힘을 길러야 한다.
5. 어린이는 즐겁고 유익한 놀이와 오락을 위한 시설과 공간을 제공받아야 한다.
6. 어린이는 예의와 질서를 지키며, 한겨레로서 서로 돕고, 스스로를 이기며 책임을 다하는 민주 시민으로 자라야 한다.
7. 어린이는 자연과 예술을 사랑하고 과학을 탐구하는 마음과 태도를 길러야 한다.
8. 어린이는 해로운 사회 환경과 위험으로부터 먼저 보호되어야 한다.
9. 어린이는 학대를 받거나 버림을 당해서는 안 되고, 나쁜 일과 힘겨운 노동에 이용되지 말아야 한다.

10. 몸이나 마음에 장애를 가진 어린이는 필요한 교육과 치료를 받아야 하고, 빗나간 어린이는 선도되어야 한다.
11. 어린이는 우리의 내일이며 소망이다. 나라의 앞날을 짊어질 한국인으로, 인류의 평화에 이바지할 수 있는 세계인으로 자라야 한다.

출처: 색동회 홈페이지(www.saekdong.org).

(3) 「아동복지법」의 제정과 개정

근대적 의미의 아동복지법은 생존권 보장을 우선적인 목표로 하여 1961년 「아동복리법」이라는 명칭으로 제정되었다. 이후 1981년에 개정된 「아동복지법」은 요보호아동뿐만 아니라 일반아동도 포함되는 보편적 복지대책을 실현하기 위해 제정되었는데, 다양하고 전문적인 서비스를 제공하고 모든 아동의 건강한 발달을 보장하면서, 아동의 권리 보호를 위한 법적 기초를 마련했다는 점에서 그 의미가 있다.

2000년대에는 아동학대라는 사회적 이슈로 인해 아동보호전문기관의 설치 및 아동학대에 관한 신고, 긴급전화 설치, 응급조치 및 현장조사 후 보호 처분, 친권 제한 등 아동의 권리 보호를 위한 규정이 강화된 「아동복지법」으로 개정되었다. 2015년 9월부터는 부모를 비롯한 보호자가 아동의 신체적·정신적 고통을 주는 행위를 금지하는 「아동복지법」 개정안이 시행되었다. 부모라 하더라도 아동에게 고통을 주는 행위는 옳지 않다는 점, '학대' 대신 '고통'이라는 포괄적인 용어의 사용으로 아동보호의 범위를 확대하였다는 점에서 의미가 있다.

(4) 「유엔아동권리협약」 비준

「유엔아동권리협약」은 일반적으로 승인된 국제법규로서, 국내법과 같은 효력을 가진다. 우리나라도 1991년 비준국이 되어 이 협약을 존중하고 준수하는 의무가 있다. 각 비준국에서는 협약이 발효한 후 2년 이내, 그리고 그 후 5년마다 협약 이행 보고서를 작성하여 보고해야 한다. 1996년에 제1차, 2003년 제2차,

2011년 제3·4차 심의가 있었고, 2019년 9월 제5·6차 심의를 받았다. 이러한 심의는 협약 이행에 대한 국가보고서뿐만 아니라 민간단체 및 국제기구 등의 보고서와 자료를 통하여 우리나라의 아동권리 전반에 대해 종합적인 정보를 수집하여 이루어진다. 이러한 심의 결과를 바탕으로 발표하는 UN 아동권리위원회의 최종 견해는 아동권리 이행에 대한 평가와 개선 권고가 담기게 되기 때문에, 우리나라의 아동권리 상황과 수준을 가장 잘 보여 주는 지표라고 할 수 있다(굿네이버스, 2019).

[그림 3-2] 유엔아동권리위원회 권고 사항『한국이 지켜야 할 어린이를 위한 약속』

출처: 황현희(2016. 2. 4.). 유니세프, '한국이 지켜야 할 어린이를 위한 약속' 책 발간. 웰페어뉴스 (http://www.welfarenews.net/news/articleView.html?idxno=55495).

2. 아동복지의 발달

아동이 하나의 인격체로서 권리를 인정받기까지는 수많은 역사적 어려움이 있었으며, 더불어 시대적 가치, 사상, 가족구조 및 경제구조 등의 밀접한 영향을 받으며 오늘날 아동복지로 발전해 왔다. 따라서 아동복지의 발달 과정을 살펴보기 위해서는 각 시대나 사회에 따른 아동에 대한 인식과 아동 문제에 대한 개입 및 복지제도 등이 어떻게 변화했는지를 살펴보는 것이 선행되어야 한다.

우리나라는 태교나 태몽 사상 등을 통해 나타나듯이 전통적으로 아동에 대한 존중이 강한 문화에 속한다. 조선 시대는 유교 사상의 영향으로 정책의 방향성이 노인 존중, 효친 사상 등을 더 중요시하며 발달하였고, 아동권리에 대한 존중과 보호의 역할이 상대적으로 약화되었다. 아동이 부모의 소유물로 간주되어 가부장적인 유산으로 인한 아동학대 등의 사회 문제를 일으키는 주요 요인으로 작용하기도 하였다. 근대에 들어서면서 선교사들에 의해 시작된 아동복지 제도는 해방 이후 요보호아동 중심의 시설보호를 포함한 사회적 구호, 선별적 복지 형태로 나타났다. 이후 점차 일반아동을 대상으로 확대되어 구호 외에 권리를 중시하는 보편적 복지 및 권리지향적 복지로 발전해 왔다.

우리나라 아동복지 발달 과정은 시기별 특성과 중요한 정책을 중심으로, 전통사회, 근대사회, 현대사회로 구분해 볼 수 있다. 현대사회의 아동복지정책 중 학자들의 공통된 의견으로 1961년 「아동복리법」 제정과 1981년 「아동복지법」 개정이 아동복지의 중요한 전환점으로 간주된다.

1) 전통적 사회에서의 아동복지

역사적으로 기록이 남아 있는 아동구제는 유교와 불교의 구제관에 입각해 있다. 삼국시대의 기록을 살펴보면, 고아나 기아 문제에 대해 친족 책임이 우선시되어 가급적 아동의 문제를 가족 내에서 해결하였다. 국가는 자연재해 또는 전쟁 등 위기 상황에서 일시적인 구제 정책을 실시하고, 민간 사회에서는 고아를 노비나 양자로 삼아 구제하는 방법이 이루어지게 하였다.

고려 시대에는 불교의 자비 사상에 따라 주로 사찰이나 관가에서 아동 구호의 역할이 이루어지면서 승려나 사역승으로 양성되었다. 한편, 성종 13년에는 우리나라 시설보호사업의 시초라고 할 수 있는 '동서대비원'이 설치되어 고아를 대상으로 한 양육기관으로서의 역할을 하였고, 고려 말에는 충목왕 3년에 '해아도감'이 설치되어 고아를 보호 · 양육하였다. 이는 현대사회의 보육원 역할로 추측되며, 우리나라 최초로 설치된 구빈기관이라는 데 그 의미가 크다.

엄격한 신분제인 조선 시대에는 현종 2년에 요보호아동에 대해 관의 허가를 받고, 민간 입양이 실시되었는데, 오늘날의 입양제도와 유사한 것으로, 시설보다 가정양육을 우선시하는 현대사회의 복지 이념과도 동일하다. 숙종 22년에는 '수양임시사목'을 제정하여 아동 처우에 관한 법령을 편찬하였다. 흉년일 경우, 일시보호의 수단으로 민간 수양을 허가하는 내용이 주를 이룬 것인데, 이후 정조 22년에 이를 더욱 확고히 하기 위해『자휼전칙(字恤典則)』편찬을 통해 친족 보호, 수양 관계 보호, 집단수용 보호 등의 원칙을 정하여 유기 아동 보호법령의 체계를 갖추었다. 이는 요보호아동의 구제에는 가족뿐만 아니라 관의 개입이 필요함을 인정한 것으로 볼 수 있다. 아동의 생명 구제 원칙이 기본 법령으로, 기능 및 국가의 부양 책임에 대한 의무를 시도한 것이라는 의미가 있다.

그러나 전반적으로 전통사회에서 우리나라의 아동복지는 요보호아동 중심의 일시적인 구제의 형태를 지녔고, 관에 의해 주도적으로 이루어지기보다는 민간 차원에서 이루어진 경우가 많았다.

2) 근대 아동복지 발달 과정

우리나라의 근현대사는 조선 말기 갑오개혁(1894) 이후부터 일제강점기(1910~1945)를 거쳐 해방 이후까지로 구분되며, 이 시기부터 근대적 의미의 아동복지사업이 전개되기 시작하였다. 1884년 파리 외방전교회의 메스트로(Maistre) 신부는 '조선영해원'을 설립하여 버려진 아이들을 교우의 집에서 위탁 양육하는 최초의 아동복지사업을 실시하였다. 1885년에는 '영해원'이라는 고아원을 설립하였는데, 이는 우리나라 최초의 근대적 의미의 아동복지시설이다.

1886년에는 미국의 언더우드(Underwood) 선교사가 고아 대상의 '예수학당', '구세학당'을 시작하였는데, 이것이 '경신학교'의 시작이다. 선교사들에 의한 고아원 설립은 우리나라 전통사회에서의 아동보호 방법과는 다른 새로운 개입 방법으로, 종교적 자선에 의한 외국 선교사들의 고아원 운영은 우리나라 사람들에게 영향을 미쳐, 구한말부터 일제 강점기에 이르기까지 한국인에 의해 몇

몇 고아원이 설립되기도 하였다.

1905년에는 이필화에 의해 '경성고아원'이 설립되고, 1910년에는 조선총독부에서 '경성고아원'을 인수하여 '제생원'으로 개칭하였다. 1921년에는 미국의 선교사 메리놀스(Mary Knowles)가 '태화기독교사회관'을 설립하여 아동의 건강진단, 가정방문을 통한 위생교육, 육아법 보급, 빈곤아동을 위한 탁아사업, 무료목욕사업 및 우유급식사업 등을 실시하였다. 세브란스 병원이나 태화 진료소를 거점으로 지역사회의 아동보호 활동을 전개하기도 하였다(한미현 외, 2007).

1923년에는 걸식 아동 및 고아를 위한 구호사업을 법제로 한 「조선감화령」이, 1944년에는 우리나라 최초의 공적 부조 관련 법규라 할 수 있는 「조선구호령」이 제정되었는데, 13세 이하의 아동, 임산부, 65세 이상 노인을 대상으로 하였다. 이 시기는 일본이 조선을 무력으로 장악하기 위해 장기적 계획을 세우고 국가 개혁을 시작하여 빈곤한 임산부와 13세 이하 아동을 대상으로 가택 구호를 우선시하고, 이를 개인 가정에 위탁하거나 구호시설에 수용하도록 하였으나 재정적 어려움으로 인해 구호사업은 제대로 수행되지 못했다. 따라서 우리나라 정부의 구제사업은 거의 공백기였고, 전쟁으로 인해 법령은 명목적인 것에 불과했다.

우리나라의 아동복지 발전에 해당하는 구호 및 육아사업은 대부분 외국 선교사에 의해 고아를 수용하는 시설과 학교 설립을 통한 자선사업이었다(박정란 외, 2001). 이 시기에는 공적 차원의 구호 활동보다 아동의 권리 향상을 위한 민간 차원의 운동이 활발하게 전개되었는데, 대표적인 예로 천도교의 소년운동이 있다. 특히 '조선소년운동협회'에서는 우리나라 최초의 아동권리선언이라 할 수 있는 「어린이 권리공약 3장」을 발표하였다.

무엇보다 아동문학운동을 중심으로 아동의 권리 향상을 위한 움직임이 활발하게 이루어졌다. 민족운동으로 아동문학을 전개하였던 소파 방정환, 동화구연을 통한 아동문학운동을 했던 마해송, 동시 발전에 선구자적 역할을 한 강소천은 「대한민국 어린이 헌장」에 기초적 역할을 하였다. 『꽃길』 등의 잡지를 발간

한 윤석중은 아동연구소를 설립하고, 윤극영은 「반달」, 「설날」 등의 많은 동요를 창작 및 보급하였다. 이들은 문학과 출판을 통해 아동의 인격을 존중하자는 메시지를 널리 전파하고, 결과적으로 아동 애호 사상에 큰 기여를 하였다.

3) 현대의 아동복지 발달 과정

(1) 우리나라의 아동복지

현대의 아동복지는 광복 이후부터 현재까지의 기간을 말한다. 현대에는 전통사회나 근대사회에 비해 아동의 복지권이 보장됨은 물론, 아동의 복지에 대한 사회 및 국가의 책임이 보다 확고해짐에 따라 비교적 조직적이고 체계적으로 실시되었다. 해방 이후 아동복지의 발달 과정은 1961년 「아동복리법」 제정과 1981년과 2000년 두 차례에 걸쳐 전면 개정된 「아동복지법」을 중심으로 구분할 수 있다.

① 해방 이후~1960년까지 : 사회구조적 – 아동구호적 복지 단계

광복과 한국전쟁으로 인한 사회적 혼란기였던 1945년부터 1950년대에 이르는 시기는 우리나라 아동복지사의 일대 전환기에 해당한다. 수많은 전쟁고아와 기아, 미아 문제가 발생하였고, 사회 문제와 절대빈곤의 상황에서 아동복지는 응급구호의 성격을 지닌 사회구조적 복지의 특성을 가졌다. 아동보호에 대한 국가의 입법적 근거가 미비하였고, 시설수용 보호를 중심으로 이루어졌으며, 민간기관이나 외국 원조기관들이 중심이 되어 요보호아동 중심의 구호사업과 고아 해외입양사업(홀트아동복지회, 국제사회봉사회 등) 형태로 이루어져 1970년대까지 계속되었다(성영혜 외, 1994).

② 1960년~1980년까지 : 선별주의적 – 잔여적 복지 단계

1961년 「아동복리법」 제정 이후부터 1980년까지는 선별주의적 복지 단계로 볼 수 있다. 「아동복리법」은 일제 강점기의 「조선감화령」과 「조선구호령」을 기초로 제정되었는데, 법적으로 아동복지에 대한 국가와 사회의 책임을 최초로

명시하여 아동복지사업을 정부 차원에서 제도화하고자 했던 점에서 그 의의를 찾을 수 있다. 이로 인해 사회복지시설이 대상별로 구분되고, 아동시설이 정체성을 갖게 되었으며, 정부의 지원과 감독이 강화되었다.

1961년에는 시설아동을 위한 「보호시설에 있는 고아의 후견 직무에 관한 법률」, 「고아입양특례법」 등이 제정되면서 아동복지를 증진시키기 위한 제도적 기반이 마련되었다. 또한 「생활보호법」(1961), 「미성년자보호법」(1961), 「학교보건법」(1967), 「모자보건법」(1973), 「특수교육진흥법」(1977) 등 많은 아동 관련법이 제정되었다. 이후 「아동복리법」을 개정한 「아동복지법」(1981), 「심신장애자복지법」(1981), 「유아교육진흥법」(1981), 「청소년육성법」(1987) 등이 입법화되었다.

1970년대까지는 국가 개입을 최소화하는 잔여적 복지정책이 지속되었으나, 외원기관의 철수와 사업 축소는 아동보호에 국가 개입이라는 새로운 정책 전환을 가져오는 계기가 되었다. 이로 인한 입양, 가정위탁 보호, 영유아보육 서비스의 확대가 정책적으로 장려되었고, 외국의 원조단체들이 부족한 아동복지 재정을 충당하기 위해 아동후원사업을 전개하여, 고아뿐만 아니라 일반 가정의 빈곤아동을 원조하기도 하였다. 그 외에도 불우아동 발생 예방을 목적으로 아동 상담사업과 빈곤아동을 위한 탁아사업과 결연사업 등 다양한 사업이 이루어졌다. 결연사업의 경우 물질적 지원뿐만 아니라 서신이나 만남 등을 통한 정서적 지원이 이루어졌다는 점이 높이 평가되는데, 이는 아동이 단순한 질적 구호의 대상이 아닌 건강한 성장과 발달을 보장받아야 하는 보호의 대상으로 인식한 것임을 보여 주는 것이기 때문이다. 그러나 이 시기의 아동복지는 국가가 그 책임은 인식하였으나, 18세 미만의 요보호아동을 대상으로 한 선별적 복지라는 점, 정부 주도로 이루어지기보다 민간시설이나 자발적 참여자 위주로 진행되어 정부는 이를 관리, 감독하는 역할을 담당했던 점에서 한계가 있다.

③ 1980년~2000년까지: 보편주의적 복지 단계

1981년 「아동복지법」 전면 개정 이후부터 2000년 「아동복지법」 전면 개정 이전까지는 아동복지의 대상을 요보호아동에 국한하지 않고, 모든 아동으로 규

정함으로써 아동복지의 보편주의를 지향한 시기에 해당된다. 이 시기에는 산업화 과정에서 나타나는 가족해체에 따른 자녀 양육 문제나 맞벌이 가족의 자녀 양육 문제가 이슈로 부각되어 가정위탁사업이나 결연사업 같은 복지는 물론 어린이집 확충과 같은 일반아동을 대상으로 한 보편적 아동복지의 필요성이 강조되었다. 보육사업은 이 시기의 보편주의 복지 이념을 반영하는 대표적인 사업으로, 가족을 지원하고 부모의 권리를 보호함으로써 간접적으로 아동의 복지를 실현한 지지적인 사업으로 평가된다. 1991년 「영유아보육법」이 제정 · 공포 · 확충되어 보육 서비스가 일반아동에게로 확대됨으로써 보편적 서비스의 확충을 더했다.

1988년 올림픽을 통해 해외 입양의 문제점이 지적되면서, 국내 입양과 가정위탁 보호사업이 활성화되었다. 이 시기에는 학대피해아동 구제를 위하여 1989년 전국적으로 아동학대 신고전화(1391)를 개설하고, 1999년에는 아동학대 예방사업을 통해 학대피해아동에 대한 격리 보호, 의료 서비스, 가족 상담 및 부모교육을 실시하여 아동 학대 문제에 효과적으로 대처해 나갈 수 있도록 하였다. 그리고 아동학대 관련 조항이 포함된 「아동복지법」 개정 서명운동을 전개함으로써 2000년의 「아동복지법」 개정에 큰 영향을 미쳤다. 1990년에는 「유엔아동권리협약」에 서명하고 1991년부터 「유엔아동권리협약」 당사국이 되었다. 이에 우리나라도 국제 수준의 아동복지를 시행해야 하는 단계로 나아가게 되었다.

④ 2000년~현재까지 : 권리지향적 복지 단계

2000년 「아동복지법」 전면 개정 이후 현재까지는 복지 대상의 선별성, 보편성 문제에서 나아가 아동학대나 안전과 같은 전반적인 아동의 권리가 중요한 사회적 이슈로 등장하게 된 시기이다. 이러한 아동학대 관련 업무와 정책을 위해 '중앙아동학대예방센터'가 건립되고, 2006년에는 '중앙보호전문기관'으로 명칭이 변경되어 2025년 기준 101개의 아동보호전문기관이 설립되어 있다. 이 시기에는 무엇보다 여성의 사회참여와 저출산, 아동발달의 최적 환경 제공이 우선적 문제가 되었다. 발달에서 초기 경험의 중요성이 인식되면서, 보육을 통해 아동발달에 도움을 줄 수 있도록 발달에 적절한 개입(developmentally appropriate practice, DAP) 전략이 제시되었고, 2004년에는 「영유아보육법」 제30조에 근거하여 보육 서비스의 질적 향상을 돕는 어린이집 평가인증제도가 도입되었으며, 2010년부터는 한국보육진흥원에 위탁하여 평가인증사업을 실시하고 있다.

2011년 8월 전부 개정되어 2012년 8월부터 시행되고 있는 「아동복지법」은 아동학대의 예방과 방지, 아동학대 행위자를 위한 계도 및 교육, 관련 홍보 영상 제작 등 아동복지 서비스의 안정적 추진 근거와 아동정책을 효과적으로 수행하기 위한 정책적 기반을 마련함으로써, 아동이 건강하고 행복하게 자랄 수 있도록 하는 데 목적이 있다. 2015년 3월에 일부 개정되어 9월부터 시행되고 있는 「아동복지법」은 아동학대 신고 의무자에 대한 신고 의무 고지 및 교육을 강화하며, 아동에 대한 체벌 등의 금지를 명시하려는 목적으로 개정되었다.

최근에는 아동학대나 방임, 유기 등의 사회 문제로 인해 아동 문제를 바라보는 인식에도 변화가 있는데, 빈곤가정이나 결손가정에서만 아동복지 및 위협 문제가 나타나는 것이 아니라 모든 계층과 가족 형태에서 문제가 발생한다는 점과 오히려 가정이 아동 문제 발생의 주요 근원이 될 수 있다는 인식이 대두되었다. 우리나라는 저출산의 영향으로 아동 인구가 감소하고 있다. 이러한 미래 정책 여건 변화를 반영한 아동기 사회 투자 전략에 대한 구체적 논의가 필요한 시점이다. 아동의 삶의 질에 있어 삶의 만족도가 OECD 국가 중 하위 순위를 차지하는 상황에서, 아동의 성장 과정에서 고려되어야 할 아동 결핍지수도 낮은 순위를 기록하고 있다(보건복지부, 2015).

현대사회는 아동복지의 기본권을 보장하는 것뿐만 아니라 우리 사회를 이끌어 갈 미래의 인적 자원을 개발하는 포괄적 복지의 시대로 확대되어 가야 한다. 더불어 아동복지 서비스의 전문화를 통해 전문적인 개입 방법과 시설보호 중심에서 재가보호로, 가정보호 중심에서 지역사회보호 중심으로 변화를 추구해야 할 것이다(박정란 외, 2001).

(2) 외국의 아동복지

① 산업화 이전의 아동복지

아동에 대한 사회적 관심과 개입의 형태는 오랜 역사를 통해 시대의 변천과 지배적 가치, 사상, 가족구조 및 경제구조 등에 따라 다양하게 변화·발전해 왔다. 아동의 문제가 사회적 이슈로 인식되고 사회 문제로 대두된 것은 근대 산업사회 이후의 일로, 산업화 이전 산업혁명 전에는 아동복지의 책임이 거의 부모에게 있었고, 요보호아동은 뜻있는 개인 또는 종교단체를 중심으로 보호되었다. 그러나 산업화가 되면서 사회구조 및 가치관의 변화가 생김에 따라 사회와 국가의 개입 필요성에 대한 인식이 증가하게 되었고, 국가적 차원에서 아동복지를 보장하기 위한 대책들이 세워졌다.

가. 고대사회

고대사회에서의 아동은 종족 보존을 위한 수단으로의 가치만 인정받을 수 있었기 때문에 상류층 자제를 제외한 대부분의 아동은 소유물로 취급당했으며, 사회의 풍속이나 미신에 의해 생명의 위협을 받는 무력한 존재로 여겨졌다. 수 세기 동안 아동이 가족 구성원의 지위에서 가축보다 못한 가장 하위 순위로 인식되었고, 아동의 가치나 존엄성, 인격적 권리가 무시되어 그저 본능적인 존재로 간주되었기 때문에 이 시기에는 아동복지를 위한 이념이나 실천은 거의 없었다.

나. 중세사회

중세사회는 봉건사회로, 신분의 계층 구분을 중요시하며 주종 관계가 엄격하였고, 자원제도로 사회구조를 특정 짓던 시대였으며, 종교적 영향력이 매우 강했던 시기에 해당한다. 기독교와 인본주의 사상이 발전하면서 인명 존중을 가치 있게 여기게 되었고, 교회를 중심으로 종교단체에서 아동을 보호하게 되었다. 특히 도제제도는 빈곤아동의 생활뿐만 아니라 직업적 능력을 길러 사회적으로 자립할 수 있는 기반을 조성하기도 했다. 그러나 이 제도는 아동의 노동력

착취, 인권 무시 등의 문제점을 발생시키기도 하였다. 즉, 아동을 인간적으로 대우해 주어야 한다는 기독교적인 생각과 성악설적 관점이 내재하여 있기 때문에 아동에게 잘 대해 주다가도 비합리적으로 엄중하게 다루는 등 일관성이 있는 양육이 이루어지지는 못했다. 대부분 이 시기의 아동보호는 동정적인 감정에 근거를 둔 종교적 자선 행위로, 개인의 욕구나 권리를 중심으로 하는 근대적 아동복지사업은 아니었다.

그러나 중세 아동관인 '성인의 축소판으로서의 아동'을 거부하고, 하나의 인격체로 보고 그를 존중할 것을 강조했다는 점에서, 이후 18세기 루소, 페스탈로치 등에 전달되어 현대 아동관의 뿌리가 되었다는 점과 기독교 단체 등을 통해 아동보호 활동이 시작하였다는 점에서 중세의 역사적 의의를 찾을 수 있다.

② 산업화 이후의 아동복지

산업혁명과 함께 봉건제도가 붕괴된 이후부터의 시기에 해당한다. 급격한 인구의 도시 집중과 빈곤, 실업, 주택문제 등 다양한 사회 문제가 등장하기 시작했고, 이에 대한 책임도 개인에서 국가적인 범위로 확대되었다. 특히 사회 문제의 발생 원인과 그 책임 소재에 대한 인식이 변화되었는데, 아동의 복지를 저해하는 원인이 개인적 원인뿐만 아니라 사회적 원인에 의해서도 발생한다는 새로운 인식이 세계 1·2차 대전을 거치면서 더욱 확산되었고, 이는 산업사회가 진행될수록 가속화되었다.

가. 근대사회

근대사회로 들어서면서 아동은 다른 욕구와 능력을 지닌 존재로서, 생애주기에서 성인기와 구분되는 독특한 시기를 통해 성장한다는 점을 점차 인식하게 되었다. 이런 사회적 인식과 변화를 기반으로 아동의 집단적 수용 보고 및 효율성에 비판 의견이 집중되었다. 이후 아동시설은 성인과 아동을 혼합 수용하던 것에서 탈피하여 아동 중심 시설로 발전하기 시작했다.

영국 '구빈법'(1601)은 빈곤계층을 책임지는 법으로, 아동을 보호하기 시작

하였고, 요보호아동을 포함한 빈곤층에 대한 국가 보호가 최초로 공포된 법이다. 구빈법은 이후 영국은 물론 미국 구빈사업의 기본법이 되었고, 오늘날 아동복지의 기원이 되었다. 19세기 후반부터 미국에서는 시설보호 대신 '위탁사정운동'을 전개하였고, 1853년 뉴욕에서 설립한 아동구호협회(Children Aid Society)는 위탁가정 서비스를 실시한 최초의 기관으로, 위탁가정 프로그램의 모델이 되었다. 19세기에는 아동의 노동문제가 또 다른 사회적 이슈가 되었는데, 도제제도에 기반을 둔 가정위탁 아동의 노동 형태는 사라졌으나, 산업혁명의 면방직 공업 등에서 값싼 노동력으로 아동이 활용되었다. 이에 영국은 '공장법'(1802)를 제정하여 최저 근로 연령과 근로 시간을 법적으로 명시하여 아동을 보호하는 입법 조치를 실행하였다. 또한 산업혁명으로 대량 발생한 취업모에 대한 보호 대책으로 민간 주도의 탁아시설이 주된 역할을 담당하였다.

따라서 근대는 아동 문제에 대한 사회 인식의 분화에 발맞추어 아동복지의 개입 방법이 다양한 형태로 발전되었던 시기로, 구빈법 제정으로 인해 아동보호가 국가 책임으로 놓이게 된 점, 민간이 주도하는 자발적 아동보호사업으로 인해 아동시설로의 분리, 가정위탁제도 등의 도입이 되었다는 점에서 그 의의가 있다.

나. 현대사회

19세기 후반 이후 현대사회로 접어들면서 많은 학자들이 아동에 관한 연구를 활발하게 전개하였다. 20세기에 접어들면서 아동은 비로소 아동으로서의 존재를 인정받게 되었으며, 이들의 욕구와 관심에 대한 사회적 예방과 대책에 대한 조직적이고 체계적인 방안들이 강구되었다. 즉, 권리로서 아동복지 사상이 더욱 강조되어 복지에서도 사후관리가 아닌 예방 차원에서의 적극적 개입이 시작되었다. 1909년 미국 '백악관 회의'는 아동 문제와 사회사업에 대한 전국적인 관심을 불러일으켰고, 10년마다 아동복지정책을 모색하였다. 1930년의 3차 회의에서는 19개 조에 이르는 미국의 「아동헌장」이 의결 · 채택되었다.

1924년 국제연맹의 「아동권리에 관한 제네바 선언」을 비롯하여 1989년 「아동에 관한 국제협약」을 채택함으로써 보호와 양육의 기회를 받을 아동의 권리를 법적으로 보장하였다. 또한 1990년 9월 29일, 30일 양일간 뉴욕에서 개최된 '아동을 위한 세계정상회담'에서는 인류사상 최초로 '아동'이라는 단일 주제로 전 세계 71개국 국가 원수들을 포함한 158개국 대표들이 참석하여 아동의 생존, 보호, 발달을 위한 세계선언과 국가 행동 계획을 만장일치로 채택하였다.

현대사회는 모든 아동을 대상으로 한 복지정책으로 전환되고 있으며, 아동의 다양한 요구와 문제에 맞는 여러 가지 프로그램(head start program, home start program)이 개발되어 실시되고 있다. 모든 아동이 복지권을 보장받을 수 있도록 하기 위한 노력을 광범위하게 간구하고 있는 점이 오늘날의 추세이다. 이처럼 20세기는 아동복지에 전문화가 이루어진 시기로, 지지적 서비스, 보충적 서비스, 대리적 서비스 등으로 세분화하고, 아동복지를 담당하는 전문가가 양성되어 현장복지를 실천하고 있다.

제4장

아동복지정책

아동복지정책은 국가의 사회적 환경과 시대적 요구에 따라 그 체계와 목표가 달라진다. 최근 우리나라에서는 아동복지정책이 점차 확대되고 있으며, 일반아동의 건강한 성장과 복지를 위한 다양한 정책이 시행되고 있다. 본 장에서는 우리나라 아동복지정책의 개념과 유형, 관련 법률 및 정책을 살펴보고자 한다. 아동복지정책은 각 국가의 사회경제적 환경, 문화적 배경, 시대적 요구에 따라 그 체계와 목표가 다양하게 형성되고 발전해 왔다. 특히 현대사회에서 아동은 단순히 보호의 대상을 넘어 권리의 주체로 인식되면서, 아동복지정책의 패러다임 또한 큰 변화를 겪고 있다. 본 장에서는 우리나라 아동복지정책의 기본 개념과 특성을 살펴보고, 정책의 유형별 분류와 체계를 분석하며, 아동복지 관련 주요 법률과 정책의 현황 및 발전 방향에 대해 살펴보고자 한다. 이를 통해 우리나라 아동복지정책의 전반적 이해를 도모하고, 향후 정책 발전을 위한 시사점을 도출하고자 한다.

1. 아동복지정책의 개념과 구성

1) 아동복지정책의 개념

정책이란, 정부나 정치단체가 정치적 또는 행정적 목적을 실현하거나 문제를 해결하기 위한 방침이나 수단을 의미하며, 전달체계를 통해 구체적인 서비스로 실현된다(김민정 외, 2021).

아동복지정책(child welfare policy)은 아동을 대상으로 복지 증진을 목표로 하지만, 여성복지나 인구정책 등 다른 분야와 밀접하게 연관되어 있다. 특히 아동을 보호하는 가족을 위한 복지정책과 깊은 관련이 있다(송정애, 2015). 아동복지정책은 요보호아동에게 필요한 직접적인 복지 서비스를 제공하는 것뿐만 아니라, 일반아동의 보호와 권리를 보장한 다양한 정책을 포함한다(Downs et al., 2007). 즉, 아동복지정책은 아동의 가장 기본적인 욕구를 충족하고 권리를 보장하기 위한 정부의 방침을 의미하며, 아동을 보호하고 가족의 기능을 유지할 수 있도록 아동과 가족의 욕구를 바탕으로 아동을 안전하게 보호하고 가족기능을 강화하는 데 중점을 두어야 한다(정익중 · 오정수, 2023).

우리나라는 1961년 「아동복리법」을 제정하여 요보호아동 중심의 사후적 복지제도를 시행하였다. 이후 1981년 「아동복지법」의 개정을 통해 대상이 일반아동으로 확대되고, 시설보호 중심에서 가정위탁, 입양 등 다양한 형태로 정책이 변화하였다. 최근에는 보편적 아동복지를 실현하기 위한 다양한 정책이 추진되고 있으며, 아동뿐만 아니라 아동이 속한 가족의 삶의 질 향상에도 초점을 맞추고 있다.

2) 아동복지정책에 대한 관점

아동과 가족에 대한 정책은 사회적 상황에 따라 다양한 가치체계를 반영한다. 아동복지정책에 대한 관점은 시대와 사회적 맥락에 따라 달라지며, 대표적

으로 잔여적 · 제도적 관점, 아동 개인보호 · 가족보호 관점, 국가개입 관점으로 구분할 수 있다.

(1) 잔여적 관점과 제도적 관점

아동복지정책은 잔여적 개념과 제도적 개념으로 나누어 볼 수 있다. 잔여적 관점은 보호가 필요한 아동에게 최소한의 보호를 제공하는 것을 목적으로 한다. 가족이나 시장 등 일차적 사회제도가 기능을 다하지 못할 때 보충적으로 개입한다(장인협 외, 2007). 이 관점에서는 아동복지가 사회 유지와 발전에 반드시 필요하다고 보지 않는다.

반면, 제도적 관점은 시장이나 가족제도의 실패가 일시적이 아니라 지속적일 수 있음을 인정하고, 아동복지가 사회 유지와 발전에 필수적인 기능임을 강조한다(정익중 외, 2023).

우리나라의 아동복지정책은 제도적 관점을 지향하고 있으나, 실제로는 가정위탁보호, 아동학대 예방, 입양지원, 실종아동 보호 등 일부 정책에서 여전히 잔여적 관점이 혼재되어 있다. 반면, 아동수당, 아동발달 프로그램, 아동학대 예방 등은 제도적 관점을 반영하고 있다.

(2) 아동보호 관점과 가족보호 관점

아동보호 관점은 아동의 권리와 이익을 최우선으로 하여, 아동이 위험에 처했거나 적절한 보호를 받지 못하는 경우, 국가나 사회가 적극적으로 개입하여 아동을 보호해야 한다는 입장이다. 이 관점에서는 아동을 가족의 일원으로만 보지 않고, 독립적인 권리 주체로 인식한다.

아동이 학대, 방임, 유기 등 심각한 위험에 노출될 경우, 가족과 분리하여 시설보호나 위탁가정 등 대체보호 체계를 통해 아동의 안전과 복지를 보장하는 것이 우선시된다. 부모의 친권도 아동의 복지에 반할 경우, 제한하거나 박탈할 수 있다는 점을 강조한다.

이러한 아동보호 관점은 아동의 생명과 신체의 안전, 권리 보장을 위해 국가가 법적 강제력을 행사할 수 있음을 전제로 하며, 아동의 최선의 이익을 실현하기 위해 가족 외부의 보호체계를 적극적으로 활용한다.

가족보호 관점은 아동이 원가정에서 보호받는 것이 가장 바람직하다는 전제하에, 가족의 기능 강화와 지원을 우선시한다. 아동의 성장과 발달에 가족이 갖는 심리적·정서적 의미와 안정성을 중시하며, 국가의 개입은 가족이 아동을 양육할 수 없을 때에만 최소한으로 이루어져야 한다고 본다. 이 관점에서는 아동이 가족과 분리되는 대체보호는 최후의 수단이어야 하며, 가능한 한 가족 내에서 문제를 예방하고 해결할 수 있도록 다양한 가족지원 서비스를 제공해야 한다고 강조한다. 가족의 경제적·정서적 취약성을 보완하기 위하여 상담, 교육, 경제적 지원, 지역사회 연계 등 다양한 가족복지사업이 필요하다.

또한 가족이 일차적으로 아동을 보호하고 양육할 책임이 있으며, 가족의 실패가 있을 때만 국가나 사회가 개입하는 것이 바람직하다고 본다. 이로써 가족해체로 인한 아동의 이차적 피해를 예방하고, 아동의 안정적 성장 환경을 유지하는 데 초점을 둔다.

이처럼 아동보호 관점은 아동의 권리와 안전을 우선시하여 적극적인 국가개입을 강조하고, 가족보호 관점은 가족의 기능 강화와 지원을 통해 아동의 원가정 보호를 중시한다. 실제 정책에서는 두 관점이 상호 보완적으로 적용되며, 아동의 최선의 이익을 실현하기 위한 균형점이 중요하다.

(3) 국가개입 관점

국가개입 관점은 아동을 미성숙하고 의존적이고 수동적 존재로 인식하며, 성인과 다른 독특한 욕구와 권리를 지닌 주체로 본다. 이 관점에서는 아동의 복지와 권리를 보장하기 위해 국가가 적극적으로 개입해야 하며, 부모나 가족이 아동에게 적절한 보호를 제공하지 못할 경우, 국가가 법적 강제력을 행사하여 아동을 보호할 책임이 있다고 본다. 국가개입 관점은 아동의 최선의 이익을 실현

하기 위해 국가가 광범위하게 아동복지에 개입해야 한다는 점이다. 부모의 보호가 항상 최선이 아닐 수 있으며, 때로는 부모나 가족의 부적절한 보호가 아동에게 심각한 해를 끼칠 수 있다고 본다. 따라서 국가가 아동을 부모로부터 분리하여 대체보호 서비스(예: 위탁가정, 시설보호, 입양 등)를 제공하는 것이 필요하며, 이러한 개입은 아동이 양질의 보호를 받을 권리가 있다고 보는 전제에서 이루어진다.

이러한 국가의 개입은 아동이 단순히 가족의 부속물이 아니라 독립적인 권리 주체로서, 적절한 보호를 받을 권리가 있다는 전제에서 출발한다. 국가개입 관점은 아동의 복지와 권리를 사회 전체의 책임으로 간주하며, 아동이 위험에 처했을 때 국가가 직극직으로 개입하여 아동의 안전과 복지를 보장해야 한다고 강조한다.

최근에는 국가개입 관점이 단순히 아동을 가족으로부터 분리하는 데 그치지 않고, 가능한 한 가족을 지원하여 아동이 원가정에서 보호받을 수 있도록 하는 방향으로 발전하고 있다. 따라서 시설보호나 위탁보호와 같은 분리보호는 불가피한 경우에만 적용하되, 원가정의 양육 역량 증진과 사전 예방적 개입을 통해 아동의 안전하고 건전한 발달 환경을 구축하는 것이 핵심 과제로 대두되고 있다.

3) 아동복지정책의 유형

(1) 가족 유지와 지원 정책

가족 유지 및 지원 정책은 아동의 건강한 성장을 위한 가정 환경 조성을 목표로, 부모의 돌봄 역량 향상과 가계 경제적 지원을 통해 가족 단위의 아동보호 체계를 강화하는 사회정책이다. 이는 아동복지의 기본원칙 중 하나인 '가족보존 원칙(family preservation principle)'에 기반하여, 아동을 가족으로부터 분리하기보다는 가족 내에서 건전하게 성장할 수 있도록 지원하는 것을 우선으로 한다.

가족 지원 정책은 크게 경제적 지원을 통한 소득 보장과 전문적 서비스 제공의 두 가지 방식으로 구분된다. 소득 보장 정책은 다시 보편주의적 접근과 선별주의적 접근으로 나뉘며, 각각 다른 철학적 배경과 정책 목표를 가지고 있다.

① 소득 보장 정책

가. 보편주의적 관점

보편주의적 아동복지정책은 모든 아동이 태어나면서부터 갖는 기본적 권리를 보장한다는 관점에서 출발한다. 이는 가족의 경제적 지위나 사회적 배경에 관계없이 모든 아동에게 일정 수준의 급여를 제공함으로써 사회 전체가 아동 양육의 책임을 분담한다는 철학을 반영한다.

우리나라의 대표적인 보편주의적 정책으로는 아동수당과 부모급여 제도가 있다. 아동수당은 2018년 도입되어 2019년 소득 제한이 폐지되면서 완전한 보편수당이 되었으며, 2022년부터 만 8세 미만 아동에게 매월 10만 원이 지급된다. 부모급여는 2022년 도입된 제도로, 2024년 현재 가정양육 시 0세 월 100만 원, 1세 월 50만 원이 지급되며, 어린이집 이용 시에는 보육료가 지원된다.

보편주의적 접근의 장점은 사회적 낙인을 방지하고 행정 효율성을 높이며, 사회 통합과 연대감을 증진시킨다는 점이다. 반면, 재정 부담이 크고 정말 필요한 계층에 대한 집중적 지원이 어렵다는 한계도 있다.

나. 선별주의적 관점

선별주의적 접근은 제한된 사회적 자원을 가장 필요한 대상에게 집중적으로 지원함으로써 효율성을 극대화하려는 정책 방향이다. 이는 잔여적 복지 개념에 기반하여 시장과 가족이 제 기능을 하지 못할 때 국가가 개입한다는 관점을 반영한다.

우리나라의 선별주의적 아동복지정책으로는 기초생활보장제도의 생계급여, 주거급여, 의료급여, 교육급여가 대표적이다. 한부모가족 지원 제도는 저소득 한부모가족에 대해 아동양육비, 추가아동양육비, 학용품비 등을 지원한다. 차

상위계층을 대상으로 하는 각종 지원 제도와 갑작스러운 위기 상황에 처한 가정을 위한 긴급복지지원제도도 선별적 지원의 범주에 포함된다.

선별주의적 접근은 비용 절감과 필요 계층에 대한 집중 지원이라는 이점을 지니지만, 수급자에 대한 편견 조성, 번거로운 신청 과정, 지원 공백 현상 등의 한계점이 지적되고 있다.

② 서비스 제공 정책

경제적 지원만으로는 충분하지 않은 가정의 양육 및 돌봄 기능 강화를 위해 다양한 서비스 지원 정책이 운영된다. 이러한 서비스는 예방적·발달적 특성을 지니며, 가정의 양육 역량 강화와 가족 관계 증진을 통해 아동이 가족과 함께 건강하게 성장할 수 있도록 지원한다. 서비스 제공 정책은 크게 가족기능 강화 서비스, 대상별 서비스, 돌봄지원 서비스로 구분된다(정익중 외, 2023; 김민정 외, 2021).

가. 가족기능 강화 서비스

가족센터(구 건강가정지원센터)를 중심으로 가족상담, 부모교육, 가족치료 등의 서비스가 운영된다. 양육교육 프로그램은 자녀의 성장 시기별 특징 파악, 원활한 소통 기술, 바람직한 훈육 방법 등을 포함하며, 부모의 자녀 양육 능력 개발을 지향한다. 가족상담은 가정 내 갈등 조정, 소통 방식 개선, 구성원 역할 조정 등을 통해 가족 관계를 돕는 서비스가 제공된다.

나. 대상별 서비스

다문화가족을 위한 서비스로는 한국어 교육, 문화적응 프로그램, 다문화 아동의 언어 발달 지원 등이 있다. 위기가족을 위해서는 가정폭력이나 아동학대 위험 상황에 대한 조기 개입, 사례관리를 통한 통합적 지원, 지역사회 자원 연계 등의 서비스가 제공된다.

다. 돌봄지원 서비스

개별 가정에서 이루어지는 아이돌봄 서비스는 시간제와 영아종일제로 구분되어 맞벌이가정이나 한부모가정의 돌봄 공백을 해소한다. 영유아를 위한 지원을 통해 양육스트레스를 줄이는 것도 서비스의 목적이라 할 수 있다. 공동육아나눔터는 지역사회 내에서 부모들이 함께 육아 정보를 공유하고 품앗이 돌봄을 실천할 수 있는 공간을 제공한다. 육아종합지원센터는 보육 및 육아에 관한 정보 제공, 상담, 교육 등을 통해 가족의 육아 역량을 지원한다.

현재 우리나라의 가족 유지와 지원 정책은 보편주의와 선별주의가 혼재하는 형태로 발전하고 있다. 아동수당과 같은 보편적 급여가 도입되면서 아동복지의 패러다임이 변화하고 있으나, 여전히 선별적 지원이 정책의 상당 부분을 차지하고 있다.

가족 유지와 지원 정책은 아동이 가족과 함께 성장할 수 있는 환경을 조성함으로써 아동의 건전한 발달을 도모하고 사회적 비용을 절감하는 예방적 성격의 정책이다. 따라서 지속적인 투자와 정책 개발을 통해 모든 아동이 가족 내에서 안전하고 건강하게 성장할 수 있는 사회적 기반을 마련할 필요가 있다.

(2) 대체가정 서비스 정책

대체가정 서비스 정책은 일시적으로 대체보호가 필요한 아동을 대상으로 서비스를 지원하는 가정위탁, 시설보호 등이 있으며, 영구적으로 대체보호가 필요한 아동을 대상으로 하는 입양이 있다.

① 가정위탁 서비스

가정위탁 보호는 육체적·성적 학대, 유기, 특수한 의료적 요구가 있는 아동을 대상으로 하며, 아동이 부모와 떨어져 다른 가정에서 일정 기간 보호를 받는 것이다. 아동이 신체적·정신적 장애, 사회적 일탈 행동, 정서적 혼란 등의 이유로 아동을 가정에서 보호할 수 없거나 부모가 사망하거나 이혼, 별거 등의 이유로 가족이 해체되거나, 부모의 신체적·정신적 질병, 부모의 학대, 경제적 결핍 등으로 적절한 보호를 아동에게 제공할 수 없을 때 아동은 가정위탁을 지원받을 수 있다.

② 시설보호 서비스

시설보호는 가정에서 적절한 보호나 양육을 받지 못하는 아동을 보호하고 양육하는 것을 말한다. 지역사회의 그룹홈, 주거치료시설, 자립지원시설, 재활시설, 보호치료시설, 비행청소년 교정시설 등 여러 가지 형태로 시설보호가 이루어지고 있다. 전통적 시설보호는 빈곤한 아동이나 고아를 수용하여 의식주를 제공하는 것이 주된 목적이었으나 최근에는 의식주 제공뿐만 아니라 아동의 다양한 욕구를 충족시키기 위해 신체적·정신적 장애를 치료하거나 발달을 촉진할 수 있는 심리 상담, 재활 등의 서비스를 제공하고 있다. 시설 형태를 다양하게 운영하여 지원하고 있으며, 아동의 가족을 포함하여 서비스를 지원하기도 한다.

③ 입양 서비스

입양은 친부모가 양육할 수 없는 아동에게 영구적·안정적인 가정을 제공하여 아동의 건전한 성장과 발달을 도모하는 제도이다. 입양은 아동에게 법적으로 완전한 가족 관계를 보장한다는 점에서 다른 대체보호 서비스와 구별된다.

대체가정 서비스는 아동의 권리 보장과 최선의 이익 실현을 위해 지속적으로 발전하고 있다. 대규모 시설보호보다는 가정과 유사한 환경에서의 보호를 우선시하여 가정위탁과 소규모 그룹홈을 확대하고 있다. 또한 예방적 서비스 강화를 통하여 가족보존을 위해 노력하며, 원가족의 기능 회복을 통해 아동이 친가정으로 복귀할 수 있도록 지원하는 것이 우선시된다. 향후 과제로는 가정위탁가정과 예비입양가정의 확대, 시설아동의 자립지원체계 강화, 국내 입양 활성화를 위한 사회적 인식 개선, 대체보호 서비스 간의 연계성 강화 등이 있다. 특히 아동의 연령, 특성, 보호 필요 정도에 따른 맞춤형 서비스 체계 구축과 보호 종료 후 자립 지원의 지속성 확보가 중요한 과제로 대두되고 있다.

(3) 아동보호 서비스 정책

아동보호 서비스 정책은 아동을 학대나 유기로부터 보호하기 위해 그 필요성이 부각되고 있다. 이러한 정책은 아동의 생존권과 보호권을 실현하기 위한 국가의 핵심적 개입 체계로서, 「유엔아동권리협약」에서 강조하는 아동 최선의 이익 원칙에 기반하고 있다.

① 국외 아동보호 서비스 체계

미국은 주정부 중심의 공공 아동보호체계를 운영하고 있다. 1974년 아동학대 예방 및 치료법(Child Abuse Prevention and Treatment Act, CAPTA) 제정 이후 확립된 체계로, 주정부의 아동보호전담기관(Child Protective Services, CPS)이 아동학대 신고 접수, 현장조사, 위험 사정의 핵심적 책임을 담당한다.

아동학대 신고가 접수되면 CPS는 현장조사를 실시하여 아동의 안전과 위험 수준을 평가한다. 조사 결과에 따라 가정 내 보호가 가능한지, 또는 일시보호나 격리 조치가 필요한지를 판단하며, 이 과정에서 법원, 경찰, 의료기관 등과 긴밀히 협력한다.

아동을 부모나 그 외 보호자로부터 격리하기 위해서는 법에 따른 공권력이 필요하며, 미국의 경우 아동의 즉각적 안전이 위험한 상황에서는 법원 명령 없이도 응급 보호 조치가 가능하도록 법적 권한이 부여되어 있다. 아동보호 전문기관은 아동을 학대하거나 유기한 사례에 대해 아동을 격리하고 이에 대한 법적 절차를 따라야 하며, 이 과정에서 다학제적 팀 접근을 통해 사회복지사, 의료진, 법조인, 교육자 등이 협력하여 종합적인 서비스를 제공한다.

② 우리나라 아동보호 서비스 현황

최근 우리나라는 아동학대 사건의 지속적 증가와 사회적 관심 확대로 인해 아동보호체계가 크게 변화하고 있다. 특히 2020년 '정인이 사건' 등 심각한 아동학대 사망 사건들이 사회적 이슈가 되면서 아동학대와 아동보호에 관한 제도적 개선이 가속화되었다. 이에 따라 요보호아동에 대한 보호 계획을 수립하

고 원가정 복귀 후 사후관리 등에 관한 지자체 역할을 법제화하였으며, 2022년부터는 아동보호 서비스 공공화 정책이 본격 시행되어 지방자치단체가 아동보호의 일차적 책임을 지게 되었다. 또한 2019년 「민법」 개정으로 친권자의 징계권 조항이 삭제되었고, 「아동학대범죄의 처벌 등에 관한 특례법」을 통해 아동학대에 대한 사법적 대응이 강화되었다. 그러나 아직 공권력에 의한 개입은 서구 선진국에 비해 미약한 실정이며, 가족의 사생활과 자율성을 중시하는 전통적 문화와 아동의 안전 보장 사이에서 균형점을 찾지 못해 소극적 입장에서 국가가 개입하고 있다. 이로 인해 아동학대 위험 상황에 대한 조기 발견과 예방적 개입이 부족하고, 위기 상황에서의 신속하고 적극적인 대응에 한계가 있다.

4) 아동복지 전달체계

전달체계란, 복지 대상자에게 급여나 서비스가 결정된 이후, 이를 어떠한 방식으로 효과적이고 효율적으로 제공할 것인가에 관한 조직적 구조와 과정을 의미한다. 우리나라의 아동복지정책은 다양한 영역에서 폭넓은 서비스를 제공하고 있으며, 이 서비스의 전달은 운영 주체에 따라 공적 전달체계와 사직 진달체계로 구분된다.

공적 전달체계는 중앙정부, 지방자치단체, 공공기관 등 국가가 직접 관리 · 운영하는 체계를 말하며, 사적 전달체계는 비영리 민간단체, 사회복지법인, 종교단체 등 민간이 주도적으로 관리 · 운영하는 체계를 의미한다(한미현 외, 2022).

아동복지 전달체계의 핵심은 급여나 서비스가 대상 아동에게 필요할 때, 적합하게 도달하도록 조직과 인력을 효율적으로 활용하는 전략을 수립 · 실행하는 데 있다. 이를 통해 공공 및 민간조직이 아동복지사업을 체계적으로 계획하고 효과적으로 실천할 수 있도록 지원한다. 궁극적으로 아동복지정책의 목적은 수혜자인 아동에게 최적의 서비스를 제공하는 것이며, 이를 위해서는 서비스 전달체계의 구축과 운영이 매우 중요하다.

우리나라 「아동복지법」 제4조는 국가와 지방자치단체가 아동의 안전, 건강, 복지 증진을 위해 아동과 그 보호자 및 가정을 지원하는 정책을 수립·시행할 책임이 있음을 명시하고 있다. 이에 따라 아동의 권익 보호, 가정과 유사한 환경에서의 성장 지원, 장애아동의 권리 보장, 차별 금지, 아동권리 및 복지 증진을 위한 다양한 시책이 마련되고 있다. 또한 아동의 보호자에 대한 교육 지원 역시 법적으로 규정되어 있다.

이처럼 국가와 지방자치단체는 요보호아동뿐만 아니라 일반아동까지 포함하여 모든 아동의 권리와 복지 증진을 위한 책임을 지니며, 아동복지정책의 실효성을 높이기 위해 공공 및 민간조직이 유기적으로 협력하여 급여와 서비스를 효과적으로 전달하는 체계를 마련해야 한다.

(1) 아동복지 서비스의 공공조직과 민간조직

① 공공조직

아동복지 서비스의 효율적 전달을 위해 2004년 국무총리 소속으로 아동정책조정위원회가 설치되었다. 위원회는 아동정책 종합계획을 마련하고 아동의 권리 보장과 복지 향상을 위한 정책 지향점을 설정하며, 부처 간 정책 협조와 연계, 재정 지원, 아동 관련 국제협약 준수와 점검·조율 등 아동정책 전 영역에 대한 통합 조정 기능을 수행한다. 여러 부처에 분산된 아동정책의 분절을 해소하고, 민간 전문가의 참여를 통해 정책 수립의 민주성과 실효성을 높이는 데 기여할 수 있다. 그러나 위원회의 실질적 운영과 권한, 역할에 대한 명확한 규정과 실효성 강화가 지속적으로 요구되고 있다.

2019년 7월부터 아동정책의 종합적 수행과 아동복지 관련 사업의 효과적 추진을 위해 보건복지부 산하에 아동권리보장원이 설립되었다. 아동권리보장원은 아동정책 수립 지원, 정책 분석, 아동학대 예방 및 방지, 가정위탁사업, 지역아동복지사업, 입양 및 실종아동 지원, 아동 통합사례관리 등 아동복지 관련 주요 사업을 통합적으로 수행하고 있다. 이를 통해 아동복지정책의 실행력을 높

이고, 현장 중심의 서비스 제공을 강화하고 있다.

아동복지의 공공행정체계는 보건복지부를 중심으로 시·도, 시·군·구, 읍·면·동까지 연결되는 다층적 구조로 운영된다. 각 지방자치단체의 장(시·도지사, 시장·군수·구청장)은 아동복지심의위원회를 두어 연도별 아동정책 시행계획, 아동 보호 및 퇴소 조치, 보호기간 연장 및 종료, 친권 제한 및 상실 청구, 후견인 선임 및 변경, 아동 보호 및 지원 서비스 등 주요 사항을 심의한다. 심의위원회의 조직 및 운영에 관한 세부 사항은 해당 지방자치단체의 조례로 정하며, 그 결과는 매년 보건복지부 장관에게 보고하도록 규정되어 있다(「아동복지법」 제12조).

특히 2022년부터는 공공 중심 아동보호체계가 본격적으로 도입되어, 지자체가 아동학대 조사와 보호 조치, 양육 상황 점검, 원가정 복귀 지원 등 보호대상 아동에 대한 국가 책임을 한층 강화하였다. 아동학대전담공무원과 아동보호전담요원이 배치되고 아동의 최선의 이익을 실현할 수 있도록 공공조직의 역할이 확대되고 있다.

② 민간조직

아동복지 전달체계에서 민간조직은 공공 전달체계와 상호 보완적 관계를 형성하며, 아동복지 서비스의 다양성과 전문성을 제고하는 핵심적 역할을 담당하고 있다. 민간조직의 참여는 정부의 한정된 자원을 보완하고, 지역사회의 특성과 욕구에 맞는 맞춤형 서비스를 제공하고 있다.

가. 아동복지시설의 유형과 기능

「아동복지법」 제52조에 따르면 아동복지시설은 기능과 서비스 제공 방식에 따라 생활시설과 이용시설로 구분된다.

- **생활시설**: 가정에서 보호받기 어려운 아동을 일정 기간 또는 영구적으로 입소시켜 24시간 보호와 양육을 제공한다.
  - 아동양육시설: 가정에서 보호받기 어려운 아동을 받아들여 돌봄·성장

지원 · 자립준비 서비스를 제공하는 시설이다.

- 아동일시보호시설: 보호대상아동을 일시보호하고 향후 양육대책 수립까지 임시 보호하는 시설이다.
- 아동보호치료시설: 행동상의 어려움을 겪거나 부적응 우려가 있는 아동을 위해 치료적 개입과 보호 서비스를 운영한다.
- 자립지원시설: 보호대상아동의 자립을 지원하는 시설로, 주로 18세 이상의 보호종료아동을 대상으로 한다.
- 공동생활가정(그룹홈): 보호대상아동에게 가정과 같은 주거 여건과 보살핌을 제공하는 소규모 아동보호시설이다.

• **이용시설**: 아동과 가족이 가정에서 생활하면서 필요한 서비스를 제공받을 수 있는 시설을 말한다.

- 아동상담소: 아동과 그 가족이 겪는 어려움에 대해 심리상담, 치료적 개입, 사전예방 활동을 제공한다.
- 지역아동센터: 지역사회 아동의 보호 · 교육, 건전한 놀이와 오락의 제공, 보호자와 지역사회의 연계 등 아동의 건전 육성을 위한 종합적인 아동복지 서비스를 제공한다.
- 아동전용시설: 공연과 놀이, 스포츠 등 다양한 활동을 통해 아동의 건전한 여가 생활을 지원하여 몸과 마음의 건강 관리와 복지 개선에 필요한 서비스를 제공하는 시설이다.

나. 전문 아동복지기관

아동복지 영역의 전문성과 효과성을 높이기 위해 특정 기능을 담당하는 기관들이 운영되고 있다.

• **어린이집**: 「영유아보육법」에 따라 만 0~5세 영유아를 대상으로 보육서비스를 제공하는 시설이다. 국공립, 사회복지법인, 법인 · 단체, 직장, 가정, 협동 어린이집 등 다양한 유형으로 운영되고 있다.

- **아동보호전문기관**: 아동학대 예방, 아동학대 신고접수, 현장조사, 응급보호, 상담 · 치료, 사후관리 등의 업무를 담당하는 전문기관이다.
- **입양기관**: 국내외 입양 업무를 담당하는 기관으로, 입양 상담, 입양가정 조사, 입양 후 사후서비스 등을 제공한다.
- **가정위탁지원센터**: 가정위탁 업무 전반을 지원하는 기관으로, 위탁가정 발굴, 교육, 상담, 사후관리 등의 업무를 담당한다.

다. 민간조직의 운영 주체와 특성

아동복지 관련 민간조직은 다양한 운영 주체에 의해 설립 · 운영되고 있다. 주요 운영 주체로는 사회복지법인, 재단법인, 종교단체, 각종 사회단체, 개인 등이 있으며, 각각의 특성과 장점을 가지고 있다.

- **사회복지법인**: 사회복지사업을 목적으로 설립된 법인으로, 공익성과 전문성을 바탕으로 체계적인 서비스를 제공한다. 법인의 안정성과 지속성을 바탕으로 장기적인 관점에서 서비스를 기획하고 제공할 수 있다는 장점이 있다.
- **종교단체**: 종교적 사명감과 봉사 정신을 바탕으로 아동복지 서비스를 제공한다. 지역사회 내에서 오랜 기간 형성된 신뢰와 네트워크를 활용하여 접근성이 높은 서비스를 제공할 수 있다.
- **개인**: 운영하는 시설은 상대적으로 유연하고 개별화된 서비스 제공이 가능하다는 특징이 있으나, 운영의 안정성과 전문성 확보가 과제로 지적되고 있다.

라. 민간 참여의 확대와 협력 체계

최근 아동복지 영역에서 민간의 참여가 다양한 방식으로 확대되고 있다. 이는 복지다원주의(welfare pluralism) 관점에서 정부, 시장, 시민사회의 역할 분담을 통해 복지 효과성을 높이려는 정책 방향을 반영한다.

- **민간 위탁**: 공공기관이 직접 운영하던 사업을 민간기관에 위탁하여 운영하는 방식이다. 지역아동센터, 육아종합지원센터, 가족센터 등 다양한 아동복지시설이 민간 위탁 방식으로 운영되고 있다. 이를 통해 민간의 전문성과 효율성을 활용하면서도 공공성을 확보할 수 있다.
- **사회서비스원**: 공공과 민간의 협력 모델의 새로운 형태로, 공공의 책임성과 민간의 전문성을 결합한 혼합형 전달체계를 구축하고 있다

민간조직은 아동복지 전달체계의 핵심적 구성 요소로서, 공공 전달체계와의 유기적 협력을 통해 아동의 권리와 복지 증진을 위한 통합적 지원체계를 구축하고 있다. 향후 공공과 민간의 적절한 역할 분담과 협력을 통해 더욱 효과적이고 포괄적인 아동복지 서비스 체계를 구축할 필요가 있다.

2. 아동복지정책의 유형 및 방향

1) 우리나라의 아동복지정책

우리나라 아동복지정책은 초기에는 보호가 필요한 아동, 즉 빈곤, 학대, 입양, 소년 · 소녀가장 등 요보호아동을 중심으로 한 선별적 지원에서 출발하였다. 6 · 25 전쟁 이후, 기아, 미아, 고아 등 사회적 약자를 위한 민간 시설보호와 국가의 최소한의 지원이 중심이었으며, 가족을 잃은 아동을 위한 시설보호사업이 주요 정책이었다. 이러한 선별주의적 복지는 1980년대까지 지속되었으나, 사회 변화와 함께 정책의 방향이 점차 확대 · 전환되었다.

최근에는 핵가족화, 기혼 여성의 경제활동 증가, 가족해체 등으로 인해 가족 내 아동 양육과 보호의 기능이 약화되면서, 아동의 복지가 가족만의 책임이 아닌 사회적 · 국가적 책임으로 강조되고 있다. 이러한 변화로 아동복지정책의 대상이 보호가 필요한 아동에서 모든 아동으로 확대되어 신체적 · 정신적 건강 증

진을 위한 국가 차원의 체계적인 지원 방안을 마련하고 있다.

아동복지정책의 체계를 세 가지로 나누어 보면, 첫째, 보호아동을 위한 가정보호 중심의 체계 강화(예: 가정위탁, 입양, 공동생활가정 등), 둘째, 지역사회 중심의 아동 지원체계 구축(예: 지역아동센터, 드림스타트 등), 셋째, 아동권리 및 학대아동 보호에 관한 지원체계 확립(예: 아동학대 예방, 피해아동 보호, 실종아동 지원 등)이다.

보건복지부가 주도하는 주요 아동복지정책은 다음과 같이 구분한다.

- **인구정책**: 지역아동센터, 다함께돌봄센터 등 아동 돌봄 지원 인프라 확충
- **출산정책**: 임신 · 출산 지원, 모자보건 지원, 위기임신 지원, 출생통보제 등 출생 초기부터의 아동보호 강화
- **아동복지정책**: 아동수당 지급, 아동정책기본계획 수립, 정기적 아동실태 조사 및 통계 정비, 아동인권 증진, 입양제도 개선 등 모든 아동의 기본권 보장
- **아동권리정책**: 요보호아동 자립 지원, 가정위탁 및 입양 지원, 드림스타트, 디딤씨앗통상, 자립수낭 등 취약아동의 자립과 성장 지원
- **아동학대정책**: 아동학대 예방 및 피해아동 보호, 실종아동 보호 및 지원, 아동안전사고 예방 등 아동의 안전권 강화

우리나라의 복지정책은 시대적 변화와 사회적 요구에 따라 보호 중심의 선별적 지원에서 모든 아동의 권리와 복지 증진을 위한 보편적 · 통합적 정책으로 패러다임이 전환되고 있다. 사회적 위험에 대응하여 아동학대 조기지원체계 개편, 아동발달지원계좌(디딤씨앗통장) 확대, 위기임신 지원 등 포괄적인 정책이 강화되고 있다.

〈표 4-1〉 아동복지정책(2024)

<table>
<tr><th colspan="2">구분</th><th>목적 및 사업내용</th></tr>
<tr><td>인구 정책</td><td>아동돌봄 지원</td><td>• 지역아동센터
– 돌봄이 필요한 지역사회 아동의 건전 육성을 위하여 보호·교육, 건전한 놀이와 오락의 제공, 보호자와 지역사회의 연계 등 종합적인 복지서비스 제공(18세 미만 아동)
• 다함께 돌봄센터
– 안전하고 접근성 높은 지역 내 공공시설 등을 활용하여 초등학생에게 돌봄 서비스 제공(6~12세 아동)
• 학교돌봄터
– 초등학교가 돌봄 공간을 제공하고 지자체가 돌봄교실을 운영하여 초등학생에게 돌봄 서비스 제공(6~12세 아동)</td></tr>
<tr><td>출산 정책</td><td>임신·출산 지원</td><td>• 모성·영유아 건강 관리
– 수첩, 철분제, 엽산제 등 지원
• 저소득층 기저귀·조제분유 지원
– 영아가정의 경제적 부담 경감 및 아이 낳기 좋은 환경 조성
• 첫만남이용권 지원
– 출생 아동에게 200만 원 이상 지급 및 양육에 대한 경제적 부담 경감
• 산모·신생아 건강 관리 지원 사업
– 산모의 산후 회복과 양육을 지원하고 경제적 부담 경감</td></tr>
<tr><td rowspan="5">아동 복지 정책</td><td>아동수당</td><td>• 아동 양육에 따른 경제적 부담을 경감하고 건강한 성장 환경을 조성함으로써 아동의 기본적 권리와 복지를 증진(만 8세 미만 모든 아동)</td></tr>
<tr><td>아동정책 기본계획</td><td>• 관계부처 합동으로 계획을 수립(2020년 8월)
• 실질적인 아동의 삶 변화, 일상 속에서 아동권리의 적극 보장으로 아동 행복 체감도 제고 및 아동 중심 관점으로 정책 패러다임 전환, 아동 특성 고려한 과제 중점 제시</td></tr>
<tr><td>정기적 아동실태 조사 및 통계 정비</td><td>• 정기적(3년)으로 아동의 종합실태조사 실시
• 아동의 건강·영향·정서·안전 등 가구소득별·가구 유형별 전체 아동 실태를 포함하여 조사</td></tr>
<tr><td>아동 인권 증진</td><td>• 어린이날 및 어린이주간, 대한민국 아동총회 등 아동 관련 행사와 아동권리 포럼 개최를 통해 아동이 권리 주체로서 인식되는 사회적 분위기 조성</td></tr>
<tr><td>입양</td><td>• 보호조치 대상 아동이 안정된 가족 환경에서 온전히 발달할 수 있도록 도움으로써 아동의 전반적 복지 향상을 실현
• 국내 입양 우선추진제도, 입양가정에 대한 경제적 지원, 사후서비스 지원
• 아동권리보장원
– 아동정책에 종합적인 수행과 아동복지 관련 사업 추진</td></tr>
</table>

구분		목적 및 사업내용
아동권리정책	요보호아동 자립지원	• 보호대상아동(아동복지시설, 가정위탁)의 자립준비 역량을 강화하고 18세 이후 사회 진출 시 안정적인 자립 기반을 위한 지원
	가정위탁 지원	• 가정위탁아동이 건전한 사회인으로 자랄 수 있도록 위탁 아동 및 위탁 부모에 대한 경제적·사회적 지원 확대
	아동복지 교사지원	• 지역사회에서 취약계층아동에게 다양한 교육 프로그램을 제공하여 아동의 건전한 성장과 발달 지원을 위해 교사 파견
	아동복지 시설운영	• 아동양육시설, 아동일시보호시설, 아동보호치료시설, 공동생활가정, 자립지원시설, 아동상담소에 보호대상아동을 지원
	공동생활 가정	• 보호대상아동에게 가정과 같은 주거 여건과 보호, 양육, 자립지원 서비스를 제공
	드림스타트	• 0~12세 아동 및 가족을 대상으로 사례관리를 통해 건강·기초학습·사회성 함양·부모교육·가족 지지 등 맞춤형 통합서비스 제공
	디딤씨앗 통장	• 저소득 아동의 사회 진출 시 필요한 자립자금 마련에 도움을 주기 위하여 아동복지시설 아동, 가정위탁아동 등을 대상으로 아동발달지원계좌를 지원(만 18세 미만까지 지원)
	자립수당	• 자립준비청년에게 자립수당을 지급하여 보호 종료 후 경제적 부담을 완화하고 안정적인 사회 정착 및 복지 향상을 통해 성공적 자립에 기여하도록 매월 50만 원 지원
아동학대정책	아동학대 예방 및 피해아동 보호	• 아동학대 예방 강화 및 피해아동 보호를 통한 아동의 건강한 성장 환경 조성 및 권리 증진 도모를 목적으로 아동학대 예방을 위한 정책 수립, 관련 법·제도 개선, 아동학대 예방 교육 및 홍보
	실종아동 등의 보호 및 지원	• 취약계층인 아동 및 장애인(지적·자폐성·정신)의 실종 예방을 위한 교육 및 홍보 • 장기실종아동가족 지원을 통한 가족 해체 예방을 위해 상담 치료서비스 등을 제공
	아동안전 사고 예방사업	• 아동, 부모, 교사 또는 종사자의 안전의식 강화 및 대응능력 향상과 아동이 안전하게 성장할 수 있는 환경을 조성하기 위해 안전교육 콘텐츠 개발 및 체험 안전교육, 아동안전예방 홍보 및 연구 조사 등을 지원

출처: 보건복지부 홈페이지(https://www.mohw.go.kr/)에서 2024년 5월 인출.

2) 우리나라 아동복지정책의 방향

우리나라의 아동복지정책은 「유엔아동권리협약(UNCRC)」을 기초로 하여, 아동의 생존권, 발달권, 참여권, 보호권 등 기본 권리를 존중하고 아동의 이익을 최우선으로 하는 원칙을 바탕으로 하고 있다. 이러한 권리 기반 접근법(rights-based approach)은 아동을 보호받아야 할 존재가 아닌 고유한 권리를 가진 주체로 인식하는 패러다임 전환을 의미한다.

이를 위해 모든 아동에게 보편적으로 적용할 수 있는 아동권리 실현을 위한 법적·제도적 기반을 마련하였으며, 「아동복지법」, 「아동학대범죄의 처벌 등에 관한 특례법」, 「아동·청소년의 성보호에 관한 법률」 등 포괄적인 법체계를 구축하였다. 또한 아동이 안전하고 건강하게 성장할 수 있도록 다양한 요구와 권리 증진을 위한 정책을 지속적으로 추진하고 있다. 이러한 정책 방향은 아동의 균형 잡힌 성장을 뒷받침하고, 출생 환경, 성별, 장애 유무, 사회적 배경 등에 관계없이 모든 아동이 행복을 추구할 수 있도록 하는 데 있다.

(1) 「유엔아동권리협약」 이해

「유엔아동권리협약」은 1989년 11월 20일 유엔총회에서 채택된 국제인권조약으로, 18세 미만의 모든 아동에게 적용되는 포괄적인 인권 기준을 제시하고 있다. 이 협약은 아동의 삶을 변화시키는 중요한 국제적 기준으로, 협약의 내용과 이행력은 각국의 아동정책과 제도에 직접적인 영향을 미친다(황옥경, 2016).

협약의 실효성을 높이기 위해, 비준국은 협약 이행 상황을 주기적으로 보고하고 유엔아동권리위원회의 심의를 받도록 규정되어 있다. 전 세계 196개국이 협약을 비준하였으며, 우리나라는 1991년 11월 20일 협약에 가입한 이후 5년마다 국가보고서를 제출하고 있다. 위원회의 심의 결과로 제시된 권고사항(Concluding Observations)은 우리나라 아동권리 증진을 위해 다양한 정책 변화를 촉진해 왔다. 주요 권고사항으로는 법률과 제도의 개선, 아동복지 예산 확대, 아동참여기구의 설립과 운영, 아동학대 및 체벌 근절을 위한 법적 조치, 출생등록제 강화, 장애아동에 대한 통합교육 확대 등이 있다.

우리나라는 유엔아동권리위원회의 권고를 아동정책 수립과 시행에 적극 반영하고, 아동의 다양한 요구와 권리가 실질적으로 보장될 수 있도록 정책적 노

력을 지속하고 있다. 이 과정에서 제4차 아동정책기본계획(2020~2024) 수립, 아동정책영향평가 도입, 아동참여예산제 확대, 아동권리교육 강화 등 협약의 4대 일반 원칙이 국내 정책 전반에 뿌리내릴 수 있도록 다각적인 제도 개선을 위해 노력하고 있다.

특히 아동정책조정위원회를 통한 범부처 협력체계 구축, 지방자치단체의 아동친화도시 조성 사업 확산, 아동영향평가 제도 도입 등은 협약의 이행을 위한 제도적 기반을 강화하는 주요한 성과로 평가된다.

(2) 아동정책 기본계획

① 제1차 아동정책 기본계획

우리나라는 2012년 「아동복지법」을 개정하여 아동정책에 대한 중앙정부 차원의 중기계획 수립의 근거를 마련하고, 5년 주기로 아동정책기본계획을 통하여 아동정책의 목표와 기본 방향, 추진 과제를 수립하고 있다. 관계부처합동으로 '제1차 아동정책기본계획(2015~2019)'을 수립하였는데, 2013년 '아동실태조사'에서 나타난 아동정책의 취약한 부분을 개선하고 유엔아동권리위원회의 권고된 사항을 정책으로 구현하고자 하였다. 제1차 아동정책 기본계획은 아동의 보편적 복지 서비스 확대를 중심으로 수립하고자 하였다. "행복한 아동, 존중받는 아동"을 비전으로, 중앙정부와 지방자치단체의 아동과 관련된 가족, 보육, 교육, 문화, 체육, 복지 등의 사회정책 전반에 걸친 정책 분야를 아동 중심의 정책으로 추진하고자 하였다. 기존에 취약아동을 대상으로 복지나 보호 기능이 집중되었던 것을 모든 아동의 역량을 강화하기 위하여 '아동 행복도 증진', '아동 최우선의 원칙 실현기반 조성'을 핵심 목표로 수립하였다. 아동기가 가장 행복한 시기로 모든 아동이 행복을 누릴 수 있도록 아동 친화적 발달 환경을 조성하고자 계획을 수립하였다.

추진 영역은 '미래를 준비하는 삶, 건강한 삶, 안전한 삶, 함께하는 삶' 4가지이며, 각 영역에 세부 추진 과제를 제시하였다. 실행기반은 아동권리 실현기반 조성, 민간과의 협력 강화, 가정의 양육 역량 강화, 아동정책 지원 인프라 강화, 아동 친화적 지역사회 조성으로 제시하고 있다(관계부처합동, 2015).

비전	행복한 아동, 존중받는 아동
핵심목표	• 행복한 아동 증진 • 아동 최우선의 원칙 실현기반 조성
추진 영역	**추진 과제**
1. 미래를 준비하는 삶	• 아동기 역량 강화 • 꿈과 끼를 살리는 교육 실현 • 아동의 참여권 보장 • 놀이 여가 권리 보장
2. 건강한 삶	• 생활공간 기반 건강 관리체계 마련 • 발달주기별 건강 관리체계 내실화
3. 안전한 삶	• 생활공간 안전 확보 • 사회안전 위협요인 대응체계 구축 • 아동안전기반 구축
4. 함께하는 삶	• 아동보호 무차별 원칙 실현 • 보호 · 지원이 필요한 아동에 대한 종합대책 마련
실행기반	• 아동권리 실현 기반 조성 • 가정의 양육역량 강화 • 아동친화적 지역사회 조성 • 민간과의 협력 강화 • 아동정책 지원 인프라 강화

[그림 4-1] 제1차 아동정책 기본계획(2015~2019)

② 2차 아동정책 기본계획

정부는 「아동복지법」 제7조에 의거하여 2015년에 마련된 제1차 아동정책 기본계획을 기초로 하여 5년간 아동정책을 포괄하는 제2차 아동정책 기본계획(2020~2024)을 수립하였다. 우리나라는 제1차 아동정책 기본계획 추진 시 아동의 보편적 복지 확대를 위해 노력하였으나, 아동의 행복 수준을 향상시키는 것에는 한계가 있었다. 우리나라 아동의 행복도(삶의 만족도)는 2018년 OECD 국가에서 최하위로 나타났으며, 아동이 건전하고 역량 있는 성인으로 성장을 도

모하고자 사회적 개선에 대한 필요성이 제기되었다. 2019년 '포용국가 아동정책' 수립은 아동의 권리 보장뿐만 아니라 보호가 필요한 아동에 대한 국가 책임 확대의 필요성을 명시하였다. 아동의 행복 향상을 위해 교육, 복지, 여가·문화, 안전, 사법절차 등 정부가 제안하는 전반적인 정책에 아동중심적 관점을 반영하고, 2020년 코로나19와 같은 감염병 재난 발생으로 인한 사회적 변화도 고려하여 반영하였다.

비전	아동이 행복한 나라
핵심목표	• 아동권리의 존중 및 실현 • 아동이 현재 행복을 누릴 수 있는 환경 조성
추진 영역	**추진 과제**
1. 권리 주체 아동권리 실현	• 아동권리 실현을 위한 정책추진체계 마련 • 생활 속 아동권리 실현
2. 건강하고 균형 있는 발달 지원	• 놀이와 학습이 조화로운 학교와 지역사회 • 아동 신체와 마음건강 관리 강화 • 폭력과 각종 안전사고로부터 보호
3. 공정한 출발 국가 책임 강화	• 아동 중심 공적 보호·돌봄 체계 구축 • 저소득 가구 등 취약아동 지원 강화
4. 코로나19 대응 아동정책 혁신	• 가정의 양육 역량 강화 • 재난 상황에 대응 가능한 돌봄 체계 마련

[그림 4-2] 제2차 아동정책 기본계획(2020~2024)

제2차 아동정책 기본계획의 방향은 '아동 중심', '권리 주체' 관점을 명확화할 수 있도록 법적·제도적 체계를 구축하고자 하였다. 아동이 희망하는 것에 따라 다양한 활동, 행복하게 발달하는 환경을 구성, 보호가 필요한 아동 및 취약계층의 아동에게는 공정한 성장 기회를 제공할 수 있도록 국가의 책임을 강화하고자 하였다. 또한 코로나19에 따른 사회·환경 변화를 고려할 수 있는 아동정책을 혁신하는 방향을 제시하고자 하였다.

비전은 '아동이 행복한 나라'로, 아동의 권리가 실현될 수 있는 정책적 시스템을 마련하고 아동의 권리를 실현하고 보호하는 환경을 마련하기 위해 '아동 권리의 존중 및 실현', '아동이 현재 행복을 누릴 수 있는 환경 조성'을 목표로 4대 추진 전략과 9개 중점 추진 과제, 세부 과제를 73개로 제시하였다.

추진 전략으로, 첫째, '권리 주체 아동권리 실현'은 아동이 정책에 고려될 수 있도록 정책 시스템을 개편하고 아동의 참여와 의견 표명권, 권리 기반의 아동보호 등 생활 속에서 권리 실현 기반을 조성할 수 있는 시스템을 마련하는 것이다. 둘째, '건강하고 균형 있는 발달 지원'은 놀이와 학습이 조화로운 학교와 지역사회를 구축하고 아동 건강 위협 요인에 대한 관리를 강화하고, 폭력 등으로부터 안전체계 구축을 마련하는 것이다. 셋째, '공정한 출발 국가 책임 강화'는 가정 내 보호가 어려운 아동, 빈곤 및 다양한 배경 요인으로 아동의 격차가 발생하지 않도록 아동 중심 공적 보호·돌봄체계 구축과 취약아동에 대한 국가책임의 연속성을 확보하고자 제시하였다. 넷째, '코로나19 대응 아동정책 혁신'은 코로나19와 같은 재난으로 인한 아동의 삶에 미치는 부정적 영향을 최소화할 수 있도록 소득-시간-양육자 등 종합적인 양육 역량 강화를 제고하고, 재난상황에 대응 가능하도록 보호·돌봄체계 확충을 위한 과제를 제시하였다(관계부처합동, 2020).

3. 아동복지와 관련된 주요 법률

1)「아동복지법」

(1)「아동복지법」의 목적과 기본 이념

아동문제에 대한 사회적 대응이라고 할 수 있는 아동복지정책의 법적 근거가 되는「아동복지법」은 모든 아동의 욕구를 충족시키고 아동의 인간다운 생활

을 보장하기 위한 공적·사적 제도와 정책 등을 규율하고자 제정된 법규이다.

우리나라의 아동복지법은 1961년 「아동복리법」으로 제정하여 요보호아동 중심의 복지가 이루어졌으며, 1981년 「아동복지법」으로 개정되면서 요보호아동뿐만 아니라 일반아동을 포함하여 우리나라의 모든 아동의 복지를 보장하고자 하였다.

- **목적**: 「아동복지법」은 아동이 건강하게 출생하여 행복하고 안전하게 자랄 수 있도록 아동의 복지를 보장하는 것을 목적으로 규정되었다(제1조).
- **기본이념**: ① 아동은 자신 또는 부모의 성별, 연령, 종교, 사회적 신분, 재산, 장애 유무, 출생 지역, 인종에 따른 차별을 금지하고 있으며, ② 완전하고 조화로운 인격 발달을 위하여 안정된 가정 환경에서 행복하게 자라나야 할 권리를 갖고 있으며, ③ 모든 활동에 있어서 아동의 이익이 최우선적으로 고려되어야 하며, ④ 아동의 권리 보장과 복지 증진을 위하여 이 법에 따른 보호와 지원을 받을 권리를 가진다고 규정되었다(제2조).

(2) 「아동복지법」의 구성 내용

「아동복지법」은 총 7장 75조항으로 구성되어 있으며, 제1장 총칙, 제2장 아동복지정책의 수립 및 시행 등, 제3장 아동에 대한 보호서비스 및 아동학대 예방 및 방지, 제4장 아동에 대한 지원서비스, 제5장 아동복지시설, 제6장 보칙, 제7장 벌칙으로 구성되어 있다.

- **제1장**: 총칙에서는 아동복지의 목적, 기본 이념, 정의, 국가와 지방자치단체의 책무, 보호자 등의 책무, 어린이날 및 어린이주간을 규정하고 있다.
- **제2장**: 아동정책기본계획의 수립, 연도별 시행계획의 수립·시행 등, 계획 수립의 협조, 아동정책조정위원회, 아동권리보장원의 설립 및 운영, 아동종합실태조사, 아동정책영향평가, 아동복지심의위원회, 아동복지전담공무원 등, 아동위원의 사항을 규정하고 있다.

- **제3장**: 아동보호서비스(보호조치, 보호대상아동의 퇴소조치 등, 금지행위, 친권상실 선고의 청구 등, 아동의 후견인의 선임 청구 등, 보조인의 선임 등), 아동학대의 예방 및 방지(아동학대의 예방과 방지 의무, 아동학대 예방의 날, 홍보영상의 제작 · 배포 · 송출, 아동학대 신고의무자에 대한 교육, 사후관리 등, 피해아동 및 그 가족 등에 대한 지원 등)에 관해 규정하고 있다.
- **제4장**: 아동안전 및 건강지원(안전기준의 설정, 아동의 안전에 대한 교육, 아동보호구역에서의 고정형 영상정보처리기기 설치 등, 아동안전 보호인력의 배치 등, 아동긴급보호소 지정 및 운영, 건강한 심신의 보존, 보건소), 취약계층 아동 통합서비스지원 및 자립지원(취약계층 아동에 대한 통합서비스 지원, 자립지원, 자립지원계획의 수립 등, 자립지원 관련 업무의 위탁, 아동자립지원추진협의회, 자산형성지원사업, 자산형성지원사업 관련 업무, 자산형성지원사업 관련 업무의 위탁), 방과 후 돌봄서비스 지원(다함께돌봄센터)에 관해 규정하고 있다.
- **제5장**: 아동복지시설(아동보호전문기관의 설치 등, 아동보호전문기관의 업무, 아동보호전문기관의 성과평가 등, 가정위탁지원센터의 설치 등, 가정위탁지원센터의 업무, 아동복지시설의 설치, 휴업 · 폐업 등의 신고, 아동복지시설의 종류, 아동전용시설의 설치, 아동복지시설의 종사자, 아동복지시설 종사자의 교육훈련, 시설의 개선, 사업의 정지, 시설의 폐쇄 등, 아동복지시설의 장의 의무, 아동복지단체의 육성)에 관해 규정되어 있다.
- **제6장**: 보칙(비용 보조, 비용 징수, 보조금의 반환명령, 국유 · 공유 재산의 대부 등, 면세, 압류 금지, 비밀 유지 등의 의무, 조사 등, 청문, 권한의 위임 · 위탁, 유사명칭의 사용금지, 벌칙 적용에서의 공무원 의제)으로 규정되어 있다.
- **제7장**: 벌칙에서는 벌칙, 상습범, 미수범, 양벌규정, 과태료를 규정하고 있다.

(3) 아동의 정의 및 책무

- **정의**: 아동이란 18세 미만인 사람을 말한다. '아동복지', '보호자', '지원대상아동', '가정위탁', '아동학대', '피해아동', '아동복지시설', '아동복지종사자'를 정의하였다(제3조).
- **책무**: 아동복지의 보장을 위하여 ① 국가와 지방자치단체의 책무(제4조)로 아동의 안전과 건강을 위한 복지 증진을 위하고 아동, 보호자, 가정을 지원하기 위한 정책을 수립하고 시행되어야 한다. ② 보호자 등의 책무(제5조)로 아동의 보호자는 아동을 건강하고 안전하게 양육하며 아동에게 신체적 고통이나 폭언 등의 정신적 고통을 가해서는 안 되며, 모든 국민은 아동의 권익과 안전을 존중하고 아동을 건강하게 양육해야 한다고 규정되었다.

〈표 4-2〉「아동복지법」의 목적과 이념

구분	주요 내용
목적 (제1조)	아동이 건강하게 출생하여 행복하고 안전하게 자랄 수 있도록 아동의 복지를 보장하는 것을 목적으로 한다.
기본 이념 (제2조)	① 아동은 자신 또는 부모의 성별, 연령, 종교, 사회적 신분, 재산, 장애 유무, 출생 지역, 인종 등에 따른 어떠한 종류의 차별도 받지 아니하고 자라나야 한다. ② 아동은 완전하고 조화로운 인격 발달을 위하여 안정된 가정 환경에서 행복하게 자라나야 한다. ③ 아동에 관한 모든 활동에 있어서 아동의 이익이 최우선적으로 고려되어야 한다. ④ 아동은 아동의 권리 보장과 복지 증진을 위하여 이 법에 따른 보호와 지원을 받을 권리를 가진다.
정의 (제3조)	① "아동"이란 18세 미만인 사람을 말한다. ② "아동복지"란 아동이 행복한 삶을 누릴 수 있는 기본적인 여건을 조성하고 조화롭게 성장·발달할 수 있도록 하기 위한 경제적·사회적·정서적 지원을 말한다. ③ "보호자"란 친권자, 후견인, 아동을 보호·양육·교육하거나 그러한 의무가 있는 자 또는 업무·고용 등의 관계로 사실상 아동을 보호·감독하는 자를 말한다. ④ "보호대상아동"이란 보호자가 없거나 보호자로부터 이탈된 아동 또는 보호자가 아동을 학대하는 경우 등 그 보호자가 아동을 양육하기에 적당하지 아니하거나 양육할 능력이 없는 경우의 아동을 말한다. ⑤ "지원대상아동"이란 아동이 조화롭고 건강하게 성장하는 데에 필요한 기초적인 조건이 갖추어지지 아니하여 사회적·경제적·정서적 지원이 필요한 아동을 말한다.

구분	주요 내용
정의 (제3조)	⑥ "가정위탁"이란 보호대상아동의 보호를 위하여 성범죄, 가정폭력, 아동학대, 정신질환 등의 전력이 없는 보건복지부령으로 정하는 기준에 적합한 가정에 보호대상아동을 일정 기간 위탁하는 것을 말한다. ⑦ "아동학대"란 보호자를 포함한 성인이 아동의 건강 또는 복지를 해치거나 정상적 발달을 저해할 수 있는 신체적·정신적·성적 폭력이나 가혹행위를 하는 것과 아동의 보호자가 아동을 유기하거나 방임하는 것을 말한다. ⑧ "피해아동"이란 아동학대로 인하여 피해를 입은 아동을 말한다. ⑨ 삭제 〈2016. 3. 22.〉 ⑩ "아동복지시설"이란 제50조에 따라 설치된 시설을 말한다. ⑪ "아동복지시설 종사자"란 아동복지시설에서 아동의 상담·지도·치료·양육, 그 밖에 아동의 복지에 관한 업무를 담당하는 사람을 말한다.
국가와 지방자치 단체의 책무 (제4조)	① 국가와 지방자치단체는 아동의 안전·건강 및 복지 증진을 위하여 아동과 그 보호자 및 가정을 지원하기 위한 정책을 수립·시행하여야 한다. ② 국가와 지방자치단체는 보호대상아동 및 지원대상아동의 권익을 증진하기 위한 정책을 수립·시행하여야 한다. ③ 국가와 지방자치단체는 아동이 태어난 가정에서 성장할 수 있도록 지원하고, 아동이 태어난 가정에서 성장할 수 없을 때에는 가정과 유사한 환경에서 성장할 수 있도록 조치하며, 아동을 가정에서 분리하여 보호할 경우에는 신속히 가정으로 복귀할 수 있도록 지원하여야 한다. ④ 국가와 지방자치단체는 장애아동의 권익을 보호하기 위하여 필요한 시책을 강구하여야 한다. ⑤ 국가와 지방자치단체는 아동이 자신 또는 부모의 성별, 연령, 종교, 사회적 신분, 재산, 장애 유무, 출생 지역 또는 인종 등에 따른 어떠한 종류의 차별도 받지 아니하도록 필요한 시책을 강구하여야 한다. ⑥ 국가와 지방자치단체는 「아동의 권리에 관한 협약」에서 규정한 아동의 권리 및 복지 증진 등을 위하여 필요한 시책을 수립·시행하고, 이에 필요한 교육과 홍보를 하여야 한다. ⑦ 국가와 지방자치단체는 아동의 보호자가 아동을 행복하고 안전하게 양육하기 위하여 필요한 교육을 지원하여야 한다.
보호자 등의 책무 (제5조)	① 아동의 보호자는 아동을 가정에서 그의 성장 시기에 맞추어 건강하고 안전하게 양육하여야 한다. ② 아동의 보호자는 아동에게 신체적 고통이나 폭언 등의 정신적 고통을 가하여서는 아니 된다. ③ 모든 국민은 아동의 권익과 안전을 존중하여야 하며, 아동을 건강하게 양육하여야 한다.

출처: 국가법령정보센터(https://www.law.go.kr). 「아동복지법」.

(4) 아동복지의 전달체계

아동복지 전달체계는 중앙정부와 지방자치단체로 구분된다.

중앙정부 차원에서는 국무총리 소속 아동정책조정위원회가 부처 간 정책을 조정하고, 보건복지부 장관이 5년마다 아동정책기본계획을 수립한다. 2019년 7월 보건복지부 산하에 설립된 아동권리보장원은 아동정책 수립 지원, 아동학대 예방, 가정위탁 · 입양 지원, 보호대상아동 지원 등 아동복지 관련 사업을 통합적으로 수행하고 있다.

지방자치단체 차원에서는 시 · 도지사와 시장 · 군수 · 구청장이 매년 연도별 시행계획을 수립 · 시행하며, 아동복지심의위원회를 두고 있다. 특히 2020년 「아동복지법」 개정에 따라 2022년부터 공공 중심 아동보호체계가 전국 시행되면서, 아동학대 신고 접수 및 조사를 담당하는 아동학대전담공무원과 보호대상아동 사례관리를 담당하는 아동보호전담요원이 배치되어 아동보호에 대한 국가 책임이 강화되었다.

(5) 아동 안전 및 취약계층 지원

아동의 건강과 안전을 위하여 국가, 보호자 및 모든 국민은 노력해야 한다. 이를 위하여 국가는 대통령령으로 정하는 바에 따라 아동복지시설과 아동용품에 대한 안전기준을 정하고 아동용품을 제작 · 설치 · 관리하는 자에게 준수하도록 규정하였다(제30조). 또한 아동복지시설, 어린이집, 유치원, 초 · 중등학교의 장은 연령을 고려하여 대통령령으로 정하는 바에 따라 매년 교육계획을 수립하고 교육을 실시해야 한다(제31조). 취약계층 아동통합서비스 지원 및 자립지원을 위하여 국가와 지방자치단체는 아동의 건강한 성장과 발달을 도모하고자 대통령령으로 정하는 바에 따라 아동의 성장 및 복지 여건의 취약한 가정을 선정한다. 지원대상과 가족을 대상으로 보건, 보호, 교육, 치료 등을 종합적으로 지원하는 통합서비스를 실시하도록 되어 있다(제37조). 또한 보호대상아동의 위탁 보호 종료 및 아동복지시설 퇴소 이후의 자립을 위한 자립지원(제38조)과 자립지원 전담기관을 설치하여 운영하고(제40조), 아동이 건전한 사회인으로 성장하고 발전할 수 있도록 자산형성지원사업(제42조) 등을 규정하고 있다.

(6) 아동복지시설

아동의 복지를 증진하기 위하여 국가 및 지방자치단체는 아동의 시설보호와 그 외 복지사업을 수행하기 위하여 아동복지시설을 설치할 수 있다(제50조). 아동복지시설의 종류는 다음과 같다(제52조).

- **아동양육시설**: 보호대상아동을 입소시켜 보호, 양육 및 취업훈련, 자립지원 서비스 등을 제공하는 것을 목적으로 하는 시설
- **아동일시보호시설**: 보호대상아동을 일시보호하고 아동에 대한 향후의 양육 대책 수립 및 보호 조치를 행하는 것을 목적으로 하는 시설
- **아동보호치료시설**: 아동에게 보호 및 치료서비스를 제공하는 시설
  - 불량 행위를 하거나 불량 행위를 할 우려가 있는 아동으로서, 보호자가 없거나 친권자나 후견인이 입소를 신청한 아동 또는 가정법원, 지방법원소년부지원에서 보호 위탁된 19세 미만인 사람을 입소시켜 치료와 선도를 통하여 건전한 사회인으로 육성하는 것을 목적으로 하는 시설
  - 정서적·행동적 장애로 인하여 어려움을 겪고 있는 아동 또는 학대로 인하여 부모로부터 일시 격리되어 치료받을 필요가 있는 아동을 보호·치료하는 시설
- **공동생활가정**: 보호대상아동에게 가정과 같은 주거여건과 보호, 양육, 자립지원 서비스를 제공하는 것을 목적으로 하는 시설
- **자립지원시설**: 아동복지시설에서 퇴소한 사람에게 취업 준비 기간 또는 취업 후 일정 기간 동안 보호함으로써 자립을 지원하는 것을 목적으로 하는 시설
- **아동상담소**: 아동과 그 가족의 문제에 관한 상담, 치료, 예방 및 연구 등을 목적으로 하는 시설

- **아동전용시설**: 어린이공원, 어린이놀이터, 아동회관, 체육 · 연극 · 영화 · 과학실험 전시 시설, 아동 휴게 숙박시설, 야영장 등 아동에게 건전한 놀이 · 오락, 그 밖의 각종 편의를 제공하여 심신의 건강 유지와 복지 증진에 필요한 서비스를 제공하는 것을 목적으로 하는 시설
- **지역아동센터**: 지역사회 아동의 보호 · 교육, 건전한 놀이와 오락의 제공, 보호자와 지역사회의 연계 등 아동의 건전 육성을 위하여 종합적인 아동복지 서비스를 제공하는 시설
- **아동보호전문기관**: 학대받은 아동의 치료, 아동학대의 재발 방지 등 사례관리 및 아동학대예방을 담당하는 시설로, 지방자치단체는 아동보호전문기관을 시 · 도 및 시 · 군 · 구에 1개소 이상 두어야 함(제45조)
- **가정위탁지원센터**: 지방자치단체가 보호대상아동에 대한 가정위탁사업을 활성화하기 위하여 시 · 도 및 시 · 군 · 구에 가정위탁지원센터를 설치하고 운영할 수 있는 시설(제48조)
- **아동권리보장원**: 보건복지부 장관이 아동정책에 대한 종합적인 수행과 아동복지 관련 사업의 효과적인 추진을 위하여 필요한 정책의 수립을 지원하고 사업평가 등의 업무를 수행할 수 있도록 하기 위한 시설(제10조의 2)
- **자립지원전담기관**: 보호대상아동의 위탁 보호 종료 또는 아동복지시설 퇴소 이후의 자립을 지원하기 위하여 국가와 지방자치단체가 자립지원전담기관을 설치 · 운영할 수 있는 시설(제39조의 2)
- **학대피해아동쉼터**: 시 · 도지사 및 시장 · 군수 · 구청장은 피해 아동에 대한 보호, 치료, 양육 서비스 등을 제공하는 학대피해아동쉼터를 지역별 아동 수, 아동학대 발생건수, 아동의 성별 등을 고려하여 설치 · 운영할 수 있음(제53조의 2)

국가와 지방자치단체의 규정하에 아동복지시설은 종합시설을 설치하여 운영한다. 기준을 충족하는 경우, 고유 업무 외에 아동가정지원사업, 아동주간보호사업, 아동전문상담사업, 학대아동보호사업, 공동생활가정사업, 방과 후 아

동지원사업을 추가로 실시할 수 있도록 규정하고 있다(제52조).

2) 「영유아보육법」

「영유아보육법」은 1991년 처음 제정되어 보육 환경의 변화에 따라 2004년 전면 개정이 이루어졌으며, 보육시설의 인가제 전환, 평가인증제도 및 보육교사 자격증 제도, 보육지원서비스의 활성화 등에 관해 개정하였다. 2015년에는 어린이집 CCTV 설치 의무화, 아동학대 행위자에 대한 어린이집 설치 및 운영 근무 제한, 보육교사의 처우 개선 등에 관해 개정하였다. 또한 2023년에는 영유아의 건강한 발달과 교육과 돌봄을 위한 유보통합을 추진한다고 발표하여(교육부, 2023. 1. 30. 발표) 이에 대한 법 개정이 일부 이루어졌다.

- **목적**: 영유아의 심신을 보호하고 건전하게 교육하여 건강한 사회 구성원으로 육성함과 아울러 보호자의 경제적 · 사회적 활동이 원활하게 이루어지도록 함으로써 영유아 및 가정의 복지 증진에 이바지하고자 함(제1조).
- **정의**: ① 영유아는 7세 이하의 취학 전 아동이며, ② 보육은 영유아를 건강하고 안전하게 보호 · 양육하고 영유아의 발달 특성에 맞는 교육을 제공하는 어린이집 및 가정양육 지원에 관한 사회복지 서비스, ③ 어린이집은 영유아의 보육을 위하여 이 법에 따라 설립 · 운영되는 기관, ④ 보호자는 친권자 · 후견인, 그 밖의 자로서 영유아를 사실상 보호하고 있는 자, ⑤ 보육교직은 어린이집 영유아의 보육, 건강 관리 및 보호자와의 상담, 그 밖에 어린이집의 관리 · 운영 등의 업무를 담당하는 자로서 어린이집의 원장 및 보육교사와 그 밖의 직원으로 규정하고 있다(제2조).
- **보육 이념**: ① 영유아의 이익을 최우선적으로 고려하여 제공, ② 영유아가 안전하고 쾌적한 환경에서 건강하게 성장할 수 있도록 하며, ③ 영유아는 자신이나 보호자의 성, 연령, 종교, 사회적 신분, 재산, 장애, 인종 및 출생 지역 등에 따른 차별을 받지 않도록 규정되었다(제3조).

- **책임**: ① 모든 국민은 영유아를 건전하게 보육하고, ② 국가와 지방자치단체는 보호자와 더불어 영유아를 건전하게 보육할 책임을 지고 필요한 재원을 확보하고, ③ 특별자치시장 · 특별자치도지사 · 시장 · 군수 · 구청장은 영유아의 보육을 위한 적절한 어린이집을 확보하며, ④ 국가와 지방자치단체는 보육교직원의 양성, 근로 여건 개선 및 권익 보호를 위해 노력하고, ⑤ 국가와 지방자치단체는 지방의 보육 여건 개선을 위한 종합적인 시책을 수립 · 추진하고 지원 방안을 명시하고 있다(제4조).

3) 「한부모가족지원법」

사회적 여건의 변화에 따라 이혼, 사별, 유기, 별거 등 여러 가지 이유로 한부모가족이 증가하고 있어 한부모가족의 안정적인 가족의 기능을 유지하고 자립이 가능하도록 지원하기 위하여 1989년 「모자복지법」이 제정되었으며, 2002년 「모 · 부자복지법」으로 개정되고, 2007년 「한부모가족지원법」으로 명칭이 변경되어 개정되었다.

- **목적**: 한부모가족이 안정적인 가족기능을 유지하고 자립할 수 있도록 지원함으로써 한부모가족의 생활 안정과 복지 증진에 이바지함이다(제1조).
- **국가 등의 책임**: ① 국가와 지방자치단체는 한부모가족의 복지를 증진할 책임을 지며, ② 국가와 지방자치단체는 한부모가족의 권익과 자립을 지원하기 위한 여건을 조성하고 이를 위한 시책을 수립 · 시행하고, ③ 국가와 지방자치단체는 한부모가족에 대한 사회적 편견과 차별을 예방하고, 사회 구성원이 한부모가족을 이해하고 존중할 수 있도록 교육 및 홍보 등 필요한 조치를 하고, ④ 교육부 장관과 특별시 · 광역시 · 특별자치시 · 도 · 특별자치도의 교육감은 「유아교육법」, 「초 · 중등교육법」, 「고등교육법」에 의해 학교에서 한부모가족에 대한 이해를 돕는 교육을 위한 시책을 수립 · 시행하고, ⑤ 국가와 지방자치단체는 청소년 한부모가족의 자립을 위

한 노력을 해야 하며, ⑥ 모든 국민은 한부모가족의 복지 증진을 위해 협력한다고 규정하였다(제2조).

- **한부모가족의 권리와 책임**: ① 한부모가족의 모 또는 부는 임신과 출산 및 양육을 사유로 합리적인 이유 없이 교육·고용 등에서 차별을 받지 않고, ② 한부모가족의 모 또는 부와 아동은 한부모가족 관련 정책결정과정에 참여할 권리가 있고, ③ 한부모가족의 모 또는 부와 아동은 가지고 있는 자산과 노동능력 등을 최대한으로 활용하여 자립과 생활 향상을 위한 노력을 해야 한다고 규정되었다(제3조).
- **정의**: "모" 또는 "부"로 아동인 자녀를 양육하는 자(배우자와 사별 또는 이혼하거나 배우자로부터 유기(遺棄)된 자, 정신이나 신체의 장애로 장기간 노동능력을 상실한 배우자를 가진 자, 교정시설·치료감호시설에 입소한 배우자 또는 병역복무 중인 배우자를 가진 자, 미혼자, 규정에 준하고 여성가족부령으로 정하는 자), 청소년 한부모(24세 이하의 모 및 부), 한부모가족(모자 및 부자가족), 모자가족(모가 세대주), 부자가족(부가 세대주), 아동(18세 미만), 지원기관(국가나 지방자치단체), 한부모가족복지단체(한부모가족의 복지 증진을 목적으로 설립된 기관이나 단체)로 규정되어 있다(제4조).

4) 「아동수당법」

「아동수당법」은 2018년 9월 아동의 건강한 성장 환경을 마련하고 아동의 권리와 복지 증진을 위해 도입되었다. 소득에 상관없이 만 6세 미만의 모든 아동을 대상으로 아동수당을 지급하는 내용으로 2019년부터 모든 아동이 수당을 받게 되었다. 2023년 일부 개정이 이루어졌다.

- **목적**: 아동에게 아동수당을 지급하여 아동 양육에 따른 경제적 부담을 경감하고 건강한 성장 환경을 조성함으로써 아동의 기본적 권리와 복지 증

진을 위한 목적이 있다(제1조).

- **정의**: ① 아동수당 수급권은 아동수당을 받을 권리, ② 아동수당 수급권자는 아동수당 수급권을 가진 아동, ③ 수급아동은 아동수당의 지급이 결정되어 아동수당을 받을 예정이거나 받고 있는 아동, ④ 보호자는 아동의 친권자 · 후견인 또는 그 밖의 사람으로서 아동을 사실상 보호 · 양육하고 있는 사람으로 명시하였다(제2조).
- **국가 등의 책무**: ① 국가와 지방자치단체는 아동수당이 아동 양육에 따른 경제적 부담을 경감하고 아동의 건강한 성장 환경을 조성하는 데 필요한 수준이 되도록 노력하고, ② 국가와 지방자치단체는 필요한 비용을 부담할 수 있도록 재원을 조성하며, ③ 보호자는 아동의 기본적 권리와 복지 증진을 위하여 아동수당을 사용한다고 규정되었다(제3조).
- **아동수당 지급 대상 및 지급액**: ① 아동수당은 8세 미만의 아동에게 매월 10만 원을 지급하고, ② 2세 미만의 아동은 매월 50만 원 이상 대통령령으로 정하는 금액을 추가로 지급한다고 규정되어 있다(제4조).

5) 「실종아동 등의 보호 및 지원에 관한 법률」

「실종아동 등의 보호 및 지원에 관한 법률」은 실종아동의 발생에 대해 미리 예방하고 복귀를 도모하고 복귀 후를 지원하기 위하여 2005년 재정하였다.

- **목적**: 실종아동 등의 발생을 예방하고 조속한 발견과 복귀를 도모하며 복귀 후의 사회 적응을 지원함으로써 실종아동 등과 가정의 복지 증진에 이바지함을 목적으로 한다(제1조).
- **정의**: ① 아동 등은 실종 시 18세 미만인 아동, 장애인 중 지적장애인, 자폐성 장애인, 또는 정신 장애인, 치매 환자, ② 실종아동 등은 약취 · 유인 또는 유기되거나 사고를 당하거나 가출하거나 길을 잃는 등의 사유로 인하여 보호자로부터 이탈된 아동 등, ③ 보호자는 친권자, 후견인이나 그

밖에 다른 법률에 따라 아동 등을 보호하거나 부양할 의무가 있는 사람, ④ 보호시설은 「사회복지사업법」 제2조 제4호에 따른 사회복지시설 및 인가·신고 등이 없이 아동 등을 보호하는 시설로서 사회복지시설에 준하는 시설, ⑤ 유전자 검사는 개인 식별을 목적으로 혈액·머리카락·침 등의 검사 대상물로부터 유전자를 분석하는 행위, ⑥ 유전 정보는 유전자 검사의 결과로 얻어진 정보, ⑦ 신상정보는 이름·나이·사진 등 특정인임을 식별하기 위한 정보로 규정되어 있다(제2조).

- **국가의 책무**: ① 보건복지부 장관은 실종아동 등의 발생 예방, 조속한 발견·복귀와 복귀 후 사회 적응을 위한 사항을 시행(실종아동 등을 위한 정책 수립 및 시행, 실태조사 및 연구, 발생 예방을 위한 연구·교육 및 홍보, 정보연계시스템 및 데이터베이스의 구축 및 운영, 가족지원, 복귀 후 사회 적응을 위한 상담 및 치료 서비스 제공, 그 밖의 보호 및 지원에 필요한 사항), ② 경찰청장은 실종아동 등의 조속한 발견과 복귀를 위한 사항을 시행(신고체계의 구축 및 운영, 수색 및 수산, 유정사 검사 대상물의 재취), ③ 아동정책조정위원회는 제1항의 보건복지부 장관의 책무와 제2항의 경찰청장의 책무 등 실종아동 등과 관련한 국가의 책무수행을 종합·조정하도록 규정되어 있다(제3조).

6)「모자보건법」

「모자보건법」은 영유아와 임산부의 생명과 건강을 보호하기 위해 1973년에 제정되었으며, 1986년 전면 개정하여 1999년 강제 불임 수술에 관한 조항이 삭제되고 미숙아와 선천성 이상의 기준이 개정되었으며, 2015년 남임 치료와 관련된 조항을 규정하였다.

- **목적**: 모성 및 영유아의 생명과 건강을 보호하고 건전한 자녀의 출산과 양육을 도모함으로써 국민 보건 향상에 이바지함을 목적으로 한다(제1조).

- **정의**: 임산부, 모성, 영유아, 신생아, 미숙아, 선천성 이상아, 인공임신중절수술, 모자보건산업, 산후조리업, 난임, 보조생식술을 정의하였다(제2조).
- **국가와 지방자치단체의 책임**: ① 국가와 지방자치단체는 모성과 영유아의 건강을 유지·증진하기 위한 조사·연구와 그 밖에 필요한 조치를 하여야 하며, ② 국가와 지방자치단체는 모자보건사업에 관한 시책을 마련하고 모성과 영유아의 보호자에게 적극적으로 홍보하여 국민 보건 향상에 이바지하도록 노력해야 한다고 규정하였다(제3조).
- **모성 등의 의무**: ① 모성은 임신·분만·수유 및 생식과 관련하여 자신의 건강에 대한 올바른 이해와 관심을 가지고 그 건강 관리에 노력하고, ② 영유아의 친권자·후견인이나 그 밖에 영유아를 보호하고 있는 자는 영유아의 건강을 유지·증진을 위해 노력하도록 규정하였다(제4조).

7) 「국내입양에 관한 특별법」 및 「국제입양에 관한 법률」

1976년 입양 절차 간소화와 국내외 입양 촉진을 목적으로 처음 제정되었다. 이후 1995년 「입양촉진 및 절차에 관한 특례법」으로 전면 개정되면서 국내 입양 활성화와 입양제도 보완을 통해 보호가 필요한 아동의 권익 보호에 중점을 두게 되었다. 2011년에는 「입양특례법」으로 전부 개정되어 국내·국제 입양을 포괄하는 체계를 구축하였다.

2025년부터는 「국내입양에 관한 특별법」, 「국제입양에 관한 법률」로 법률명이 변경되면서 국내 입양에 특화된 제도로 전환하였으며, 아동의 최선의 이익을 우선으로 하는 입양제도 구축을 목표로 하고 있다.

(1) 「국내입양에 관한 특별법」

- **목적**: 보호대상아동의 국내 입양에 관한 요건 및 절차 등에 대한 특례와 그 지원에 필요한 사항을 정함으로써 양자(養子)가 되는 사람과 입양가정

의 권익과 복지를 증진하고, 아동 최선의 이익 원칙에 따라 보호대상아동의 국내 입양을 활성화하는 것을 목적으로 한다(제1조).

- **정의**: 아동(18세 미만인 사람), 보호대상아동, 입양아동(입양된 아동), 입양아동(입양된 아동), 국내 입양, 결연, 임시양육결정, 본국법, 아동권리보장원, 아동통합정보시스템, 입양정보로 정의하였다(제2조).
- **국가 등의 책무**: ① 국가와 지방자치단체는 아동이 그가 태어난 가정에서 건강하게 자랄 수 있도록 지원하고, 태어난 가정에서 자라기 곤란한 아동에게는 건강하게 자랄 수 있는 다른 영구적인 가정을 제공하기 위하여 필요한 조치와 지원을 하여야 한다. ② 국가와 지방자치단체는 제1항에 따라 아동에게 영구적인 가정을 제공할 수 없다면 그와 유사한 환경에서 자랄 수 있도록 노력하여야 한다. ③ 모든 국민은 입양아동이 건강하게 자랄 수 있도록 협력하여야 하며, 입양아동에게 차별행위를 하여서는 아니 된다. ④ 국가와 지방자치단체는 건전한 입양문화를 조성하고, 보호대상아동의 국내 입양을 활성화하며, 아동이 입양 후의 가정생활에 원만하게 적응할 수 있도록 입양가정에 대한 사회적 편견 및 차별을 해소하는 등 입양아동의 권익과 복지 증진을 명시하였다.
- **입양의 원칙**: ① 모든 아동은 그가 태어난 가정에서 건강하게 자라야 한다. ② 이 법에 따른 입양은 아동의 이익이 최우선이 되도록 하여야 한다(제3조).

(2) 「국제입양에 관한 법률」

- **목적**: 국제 입양의 요건과 절차에 관한 사항을 정함으로써 「국제입양에서 아동의 보호 및 협력에 관한 협약」을 이행하고 양자가 되는 사람과 입양가정의 권익과 복지를 증진하는 것을 목적으로 한다(제1조).
- **정의**: 협약(국제입양에서 아동의 보호 및 협력에 관한 협약), 아동(18세 미만인 사람), 출신국(양자가 될 아동의 일상거소가 있는 국가), 입양국(양부모가 될 사람의 일상거소가 있는국가), 중앙당국, 국제 입양, 결연, 본국법,

아동권리보장원, 앙동통합정보시스템, 위원회, 입양정보로 정의하였다(제2조).

- **국제 입양의 원칙**: ① 국제 입양은 국내에서 양부모를 찾지 못한 아동에게 영구적인 가정을 제공하는 등 국제 입양이 아동에게 최선의 이익이 될 때에만 허용될 수 있다. ② 국제 입양의 모든 절차에서 양자가 될 아동의 기본적 권리가 존중되어야 하며, 국제 입양이 아동의 탈취·매매 또는 거래의 수단으로 악용되어서는 아니 된다. ③ 누구든지 이 법에서 정한 요건 및 절차 등에 따른 국제 입양 외에 사인 간의 국제 입양을 의뢰·알선 또는 조장·홍보하여서는 아니 된다고 명시하였다.

?! 생각해 봅시다

1. 만 8세 미만에게 지급되는 아동수당을 만 12세 또는 만 18세까지 확대하는 것이 저출생 위기 대응과 아동복지 향상에 효과적일 것인가? 연령 확대 시 예상되는 긍정적 효과와 한계점에 대해 논의해 보자.

독일은 25세까지 주는데… "아동수당 확대 필요"

정부 지원 영아 집중… "대상 연령 확대 필요"

6세 미만 아동에 지급되는 아동수당을 확대해야 한다는 주장이 제기됐다. 다른 국가에서는 짧게는 16세, 길게는 25세까지 지급되는 데 반해, 국내 아동수당은 상대적으로 지급 기간이 짧아 실질적인 가계 부담을 줄이기에는 한계가 있다는 지적이다.

6일 보건사회연구원(보사연)의 '아동수당 이용 실태와 개선 과제'라는 보고서에 따르면 해외 아동수당 대상으로 독일은 최대 25세 이하, 일본은 중학교 졸업, 프랑스는 20세 미만, 스웨덴은 16세 미만(16세 이상은 학생 수당) 등이다. 이에 반해 한국은 「아동수당법」에 따라 2018년 9월부터 10만 원의 수당을 소득 인정액 90% 이하 가구의 6세 미만 아동을 대상으로 지급하기 시작했다.

2019년 1월부터는 소득·재산조사를 거치지 않고 5세까지의 모든 아동을 대상으로 지급되다가 같은 해 9월부터 6세까지로 대상이 확대됐다. 2022년 1월부터는 7세까지로 대상이 확대돼 추진되고 있다.

출처: 헤럴드경제(2023. 6. 6.). https://news.heraldcorp.com/view.php?ud=20240606050043

제5장

아동복지의 실천 방법

아동복지에 대한 사회적 요구가 증가하면서, 선별주의에서 보편주의 중심의 복지 패러다임으로 전환되고 있다. 1960년대 카두신은 아동복지를 '부모가 양육하지 못하거나 지역사회가 보호와 자원을 제공하지 못할 때의 서비스'로 정의했으나, 1988년에는 '모든 아동의 신체적·심리적·사회적 발달을 보호·촉진하는 모든 대책'으로 범위가 확대되었다(이혜원, 2007). 이는 욕구 중심 복지에서 인권 중심 복지로 변화한 것이다. 욕구 중심 복지는 결핍 보완이 목표인 반면, 인권 중심 복지는 모든 개인의 동등한 권리와 자원 보장을 목표로 한다(Kosher et al., 2016). 아동복지 분야에서도 '아동권리 기반' 접근이 도입되어, 요보호아동뿐만 아니라 일반 아동과 부모도 복지 대상에 포함된다. 부모의 보호와 양육이 아동의 건강한 성장에 필수적이기 때문이다. 본 장에서는 변화된 대상과 함께 아동복지의 실천 원칙, 서비스 유형, 우리나라 시설에서 제공하는 서비스에 대해 살펴보기로 한다.

1. 아동복지의 실천 대상

아동의 욕구를 고려할 때 아동복지 서비스의 대상은 일반적으로 보호가 필요한 아동과 모든 아동으로 구분할 수 있다. 역사적으로는 특별한 보호가 필요한 아동을 우선적으로 선별하여 선별적 복지가 시행되었으며, 이후 모든 아동을 대상으로 한 보편적 복지로 확대하였다. 한국의 아동복지제도를 살펴보면, 1961년 「아동복리법」 제정 당시 요보호아동을 보호하는 소극적 아동복지 서비스가 시행되었고, 1981년 개정된 「아동복지법」에서는 일반아동의 복지에 관심을 갖기 시작하였다. 2000년에는 아동학대 예방에 관한 조항을 확대하면서, 아동의 건전한 발달과 성장을 지향하는 보다 적극적이고 포괄적인 목표로 나아가기 시작하였다. 다음에서는 아동복지의 실천 대상으로 보호가 필요한 아동, 일반아동, 부모 또는 보호자의 정의를 살펴보기로 한다.

1) 보호가 필요한 아동

보호가 필요한 아동, 즉 요보호아동은 욕구가 충족되지 못하거나 문제에 처해 있는 아동을 의미한다. 아동은 필요한 물질적 자원, 정서적 안정, 교육, 건강, 여가 활동 등의 욕구를 가지며, 이러한 욕구를 충족하지 못하는 경우 아동복지 서비스의 대상이 된다. 아동의 문제는 부모의 실직, 빈곤, 열악한 지역 환경 등과 같은 사회구조적 문제가 있고, 별거, 이혼, 사별 등의 가정해체 문제 혹은 아동학대, 가정폭력 등의 가정 환경적 문제가 있다. 또한 비행, 약물 중독, 학습장애, 정신장애 등과 같은 아동 자신의 심리사회적 부적응 문제가 있다.

이와 같이 보호가 필요한 아동에 대해 카두신은 부모와 자녀의 사회적 역할 수행이 제대로 이루어지지 못할 때, 개인의 역할이 지역사회의 기대에 어긋나거나 지역사회의 결함으로 인해 역할 수행을 할 수 없을 때 아동복지 대상이 된다고 하였다. 그 구체적인 예는 다음과 같다(Kadushin, 1988; 표갑수, 2002, 재인용).

〈표 5-1〉 보호가 필요한 아동

구분	내용
부모 역할이 없는 경우	부모 사망, 별거, 이혼, 신체적·정신적 질환, 투옥, 비합법성 이민
부모의 역할 거부	태만, 자포자기, 신체학대, 유기
부모의 무능력	신체적·정신적 또는 정서적 부적절성, 지식 또는 훈련의 결여, 정서적 미성숙(지체), 약물 중독, 무지
아동의 무능력과 장애	뇌전증, 정서적 결함, 정서적 혼란, 뇌 손상
지역사회 자원의 결함	부적절한 주택, 실업

보호가 필요한 아동은 크게 보호대상아동과 지원대상아동으로 구분해 볼 수 있다.

(1) 보호대상아동

「아동복지법」 제3조 4항에 따르면, 보호대상아동이란 "보호자가 없거나 보호자로부터 이탈된 아동 또는 보호자가 아동을 학대하는 경우 등 그 보호자가 아동을 양육하기에 적당하지 않거나 양육할 능력이 없는 경우의 아동"을 말한다. 다시 말해, 보호대상아동은 욕구를 충족시키거나 문제를 해결할 가정이 부재한 경우나 개별 가정의 능력으로 해결할 수 없는 경우가 발생된 상황에 처한 아동을 의미한다.

장인협과 오정수(2000)에 의한 보호대상아동 분류를 살펴보면, 첫째, 양육 환경상 보호가 필요한 아동이다. 가족 구조의 변화와 가족기능의 약화 또는 결손으로 건강한 아동 양육이 어려운 빈곤가정 아동, 결손가정 아동, 부모부재 아동 등이 포함된다. 둘째, 발달상의 문제나 장애를 가진 아동으로, 아동의 신체적·정신적 장애로 인해 장기간에 걸쳐 일상생활 또는 사회생활에 상당한 제약을 받는 아동이 포함된다. 셋째, 사회적으로 법적 보호가 필요한 아동으로, 가출아동, 비행아동 등이 포함된다. 넷째, 학대받는 아동, 친권을 포기한 미혼모의 사생아, 시설 퇴소 연장 아동 등이 특별보호가 필요한 아동이다. 이를 나타내면 다음과 같다.

〈표 5-2〉 보호대상아동 분류

구분	내용
양육 환경상 보호가 필요한 아동	빈곤가정 아동, 결손가정 아동, 부모부재 아동
발달상의 문제나 장애를 가진 아동	신체장애아동, 정신장애아동, 정서장애아동
사회적 · 법적 보호가 필요한 아동	가출아동, 비행아동
특별보호를 요하는 아동	학대받는 아동, 유기 아동, 미혼모의 아동

출처: 장인협 · 오정수(2000). 아동 · 청소년복지론. 서울대학교출판부.

보건복지부의 보호대상아동 현황보고(2023)에 의하면, 보호조치아동의 발생 원인으로 학대 · 부모 빈곤 · 실직이 가장 많았고, 두 번째로 미혼 부모 · 혼외자가 뒤를 이었다. 다음으로는 비행 · 가출 · 부랑 순으로 나타났다. 모든 유형별 발생 건수는 점차 감소하는 추세를 보이고 있으나, 여전히 학대, 부모 빈곤, 실직으로 인한 보호대상아동 수는 가장 높은 비율을 차지하고 있다.

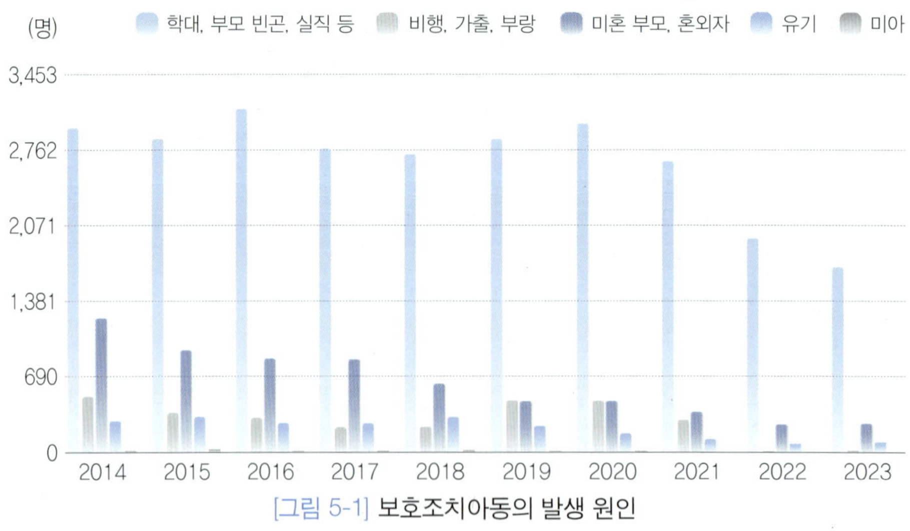

[그림 5-1] 보호조치아동의 발생 원인

출처: 보건복지부(2023). 보호대상아동 현황보고.

(2) 지원대상아동

「아동복지법」 제3조 5항에 따르면, 지원대상아동이란 "아동이 조화롭고 건강

하게 성장하는 데 필요한 기초적인 조건이 갖추어지지 않아 사회적 · 경제적 · 정서적 지원이 필요한 아동"을 말한다. 즉, 가정은 있으나 가정에서 정상적인 보호를 받지 못하는 아동을 의미하며, 관련 서비스로는 한부모가족지원 서비스, 교육비 지원 등이 있다. 한부모가족지원 서비스란 저소득 한부모가족 아동 양육비, 아동교육지원비, 생활보조금 등의 지원을 통해 건강한 성장과 가정의 생활 안정을 도모하기 위한 제도라 할 수 있다. 교육비 지원은 저소득층 가정 자녀에게 학비 지원을 통해 실질적인 교육 기회를 보장하고자 초 · 중 · 고 재학 중인 학생 교육비를 지원하는 서비스이다(조형숙 · 백소영 · 이수민 · 이은형, 2022).

2) 일반아동

일반아동이란 특별한 보호가 필요하지 않은, 아동이 속한 가정에서 양육과 보호를 받으며 생활할 수 있는 아동을 의미한다. 「아동복지법」에서는 아동이 건강하게 출생하여 행복하고 안전하게 자라도록 그 복지를 보장함을 목적으로 하기 때문에 일반아동을 위한 복지 서비스는 아동이 현재 특별한 문제나 장애를 갖고 있어서라기보다는 사전 예방적 차원에서 이루어지는 것이다. 일반아동을 위한 대표적인 복지 서비스는 아동수당, 초 · 중등학교의 무상의무교육, 무상급식, 다양한 보육사업이 해당된다.

〈표 5-3〉 일반아동 대상 복지 서비스

구분	내용
건강적 측면	• 아동의 심신 건강에 유해한 영향을 미치는 지역사회 환경을 정화하고 선도하는 사업 • 임신부, 젖먹이 영아 및 유아를 대상으로 한 보건지도 및 모자건강센터 운영 등의 모자보호사업
교육적 측면	• 초 · 중등 의무교육 • 취학 전 아동을 위한 보육 및 교육사업 • 취업 여성 증가로 인한 초등학교 저학년 아동의 보호 및 교육 공백 보충을 위한 학령기 아동에 대한 방과 후 지도사업

구분	내용
경제적 측면	• 아동수당 및 의료보험과 같은 각종 연금제 등의 소득 보장사업 • 양육수당: 취학 전 만 84개월 미만 아동 대상 지원 • 보육 및 유아학비 지원: 만 0~5세 영유아 지원 • 가족수당: 20세 미만 자녀와 부모를 부양하고 있는 가족에게 기본적으로 지불되는 정규적인 현금 급여(학비 지원, 출산비 지원, 모자보건 서비스 비용 등)
정책적 측면	• 가정의 자녀양육기능 약화로 보호자로부터 적절한 보호와 지도를 받지 못하는 아동이 증가함에 따라 예방적 차원에서의 정책적 노력에 의한 아동복지사업 • 지역아동센터, 아동상담, 일시보호 및 아동급식지원센터, 아동학대 예방센터, 건강가정지원센터 등
놀이적 측면	• 아동전용시설 확충 및 다양한 활동 프로그램 운영사업: 어린이공원, 어린이놀이터, 어린이회관, 어린이과학관, 체육시설 등
권리 및 보호 측면	• 아동안전과 권리 강화의 정책 목표를 달성하기 위한 아동복지사업 • 어린이 헌장, 청소년헌장, 어린이날, 가정의달 등을 제정하거나 국제적으로 세계 아동의 해, 아동의 권리에 관한 국제협약 등을 마련하고 어린이보호재단 등을 통해 아동권리 교육 및 보호사업을 실시하는 활동

출처: 이한우·정정란(2013). 아동복지론 재구성. 경기: 양서원.

3) 부모 또는 보호자

「아동복지법」 제3조 3항에 의하면, 보호자란 "친권자, 후견인, 아동을 보호·양육·교육하거나 그 의무가 있는 자 또는 업무·고용 등의 관계로 사실상 아동을 보호·감독하는 자"이다. 아동을 적절한 보호, 사랑, 교육, 안전을 통해 성장할 수 있도록 하는 가장 중요한 일차적 환경은 부모를 비롯한 보호자이다. 따라서 아동의 건강한 발달과 성장을 도모하고 잠재적 위험을 예방하기 위해서는 모든 계층의 부모에게 부모로서의 자녀 양육 책임에 대한 준비 및 이를 위한 상담과 지도 프로그램을 제공해야 한다. 다시 말해, 보편주의에 입각하여 모든 아동과 그 가정을 대상으로 그들의 욕구를 충족시킬 수 있는 포괄적이고 다양한 서비스를 제공해야만 가족의 기능이 강화되어 문제의 사전 예방이 가능하다.

2. 아동복지 서비스의 실천 원칙과 방법

1) 아동복지 서비스의 목표

페코라 외(Pecora et al., 2000)는 아동복지 서비스의 목표를 아동의 안전, 연속성, 아동의 복지, 가정의 복지로 제시하고 있다(오정수 · 정익중, 2011).

(1) 아동의 안전

아동이 신체적 · 정신적 · 감정적으로 안전한 환경에서 생활하며 성장할 수 있도록 보장해야 한다. 아동학대나 유기 등 유해한 환경으로부터 신속하게 보호받을 수 있는 시스템이 잘 구축되어 있어야 하며, 기본적인 생활에 필요한 요구를 충족할 수 있도록 지원하는 것이 필요하다. 또한 일상생활을 하는 모든 환경에서 아동이 정서적으로 안정감을 느낄 수 있도록 지지해야 하며, 아동이 심리적 충격을 경험했을 경우 전문적인 서비스 지원이 되어야 한다. 아동의 권리가 침해되었을 때는 법적으로 보호받을 수 있도록 지원하며, 자연재해, 사고, 가정 내 긴급 상황 등 아동이 급박하게 위험에 처할 수 있는 상황에서 신속하고 효과적으로 대응할 수 있는 시스템을 구축해야 한다. 다시 말해, 아동을 물리적 · 정신적 위협으로부터 보호하고 건강하고 행복한 성장을 지원해야 한다.

(2) 연속성-가정 연계

국가나 사회복지기관이 아동을 위험한 상황으로부터 보호하고자 할 때 아동의 안전만을 고려하는 것은 충분하지 않으며, 안정된 가족 관계의 유대에 대한 욕구를 고려해야 한다. 즉, 아동복지 서비스에서 가정과의 연계를 고려해 가정 내에서 안전하고 건강하게 성장할 수 있도록 지원해야 한다. 가족과의 연계 강화를 위한 다양한 가족지원 프로그램 운영, 가정 내 문제나 위기 상황에 대응한 적절한 개입 등으로 아동과 가정의 상황을 지속적으로 개선해 나가야 한다.

지속적인 사랑과 보호를 제공하는 부모(생물학적 부모, 위탁부모) 없이 위탁가정을 옮겨 다니거나 아동보호시설에서 장기간 보호를 받는 경우에 대한 문제도 충분히 고려해야 한다. 왜냐하면 가정의 부재는 건전한 자아의 손상, 아동의 소속감, 미래에 대한 확신 등에 영향을 주기 때문이다. 가정과의 연계는 아동이 자신의 가정 내에서 최대한 효과적으로 성장·발달할 수 있는 지원을 제공하는 것을 목표로 하며, 아동의 복지와 건강한 발달을 촉진하는 중요한 요소이다.

(3) 아동의 복지-욕구 충족 최소 기준 향상

아동의 복지 구현은 모든 아동이 기본적인 생활을 영위하기 위해 필수적인 욕구가 충족되도록 보장해야 한다. 기본적인 생리적 욕구, 건강 관리, 정서적 지원, 사회적 참여 등을 위한 기본적 요소가 지원되어야 하며, 나아가 그들이 사회의 건강한 구성원으로 성장할 수 있도록 해야 한다. 즉, 최소한의 기회와 최소한의 기준을 향상시켜 아동복지의 질을 높이는 것이 필요하며, 이는 사회 전체의 질적 성장을 가져온다.

(4) 가정의 복지-부모 지지

가정의 복지 구현은 가족이 아동을 돌볼 수 있는 능력을 가지고, 부모가 역할을 다할 수 있도록 지지하며, 아동발달, 건강, 교육, 주거 및 사회적·영적·문화적 욕구를 충족시킬 수 있도록 서비스를 제공하는 것이다. 각 가정과 부모의 상황에 맞춘 지원을 위해 정부와 사회적 기관에서 부모교육 프로그램, 경제적 지원, 건강 서비스 접근 용이성 향상 등 다양한 전략과 정책적 지원을 해야 한다.

2) 아동복지 서비스의 실천 원칙

아동복지 서비스의 실천에 대해 다운즈 외(Downs et al., 2004)는 다음과 같은 네 가지 원칙을 제시하였다(오정수·정익중, 2011).

(1) 안전하고 영구적인 가정이 아동을 위한 최선의 환경

아동은 의존적이고 미성숙한 존재로, 타인의 보살핌과 보호를 통해 생존이 가능하다. 또한 미래에 사회에서의 필요한 역할을 수행하기 위한 사회화 과정에서 보호자의 관심과 지도가 필요한 존재이다. 아동의 욕구는 지지 및 자극을 제공하는 환경에서 성장·발달할 기회를 갖는 것이며, 성장과 발달을 위한 안전하고 영구적인 가정은 아동에게 최선의 환경을 제공한다.

(2) 학대로부터 아동은 자유롭고 안전한 환경에서 성장

아동은 신체적·성적·정서적 학대로부터 안전한 환경에서 성장하여야 한다. 음식, 의복, 주거와 같은 아동의 기본적인 욕구를 충족시키기 위해 사랑을 제공하는 보호자와의 관계 속에서 안전하게 자라야 한다. 아동에게 안전한 가정 환경을 제공할 수 없을 경우, 아동이 학대로부터 자유로운 상황에서 성장할 수 있는 권리를 뺏는 상황을 발생시킨다.

(3) 아동의 욕구 충족을 위한 가족의 기능을 강화·지지

아동의 욕구가 가족에 의해 충족되기 위해서는 가족의 기능을 강화하고 지지하는 서비스가 필요하다. 아동을 가족으로부터 분리하지 않고 가족의 연속성을 유지하면서 지역사회로부터 적절한 소득 보장, 의료보호, 주거보호를 받을 수 있도록 하는 것은 아동 양육을 위한 적절한 환경을 제공받을 아동의 권리이다.

(4) 아동 분리 시 가족의 연속성에 대한 아동의 욕구 존중

학대 아동의 보호, 가정위탁, 입양 등의 이유로 불가피하게 가족으로부터 아동을 분리해야 하는 경우, 가족의 연속성에 대한 아동의 욕구를 존중해야 한다. 즉, 아동을 배치(placement)하는 결정은 가족에 대한 아동의 정서적 애착과 연속성(continuity) 유지에 서비스의 초점을 두어야 한다. 아동을 생물학적 부모로부터 분리시킬 때 친밀한 친척에게 보내는 것, 형제·자매와 함께 거주하게 하는 것, 또는 친구나 교사·친척 등 가까운 사람들과 접촉을 유지하게 하는 것 등이 이러한 연속성을 고려한 조치이다. 입양을 통한 영구적 배치 시에도 공개 입양의 방법으로 생물학적 부모와 관계를 유지하게 하는 것이 바람직하다.

3) 아동복지 서비스의 실천 방법

아동의 권리와 복지를 증진하기 위한 실천적 접근방법은 크게 정책적 접근과 전문적 접근으로 나눌 수 있다. 각각의 접근 방식은 아동복지를 실현하는 데 중요한 역할을 한다. 정책적 접근은 아동복지를 구조적·체계적인 입장에서 이해하므로 법적·제도적·경제적 틀 마련에 중점을 둔다. 정부나 관련 기관이 아동복지의 주체가 되어 정책을 수립하고 추진함으로써 아동복지를 증진시키는 방법이다. 전문적 접근방법은 아동 문제에 대한 전문가의 지식과 기술을 활용하는 것이다. 정확한 문제의 원인을 파악하여 아동 개별 또는 집단에 직접적 서비스를 제공하여 이루어지는 것으로, 가정, 아동복지기관 및 청소년복지관에서 아동의 문제를 조기에 발견하고 인적·물적 자원과 프로그램을 통해 서비스를 제공하는 것이다. 이를 나타내면 다음과 같다(김재환·최지원·곽미정, 2022).

(1) 정책적 접근

국가는 법과 제도를 마련하여 전 국민의 최저생활을 보장하며, 사회보험, 공적 부조와 같은 사회복지 서비스 등을 제공한다.

① 사회보험

사회보험은 국가나 사회가 제공하는 보장 체계 중 하나로, 근로자와 고용주, 그리고 때때로 정부의 기여를 통해 자금이 조성된다. 공적 부조가 저소득 계층을 위한 방법이라면 사회보험은 소득이 있는 계층을 위한 방법이다. 사회보험

은 사회 구성원이 일상생활에서 마주칠 수 있는 여러 가지 위험(예: 질병, 노령, 실업 등)에 대비하여 법적 강제성을 갖고 보험료를 부과하며, 이를 통해 경제적 보호를 제공하기 위해 설계된 소득을 보장하는 사회보장의 일종이다.

사회보험제도의 기본 목표는 사회 구성원이 경제적·사회적 위험을 겪었을 때 이를 완화하고, 보다 안정적인 생활을 유지할 수 있도록 지원하는 것이다. 이러한 목표를 바탕으로 사회보험은 보험료를 소득 수준에 따라 차등 부과하고, 필요할 때는 모든 가입자에게 혜택을 제공함으로써 사회적 자원의 재분배를 실현한다. 즉, 법적 기준에 따라 모든 대상자에게 일정한 서비스를 제공함으로써 사회 구성원 모두가 기본적인 생활을 영위할 수 있는 동등한 기회를 제공한다. 이는 사회 구성원 간의 연대감을 통해 사회적 안정과 조화를 유지하는 데 기여한다. 또한 사회보험은 경제적 위기 상황에서도 개인과 가족이 최소한의 소비를 지속할 수 있도록 지원함으로써 경제 전반의 안정을 도모한다. 우리나라의 사회보험은 국민연금, 건강보험, 산업재해보상보험, 고용보험 등이 있으며, 보험 가입자의 소득 보장을 위해 가정의 아동지원제도를 운영하고 있다. 예를 들어, 국민연금에서 아동과 관련하여 연금 수급권자에게 만 18세 미만인 자녀가 있거나 장애등급 2등급 이상인 자녀가 있을 때 1인당 연 10만 원을 추가로 지급하며, 연금 수급권자가 사망 시 자녀가 만 18세 미만이거나 장애등급 2급 이상일 때 유족으로서 지급받게 되는 연금 등을 들 수 있다.

아동의 복지를 직접적으로 지원하기 위한 특별한 사회보험으로는 아동수당, 양육수당 등이 있다. 아동수당은 2018년부터 시행되어 2023년 기준으로 0세부터 만 8세 미만 아동(0~95개월)을 대상으로 매월 10만 원씩 지급한다. 아동수당 지원을 통해 아동 양육에 따른 경제적 부담을 경감하고 건강한 성장 환경을 조성함으로써 아동의 기본적 권리와 복지를 증진하는 데 목적이 있다. 양육수당은 어린이집이나 유치원 등의 시설을 이용하지 않고 가정에서 직접 양육을 선택할 수 있도록 경제적 지원을 함으로써 다양한 양육 선택을 존중한다. 2023년 기준 양육수당은 부모급여 수급 시기가 끝난 만 24개월부터 만 7세 취학 전 자녀(초등학교 취학 전 2월까지)가 있는 가정을 대상으로 매월 10만 원을 지급해 주는 제도(농어촌/장애아동 가정 최대 20만 원)이며, 가정 내 양육이 아동의 초기 발달에 긍정적인 영향을 미칠 수 있음을 고려한 제도이다.

② 공적 부조

공적 부조(公的扶助)는 국가나 지방자치단체가 경제적으로 어려운 상황에 있는 국민을 대상으로 자산조사를 통해 사회적으로 최소한의 급여를 제공하는 것이다. 공적 부조는 사회 구성원 모두가 최소한의 생활을 유지할 수 있도록 사회적 최저선을 보장하는 것을 목표로 한다. 대부분의 공적 부조는 금전적 지원을 중심으로 이루어지며, 이를 통해 개인의 기본적인 생활비용을 지원한다. 의료, 주거, 교육 등의 비금전적 지원도 포함되어 보다 포괄적인 사회보장을 제공한다. 사회보험이 제도적으로 사전에 대응하기 위한 제도라면, 공적 부조는 사후 대응적인 성격을 가지며, 국민 전체를 대상으로 하는 것이 아닌 소수의 빈곤계층을 대상으로 선택적 복지에 의한다.

공적 부조의 종류에는 소득이 최저생계비 이하인 가구에 생계비, 주거비, 교육비, 의료비 등을 지원하는 기초생활보장제도, 갑작스럽게 위기 상황에 처한 가구(실직, 질병, 자연재해 등)에 일시적으로 생계비, 의료비, 주거비 등을 지원하는 긴급복지 지원제도, 장애인의 자립생활을 지원하고 사회참여를 촉진하기 위해 다양한 서비스와 경제적 지원을 제공하는 장애인 연금, 장애아동 수당, 장애인 활동 지원 등이 있다. 또한 고령화 사회에 대응하여 기초연금, 노인장기요양보험 등이 해당한다.

(2) 전문적 접근

전문적 실천 방법은 개별 아동이나 집단에 대한 구체적이고 전문화된 서비스를 제공하여 아동의 건강, 발달 및 복지를 지원하는 방법이다. 즉, 개별적으로 아동의 문제에 접근할 수도 있고, 비슷한 문제나 상황에 있는 아동을 모아서

집단으로 접근할 수도 있다. 다양한 전문 지식과 기술을 활용하여 구체적이고 전략적인 단계를 통해 맞춤형 서비스를 제공한다. 개별적인 아동 문제는 조사, 사정, 개입, 종결의 단계를 통해 이루어지며, 본격적인 조사 단계 이전에 초기 과정으로 접수 과정이 있다.

① 접수

전문가와 아동이 처음 만나는 초기 단계이다. 아동의 복지가 위협받고 있다고 판단될 때 서비스를 요청할 수 있으며, 이때 기본적인 정보가 수집되고, 아동복지 전문가는 이 정보를 바탕으로 사건의 긴급성과 서비스 제공 여부를 판단한다. 만약 기관에서 해결할 수 없는 경우는 다른 기관에 의뢰하며, 가능한 경우 조사에 착수한다.

② 조사

전문가가 아동의 문제에 개입하기 위해 자료를 수집하고 관찰하는 등 아동의 상황을 정확히 파악하는 단계이다. 다양한 심리검사 및 측정도구를 활용하여 아동의 발달 과정 및 생활 과정을 조사하여 주요한 사건, 성장 과정 중의 병력, 사회적 대인 관계 등을 파악한다. 또한 전문가가 아동의 생활 환경을 방문하거나 관련자들을 인터뷰하여 아동의 건강, 안전, 복지 상태를 평가하고, 부모와 아동과의 관계에 주목하고, 가족의 역동적 관계에 대해 파악한다.

③ 사정

조사 단계에서 수집된 정보를 바탕으로 아동의 필요와 문제점을 종합적으로 평가하는 단계이다. 아동 개인에 대한 사정, 가족 구조와 상호 작용, 사회적 지원망 등을 분석하여 아동과 가족에게 필요한 서비스의 종류와 우선순위를 결정한다.

④개입

사정 결과를 바탕으로 개입 목표를 설정하고 개입 과정에 참여시킬 대상을 선정한다. 개입 목표는 구체적이고 실현 가능한 형태로 설정하며, 부모나 보호자 및 전문가와의 합의를 통해 아동과 가족의 특성에 맞는 서비스를 제공한다. 즉, 이 단계에서는 교육, 상담, 심리치료, 의료지원, 가족지원 프로그램 등 다양한 형태의 서비스가 개입된다.

⑤ 평가 및 종결

개입이 진행되는 동안 아동의 발달 상태, 가족의 변화, 생활 환경의 개선 등에 있어 그 효과를 지속적으로 평가하여 서비스의 질을 관리하고, 이 과정에서 서비스 계획의 수정이 이루어진다. 최종적인 평가가 이루어지고, 아동과 가족이 더 이상 서비스가 필요하지 않을 때, 또는 최초 목표가 달성된 경우 서비스를 종결한다. 이때 전문가는 미리 종결 시기를 결정하여 알리고, 종결 이유와 향후 계획에 대해 설명한다. 필요한 경우, 다른 지원 서비스로 연계할 수 있다.

3. 아동복지 서비스의 유형 분류

아동복지 서비스는 그 분류의 기준에 따라 다음의 몇 가지로 나누어 볼 수 있다. 첫째, 서비스가 전달되는 장소를 기준으로 가정 내 서비스와 가정 외 서비스로 양분된다. 둘째, 서비스가 갖고 있는 기능을 중심으로 분류하면 지지적 서비스, 보조적 서비스, 대리적 서비스로 구분된다. 셋째, 아동복지 서비스가 수행하는 방어선의 위치에 따라 제1차 방어선, 제2차 방어선, 제3차 방어선으로 분류된다. 넷째, 가족의 욕구 수준에 따라 아동복지 서비스를 분류할 수 있다.

1) 서비스 제공 장소에 의한 분류

아동복지 서비스를 직접적으로 제공받는 아동이 어떠한 장소에서 생활하고 있는가에 따라 분류하는 방법으로, 아동이 원가정에서 생활하면서 제공받는 재가 서비스(in-home service)와 원가정을 떠나 아동복지시설이나 위탁가정에

서 생활하면서 받는 가정 외 서비스(out-of-home service)로 분류한다(장인협 · 오정수, 2000).

(1) 가정 내 서비스

가정 내 서비스는 아동이 자신의 가정 내에서 부모나 보호자와 함께 살면서 서비스를 제공받는 경우이다. 가정 내 서비스의 주목적은 가정 해체를 방지하고, 아동이 자신의 가정 환경에서 건강하게 성장할 수 있도록 지원하는 것이다. 아동의 양육과 발달에 가정이 일차적인 책임을 가지고 있음을 기초로 하여, 원가정의 기능 중 부족한 부분을 지지하거나 보충함으로써 원가정의 붕괴를 막아 주는 기능을 한다. 주요 재가 서비스 유형으로는 가족 구성원의 정신건강 상담, 부모-자녀 관계 개선 상담과 같은 상담 서비스, 가정을 방문하여 아동의 건강 상태를 체크하고 관리하는 방문 간호 서비스, 저소득 가정에 아동의 건강과 교육에 필요한 경제적 지원 등이 포함된다.

(2) 가정 외 서비스

가정 외 서비스는 아동이 자신이 거주하는 가정과 가정 밖의 서비스 제공 장소 간에 내왕하면서 보호나 서비스를 받는 경우, 가정의 상황이 아동의 건강하고 안전한 성장을 지원하기 어려워 원가정을 떠나 일시적 또는 장기적으로 아동보호시설 또는 위탁가정 등에서 생활하면서 제공받는 양육 및 보호 서비스를 의미한다. 아동의 안전을 최우선으로 하며, 때로는 부모와의 분리가 불가피한 경우에 이용된다. 주요 가정 외 서비스 유형으로는 일시보호, 가정위탁 서비스, 입양 서비스, 그룹홈, 시설보호 서비스 등이 포함된다.

2) 서비스 기능에 의한 분류

카두신(Kadushin, 1988)은 아동 양육을 위한 가정의 역할에 대하여 아동복지 서비스가 어떠한 기능을 지니는가에 따라 [그림 5-2]와 같이 지지적 서비스(supportive services), 보충적 서비스(supplementary services), 대리적 서비스(substitute services)로 구분하였으며, 첫 글자를 따서 3S 모델이라고도 한다.

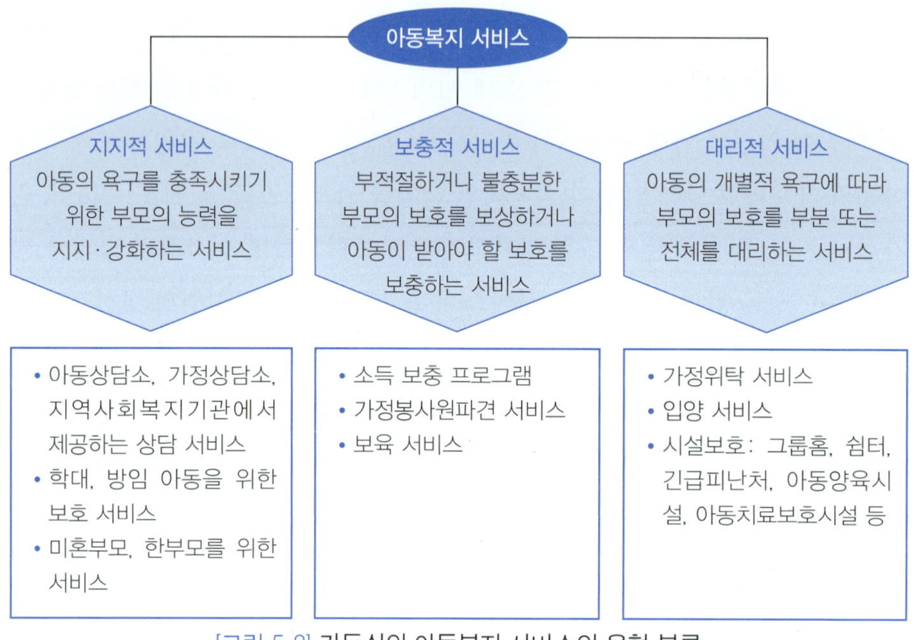

[그림 5-2] 카두신의 아동복지 서비스의 유형 분류

출처: 김성경 · 김혜영(2021). 현대사회 아동복지론. 경기: 양서원.

(1) 지지적 서비스

지지적 서비스(supportive service)는 기본적으로 가족의 기능을 강화하고, 아동과 가족이 현재의 생활 상황을 유지할 수 있도록 도와주는 서비스이다. 즉, 지지적 서비스는 부모와 아동의 관계에서 일어나는 문제를 해결할 수 있도록 지원하여 가족의 자립성을 증진하는 데 중점을 두며, 가족의 붕괴 위험을 감소시키는 것이다. 지지적 서비스는 다른 서비스와는 달리 아동이 자신의 가정에 머물며 생활하면서 받을 수 있는 서비스이다. 이러한 서비스를 제공함에 있어서 서비스의 기능은 부모나 아동의 역할을 대신해 주는 것이 아니라 가족구조

나 구성원의 역할을 침해하지 않고, 다만 외부에서 가족 내부의 역할과 기능이 제대로 수행될 수 있도록 지원해 주는 역할을 한다. 지지적 서비스의 방법으로는 가족 상담, 개인 상담 등과 같은 상담 및 치료 서비스, 가족생활교육 서비스, 부모교육 서비스, 예비부모교육 서비스 등이 있으며, 서비스 제공기관으로는 건강가정지원센터, 아동상담소, 가족상담소, 아동보호전문기관 등이 있다.

(2) 보충적 서비스

보충적 서비스(supplementary service)는 아동이 가정 내에서 생활하게 지원하면서, 부모가 가진 역할의 일부를 대신 수행하는 서비스이다. 부모의 보호나 양육 수준이 부적절하거나 한계가 있을 때 외부 서비스를 통해 부모 역할의 일부분을 보충할 수 있도록 하는 것이다. 부모의 사망, 이혼, 별거 등으로 인해 아동을 영구적으로 양육하고 보호할 수 없거나 부모의 질병, 취업 등으로 인해 일시적으로 양육할 수 없는 상황에서 지지적 서비스로 가정의 기능이 회복되거나 강화되지 않을 경우, 가족 형태는 그대로 유지하면서 보충적 서비스를 제공한다. 보충적 서비스는 이와 같이 가족의 적절한 역할 수행이 어려움을 당하는 경우에 아동의 욕구를 충족시키는 사회적 장치로서 의미가 있다. 보충적 서비스의 방법으로는 사회보험과 공적 부조를 통한 경제적 지원 서비스, 가사조력 서비스, 보육 서비스, 장애아동보호 서비스, 방과후 아동보호 서비스, 급식지원 서비스 등이 포함된다.

(3) 대리적 서비스

대리적 서비스(substitute service)는 부모나 기존의 가족 구성원이 아동의 필요를 충족시킬 수 없을 때 그 역할을 대신하는 서비스이다. 즉, 아동이 속한 가정이 부모의 사망, 이혼, 질병 등으로 완전히 해체되어 가족 중 누구도 아동에게 필요한 최소한의 양육 활동과 보호를 제공할 수 없게 된 경우, 아동은 자신의 가정을 완전히 떠나 다른 가족이나 양육자, 생활시설 등에 의하여 일시적 혹은 영구적으로 보호를 받게 된다. 이는 가족기능의 일부 또는 전체를 대체하여 아동이 안전하고 건강하게 성장할 수 있도록 지원한다. 대리적 서비스에는 가정위탁 서비스, 입양 서비스, 시설보호 서비스 등이 포함된다.

3) 방어선의 위치에 의한 분류

주커만(Zukerman, 1983)은 아동복지 서비스 체계를 방어선 개념으로 분류하였다. 지지적 서비스와 보조적 서비스를 1차 방어선, 대리적 서비스 중 가정 형태의 서비스를 제공하는 가정위탁과 입양을 2차 방어선, 집단보호 서비스를 3차 방어선으로 구분하였다.

(1) 제1차 방어선

가정은 아동에게 부적응과 발달상의 문제를 막아 주는 일차적인 방어선으로서의 기능을 수행한다. 그러나 가정이 아동의 기본적인 욕구를 충족시킬 수 없는 위험에 처하거나 부모-자녀의 역할 관계에 장애가 있을 경우, 가정의 사회적 기능을 회복, 유지, 강화함으로써 제1차 방어선으로서의 역할을 수행해야 한다. 지역사회의 기관에서 제공하는 상담 서비스, 교육 서비스, 가사지원 서비스, 양육지원 서비스 등이 대표적이며, 지지적 서비스와 많은 부분 중복된다.

(2) 제2차 방어선

가정이 정상적인 기능을 충분히 수행하지 못하면 아동에게 원가정의 역할을 대신할 수 있는 다른 보호의 장이 필요하다. 이러한 경우, 가정과 가장 유사하고 자연스러운 보호의 장으로 대리가정을 마련해 주는 것이 바람직하다. 대리가정 서비스의 대표적 형태로는 가정위탁과 입양 서비스를 들 수 있다.

(3) 제3차 방어선

아동의 욕구가 출생가정이나 대리가정을 통해 충족될 수 없는 경우 시설에 수용하여 집단적인 보호를 제공할 수밖에 없다. 집단보호는 6~12명의 아동을 수용한 소규모 집단가정에서부터 대규모 수용시설에 이르기까지, 규모와 형태가 다양하다. 원가정을 대리한다는 점에서 제2차 방어선과 동일하지만, 집단적인 생활 환경에서 서비스가 제공된다는 것이 다르다.

4) 가족의 욕구 수준에 따른 분류

미국의 아동보호기금단체(Children's Defense Fund)에 의해 개발된 아동복지 서비스는 가족의 욕구 수준에 따라 서비스의 피라미드 형태를 제시하였으며, 서비스의 연속성을 나타내고 있다(Shireman, 2003). [그림 5-3]과 같이 피라미드의 가장 아래로 갈수록 욕구 수준은 낮으나 대상자가 많아지며, 피라미드의 위로 올라갈수록 욕구 수준이 높고 대상자는 적어짐을 보여 준다.

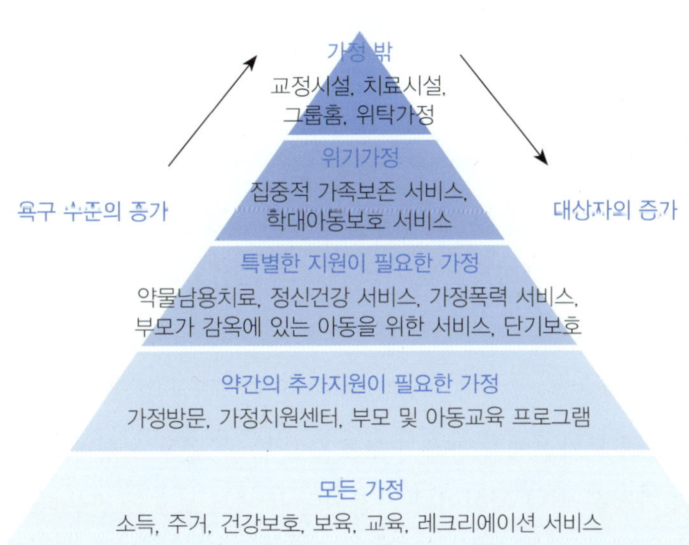

[그림 5-3] 가족의 욕구 수준과 아동복지 서비스

출처: Shireman, J. (2023). Critical issues in child welfare. p.129

(1) 모든 가정을 위한 서비스

모든 가정을 위한 서비스는 피라미드의 가장 아래에 위치한 보편적 서비스로, 적절한 소득, 주거, 건강보호, 교육, 문화 등이 포함된다.

(2) 약간의 추가지원이 필요한 가정을 위한 서비스

약간의 추가지원 서비스는 가족의 기능을 유지하기 위한 가정방문 프로그램, 가정지원센터의 서비스, 부모 및 아동교육 등을 포함한다.

(3) 특별한 지원이 필요한 가정을 위한 서비스

특별한 지원이 필요한 가정을 위한 서비스는 일반 가정과 달리 특별한 욕구를 가진 가족을 대상으로 원활한 가족기능을 수행할 수 있도록 제공하는 서비스로, 약물남용치료 서비스, 정신건강 서비스, 단기보호 서비스, 학대가정의 부모에게 가정폭력치료 서비스, 부모가 감옥에 있는 아동을 위한 서비스 등이 포함된다.

(4) 위기가정을 위한 서비스

위기가정 서비스는 욕구 수준이 상당히 높은 단계로, 가정이 해체될 가능성이 크고 가족기능을 수행하는 데 어려움이 있는 가정을 대상으로 하며, 집중적인 가족보존 서비스, 학대아동보호 서비스 등이 포함된다.

(5) 가정 밖의 서비스

아동이 자신의 친가정에서 양육과 보호를 받을 수 없는 상황에 있을 경우, 아동은 자신의 가정을 떠나 시설이나 가정위탁 등에서 보호를 받는다. 가정을 떠난 외부 서비스에는 비행아동을 위한 교정시설이나 치료시설, 그룹홈, 위탁가정 등이 포함된다.

?! 생각해 봅시다

1. 아동복지서비스는 일반적으로 제1차 방어선(가정 내 서비스), 제2차 방어선(대리가정 서비스), 제3차 방어선(시설보호 서비스)으로 구분된다. 각 방어선의 개념을 이해한 후, 실제 사례를 들어 각 방어선에 해당하는 서비스를 설명해 보자.
2. 아동복지서비스는 가족의 욕구 수준에 따라 다양한 유형으로 제공된다. 가족의 욕구 수준을 고려하여 각각의 수준에 해당하는 아동복지서비스의 예를 들어 설명해 보자.

제6장

보육아동을 위한 서비스

영유아 보육이란, 취학전 아동을 건강하고 안전하게 보호하고 양육하며 영유아의 발달 특성에 적합한 교육과 지원을 제공함으로써 아동의 전인적 발달을 돕고자 하는 것이다. 또한 아동이 개별적 발달적 특성에 따른 교육과 보호를 받을 수 있도록 지원하는 것을 보육아동을 위한 서비스라고 할 수 있다.

1. 보육에 대한 이해

1) 보육의 개념

인간은 출생 후 양육자의 보호나 돌봄이 필요하다. 「유엔아동권리협약(UN-CRC)」은 생존할 권리, 보호받을 권리, 발달할 권리, 국적과 이름을 가질 권리, 참여할 권리, 사회활동에 참여할 기회를 가질 권리를 가진다고 규정하고 있다. 보육의 질은 아동의 발달과 보호, 참여에 대한 권리를 보장하는 기준이 된다.

지금까지 보육에 대한 개념은 사회가 지향하는 정책과 사회변화, 보육 대상 등에 따라 변화되어 왔다. 첫째, 사회적 변화 및 정책적 변화에 따라 사보육에서 공보육으로의 변화가 이루어졌다. 전통적으로 각 가정에 맡겨졌던 육아는 점차 사회의 변화에 따라 다양한 형태의 보육으로 변화되었다. 개인의 책임에서 공공성의 강화로 인해 보육은 개인과 국가가 함께 동시에 책임을 감당해야 하는 상황이 되었다.

둘째, 보육 대상에 따라 보육의 개념이 달라질 수 있다. 보육은 대상에 따라 선별적 보육과 보편적 보육으로 나눌 수 있다. 선별적 보육은 보육 대상을 저소득층 또는 취업모의 자녀로 제한하는 보육이며, 보편주의적 보육은 부모의 직업 유무, 종교, 소득 수준이나 아동의 성별, 인종, 출생순위, 장애에 따라 어떠한 종류의 차별도 받지 않고 보육을 받는 것이다.

셋째, 용어적 측면에서 보육의 개념이 변화하였다. 과거에는 아동을 보호하는 보충적 · 개별적 서비스라는 측면에서 '탁아'라는 용어가 보육의 개념으로 사용되었다. 탁아의 개념은 "보호자가 근로 또는 질병 등으로 인하여 아동을 보호할 능력이 없는 경우 보호자의 위탁을 받아 아동을 보호하는 서비스"(아동복리법, 1961; 아동복지법, 1981)이다. 즉, 가정에서 정상적인 양육을 받기 어려운 경우, 경제적 어려움에 처한 가정의 자녀 돌봄으로 하루 중 일정한 시간 동안만 타인에 의해 제공되는 보호(care)의 개념이었다. 그러나 현대사회에서 인식하는 보육은 사회 · 경제적 변화 및 가족 구조의 변화로 인해 모든 아동이 사회 구성원으

로서 당연히 누려야 할 보호(care)와 교육(education)을 받을 권리로 개념이 확대되었다. 이러한 보호와 교육을 받을 권리는 보호와 교육이 서로 분리된 것이 아니며, 일상생활에서 보호와 교육이 통합되어 이루어지는 것을 의미한다.

「영유아보육법」(제4조 제1~3호)에서는 모든 국민은 영유아를 건전하게 보육할 책임이 있으며, 국가와 지방자치단체는 보호자와 더불어 영유아를 건전하게 보육할 책임을 지며, 이에 필요한 재원을 안정적으로 확보하도록 노력하고 특별자치시장 · 특별자치도지사 · 시장 · 군수 · 구청장은 영유아의 보육을 위한 적절한 어린이집을 확보하여야 한다고 명시하였다.

따라서 '영유아 보육'이란, 「영유아보육법」 제2조 제1~2호와 같이 7세 이하의 취학 전 아동을 건강하고 안전하게 보호 · 양육하고 영유아의 발달 특성에 적합한 교육을 제공하는 어린이집 및 가정양육 지원에 관한 사회복지 서비스를 의미한다. 이는 보육 서비스를 통해 아동의 발달적 특성에 따른 전인적 발달을 돕고, 아동을 둘러싼 환경을 고려하여 의미 있는 교육적 활동을 포함함으로써 교육과 보호(edu-care)의 개념을 바탕으로 하고 있다.

2) 보육 서비스의 필요성

OECD 국가들에서 공통으로 논의되고 있는 문제는 첫째, 사회경제의 확대와 여성의 노동시장 유입, 둘째, 보다 평등한 기반에서의 일과 가정의 책무에 대한 조화, 셋째, 출산율 하락 및 이민 증가와 같은 인구 문제 해소, 넷째, 영유아기에 시작되는 빈곤과 불평등 해소이다.

우리나라 보육 서비스도 OECD 국가들에서 논의되고 있는 부분에 있어 보육에 대한 중요성을 지닌다. 우리나라 합계출산율은 0.86명('25년)으로, 역대 최저 수준을 기록하고 있으며, 저출산은 지속될 것으로 보인다. 저출산 원인으로는 산업사회, 지식 기반 경제로의 전환으로 인한 취업 여성의 증가에도 불구하고 출산과 육아로 인한 여성의 경력 단절 문제가 지속되고 있기 때문이다. 통계상으로 살펴보면 육아를 경험한 여성인 경우, 자녀가 없는 여성에 비해 14% 이상 경력 단절이 이루어지고 있는 현실이다(조덕상 · 한정민, 2024). 과거에는 영유아를 돌보는 보호 차원에서 부모가 만족했다면 현대사회의 부모는 유아의 보호와 교육에 대한 기대치가 높아졌다. 또한 이러한 부모의 경력단절과 사회적 빈곤, 불평등은 저출산의 주요 요인이 된다.

정부에서는 여성의 경력단절을 완화하기 위한 정책으로 남성과 여성 모두에게 육아휴직 권고, 육아기의 단축근무 등을 통해 저출산을 줄이고 여성의 경력단절을 해소하고자 하고 있다. 특히 우리나라의 영아 보육시설 이용률(57.8%)은 OECD 평균(36.0%)보다 높은 편이며, 영유아가 어린이집을 이용하는 시작시기도 지속적으로 빨라지고 있다. 그럼에도 불구하고 우리나라의 출산율 저하는 보육 서비스에 대한 많은 시사점을 준다. 이는 출산 후 첫 1~2년간 영아 가구가 직면하는 어려움과 양육자의 선호도를 고려한 돌봄 지원이 미흡하고, 부모의 요구를 만족시키지 못하고 있음을 의미한다. 따라서 영유아의 성장 발달 시기별로 최적화된 국가 지원을 강화하고, 미래를 대비한 질 높은 보육 환경을 조성하는 것이 필요하다. 영유아가 성장 발달 단계에 따른 적절한 지원을 받고, 출발선에서의 격차 없이 평등한 기회를 보장받을 수 있는 질 높은 보육 서비스가 제공될 때 영유아에 대한 복지가 이루어지고 있다고 할 수 있을 것이다.

이를 위하여 국가와 지방자치단체에서는 보호자와 더불어 영유아를 건전하게 보육할 책임을 지며, 이에 필요한 재원을 안정적으로 확보하여야 한다(「영유아보육법」 제4조 제1~2항). 또한 영유아가 안전하고 쾌적한 환경에서 건강하게 성장할 수 있도록 영유아의 이익을 최우선으로 고려하여 제공해야 하며, 영유아 자신이나 보호자의 성 · 연령 · 종교 · 사회적 신분 · 재산 · 장애 · 인종 및 출생지역 등에 따른 어떠한 종류의 차별도 받지 않고 보육되어야 한다(「영유아보육법」 제3조).

3) 보육 서비스의 대상

「영유아보육법」에 따라 보육 서비스의 이용 대상이 되는 아동은 7세 미만의

취학 전 보육시설을 이용하는 모든 아동을 의미한다. 아동을 돌보는 양육자 및 보육기관에서는 보육 서비스의 대상인 영유아기 아동을 보육하게 된다. 이때 정부에서는 보육 서비스를 제공하는 주체를 7세 미만의 영유아를 양육하는 보호자와 보육시설로 구분한다.

7세 미만의 영유아를 양육하는 보호자가 제공하는 보육 서비스의 유형을 살펴보면, 첫째, 부모님이나 친인척 등의 혈연에 의한 보육 서비스, 둘째, 정부, 비영리단체, 영리기업이 제공하는 비혈연에 의한 보육 서비스로 구분된다(서문희, 2009). 정부에서 진행하고 있는 아이돌봄 서비스는 부모의 맞벌이 등으로 양육 공백이 발생한 가정의 만 12세 이하 아동을 대상으로 아이돌보미가 찾아가는 돌봄 서비스를 제공하여 부모의 양육 부담을 경감하고 저출산 해소에 기여하고자 만들어졌다. 이때 아이돌봄 서비스의 우선 제공자는 아래와 같다.

〈표 6-1〉「아이돌봄 지원법」 제13조의2(아이돌봄 서비스의 우선 제공)

1.「국민기초생활 보장법」 제2조 제2호에 따른 수급자의 자녀
2.「국민기초생활 보장법」 제2조 제11호에 따른 차상위계층의 자녀
3.「한부모가족지원법」 제5조 및 제5조의2에 따른 보호대상자의 자녀
3의2.「청소년복지 지원법」 제2조 제6호에 따른 청소년부모의 자녀
4.「장애인복지법」 제2조에 따른 장애인 중 여성가족부령으로 정하는 장애 정도에 해당하는 사람의 자녀
4의2.「장애인복지법」 제2조에 따른 장애인 중 여성가족부령으로 정하는 장애 정도에 해당하는 사람이 형제자매인 아이
5.「다문화가족지원법」 제2조 제1호에 따른 다문화가족의 자녀
6.「국가유공자 등 예우 및 지원에 관한 법률」 제6조의4에 따른 상이등급 중 여성가족부령으로 정하는 상이등급 이상에 해당하는 사람의 자녀
7. 부모의 취업 또는 생계활동 등으로 양육을 원활히 할 수 없는 맞벌이 가정의 자녀
8. 그 밖에 소득 수준 등을 고려하여 여성가족부령으로 정하는 사람의 자녀

보육시설 서비스는 국공립어린이집, 사회복지법인어린이집, 법인·단체등어린이집, 직장어린이집, 가정어린이집, 협동어린이집, 민간어린이집이 해당하며, 공식적으로 정부의 지원 및 규제·감독을 받는 공식적인 보육에 포함된다.

보육 서비스의 어린이집 입소의 우선순위인 1순위는 <표 6-2>와 같다.

〈표 6-2〉 어린이집 입소 1순위

<table>
<tr><th>순위</th><th colspan="2">구분</th><th>확인서류</th><th>제출구분</th></tr>
<tr><td rowspan="11">1순위</td><td colspan="2">수급자</td><td>• 시스템 자동 연계</td><td></td></tr>
<tr><td colspan="2">한부모가족, 조손가족</td><td>• 시스템 자동 연계</td><td></td></tr>
<tr><td colspan="2">차상위계층</td><td>• 시스템 자동 연계</td><td></td></tr>
<tr><td colspan="2">장애부모의 자녀 및 장애인 형제/자매의 영유아</td><td>• 시스템 자동 연계(시스템 자동 연계 전까지 수기 입력 필요)</td><td></td></tr>
<tr><td colspan="2">다문화가족</td><td>• 주민등록등본(결혼이민자 및 귀화자가 등본상 기재)
• 가족관계증명서와 외국인등록증 사본 또는 영수증
※ 결혼이민자 중 「재외동포의 출입국과 법적 지위에 관한 법률」 제2조 제2호에 따른 외국 국적 동포: 출입국에 관한 사실 증명(외국에서 15년 이상 거주하였음을 증명
※ 외국인등록증이 없는 경우: 외국인등록사실증명서(출입국관리사무소) 또는 외국인 기본증명서 등 다문화가족임을 증명할 수 있는 서류</td><td>중 1부 필수</td></tr>
<tr><td colspan="2" rowspan="2">제1형 당뇨아동</td><td>• 진단서</td><td>필수</td></tr>
<tr><td>• 의사소견서(일상생활이 가능하다는 의학적 소견 기재)</td><td>필수</td></tr>
<tr><td colspan="2">다자녀가구</td><td>• 주민등록등본 및 가족관계증명서
• 둘째 자녀 이하 임신 중인 경우: 입소일 전에 출산 예정인 경우 출산 예정일이 명시된 진단서</td><td>중 1부 필수</td></tr>
<tr><td colspan="2">임신부</td><td>• 진단서, 소견서, 건강보험 임신/출산 진료비 지급 신청서 원본, 임신 확인서(임신 확인일, 출산 예정일, 병원명, 병원 직인, 의사명이 모두 확인되는 서류)</td><td>중 1부 필수</td></tr>
<tr><td colspan="2">북한이탈주민</td><td>• 북한이탈주민등록확인서</td><td>필수</td></tr>
<tr><td>맞벌이 가구</td><td>근로자</td><td>• 재직증명서
• 위촉계약서
• 근로계약서
• 기타 재직증명 가능 서류</td><td>중 1부 필수</td></tr>
</table>

<table>
<tr><th>순위</th><th colspan="3">구분</th><th>확인서류</th><th>제출구분</th></tr>
<tr><td rowspan="8">1순위</td><td rowspan="8">맞벌이가구</td><td colspan="2">근로자</td><td>• 고용보험 개별사업장 자격내역확인서(근로복지공단)
• 직장건강보험 자격득실확인서(국민건강보험공단지사)
• 국민연금가입자가입증명서(국민연금공단)
• 근로소득원천징수영수증
• 고용, 임금확인서 및 최근 3개월 이상 급여이체내역
• 소득금액증명원
• 기타 소득증명 가능 서류</td><td>중 1부 필수</td></tr>
<tr><td colspan="2">대학(원)생</td><td>• 재학증명서
※원격대학(방송통신대학, 사이버대학 등) 및 휴학 중인 경우 불인정</td><td>필수</td></tr>
<tr><td colspan="2">취업 준비자</td><td>• 직업훈련과정참여 확인서 · 수료증
• 직업능력개발 훈련 수강증(고용노동부지정 훈련시설 여부 명시)
• 각종 취업지원프로그램 참여 확인서
• 구직등록확인증과 구직활동 증명서류
※구직활동 증명서류: 면접확인서, 입사지원서, 실습지원서, 해당직군 자격증 교육 참여 · 이수 및 학원수강증(출석 수업에 한함)</td><td>중 1부 필수</td></tr>
<tr><td colspan="2">예술인</td><td>• 예술인활동증명서
※입소일 기준 유효기간 내 증명서에 한해 인정</td><td></td></tr>
<tr><td rowspan="4">자영업자</td><td>공통</td><td>• 사업자등록증명원 또는 기타 사업자격 증명 가능 서류</td><td>필수</td></tr>
<tr><td>일반</td><td>• 소득금액증명원(세무서)
• 부가가치세과세표준증명원(세무서)
• 소득신고 증빙서류(세무서 접수증 등)
• 최근 3개월 이상 사업장 매출 장부(신용카드매출전표, 현금영수증 등 매출증빙 자료 별도 첨부 필요)</td><td>중 1부 필수</td></tr>
<tr><td rowspan="2">농 · 어업인</td><td>• 농(어)업인 확인서
• 농(어)업경영체 등록 증명서
• 어선원부등본
• 기타 농 · 어업인 자격 증명 가능 서류</td><td>중 1부 필수</td></tr>
<tr><td>• 매출계약서
• 판매증명서
• 기타 소득 증명 가능 서류</td><td>중 1부 필수</td></tr>
</table>

출처: 임신육아종합포털 아이사랑 홈페이지(www.childcare.go.kr).

2. 보육의 역사

1) 초기 보육 서비스

우리나라 보육 역사의 초기는 광복 이전 1921년에 태화기독교사회관에서 저소득층 자녀 위주의 탁아 프로그램이 개설됨에 따라 시작되었다. 이후 조선총독부 사회과에 의하면 1909년 전국 11개 탁아소에서 435명의 아동이 보육을 받았다. 이러한 탁아시설은 극빈층에 대한 구빈적 성격이 강했으며, 보육 서비스에 대한 방침이 마련되지 않았던 상태라 할 수 있다. 이후 한국전쟁 및 사회적 혼란으로 인해 고아나 요보호아동이 급증함에 따라 탁아시설이 증가하였다.

2) 「아동복리법」에 따른 보육 서비스

1960년대 이후 국가 주도의 경제개발계획 추진에 의한 산업화가 진행되면서 부모의 경제 활동이 증가함에 따라 탁아 수요가 폭증하였다. 이때 보육 서비스의 기초가 되는 「아동복리법」이 제정 및 공포(1961)됨으로써 탁아사업은 기존의 구빈사업에서 벗어나 아동의 복리를 증진시키기 위한 사업으로 성격이 변화하고 발전하였다. 그럼에도 불구하고 시설이 부족한 상황에 이르자 정부는 1968년에 '미인가 탁아시설 임시조치령'을 제정함으로써 일시적으로 인가를 받지 못하여도 탁아소를 설치 · 운영할 수 있도록 하여 보육시설을 운영할 수 있게 하였다. 또한 보육 초기의 명칭이었던 탁아소를 어린이집이라는 이름으로 변경하였다. 보육에 대한 수요 증가 및 이미지 변화에 따라 1970년대에는 어린이집 수가 양적으로 팽창하였다. 그러나 양적으로 증가한 어린이집의 보육 서비스는 질적으로 열악하여 많은 문제점이 나타나기 시작하였다. 이에 정부는 1977년에 '미인가 탁아시설 임시조치령'을 폐지하고, '탁아시설 운영 개선 방안'을 마련하여 일반아동에게도 어린이집을 개방하고 수익자 부담 원칙에 따라 운영하도록 하였다.

3)「유아교육진흥법」에 따른 보육 서비스

1980년 전두환 정권이 정부의 주요 시책으로 복지국가 및 유아교육을 강조함에 따라 취학 전 아동의 보호와 교육에 큰 변화가 일어났다. 보건사회복지부는 1961년 제정된「아동복리법」을 1981년에「아동복지법」으로 개정하며 보육에 변화가 시작되었다. 문교부는 국립대학 두 곳에 유아교육과를 신설하고, 국민학교에 병설 유치원을 설치 · 운영하였다. 1982년에는「유아교육진흥법」을 제정함으로써 영유아의 건강한 성장과 발달을 촉진하고자 하였으며, 보육시설의 설립과 운영에 관한 사항을 규정하여 보육에 대한 국가적인 지원 체계를 구축하고자 하였다. 또한「유아교육진흥법」에 근거하여 기존의 보건사회부 소속 어린이집(691개), 내무부 소속 새마을 협동유아원(263개), 농업진흥청 소속 농번기 상설 탁아소(382개), 기타 민간시설(38개) 등 총 1,374개의 아동보육시설이 새마을유아원으로 통합되었다. 통합된 새마을유아원은 급증하는 탁아 수요에 대처하고자 하였으나 운영에 있어 종일 탁아의 개념에서 교육에 중점을 두기 시작하면서 영아보다는 유아를 보내는 경우가 많아졌으며, 종일반이라 하더라도 통례적으로 오후 2시 이전에 하원이 이루어져, 본래 목적인 탁아 기능을 상실하였다. 이러한 현상은 취업모의 탁아 요구를 충족시키지 못하였으므로 1993년에 폐지되었다.

4)「영유아보육법」에 따른 보육 서비스

1991년「영유아보육법」제정으로 주관 부서를 보건복지부로 배치하고 탁아는 보육, 새마을유아원은 어린이집이라는 명칭으로 전환하였다. 이 과정에서 우리나라는 유치원과 어린이집으로 이원화된 체계를 갖추게 되었다. 이후 보육시설 수는 약 10배 이상, 이용 아동 기준으로는 20배 이상 증가하여 규모 면에서 급격히 팽창하였으나 주로 민간 보육 서비스가 주를 이루었다. 출산율은 1970년대 4.53명에서 2025년에는 0.86명까지 감소하였고, 이 과정에서 2004년

「영유아보육법」의 전면 개정으로 보육사업의 획기적인 발전 및 공적 책임이 강화될 수 있는 계기가 마련되었다. 어린이집 시설장에 대한 국가자격증제를 도입하였고, 보육시설 운영위원회를 설치하도록 함으로써 보육 서비스의 운영에 책임성과 투명성을 강화하였으며, 보육시설 평가 인증국과 보육교사 자격관리 사무국을 설립하여 보육의 질을 증진하고자 하였다. 2006년에는 「영유아보육법 시행규칙」 개정으로 제1차 중장기보육기본계획 '새싹플랜(2006~2010)'을 제시하였고 여성의 사회 진출 증가에 대응한 보육 서비스 공급에 중점을 두었다. 표준보육과정을 마련하고 신체, 사회, 언어, 인지, 정서 등 전인적 발달을 위해 영유아가 갖추어야 할 지식, 기술, 태도를 제시하는 등 영유아가 조화로운 사회 구성원으로 성장할 수 있도록 보육 환경의 질을 높이고자 하였다.

정부가 바뀌면서 여성가족부에서 담당하던 보육 서비스는 보건복지부에 이관되었으며, 아이사랑 플랜으로 새싹플랜을 수정 · 보완하고자 하였다. '아이사랑 플랜(2009~2012)'에서는 "아이와 부모가 행복한 세상"을 비전으로 6대 추진 과제를 설정하고 첫째, 부모의 비용 부담 완화, 둘째, 수요자 맞춤 지원, 셋째, 보육시설 질 제고 및 균형 배치, 넷째, 보육인력 전문성 제고, 다섯째, 전달체계 효율화, 여섯째, 보육사업 지원체계 구축을 제시하여 국가의 책임을 강화하고 수요자 중심, 영유아 중심의 보육정책으로 개편하고자 하였다.

제2차 중장기보육기본계획(2013~2017)은 무상보육 도입과 수요자 맞춤 지원을 중점으로, 2013년부터 전 계층에 보육료와 양육수당을 지원하였다. "아이는 행복하고 부모는 안심할 수 있는 세상"을 비전으로 다음과 같은 6대 추진 과제를 설정하였다. 첫째, 부모의 보육 · 양육 부담 경감, 둘째, 수요자 맞춤형 보육 · 양육 지원, 셋째, 공공성 확대와 품질 관리 강화, 넷째, 양질의 안심 보육 여건 조성, 다섯째, 신뢰가 있고 투명한 보육 생태계 구축, 여섯째, 보육 서비스 재정 및 전달체계 개선이다. 이를 위하여 3~5세 공통의 보육 · 교육과정인 '누리과정' 도입(2012~2013), 입소대기시스템 도입(2014), 모든 어린이집 CCTV 설치(2015), '아이사랑' 포털 개설(2015), '맞춤형보육' 도입 및 시행(2016) 등의 정책

이 추진되었다.

제3차 중장기보육기본계획(2018~2022)은 "영유아의 행복한 성장을 위해 함께하는 사회"를 비전으로 4대 추진 과제를 설정하고 첫째, 보육의 공공성 강화, 둘째, 보육체계 개편, 셋째, 보육 서비스 품질 향상, 넷째, 부모 양육지원 확대의 4개 분야 14개 추진 과제를 제시하여 부모 양육지원 확대를 하고자 하였다.

제4차 중장기보육기본계획(2023~2027)에서는 "보육·양육 서비스의 질적 도약으로 모든 영유아의 행복한 성장 뒷받침"을 비전으로 종합적 양육지원 강화, 영유아 중심 보육 서비스 질 제고, 보육 교직원 전문성 제고 및 역량 강화, 안정적인 보육 서비스 기반 구축을 추진전략으로 제시하였다. 그에 따른 구체적인 과제는 [그림 6-1]과 같다.

전략		주요 과제
I	종합적 양육지원 강화	1 부모급여 도입으로 양육 비용 경감 2 종합적 육아 지원 서비스 제공 3 맞춤형 양육정보 제공으로 부모 양육역량 강화 4 육아 건강·상담 서비스 지원 강화
II	영유아 중심 보육 서비스 질 제고	1 어린이집 보육 최적의 환경 조성 2 어린이집 품질관리 체계 개편 3 영유아의 건강한 성장·발달 지원 및 권리존중 확산 4 놀이 중심 보육 과정 내실화
III	보육교직원 전문성 제고 및 역량 강화	1 보육교직원 양성 및 자격체계 고도화 2 보육교직원 전문역량 강화 3 보육교직원 권익 보호 환경 조성 4 보육교직원 근무환경 및 합리적 처우개선
IV	안정적인 보육 서비스 기반 구축	1 어린이집 안정적·효율적 지원체계 마련 2 공공보육 확대 및 내실화 3 인구구조 변화에 따른 보육의 사각지대 예방 4 전달체계, 시스템, 홍보 고도화

[그림 6-1] 4대 중점전략 16대 주요 과제

출처: 보건복지부(2022).

3. 보육 서비스의 현황

1) 보육통계

설립 주체별 어린이집 유형(국공립, 사회복지법인, 법인·단체등, 직장, 가정, 협동, 민간) 및 이용 아동 수 등 현황에 대한 통계를 살펴보면 전체 어린이집 수는 '24년 말 기준 27,387개소로, '23년 대비 감소하였다.

〈표 6-3〉 어린이집 현황

		2022	2023	2024
어린이집 수	합계	30,923	28,954	27,387
	가정	12,109	10,692	9,586
	민간	9,726	8,886	8,181
	국공립	5,801	6,187	6,521
	직장	1,291	1,308	1,305
	사회복지법인	1,254	1,206	1,171
	법인단체	610	551	507
	협동	132	124	116

출처: KOSIS 국가통계포털(https://kosis.kr).

2) 주요 보육사업

주요 사업은 보육을 위한 금전적 지원 및 보육 서비스 지원으로 나누어 볼 수 있다. 금전적 지원의 경우 보육 정책의 체감도를 높이고 수요자 중심의 보육 정책을 실현하기 위한 수단으로, 현금 및 카드를 활용하여 이루어진다. 양육수당, 부모급여, 아동수당의 경우 일반적으로 부모에게 현금으로 지급되며, 보육료 지원은 어린이집에 지급하는 대신 전자카드 형태로 부모에게 직접 지급한 후 어린이집을 이용하면서 결제하도록 하는 서비스이다. 보육 서비스 지원 측면에서 영유아 보육시설의 유형을 살펴보면, 설립 주체에 따라 국공립, 법인, 직장, 가정, 협동, 민간 어린이집으로 구분할 수 있다.

(1) 금전적 지원 서비스

① 양육수당

국가와 지방자치단체는 어린이집을 이용하지 않는 영유아에 대하여 영유아의 연령을 고려하여 양육에 필요한 비용을 지원하고 있다(「영유아보육법」 제34조의2 제1항). 다만, 국가와 지방자치단체는 양육에 필요한 비용을 지원받는 영유아가 90일 이상 지속하여 해외에 체류하는 경우에는 그 기간 동안 양육에 필요한 비용의 지원을 정지한다(「영유아보육법」 제34조의2 제3항).

지원 대상으로는 어린이집, 유치원(특수학교 포함), 종일제 아이돌봄 서비스 등을 이용하지 않고 가정에서 양육되는 영유아이다. 이때 부모급여 도입에 따라 0~23개월 아동은 부모급여 지원, 24개월 이상부터 가정양육수당이 지원된다. 또한 위 요건을 충족하면서 장애인으로 등록된 영유아에게는 장애아동 양육수당이, 위 요건을 충족하면서 농어촌 지원 자격 요건을 갖춘 영유아에게는 농어촌양육수당이 지원된다. 지원 금액은 다음과 같다.

〈표 6-4〉 영유아 양육수당 지원

연령	양육수당	연령	농어촌 양육수당	연령	장애아동 양육수당
24~35개월	10만 원	24~35개월	15만 6천 원	24~35개월	20만 원
36개월 이상 ~86개월 미만	10만 원	36~47개월	12만 9천 원	36개월 이상 ~86개월 미만	10만 원
		48개월 이상 ~86개월 미만	10만 원		

출처: 교육부(2025). 2025년도 보육사업안내.

② 부모급여

아동에게 아동수당을 지급하여 아동 양육에 따른 경제적 부담을 경감하고 건강한 성장 환경을 조성함으로써 아동의 기본적 권리와 복지를 증진함을 목적으로 한다. 가정에서 아동을 돌보는 경우, 0세 아동은 월 100만 원, 1세 아동은 월 50만 원이 지급된다. 다만, 0세는 어린이집 재원 시 월 보육료 전액(보육료 바우처 54만 원)과 부모급여 차액 현금 46만 원, 1세는 어린이집 재원 시 월 보육료 전액(보육료 바우처 47만 5천 원)과 부모급여 차액 현금 2.5만 원 지급으로 이루어진다.

〈표 6-5〉 부모급여 도입 전후 비교('22~'25)

(단위: 만 원)

2022년(영아수당, '22년생부터)

연령		만 0세	만 1세
보육	시설 미이용	월 30 (현금)	
	시설 이용	보육료 바우처 (0세반)	

▶

2023년(부모급여)

연령		만 0세	만 1세
보육	시설 미이용	월 70	월 35 (현금)
	시설 이용		보육료 바우처 (0세반)

▶

2024~2025년(부모급여)

연령		만 0세	만 1세
보육	시설 미이용	월 100	월 50 (현금)
	시설 이용		보육료 바우처 (0, 1세반)

* '25년 0, 1세 보육료 예산은 교육부 '영유아보육료' 사업에서 편성

** '25년 시설 이용 시 0세(바우처 540천 원+현금 460천 원), 1세(0세반인 경우 바우처 540천 원 / 1세반인 경우 바우처 475천 원+현금 25천 원)

*** 0세반은 '24년 1월 1일 이후 출생, 1세반은 '23년 1월 1일~'년 12월 31일

출처: 복지로 홈페이지(https://www.bokjiro.go.kr/).

③ 아동수당

대한민국 국적을 보유한 아동으로, 만 8세 미만 모든 아동에게 아동수당을 지급한다. 다만, 아동수당을 지원받던 아동이 90일(출국일 포함) 이상 국외에 체류하는 경우 지급이 정지된다. 아동수당은 보육료, 양육수당 등 다른 복지급여를 받고 있는지와 상관없이, 지급 연령·국적 및 주민등록 요건이 충족되면 아동수당이 지급된다.

④ 영유아보육료

대한민국 국적을 보유하고 주민등록번호를 보유하고 있는 어린이집을 이용하는 영유아(0~5세반)로, 부모의 소득과 상관없이 지원된다. 이때 기관 보육료란 정부에서 인건비를 지원받지 않는 민간·가정어린이집에서 만 0~2세 및 장애아동 보육 시 지원하는 것이다.

〈표 6-6〉 보육료 지원 단가

구분	0세반	1세반	2세반	3~5세반	장애아
적용 시기	('25. 7. 1.~)	('25. 7. 1.~)	('25. 7. 1.~)	('25. 7. 1.~)	('25. 7. 1.~)
계	1,227,000	859,000	658,000	280,000	1,336,000
부모보육료	567,000	500,000	414,000	280,000	616,000
기관보육료	660,000	359,000	244,000	–	720,000

* 기관보육료: 정부에서 인건비를 지원받지 않는 어린이집에서 0~2세 및 장애아동 보육 시 지원(상기 기관보육료 지원단가는 7월 이용현황확정 기준 8월 지급 시부터 적용)

** 기본보육에 대한 보육료를 지원하고, 추가적 돌봄이 필요한 영유아가 연장보육 이용 시 시간당 연장보육료를 추가 지원(영아반 2,000원, 유아반 1,000원, 0세반 · 장애아 3,000원)

*** 3~5세반은 시설 유형에 구분 없이 누리과정 운영비 추가 지원(최대 3년간), 기관보육료 지원 어린이집의 3~5세반을 이용하는 경우 시 · 도지사가 정하는 수납한도액 내에서 부모부담보육료 추가 수납 가능

출처: 교육부(2025). 2025년도 보육사업안내.

(2) 보육지원 서비스

① 한국보육진흥원

한국보육진흥원은 어린이집 품질 및 관리체계의 고도화, 보육 서비스의 공공성 확대 지원, 보육교직원 직무역량 강화, 보육교직원 성장 기반 확대, 부모양육역량 강화, 수요자 중심 양육 서비스 활성화를 중심으로, 믿고 맡길 수 있는 어린이집, 전문역량을 갖춘 보육교직원, 부모가 체감하는 종합적 양육지원을 위하여 첫째, 어린이집 평가, 둘째, 보육교직원 자격증 교부, 셋째, 보육교직원 역량 강화, 넷째, 국공립어린이집 확충지원사업, 다섯째, 공공형 어린이집 품질관리, 여섯째, 육아종합지원센터, 일곱째, 시간제 보육 사업을 담당 및 관리하는 전문기관이다.

〈표 6-7〉 한국보육진흥원의 보육서비스

구분	내용
어린이집 평가	• 어린이집 평가 과정 운영 • 어린이집 평가 후 관리 • 어린이집 셀프모니터링
보육교직원 자격증 교부	• 제도 개요 및 교부 절차 • 자격기준

구분	내용
보육교직원 역량 강화	• 보육교직원 마음성장 프로젝트 • 보수교육기관 평가사업 • 취약보육지원 • 교육통합관리시스템을 통한 보육교직원 양성 및 보수교육 관리
국공립어린이집 확충지원사업	• 국정과제 목표인 공공보육 이용률 50% 달성을 위한 국공립어린이집 확충의 원활한 추진 지원 • 국공립 선정·전환 지침 관리, 확충과정 운영 지원(신축, 리모델링, 장기임차), 지자체 담당자 교육, 통계 관리, 홍보 및 설문조사 등
공공형 어린이집 품질관리	• 운영관리사업 • 운영지원사업 • 보육교직원 전문성 강화 사업
육아종합지원센터	• 어린이집 지원사업 • 센터운영 지원사업 • 가정양육 지원사업
시간제 보육	• 서비스 제공기관(어린이집, 육아종합지원센터 등)에서 시간(또는 시간대) 단위로 보육 서비스 이용

② 육아종합지원센터

육아종합지원센터는 첫째, 어린이집 운영 전반에 대한 컨설팅, 보육교직원 교육 및 상담, 보육 관련 정보 제공 등을 통해 어린이집 운영의 질적 수준 제고 및 보육교직원의 전문성 향상, 둘째, 유아 자녀를 둔 가정과 부모를 대상으로 부모교육 및 양육 서비스, 양육 관련 정보 제공 등을 통해 건강한 양육 환경 조성 및 부모의 양육 역량 강화, 셋째, 지역적 특성을 고려한 특성화사업 및 유관기관 연계사업 등 다양한 보육·양육 프로그램을 제공하기 위하여 보건복지부장관과 지방자치단체의 장이 설치·운영하는 육아 지원 전문기관이다.

〈표 6-8〉 육아종합지원센터의 보육서비스

구분	내용	
어린이집 지원사업	• 보육교직원 교육사업 지원 • 보육교직원 상담사업 지원 • 어린이집 보육컨설팅사업 지원	• 열린어린이집 운영 지원 • 보육교직원 아동학대 예방교육 • 다가치 보육 어린이집 협력사업
가정양육 지원사업	• 부모교육사업 지원 • 부모-자녀 체험프로그램 운영 지원 • 양육상담사업 지원	• 장난감·도서 대여 서비스 운영 지원 • 놀이(체험실) 운영 지원 • 양육 정보 제공

구분	내용
센터운영 지원사업	• 육아종합지원센터 운영 지원 • 육아종합지원센터 직원 역량 강화 교육 • 육아종합지원센터 평가 및 컨설팅 • 대체교사 사업 운영 지원 • 보육 정보 제공 및 정보지 발간 • 전산시스템 운영(E-러닝 시스템, 통합 홈페이지, 보육과정 웹사이트, 업무관리시스템)

③ 영유아 보육시설

영유아 보육시설은 설립 주체와 이용 아동에 따라 어린이집 유형을 나눌 수 있다. 설립 주체에 따른 분류는 다음과 같다.

- 국공립어린이집: 국가나 지방자치단체가 설치 · 운영(위탁운영 포함)하는 어린이집(직장어린이집 제외)
- 사회복지법인어린이집: 「사회복지사업법」에 따른 사회복지법인이 설치 · 운영하는 어린이집
- 법인 · 단체등어린이집: 각종 법인(사회복지법인을 제외한 비영리법인)이나 단체 등이 설치 · 운영하는 어린이집
- 직장어린이집: 사업주가 사업장의 근로자를 위하여 설치 · 운영하는 어린이집
- 가정어린이집: 개인이 가정이나 그에 준하는 곳에 설치 · 운영하는 어린이집
- 협동어린이집: 보호자 또는 보호자와 보육교직원 11인 이상이 조합을 결성하여 설치 · 운영하는 어린이집
- 민간어린이집: 위 어린이집에 해당하지 않는 어린이집

보육 서비스를 이용하는 아동의 유형에 따른 분류는 다음과 같다.

- 영아전담어린이집: 2004년 이전 영아전담 어린이집으로 지정받았거나 국고보조금으로 영아전담 신축비를 지원받은 어린이집
- 장애아전문어린이집: 「장애아동 복지지원법」 제32조에 따라 요건을 갖추

고, 상시 12명 이상의 장애아(단, 미취학 장애아 9명 이상 포함)를 보육하는 어린이집

- 장애아통합어린이집: 정원의 20% 이내에서 장애아 기본반을 편성·운영하거나 장애아 기본반을 별도로 편성하지 않은 채 미취학 장애아를 3명 이상 통합 보육하고 있는 어린이집
- 야간연장어린이집: 기준 보육시간(07:30~19:30)을 경과하여 최대 24:00까지 시간을 연장하여 보육하는 어린이집
- 24시간어린이집: 24시간 동안(07:30~익일 07:30) 보육 서비스를 제공하는 시설
- 휴일어린이집: 일요일 및 공휴일에 보육하는 어린이집
- 방과후어린이집: 초등학생을 대상으로 방과후 보육 서비스를 제공하는 어린이집

어린이집 운영에 있어 반 편성 정원 기준은 아래와 같다.

〈표 6-9〉 반 편성 시 정원 기준

반별 정원 기준	0세반	1세반	2세반	3세반	4세반 이상	장애아반
원칙	3명	5명	7명	15명	20명	3명

우리나라의 교사 대 아동 비율은 0세는 1:3, 1세는 1:5, 2세는 1:7, 3세는 1:15, 4~5세는 1:20이다. 그러나 보육 및 교육의 질 보고서(2021)에 따르면, OECD 평균에 비해 우리나라의 교사 대 아동 비율이 높다고 보고되었다. 이러한 상황을 개선하기 위하여 서울시는 2021년부터 '교사-아동 비율 감소시범 사업'을 시행하고 있다. 서울시에서는 교사 대 아동 비율을 0세반 1:3에서 1:2으로, 3세반을 1:15에서 1:10으로 줄이는 것을 목표로 한다. 이러한 사업은 각 구와의 협의를 통해 진행하고 있다. 이러한 교사 대 아동 비율 감소는 보육교사 업무 부담을 줄이고 개별적으로 돌볼 수 있는 환경을 조성하는 데 많은 도움을 준다.

〈표 6-10〉 보육면적

면적기준 / 시설규모	어린이집 전용면적	보육실 면적	놀이터 면적	산정 기준
50인 미만 시설	영유아 1인당 4.29m²	영유아 1인당 2.64m²		각 면적 산정 인원 중 가장 적은 수를 정원으로 함
50인 이상 시설			영유아 1인당 3.5m² 원칙	

출처: 교육부(2025). 2025년도 보육사업안내.

영유아·놀이 중심 보육이 일어날 수 있는 공간을 제공하는 데 있어, OECD에서 제시하는 보육시설의 실내 공간 기준은 아동 1인당 3.6m², 실외 공간 기준은 아동 1인당 8.9m²이다. 한국의 실내 공간 기준은 아동 1인당 2.64m², 실외 공간 기준 아동 1인당 4.29m²로, OECD에서 제시하는 공간보다 기준 공간이 적은 편이다. 따라서 작은 어린이집은 강당과 같이 뛰어놀 공간이 없는 경우가 있으므로 아이들이 실내에서도 뛰어놀 수 있는 공간을 마련해 줄 필요가 있다.

〈표 6-11〉 보육시간

보육형태		시간
기본보육		09:00 ~ 16:00 (7시간)
연장보육	연장 기본	16:00 ~ 19:30
	야간연장보육	19:30 ~ 24:00
	야간 12시간 보육	19:30 ~ 익일 07:30
	24시간 보육	07:30 ~ 익일 07:30
	휴일보육	일요일, 공휴일 07:30 ~ 19:30

* 지역별·어린이집별 사정에 따라 보호자와 협의하여 9시~16시 전후 30분 범위 내에서 보육시간 탄력 조정 가능

** 07:30~09:00±30분의 등원지도 시간과 16:00~17:00±30분의 하원지도 시간은 기본보육으로 간주

*** 05:30~07:30 이전에 이용하는 경우도 야간연장보육으로 간주

보육시간은 기본보육 오전 9시~오후 4시(7시간)이며, 지역별·어린이집별 사정에 따라 보호자와 협의하여 오전 9시~오후 4시 전후 30분 범위 내에서 보

육시간의 탄력 조정이 가능하다. 이외에 연장보육은 오후 4시~7시 30분까지이다. 또한 어린이집 운영시간 중 아동 외출 시 아동 안전을 고려하여 부모와 협의 하에 지정된 보호자에게 인계해야 하며, 보육환경은 아동 한 명만을 위한 곳이 아니므로 보육 환경 조성 차원에서 하원한 아동이 학원 등을 다녀온 후 재등원하는 것은 안 된다. 다만, 영유아의 의료기관 진료와 같이 불가피한 경우에는 재등원이 가능하다.

④ 시간제 보육

가정양육 부모 등이 긴급 · 일시적으로 보육시설 이용이 필요한 경우, 시간 단위로 시간제 보육 제공기관(어린이집, 육아종합지원센터 등)을 이용하고 이용한 시간만큼 보육료를 지불하는 보육 서비스이다. 지원 대상으로는 어린이집, 유치원 등을 이용하지 않고 부모급여 또는 양육수당을 수급 중인 영아이다.

〈표 6-12〉 시간제 보육 신청 안내

구분		독립반	통합반
이용 대상		6~36개월 미만 영아(내/외국인)	6개월~2세반 영아(내/외국인)
지원 대상		어린이집, 유치원을 이용하지 않고 부모급여(현금) 또는 양육수당 수급 가구	
지원 시간		월 60시간	
보육료	이용단가	시간당 5천 원	
	정부지원	시간당 3천 원	
	부모부담	시간당 2천 원	

출처: 한국보육진흥원.

4. 보육서비스의 질 개선

1) 어린이집 평가

어린이집 평가의 본래 목적은 '보육서비스 질 개선'이다. 2005년부터 2019년 6월까지 시행된 어린이집 평가인증제도는 어린이집이 지향해야 하는 바람직

한 보육서비스의 실제를 제시하고, 어린이집 질적 수준을 공정하게 평가하여 정부의 효율적인 지원 및 관리를 위한 것이었다.

(1) 어린이집 평가의 변화

제1차 평가인증('06~'09), 2차 지표와 3차 지표자료 적용한 제2차 평가인증('10~'17.10.), 통합지표를 적용한 제3차 평가인증('17.11.~'19.6.1.)을 거치면서 평가인증제도는 어린이집의 물리적 환경과 보육과정 및 상호작용 등에 대한 평가를 통해 보육서비스의 전반적인 질적 수준을 향상시켰다. 그럼에도 불구하고 평가제는 어린이집의 자발적 신청에 의해 운영됨에 따라 미인증 어린이집으로 인한 질 관리 사각지대 문제가 여전히 남아 있으며, 이러한 측면에서 아동권리 보호, 아동학대 예방, 안전관리 강화에 대한 사회적 요구 증가로 전체 어린이집 관리에 대한 필요성이 제기되었다.

이후 「영유아보육법」 개정을 통해 2019년 6월 12일부터 이루어지는 어린이집 평가제는 어린이집 질 관리체계가 전국 모든 어린이집으로 확대되었다. 전국적으로 이루어진 어린이집 평가는 3만 개에 달하는 것으로, 시설·환경 등의 구조적 질을 평가하는 측면에서는 성과를 이루었으나 여전히 어린이집의 질적 수준을 관리하는 데 한계가 있다는 지적과 함께 평가 내용이나 방법에 대한 문제 제기가 이루어졌다.

이에 2021년 평가체계 개편 방안 마련을 시작으로, 전문 연구, 의견 수렴 등을 통해, 2024년 1월 「영유아보육법」 개정을 통하여 평가제 개편의 법적 근거가 마련되었으며, 2024년 7월 3일부터 개편된 어린이집 평가제가 시행되었다.

이러한 상황에서 2024년 1월 2일 「영유아보육법」 개정안이 공포됨에 따라, 2024 개정 어린이집 평가는 '보육서비스 질 개선'이라는 평가 고유의 목적에 초점을 맞추고, 보육서비스 질 관리의 지속가능성을 강화하여, 어린이집의 질적 수준을 더욱 향상시키고 영유아의 건강한 성장 발달을 돕고 부모가 믿고 맡길 수 있는 안심 보육환경 조성에 힘쓰고 있다.

(2) 어린이집 평가의 목적

어린이집 평가의 목적은 첫째, 보육서비스 질 관리를 위해 교사–영유아 상호작용 중심의 질 관리 표준을 제시하고, 전체 어린이집의 평가 참여를 통하여 어린이집 질적 수준을 제고하도록 한다. 둘째, 평가 참여가 보육서비스 질 개선을 직접 유도할 수 있도록 어린이집을 지원하는 방식으로 평가과정을 진행하며, 상시적인 자율 관리 체계를 지원하여 보육서비스 수준을 지속적으로 관리하고자 한다. 셋째, 궁극적으로 평가제를 통해 보육서비스 질을 제고함으로써 영유아의 인적 가치, 존중받는 성장과 발달을 도모하고자 한다. 이를 위해 영유아의 인권과 권리를 보장하고 영유아가 건강하고 행복하게 성장할 수 있는 안심 보육환경을 조성한다.

(3) 평가지표

보육의 질 향상 목적을 아동의 웰빙, 성장, 발달에 최우선으로 두고, 보육과정 운영 및 상호작용 등 과정적 질을 평가하는 지표를 확대하였다. 개정 평가 지표의 주요 특징은 다음과 같다.

첫째, 맥락적이고 총체적 평가가 가능하도록 지표를 구성하여, 영유아의 경험에 영향을 미치는 교사의 행위를 분절하지 않고 연계하여 살핌으로써 종합적이고 통합적 평가가 이루어지도록 하였다.

둘째, 보육의 질에 결정적 영향을 미치는 보육교사 상호작용 등의 과정적 질 관리 지표를 강화하고, 설치 · 인가 등의 구조적 질 관리 체계에 적합한 평가 지표로 수정 · 보완하였다. 영유아 권리 존중의 취지와 목적을 지표 전반에 반영하고, 보육과정 및 교사–영유아 상호작용 관련 평가 비중을 확대하였다.

셋째, 문서 중심 평가에서 실제 보육과정 실행 평가로 전환하기 위해 평가 문서는 보육과정 관리 필수 문서 중심으로 간소화하고, 평정 방식은 관찰 및 면담 중심으로 개선하였다.

평가영역(6개)	평가항목(15개)
1. 영유아 중심 일과 운영	1–1. 일과의 충실한 운영 1–2. 따뜻하고 편안한 일상생활 지원
2. 영유아 주도 놀이 중심 배움 지원	2–1. 영유아의 놀이를 위한 공간 구성 및 운영 2–2. 배움을 위한 자료 제공
3. 영유아 존중 상호작용 지원	3–1. 교사와 영유아의 민감적 상호작용 3–2. 영유아 또래 간 상호작용 격려
4. 보육과정 실행과 평가	4–1. 관찰 및 실행 계획 4–2. 보육과정 평가
5. 원장의 리더십과 보육교직원 역량 강화	5–1. 보육의 질 향상을 위한 리더십 5–2. 상호 존중하는 소통과 협력 5–3. 보육교직원 역량 강화
6. 건강 및 안전	6–1. 실내외 공간의 청결 · 쾌적성 6–2. 급 · 간식 운영의 적합성 6–3. 실내외 공간, 시설 · 설비의 안전한 관리 6–4. 영유아의 안전한 보호

2) 유보통합

(1) 유보통합의 필요성

2024년 6월 교육부에서는 유보통합 실행 계획을 발표하였다. 유보통합의 추진 배경은 저출생 위기 극복을 위해 믿고 맡길 수 있는 양육 환경 조성 및 영유아의 건강한 성장을 위한 생애 초기 교육의 중요성에 대한 중요성을 통해 장기간 이원화 체계를 일원화하여 균형 있는 질을 개선하는 데 있다. 학부모 · 영유아 · 교사 등 수요자가 체감할 수 있도록 입체적 접근 방안을 마련하여 유보통합을 위한 제도 개선이 필요하다.

(2) 비전 및 목표

유보통합의 비전은 아이가 행복하고 아이 키우기 좋은 나라이며, 그에 따른 목표로는 세계 최고 수준의 영유아 교육 및 보육 체계를 구축하는 것이다.

비전	아이가 행복하고 아이 키우기 좋은 나라
목표	세계 최고 수준의 영유아 교육·보육 체계 구축

(3) 5대 상향평준화 과제

시·도교육청이 시·도 및 시·군·구청과 협력하여 지역의 교육·보육의 질 향상을 통해 영유아 최우선 원칙 중심으로 학부모 눈높이에 맞는 서비스 질을 지원하고자 한다. 이를 위하여 유치원과 어린이집 간의 제도적 기준을 일원화하고 연계하며 주요 사항을 제도화하고자 한다.

과제	현재	목표
충분한 이용 시간 및 일수 보장	✓ 유치원–어린이집 간 이용 시간 차이* * (유치원) 8시간 이상, (어린이집) 12시간 ✓ 방학기간, 휴일돌봄 공백 우려	✓ 기본 8시간+추가 4시간 이용 시간 보장* * 연장과정 교사 및 돌봄인력 등 지원 ✓ 방학기간 운영 확대 및 휴일돌봄 지원
교사 대 영유아 비율 개선	✓ 과밀 환경* 내 교육·돌봄의 질 저하 * (어린이집 기준) 0세1:3, 1세1:5, 2세 1:7, 3세 1:15, 4~5세 1:20 (유치원 기준) 3세 최대 1:24, 4세 최대 1:26, 5세 최대 1:28	✓ 교사 대 영유아 비율 감축*으로 교육·보육의 질 향상 * (0세) 1:3→1:2(0~2세) 3학급당 1명→2학급당 1명 보조교사 배치(3~5세) 평균 비율 1:12→1:8
단계적 무상 교육·보육 실현	✓ 정부/지자체 지원에도 학부모 부담* 지속 * (사립유) 원비, (어린이집) 기타 필요경비	✓ 5세 무상교육·보육 우선 실현, '27년까지 3~5세 단계적 추진
통합 연수체계 마련	✓ 기관 간 교사 직무연수체계 상이* * (공립유) 매년 60시간 이상, (사립유) 매년 약 30시간(어린이집) 매 3년마다 40시간	✓ 교사의 전문성 향상 위한 통합연수체계* 마련 * 4대 분야 연수 프로그램 운영, 연수 시간 확대(연 60시간), 연구·연수 문화 조성
수요 맞춤 교육·보육 프로그램 강화	✓ 영아→유아, 유아→초등으로의 단계적 이행 시 지원 미흡 ✓ 소규모 기관에서의 다양한 교육활동 한계 ✓ 영유아 정서·심리 지원체계 미흡 ✓ 특수교육 및 서비스 질 차이 발생	✓ 2세, 5세를 이음연령으로 지정 ✓ 소규모 기관 간 연계를 통한 내실 있는 교육 지원 ✓ 영유아 정서·심리 지원 강화 ✓ 특수교육 대상 영유아 통합지원

출처: 교육부(2024). 세계 최고 영유아교육·보육을 위한 유보통합 실행 계획(안).

(4) 5대 유치원 · 어린이집 통합 과제

기관별 여건 및 특성에 따른 다양성과 자율성을 보장하고, 현장의 의견을 수렴하여 통합 기준을 보완 및 확정함으로써 통합법 제정을 통해 시행하고자 한다. 또한 기존 기관에는 전환에 따른 경과 기간을 두어 통합기관으로의 안정적인 정착을 유도하고자 한다.

과제	현재	시안
편리하고 공정한 입학 방식 마련	✓ (유치원) '처음학교로'를 통해 연 2회, 우선모집 이후 추첨 (어린이집) '입소대기관리시스템'을 통해 상시 대기 · 모집하며, 점수제 적용	✓ (입학) 통합기관의 입학 관련 사항은 공론화 통해 결정 – 우선, 입학 · 입소 신청 창구 일원화 – 유치원 입학은 우선 모집 · 일반 모집 후 상시입학제 도입
통합 교원 자격 · 양성 제세 개편	✓ (유치원교사) 3~5세, 전문대학 이상 (보육교사) 0~5세, 전문대학 이상 이외에 보육교사교육원(3급), 평생학습기관 등 학점이수도 포함	✓ (통합교원자격) 1안 영유아정교사, 2안 영아정교사 및 유아정교사로 구분 ✓ (신규양성) 학사학위 과정 및 대면 중심 ✓ (현직취득) 일–학습 병행이 가능하도록 자격취득 과정 운영
교사 처우 개선 등	✓ (유치원) 사립유치원 교사 처우 개선비는 전국 동일(월 85만 원) (어린이집) 처우 개선을 위한 지급액이 지역별 상이(월 49~59만 원) ✓ (유치원) 사립유치원 교사 처우 개선비는 전국 동일(월 85만 원) (어린이집) 처우 개선을 위한 지급액이 지역별 상이(월 49~59만 원)	✓ (처우개선) 사립유치원교사, 보육교사 처우 개선비 단계적 인상 ✓ (처우개선) 사립유치원교사, 보육교사 처우 개선비 단계적 인상
	✓ (유치원) 교원 (어린이집) 근로자	✓ (법적지위) 통합법 적용에 따라, 근로자→교원으로 변경
영유아 교육과정 개발 · 적용	✓ (유치원) 3~5세 대상, 교육과정 (어린이집) 0~5세 대상, 표준보육과정	✓ 0~5세 영유아 교육과정 마련

?! 생각해 봅시다

1. 보육은 더 이상 가정의 사적 책임이 아닌 국가와 사회가 공동으로 책임져야 할 공적 서비스로 전환되었음을 보여 준다. 이러한 상황에서 공공성 강화는 단순히 국공립 어린이집 수의 확대나 재정 지원 증가만으로 충분한가?
2. 시간제 보육, 맞춤형 보육, 부모급여 확대 등은 수요자 중심 정책으로 제시되지만, 여기서 제시하는 수요자는 주로 부모이며 아동은 간접적으로 고려된다. 이러한 구조 속에서 아동 복지의 목표와 아동의 안정적 애착 및 발달 요구 사이의 긴장이 발생할 수 있다. 진정한 아동중심의 보육정책의 해결방안이 있는가?

제 7 장

학대피해아동을 위한 서비스

본 장에서는 아동학대의 개념과 유형을 검토하고, 학대피해아동을 위한 공적·민간 서비스의 체계를 중심으로 아동 보호의 실천적 접근을 살펴본다. 아동학대는 단순한 개인의 일탈이 아니라 구조적 요인과 사회적 맥락 속에서 발생하며, 피해 아동에게는 신체적·정서적·심리사회적 후유증이 남기 쉽다. 이에 따라 본 장에서는 학대 신고와 조사, 응급조치, 심리치료, 가정복귀 또는 대리양육에 이르는 일련의 개입 체계를 소개하고, 학대피해아동쉼터, 아동보호전문기관, 드림스타트 등 주요 서비스의 기능과 연계 방안을 제시한다. 나아가, 서비스 전달에서의 지역사회 역할, 법적·제도적 과제, 서비스 제공자의 윤리적 고려사항 등을 중심으로 아동권리 실현을 위한 방향성을 모색한다.

1. 아동학대의 이해

1) 아동학대의 개념

아동학대의 역사는 매우 길지만, 아동에 대한 체벌을 허용하는 사회 분위기 속에서 오랫동안 사회 문제로 인식되지 않았다. 과거에는 아동학대에 대한 개념 정의조차 없었고, 아동학대가 가정사로 여겨져 사회의 개입 여지도 없었다(강동욱 · 문영희, 2011). 문화에 따라서도 훈육과 학대를 구분하는 가치 기준은 다르며, 이러한 기준은 시대에 따라 변하기도 한다. 우리나라의 경우, 과거에는 아동에 대한 체벌이 정당한 것으로 여겨져 「민법」 제915조에 "친권자가 아동의 보호나 교양을 위해 필요한 징계를 할 수 있다."라고 규정하기도 했다. 그러나 2021년 1월, 해당 조항이 삭제되면서 자녀에 대한 모든 체벌이 법적으로 금지되었다.

아동학대가 공식적으로 개념화된 것은 1960년대 무렵으로, 미국 전역에서 아동학대가 주목받기 시작하면서 부터이다. 켐프(Kempe, 1962)는 '매 맞는 아동 증후군(The Battered Child Syndrome)'이라는 용어를 처음 사용하였으며, 1963년에는 미국 50개 주 모두에서 '아동학대신고법'이 제정되었다. 이 시기에는 아동학대가 주로 신체적 학대에 국한되어 사용되었다.

1974년에는 '아동학대 예방과 치료법(Child Abuse Prevention and Treatment Act, CAPTA)'이 제정되었으며, 이 법 제11조에는 아동학대를 "아동을 보호할 책임이 있는 자가 18세 미만의 아동에게 신체적 · 정신적 또는 성적으로 위해를 가하거나, 제공해야 할 것을 하지 않는 것"으로 정의하고 있다. 이 정의를 통해 아동학대가 신체 학대, 정서 학대, 성 학대, 방임으로 구분됨을 알 수 있다.

최근에는 아동학대를 '아동의 복지나 잠재적 발달을 위협하는 모든 행위'로 보다 넓게 정의하고 있다. WHO는 아동학대를 "아동 양육을 책임지거나 아동과의 관계에서 신뢰 또는 권위를 가진 사람에 의한 신체적 · 정서적 학대, 성 학대, 방임, 보호 소홀, 상업적 착취 등으로 인해 아동의 건강, 생존, 발달, 존엄

성에 해를 끼치거나 그 가능성을 초래하는 모든 행위"로 정의하고 있다(안재진, 2002). 이 정의는 아동에게 발생할 수 있는 잠재적 피해까지 포함한다.

우리나라 역시 아동학대에 대한 포괄적인 정의를 적용하고 있다. 「아동복지법」 제3조 제7항에서는 아동학대를 "보호자를 포함한 성인이 아동의 건강 또는 복지를 해치거나 정상적인 발달을 저해할 수 있는 신체적 · 정신적 · 성적 폭력이나 가혹행위를 하는 것, 또는 보호자가 아동을 유기하거나 방임하는 것"으로 정의하고 있다. 이 정의는 간접적으로 피해를 입은 아동도 '피해아동'으로 인정받아 지원을 받을 근거가 된다(노혜련 · 김미원 · 조소연, 2021).

〈표 7-1〉 「아동복지법」 제3조(정의)

1. "아동"이란 18세 미만인 사람을 말한다.
2. "아동복지"란 아동이 행복한 삶을 누릴 수 있는 기본적인 여건을 조성하고 조화롭게 성장 · 발달할 수 있도록 하기 위한 경제적 · 사회적 · 정서적 지원을 말한다.
3. "보호자"란 친권자, 후견인, 아동을 보호 · 양육 · 교육하거나 그러한 의무가 있는 자 또는 업무 · 고용 등의 관계로 사실상 아동을 보호 · 감독하는 자를 말한다.
7. "아동학대"란 보호자를 포함한 성인이 아동의 건강 또는 복지를 해치거나 정상적 발달을 저해할 수 있는 신체적 · 정신적 · 성적 폭력이나 가혹행위를 하는 것과 아동의 보호자가 아동을 유기하거나 방임하는 것을 말한다.

7의2. "아동학대관련범죄"란 다음 각 목의 어느 하나에 해당하는 죄를 말한다.
 가. 「아동학대범죄의 처벌 등에 관한 특례법」 제2조 제4호에 따른 아동학대범죄
 나. 아동에 대한 「형법」 제2편 제24장 살인의 죄 중 제250조부터 제255조까지의 죄

8. "피해아동"이란 아동학대로 인하여 피해를 입은 아동을 말한다.

「아동학대범죄의 처벌 등에 관한 특례법」에서는 아동학대로 처벌될 수 있는 범죄의 유형과 가해자의 범위를 정의하고 있다. 이 법에서는 아동학대 범죄를 "보호자에 의한 아동학대"로 한정하고 피해아동을 "아동학대 범죄로 직접적인 피해를 본 아동"으로 명시하여, 「아동복지법」의 규정보다 적용 범위가 더 좁은 편이다. 범죄의 유형은 대부분 「형법」에 따른 범죄 행위이며, 「아동복지법」과

「아동학대범죄의 처벌 등에 관한 특례법」 상에 제시된 사항들을 일부 적용하고 있다.

〈표 7-2〉 「아동학대범죄의 처벌 등에 관한 특례법」 제2조(정의)

4. "아동학대범죄"란 보호자에 의한 아동학대로서 다음 각 목의 어느 하나에 해당하는 죄를 말한다.
   가. 「형법」 제2편 제25장 상해와 폭행의 죄 중 제257조(상해) 제1항 · 제3항, 제258조의2(특수상해) 제1항(제257조 제1항의 죄에만 해당한다) · 제3항(제1항 중 제257조 제1항의 죄에만 해당한다), 제260조(폭행) 제1항, 제261조(특수폭행) 및 제262조(폭행치사상)(상해에 이르게 한 때에만 해당한다)의 죄
   나. 「형법」 제2편 제28장 유기와 학대의 죄 중 제271조(유기) 제1항, 제272조(영아유기), 제273조(학대) 제1항, 제274조(아동혹사) 및 제275조(유기등 치사상)(상해에 이르게 한 때에만 해당한다)의 죄
   다. 「형법」 제2편 제29장 체포와 감금의 죄 중 제276조(체포, 감금) 제1항, 제277조(중체포, 중감금) 제1항, 제278조(특수체포, 특수감금), 제280조(미수범) 및 제281조(체포 · 감금 등의 치사상)(상해에 이르게한 때에만 해당한다)의 죄
   라. 「형법」 제2편 제30장 협박의 죄 중 제283조(협박) 제1항, 제284조(특수협박) 및 제286조(미수범)의 죄
   마. 「형법」 제2편 제31장 약취, 유인 및 인신매매의 죄 중 제287조(미성년자 약취, 유인), 제288조(추행 등 목적 약취, 유인 등), 제289조(인신매매) 및 제290조(약취, 유인, 매매, 이송 등 상해 · 치상)의 죄
   바. 「형법」 제2편 제32장 강간과 추행의 죄 중 제297조(강간), 제297조의2(유사강간), 제298조(강제 추행), 제299조(준강간, 준강제추행), 제300조(미수범), 제301조(강간등 상해 · 치상), 제301조의2 (강간등 살인 · 치사), 제302조(미성년자등에 대한 간음), 제303조(업무상위력 등에 의한 간음) 및 제305조(미성년자에 대한 간음, 추행)의 죄
   사. 「형법」 제2편 제33장 명예에 관한 죄 중 제307조(명예훼손), 제309조(출판물등에 의한 명예훼손) 및 제311조(모욕)의 죄
   아. 「형법」 제2편 제36장 주거침입의 죄 중 제321조(주거 · 신체 수색)의 죄
   자. 「형법」 제2편 제37장 권리행사를 방해하는 죄 중 제324조(강요) 및 제324조의5(미수범)(제324조의 죄에만 해당한다)의 죄

차.「형법」 제2편 제39장 사기와 공갈의 죄 중 제350조(공갈), 제350조의2(특수공갈) 및 제352조(미수범)(제350조, 제350조의2의 죄에만 해당한다)의 죄
카.「형법」 제2편 제42장 손괴의 죄 중 제366조(재물손괴등)의 죄
타.「아동복지법」 제71조 제1항 각 호의 죄(제3호의 죄는 제외한다)
파. 가목부터 타목까지의 죄로서 다른 법률에 따라 가중처벌되는 죄
하. 제4조(아동학대살해 · 치사), 제5조(아동학대중상해) 및 제6조(상습범)의 죄

우리나라 사회복지 현장에서는 이러한 법률을 근거로 아동학대 사례 판단에 대한 구체적인 실무 지침을 마련하고 있다. 아동학대의 판단 기준은 크게 고의성과 행위 여부의 두 가지로 나뉘며, 이 중 고의성은 범죄를 실현하려는 인식과 의욕을 의미하며 미필적 고의도 포함된다. 또한 아동의 건강과 복지, 정상적인 발달을 저해할 수 있는 수준의 행위이거나, 그러한 결과를 초래할 위험성과 가능성이 있을 경우에도 아동학대로 판단할 수 있다. 현장에서는 학대의 유형에 따라 가해자의 범위를 달리 적용하고 있는데, 신체 학대, 정서 학대, 성 학대는 보호자를 포함한 모든 성인이 가해자가 될 수 있는 반면, 방임과 유기는 아동의 보호자에게만 적용된다.

2) 아동학대의 유형

(1) 신체 학대(Physical Abuse)

신체 학대는 "아동의 건강과 복지를 해치거나 정상적인 발달을 저해하는 신체적 폭력과 가혹 행위(「아동복지법」 제3조)"를 말한다. 구체적으로 손이나 발로 아동을 때리거나 꼬집고 물어뜯는 행위, 조르고 때리는 행위, 할퀴는 행위 등이 포함되며, 도구나 흉기로 신체를 가하거나 유해 물질로 상해를 입히는 행위도 이에 해당한다. 또한 아동을 강하게 흔들거나 신체를 묶는 행위, 벽에 밀어붙이거나 던지는 행위 등 완력을 사용해 신체를 위협하는 모든 행위가 신체

학대에 포함된다(아동권리보장원, n.d.). 이러한 신체 학대는 외상이 겉으로 드러나는 경우가 많아 비교적 발견하기 쉽다.

(2) 정서 학대(Emotional Abuse)

정서 학대는 "보호자를 포함한 성인이 아동에게 행하는 언어적 모욕, 정서적 위협, 감금이나 억제, 기타 가학적인 행위(아동권리보장원, n.d.)"를 의미하며, 그 기준은 헌법재판소의 결정을 참고하여 활용한다(이주연 외, 2024). 예를 들어, 원망·거부·적대·경멸적인 언어폭력, 잠을 재우지 않는 행위, 벌거벗긴 채 내쫓는 행위, 형제나 친구와의 비교·차별·편애, 가족 내에서 고립시키는 행위, 가정폭력을 목격하게 하는 행위, 시설에 버리겠다고 협박하거나 짐을 싸서 쫓아내는 행위, 미성년자 출입 금지 업소에 데려가는 행위, 연령에 맞지 않는 강압적 요구(감금, 약취, 아동 노동 착취), 다른 아동을 학대하도록 강요하는 행위 등이 포함된다. 또한 보호자가 아동에게 반응하지 않거나, 아동의 요구를 지속적으로 무시하는 경우도 정서적 방임으로 간주할 수 있다. 정서 학대는 외적으로 드러나지 않고 결과가 즉시 나타나지 않기 때문에, 이를 파악하기 위해서는 아동과 성인 간 관계에 대한 세심한 관찰이 필요하다.

(3) 성 학대(Sexual Abuse)

성 학대는 "아동에게 음란한 행위를 시키거나 이를 매개하는 행위, 또는 아동에게 성적 수치심을 주는 성희롱(「아동복지법」 제3조)"을 의미한다. 성 학대에는 아동을 성적 만족의 대상으로 삼아 관찰하거나 성적으로 노출하는 행위(옷을 벗기거나 관찰, 성관계 장면 노출, 나체 및 성기 노출, 자위행위 노출 및 강요, 음란물 노출 등), 아동에 대한 신체적 성추행(구강, 성기, 항문 등), 유사 성행위 및 성교 행위(성기 삽입, 구강성교, 항문성교), 아동을 성매매시키거나 이를 매개하는 행위 등이 포함된다(아동권리보장원, n.d.). 성 학대는 은밀하게 이루어지

며, 아동이 자신이 당한 일의 의미를 제대로 인지하지 못하는 경우가 많아 장기간 드러나지 않는 경우가 흔하다.

(4) 방임(Neglect)과 유기(Abandonment)

방임은 보호자가 아동을 적절히 돌보지 않는 것, 유기는 아동을 보호하지 않고 버리는 행위를 의미한다. 즉, 학대가 무엇인가를 가하는 행위라면, 방임은 아동에게 필요한 것을 제공하지 않는 것이다. 방임은 물리적 방임, 교육적 방임, 의료적 방임으로 구분할 수 있다(아동권리보장원, n.d.).

- 물리적 방임: 기본적인 의식주 제공을 하지 않거나 상해 및 위험으로부터 보호하지 않는 것, 불결하거나 위험한 환경에 방치, 출생신고 미이행 등
- 교육적 방임: 정당한 사유 없이 학교에 보내지 않거나 무단결석을 방치하는 것, 학교 준비물을 챙겨 주지 않는 행위 등
- 의료적 방임: 필요한 예방접종이나 치료를 제공하지 않는 것 등

(5) 아동학대의 원인

아동학대는 단일한 원인보다는 복합적 요인의 상호 작용으로 발생한다. 과거에는 학대의 원인을 부모나 아동의 개인 특성에서 찾는 경우가 많았지만, 최근에는 이를 개인과 환경 간 상호 작용의 결과로 보는 생태체계적 관점이 적용된다. 전통적으로는 정서적으로 불안정하거나 충동적인 양육자, 아동기 학대 경험이 있는 부모, 폭력적 가정 환경 등이 주요 원인으로 지목되었다. 또한 양육자의 스트레스, 가족 갈등, 양육 기술 부족 등도 학대 발생 요인으로 여겨졌고, 아동의 까다로운 기질이나 반항적 행동이 통제를 강화하게 만든다는 주장도 있었다. 하지만 생태체계적 관점에서는 개인, 가족, 지역사회, 문화적 특성이 상호 작용하면서 아동학대를 유발한다고 본다. 예를 들어, 부모와 아동의 건강 상태, 가족의 사회경제적 지위, 지역사회의 자원과 안전망, 폭력에 대한 사회 인

식 등이 복합적으로 작용할 수 있다. 이러한 관점에 따르면, 아동학대의 예방과 개입 역시 체계적 · 통합적으로 접근해야 한다(노혜련 · 김미원 · 조소연, 2021).

(6) 아동학대의 결과

아동학대는 아동의 전반적인 발달에 심각한 영향을 미친다. 신체 학대는 즉각적인 상해나 고통을 유발하며, 발달 지연, 장애, 심지어 사망에 이를 수도 있다. 또한 심리적 · 정서적 후유증도 동반된다(김광혁, 2009). 대표적인 후유증으로는 자존감 저하와 자아 개념의 왜곡이 있다. 학대받은 아동은 자신이 '나쁜 아이'이기 때문에 학대받았다고 생각하거나, 자신이 무가치한 존재라고 여기는 경우가 많다. 이러한 인식은 아동을 무기력하게 만들고, 분노, 충동성, 우울, 불안 등을 증가시켜 자기 파괴적 행동이나 일탈행동으로 이어질 수 있다(이명진 외, 2007; 장용환 · 송지혜, 2011; 정익중 외, 2006). 이러한 영향은 단기적으로 끝나지 않고, 장기적으로 지속되어 성인기까지 영향을 미칠 수 있다(이봉주 · 김세원, 2014).

2. 아동학대의 현황

아동학대의 현황은 아동학대 주요 통계를 바탕으로, 연도별 현황, 학대 유형, 조치 결과 등을 중심으로 살펴볼 수 있다.

1) 연도별 아동학대 현황

2023년 기준으로 아동학대 신고 접수 건수는 48,522건으로 집계되었다. 이는 2021년에 일시적으로 급증한 이후, 2022년에 다소 감소했지만, 최근 5년간 전반적으로 꾸준히 증가하는 추세를 보인다. 아동학대 신고자는 크게 신고의무자와 비신고의무자로 나뉘며, 연도별로 신고의무자에 의한 신고 건수는 2020

년 10,973건(28.2%), 2021년 23,372건(44.9%), 2022년 16,149건(36.3%), 2023년 12,553건(27.4%)으로 나타났다. 「아동학대범죄의 처벌 등에 관한 특례법」 제10조 제2항에 따르면, 신고의무자의 직군은 총 26개로 규정되어 있으며, 주요 직군은 다음과 같다.

- 아동복지시설 · 사회복지시설 · 가족센터 · 다문화가족지원센터 종사자
- 성매매 및 성폭력 관련 시설 종사자
- 아동복지전담공무원, 119구급대원, 응급의료기관 및 의료기관 종사자
- 보육시설 및 교육시설 종사자, 학원 및 교습소 직원
- 아동보호전문기관, 장애인 · 청소년 · 한부모가족 복지시설 종사자
- 입양기관 종사자, 아이돌보미 등

신고의무자의 신고율은 2021년을 제외하고 대부분 초 · 중 · 고교 직원이 가장 높은 비중을 차지하였으며, 2021년에는 사회복지전담공무원의 신고가 가장 많았다. 비신고의부자의 신고 비율에서는 부모에 의한 신고가 지속적으로 가장 높게 나타났으며, 아동 본인에 의한 신고도 2019년 4,752건(12.4%)에서 2023년 11,399건(24.9%)으로 두 배 이상 증가하였다(보건복지부, 2023).

연도별 피해아동 발견율을 살펴보면, 추계아동 인구(0~17세)를 기준으로 2019년 3.81‰, 2020년 4.02‰, 2021년 5.02‰, 2022년 3.85‰, 2023년 3.64‰로 나타났다(보건복지부, 2023).

2) 아동학대 사례 유형

연도별 아동학대 사례 유형을 살펴보면, 2019년부터 2021년까지는 중복 학대의 비중이 가장 높았으며, 2022년과 2023년에는 정서 학대가 가장 큰 비중을 차지하였다. 학대행위자의 유형은 2019년부터 2023년까지 아동의 부모가 80% 이상으로 절대적으로 높은 비중을 차지하였으며, 조부모를 포함한 친인척 비율

은 매년 3~5% 수준으로 나타났다. 대리양육자에 의한 학대 사례는 지속적으로 감소하는 경향을 보였으며, 이웃이나 낯선 사람의 비율은 매년 2~3% 수준을 유지하였다(보건복지부, 2023).

〈표 7-3〉 연도별 아동학대 사례 유형(2019~2023)

(단위: 건, %)

학대 유형 / 연도	신체 학대		정서 학대		성 학대		방임		중복학대		계	
2019	4,179	(13.9)	7,622	(25.4)	883	(2.9)	2,885	(9.6)	14,476	(48.2)	30,045	(100.0)
2020	3,807	(12.3)	8,732	(28.3)	695	(2.2)	2,737	(8.9)	14,934	(48.3)	30,905	(100.0)
2021	5,780	(15.4)	12,351	(32.8)	655	(1.7)	2,793	(7.4)	16,026	(42.6)	37,605	(100.0)
2022	4,911	(17.6)	10,632	(38.0)	609	(2.2)	2,044	(7.3)	9,775	(34.9)	27,971	(100.0)
2023	4,698	(18.3)	11,094	(43.1)	585	(2.3)	1,979	(7.7)	7,383	(28.7)	25,739	(100.0)

출처: 보건복지부(2023). p.49.

한편, 아동학대 피해로 인한 사망 아동 수는 2019년 42명(0.19%)에서 2023년 44명(0.22%)으로, 매년 40~50명 수준에서 유지되고 있다. 2023년 사망 사례 아동의 성별은 남아가 26명(59.1%), 여아가 18명(40.9%)이었으며, 연령별로는 영유아가 27명(61.4%)으로 가장 많았다. 특히 1세 미만 영아가 10명(22.7%)으로 가장 높은 비율을 차지하였고, 그 뒤를 이어 3세와 5세가 각각 5명(11.4%)으로 나타났다(보건복지부, 2023). 또한 2023년 전체 아동학대 사례(25,739건) 중 재학대 사례는 4,048건(15.7%)으로 확인되었다. 재학대 사례의 학대 유형은 정서 학대가 1,831건(45.2%), 중복 학대가 1,123건(27.7%), 신체 학대가 621건(15.3%), 방임 451건(11.1%), 성 학대 22건(0.5%) 순이었다(보건복지부, 2023).

3) 아동학대에 대한 조치 결과

피해아동에 대한 조치는 원가정 보호, 분리보호, 기타 조치로 구분할 수 있다. 2023년 기준 보호조치 유형별로 보면, 원가정 보호가 23,214건(90.2%)으로 가장

높은 비중을 차지하였다. 한 번이라도 분리된 경험이 있는 사례 중에서 최초 보호 장소는 시설이 82.0%로 가장 많았으며, 이어서 친족 보호 15.5%, 가정위탁 1.5%, 의료기관 또는 요양시설 입소 1.0% 순으로 나타났다. 2023년 분리보호아동 2,393명 중 325명(13.6%)은 가정으로 복귀하였으며, 2,068명(86.4%)은 여전히 분리보호 중인 것으로 확인되었다(보건복지부, 2023).

한편, 피해아동이 학대 후유증을 극복하고 가족기능을 회복하며 재학대를 방지할 수 있도록 국가에서는 다양한 심리 · 의료 · 생활 지원 서비스를 제공하고 있다. 구체적으로, 상담 서비스와 의료 서비스, 심리치료 서비스, 가정지원 서비스, 분리보호 및 절차 지원, 출결 및 비밀 전학 처리 지원 등을 포함하는 학습 및 보호 지원 서비스 등이 있으며, 검찰 · 법원으로부터 상담 · 교육 위탁 처분을 받은 학대행위자에 대해 행위자 수탁 프로그램이 제공된다.

3. 아동학대 대응 정책과 서비스의 방향

1) 예방(Prevention)

유엔아동권리협약은 아동이 학대와 방임의 환경으로부터 보호받을 권리가 있음을 명시하고 있으며, 이에 따라 많은 국가에서 아동을 보호하기 위한 '아동보호 서비스(child protective service, CPS) 체계'를 구축하고 있다. 아동보호는 좁은 의미와 넓은 의미로 구분할 수 있다. 일반적으로 좁은 의미의 아동보호는 학대 발생 이후 아동을 보호하는 것을 뜻하며, 학대의 발견과 조사, 치료 등 사후 대응 중심이다. 넓은 의미의 아동보호는 학대피해아동의 보호뿐만 아니라 모든 아동의 환경을 개선하여 위험 요소를 제거하고 예방하는 것을 포함한다.

최근 아동보호의 방향은 치료와 사후 대책보다 예방과 조기 지원 중심으로 변화하고 있다. 이는 가족의 역기능과 문제가 악화되기 전에 개입함으로써 아동의 사망이나 상해 등 심각한 피해를 막고, 아동학대로 인한 장기적인 부정적 영향을 최소화할 수 있기 때문이다. 또한 예방적 접근은 아동 조기 지원을 통해 양육자의 행동 변화를 더 쉽게 이끌 수 있으며, 비용 면에서도 효율적이다. 학대 발생 후 개입하게 되면, 피해자 치료 및 상담, 가해자 처벌과 교육, 아동 보호, 전문가 교육 등에서 상당한 비용이 소요된다(Browne, 1995). 이에 따라, 예방 중심의 아동보호는 단계별로 보편적 서비스, 위기 가족에 대한 서비스, 학대피해아동과 가족에 대한 서비스로 구성된다.

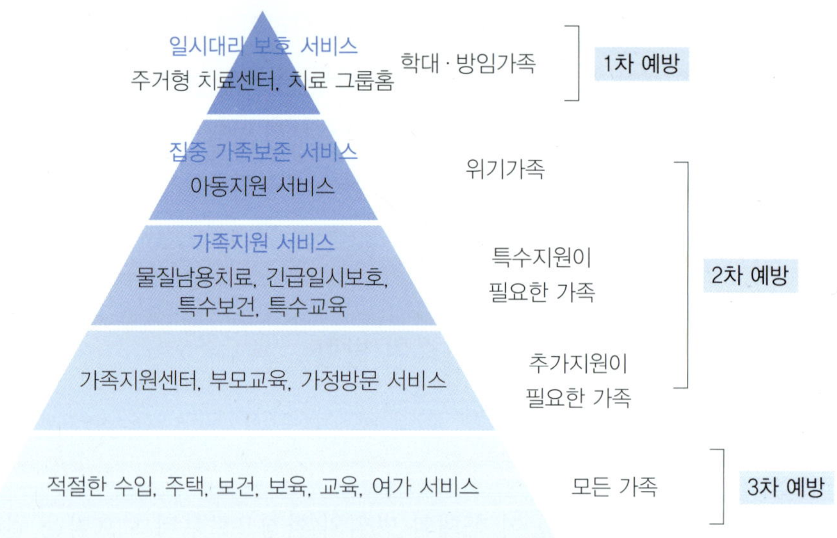

[그림 7-1] 예방적 아동보호 서비스 단계

출처: Children's Defense Fund(1993) 재구성.

첫째, 1차 예방은 모든 가족에게 보편적인 서비스를 제공하는 단계로, 안정적인 수입, 주거, 보건, 보육, 교육, 여가 등의 서비스를 통해 아동학대를 유발하는 사회적 요인을 감소시키는 것이다. 이는 주로 가정의 기능을 지지하거나 보완하는 서비스로 구성된다. 둘째, 2차 예방은 아동학대의 위험이 높은 위기 가족을 대상으로 표적 서비스를 제공하는 것이다. 이 단계에서는 상담, 치료, 부모교육, 가정방문 등 집중적인 지원이 이루어진다. 셋째, 3차 예방은 이미 학대를 경험한 아동과 가족을 위한 서비스로, 아동의 상처를 최소화하고 재학대를 방

지하는 데 초점을 둔다. 가정에서 분리된 아동의 경우에는 대리 보호 서비스가 제공된다(Browne, 1995).

2) 가족 보존(Family Preservation)

가족 보존은 아동이 가족과 분리되지 않고 함께 생활할 수 있도록 지원하는 것을 의미한다. 과거에는 학대의 원인을 양육자인 가족에게 있다고 보아, 이를 제거하기 위해 아동과 가족을 분리해야 한다는 관점이 지배적이었다. 그러나 이러한 접근은 분리보호 아동의 수를 증가시키고, 보호 기간을 장기화하는 문제를 초래하며, 장기간 보호된 아동은 심리·사회적으로 다양한 문제를 경험하게 된다.

가족 보존은 아동이 건강하게 성장하기 위해서는 가족이 주 양육자가 되는 영구적인 관계가 필요하다고 보고, 이를 위해 국가는 가족이 온전한 기능을 수행할 수 있도록 지원해야 한다고 본다. 이러한 원칙은 「유엔아동권리협약」에도 명시되어 있다. 협약 제9조 제1항에서는 "아동의 최선의 이익을 위하는 경우를 제외하고는 부모와 분리되지 않도록 보장해야 한다."라고 하며, 아동이 가족과 분리되더라도 "부모와의 관계 유지 및 정기적인 만남을 보장해야 한다."라고 강조한다. 협약 제18조는 "아동 양육에 대한 부모의 공동 책임"을 규정하고 있으며, 국가는 부모와 후견인이 그 책임을 다할 수 있도록 적절한 지원을 제공해야 한다고 명시하고 있다.

2009년 유엔총회에서 채택된 「아동 대안양육에 관한 지침」 또한 "가정은 아동의 성장과 보호를 위한 기본 환경이며, 아동이 가정에 남거나, 복귀하거나, 가까운 가족에게 맡겨지도록 노력해야 한다."(제3조)라고 강조하고 있다. 이에 따라 "아동을 가족에서 분리하는 것은 최후의 수단이어야 하며, 가능한 한 일시적이고 최소한의 기간이어야 한다."(제14조)라고 하며, 분리 결정은 주기적으로 검토되어야 하며, 사유가 해소되면 가족 재결합 여부를 평가하고 복귀를 결정해야 한다(제49조).

3) 최소제한 대안(Least Restrictive Alternative, LRA)

「아동 대안양육에 관한 지침」 제22조는 아동을 가족에서 분리할 경우, 특히 3세 미만의 어린 아동에게는 가족 기반의 보호를 제공해야 한다고 명시한다. 또한 대리양육 장소는 아동이 살던 지역사회 내에 위치해야 하며, 기존 교육·문화·사회적 환경을 유지할 수 있어야 한다(제11조). 이는 아동이 가족과의 접촉을 지속할 수 있고, 원가정 복귀 가능성을 높이기 위한 것이다.

이러한 방향은 '최소제한 대안' 원칙에 기반한다. 이는 개인의 자유를 최소한으로 제한하면서 서비스를 제공하는 원칙으로, 사회복지뿐만 아니라 교육·보건·교정 분야에도 적용된다. 이 원칙은 1950년대 중증 정신장애인을 지역사회에서 생활하도록 한 '탈시설 운동'에서 출발했다. 병원은 전문 치료를 제공하지만, 개인의 자유를 제한하며 일상생활을 방해했다. 이에 따라 지역사회 기반의 서비스 이용과 개인의 선택권 보장이 강조되었다.

최소제한 대안의 원칙에 따르면, 아동과 가족은 '보통(normalized)'의 환경에서 전문 서비스를 받을 때 가장 건강하게 성장할 수 있다(Petr, 2003). 즉, 아동보호에 있어 제한이 가장 적은 환경은 원가정이나 입양가정이며, 그다음은 위탁가정, 공동생활가정, 시설 순으로 자유가 제한된다. 따라서 아동보호 시 이러한 우선순위를 고려해야 한다.

4) 강점 관점(Strength Perspective)

아동학대 대응은 아동뿐만 아니라 아동을 둘러싼 가족에도 초점을 두어야 한다. 가족은 아동의 발달과 성장에 있어 중요한 환경이며, 가족의 변화가 아동의 긍정적인 변화를 이끌고 유지하는 데 결정적이다. 이를 위해서는 가족을 문제의 원인으로 보기보다, 문제를 해결하는 자원으로 바라보는 태도가 필요하다. 즉, 학대가 있었던 가족이라도 강점을 가지고 있으며 변화 가능성이 있다는 믿음이 전제되어야 한다(Pecora et al., 2018).

이러한 신념과 태도를 '강점 관점'이라고 한다. 강점 관점의 실천에서는 변화는 이용자 스스로 만들어 내는 것이며, 문제 해결의 주체도 실천가가 아닌 이용자라고 본다. 실천가는 전문가가 아닌 협력자로서 아동과 가족의 강점을 함께 발견하고 이를 확대하는 데 집중한다. 이렇게 함으로써 실천가는 판단이나 비난을 멈추고, 이용자가 어려운 환경을 어떻게 견뎌왔는지에 주목하게 된다. 또한 아동과 가족은 자신의 중요한 의사결정에 직접 참여하고 선택함으로써 변화의 주체가 될 수 있다(Saleebey, 2012).

4. 우리나라 아동학대 대응체계와 서비스

한국의 아동학대 대응체계는 2020년 공공과 민간의 이원적 체계로 개편되었다. 이에 따라 아동학대 신고와 접수, 조사는 시·군·구청의 아동학대전담공무원이 주요 역할을 하고, 현장조사 시에는 경찰이 업무를 수행하도록 하고 있다(이주연 외, 2024). 서비스에 해당하는 사례관리는 민간인 아동보호전문기관에서 담당하며, 아동보호전문기관의 수는 2019년 67개소, 2020년 71개소, 2021년 77개소, 2022년 85개소, 2023년 92개소로 매년 증가하였다(보건복지부, 2023). 아동보호전문기관의 인력은 관장과 팀장, 사례관리 담당 상담원, 심리치료 전문인력, 사무원 등으로 구성되어 있으며, 상담원은 기관별로 평균 11명 정도 배치되어 있다(류정희 외, 2022). 아동보호전문기관은 아동학대 의심 사례에 대한 현장조사 및 응급보호, 피해아동과 피해아동의 가족 및 아동학대행위자를 위한 상담·치료·교육, 아동학대예방 교육과 홍보, 피해아동 가정의 사례관리 및 사후관리를 실시한다(보건복지부, 2024).

아동학대에 대한 대응은 신고 접수 및 조사, 사례 판단, 피해아동보호계획 수립, 사례관리 및 종결의 흐름으로 진행된다.

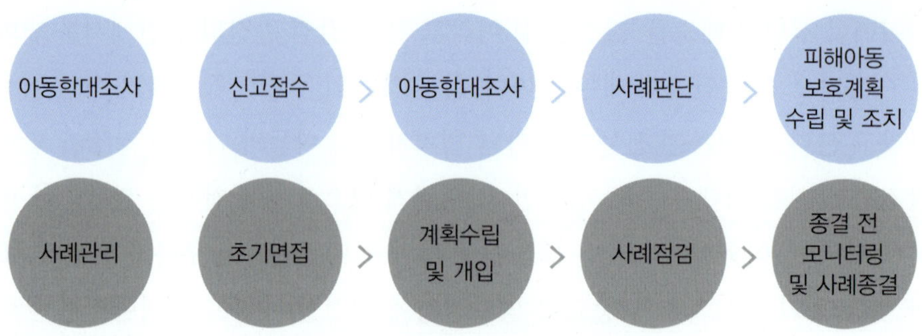

[그림 7-2] 아동학대 업무 흐름도

출처: 아동권리보장원(n.d.). 아동학대 개입절차.(https://www.ncrc.or.kr/ncrc/cm/cntnts/cntntsView.do?mi=1030&cntntsId=1033).

1) 신고 접수 및 조사

먼저 공공의 아동학대 조사는 112를 통한 신고 접수가 이루어지면서 시작된다. 112로 접수된 사례는 경찰에 전달되고, 경찰은 시·군·구에 사례를 통보한다. 아동학대 조사는 경찰과 아동학대전담공무원에 의해 이루어지며, 보통 현장에 동행 출동하도록 하고 있다. 이때 경찰은 주로 아동학대 범죄 사실을 입증하기 위한 수사를 하며, 아동학대전담공무원은 피해아동의 발견과 보호를 위한 조사를 담당한다. 조사 시 피해(의심) 아동과 피신고자, 의료인(의료인이 신고한 경우), 피해(의심)아동 보호자와 형제·자매, 동거하는 아동, 피해(의심)아동이 이용하는 보육·교육 기관 종사자, 이웃 등은 필수적으로 대면 조사해야 한다(보건복지부, 2024).

만약 현장 출동 시 재학대 위험이 현저한 경우, 경찰이나 아동학대전담공무원은 피해아동과 피해아동의 형제·자매인 아동, 피해아동과 동거하는 아동을 보호시설이나 의료기관으로 인도할 수 있다. 응급조치 후 추가 조사가 필요한 경우에는 지자체의 보호조치 결정이 있을 때까지 피해아동을 즉각 분리하여 학대피해아동쉼터에서 일시보호할 수 있다(「아동복지법」 제15조 제6항). 학대피해아동쉼터는 피해아동에 대한 보호와 숙식, 심리상담·치료, 학습지원, 정서

지원을 제공하고 정원은 8명 미만이며, 아동의 안전한 보호를 위해 비공개로 운영하고 있다(보건복지부, 2024).

2) 사례 판단

아동학대 사례 판단은 현장 판단과 회의를 통한 판단이 있다. 현장 판단은 출동한 현장에서 학대 사실이 명확하게 확인될 때 즉각적으로 아동학대로 판단하는 것을 의미하며, 현장 판단 이후에도 필요시 추가로 아동학대에 대한 조사가 가능하다. 회의를 통한 판단은 지자체의 자체사례회의나 전문가가 참여하는 통합사례회의, 지자체 아동복지심의위원회 산하 사례결정위원회에서 이루어진다(보건복지부, 2024). 사례결정위원회는 아동보호와 관련된 경험과 전문성이 있는 전문가를 중심으로 구성되며, 학대사례 판단과 아동의 보호조치, 퇴소 및 보호종결 등에 관한 심의를 하는 상위 의결기구이다(정선욱 외, 2023).

사례 판단 결과는 아동학대로 판단되지 않는 '일반 사례'와 '아동학대 사례'로 구분된다. 일반 사례의 경우 필요시 읍·면·동이나 지역사회 사회복지기관 등으로 사례를 연계하여 지원받을 수 있도록 하며, 아동학대사례에 대해서는 피해아동보호계획을 수립한다.

3) 피해아동 보호계획 수립

시·군·구 아동학대전담공무원은 아동학대에 대한 조사 및 사례 판단 결과를 토대로 '피해아동 보호계획'을 수립한다. 피해아동 보호계획에는 학대 행위에 대한 개입 방향과 절차, 피해아동과 그 가족에 대한 지원 등을 포함해야 하며, 이러한 결과는 지자체의 아동보호전담요원과 아동보호전문기관, 가정위탁지원센터 등에 통보해야 한다. 만약 아동의 보호조치가 필요한 경우에는 사례결정위원회에 안건을 상정하고 사례결정위원회는 피해아동에 대한 보호조치 종류나 가정 복귀를 결정해야 한다(보건복지부, 2024).

4) 사례관리 및 종결

피해아동 보호계획이 수립된 사례는 아동보호전문기관에 연계하여 사례관리와 서비스 지원이 이루어진다. 아동보호전문기관은 피해아동과 가족에 대해 초기면접을 수행하고 이들의 욕구에 기반한 사례관리 계획을 수립하고 이행한다. 사례관리의 종결은 일정 기간 아동에 대한 안전이 보장되고, 재학대 위험이 감소하였을 때 아동학대전담공무원과 아동보호전문기관 내 슈퍼바이저가 참여하는 사례관리 종결 평가회의를 통해 결정한다(이주연 외, 2024). 가정 외 보호조치된 아동이라면, 사례결정위원회를 통해 아동의 보호 연장과 변경, 종결을 심의한다.

5. 아동학대 대응 정책과 서비스의 개선 방향

우리나라는 2000년 「아동복지법」 개정을 통해 법적 근거를 마련하고, 아동보호전문기관을 중심으로 아동학대 대응체계를 구축하였다. 이후 「아동학대범죄의 처벌 등에 관한 특례법」이 제정되어 2014년 9월 29일부터 시행되었으며, 학대 사건에 대한 수사와 응급조치에 관한 경찰의 책임이 명확히 규정되었다. 2020년에는 피해아동에 대한 보호조치와 사례관리 업무가 지자체로 이관되면서 공공의 책임이 강화되었다. 이에 따라 전국 시·군·구에 아동학대전담공무원이 배치되었고, 이들은 아동보호전담요원과 함께 공공 중심의 아동보호체계를 운영하고 있다. 그러나 이러한 대응체계는 여전히 여러 한계를 안고 있다.

첫째, 공공 중심 체계로의 전환에도 불구하고 전담공무원과 전문 인력의 수급이 충분하지 않아 서비스 제공에 제약이 있다. 아동학대전담공무원의 전문성 부족과 유관기관 간 역할 분담, 협력 문제가 지적되고 있으며, 이러한 문제를 해결하기 위해 아동학대대응 종사자에 대한 통합 교육과 슈퍼비전, 간담회 등이 확대되어야 한다.

둘째, 민간기관인 아동보호전문기관의 사례관리 역량 또한 과제로 남아 있다. 2020년 이전에는 아동보호전문기관이 아동학대 현장조사와 사례관리를 모두 담당했으나, 실제로는 조사와 사례 판단에 집중해 온 경향이 있어(김경희 · 김연수 · 손가현, 2022) 사례관리 전문성을 축적하기 어려운 구조였다. 특히 학대피해아동의 사례는 위기도와 난이도가 높은 편으로 상당한 전문성이 요구되지만, 현장에서는 경력 있는 전문가 확보가 어려운 상황이다. 현재 아동보호전문기관은 재학대 예방을 위한 심층 사례관리 임무를 수행하고 있으므로, 아동학대의 특수성을 반영한 질 높은 사례관리 역량 확보가 필수적이다.

셋째, 아동학대 예방보다는 사후 대응 중심의 서비스가 주를 이루는 점도 개선이 필요하다. 피해아동에 대한 회복 지원과 위기 상황에 대한 안전 확보뿐만 아니라, 학대 발생 이전 단계에서의 예방적 · 보편적 지원이 병행되어야 한다. 이를 위해 위기가정에 대한 조기 발굴이 선행되어야 하며, 우리나라는 이를 목적으로 e아동행복지원시스템을 운영하고 있다. 이 시스템은 사회보장 데이터를 바탕으로 학대 발생 가능성이 있는 가정을 포착하고, 해당 가정에 공무원이 방문하여 조기개입할 수 있도록 설계되어 있다. 다만, 이 시스템의 정확성과 실효성을 더욱 높일 필요가 있고 위기가정에 대한 예방적 지원이 확대되어야 할 것이다.

넷째, 아동학대로 인해 분리보호된 아동이 장기 보호 상태에 머무는 경우가 많다는 점이다. 이는 원가정 복귀를 위한 충분한 지원이 이루어지지 않기 때문이다. 최소제한 대안의 원칙에 따라, 분리보호가 불가피한 경우에도 지역사회 내 가정형 보호를 우선 제공해야 하며, 이를 위해 위탁가정을 확대하고 위탁부모의 전문성 향상이 뒷받침되어야 한다. 더불어 학대피해아동의 회복과 가족 재결합을 위한 통합적 서비스 지원 역시 강화되어야 한다.

?! 생각해 봅시다

1. 아동학대를 신고할 책임은 누구에게 있을까? 학교 교사, 병원 의사, 어린이집 교사뿐만 아니라 배달 기사나 미용사, 이웃 등도 아이의 이상한 점을 보면 신고해야 할까? 정부는 최근 아동학대 신고 의무자 범위를 넓히는 방안을 검토하고 있다. 하지만 과연 모든 사람이 신고 의무를 지는 것이 옳을까?
2. 학대받은 아이, 집으로 다시 돌려보내려면 무엇이 필요한가? 학대받은 아동은 학대피해아동쉼터나 보호시설에서 일정 기간 보호한 뒤, 다시 친부모의 집으로 돌려보낸다. 가정으로 돌아가는 것이 아동에게 최선의 선택이 되려면 어떤 것을 점검하고 확인해야 할까?
3. 인공지능(AI)과 빅데이터로 아동학대를 막을 수 있을까? 정부는 AI와 빅데이터를 활용해 위험한 가정을 미리 찾아내고, 학대를 예방하는 시스템을 만들고 있지만, '기계가 사람을 감시하는 사회'가 되는 것 아니냐는 걱정도 있다. 기술을 이용한 아동보호, 어디까지가 바람직할까?

제8장

가정위탁과 입양을 위한 서비스

아동은 가능한 한 건전한 환경에서 성장하고 발달할 수 있어야 한다는 것이 아동복지의 기본원칙이다. 「유엔아동권리협약」은 "가정이 사회의 기본 집단이며, 모든 구성원, 특히 아동의 성장과 복지를 위한 자연스러운 환경"임을 명시하고 있다. 그러나 현실에서는 가정해체나 가정 부재로 인해 아동이 출생 가정에서 보호받을 수 없는 상황이 발생한다. 이때 아동복지 체계는 가정과 가장 유사한 환경을 제공하는 가정보호서비스를 우선적으로 고려해야 한다. 이러한 접근은 시설보호보다 가정보호를 우선시하는 '가정보호 우선 원칙(Family-based Care Priority)'에 기반한다.

본 장에서는 대리가정 보호서비스인 가정위탁과 입양 서비스에 대한 기본적 이해와 현황, 개선 방안을 중심으로 살펴보고자 한다.

1. 가정위탁보호서비스

1) 가정위탁보호서비스의 이해

(1) 가정위탁보호서비스의 개념

대리가정 보호서비스 중 가정위탁보호(foster care)는 우리나라 「아동복지법」 제3조에 명시되어 있다. '가정위탁'이란 보호조치가 필요한 아동을 성범죄, 가정폭력, 아동학대, 정신질환 등의 범죄 경력이 없고 보건복지부령에서 정한 조건을 만족하는 가정에 일정 기간 동안 위탁 보호하는 제도를 말한다.

가정위탁보호서비스의 대상자는 다음과 같다. 첫째, 아동의 보호자가 부재한 경우, 둘째, 학대를 당한 아동, 셋째, 보호자가 아동을 양육할 수 없어 보호가 요구되는 아동이다. 또한 18세 이상이지만 대학 진학이나 취업 준비 등의 사유가 있는 경우에는 25세까지 연장보호를 받을 수 있다.

가정위탁보호는 친생부모의 사정으로 인하여 일시적 또는 장기적으로 아동을 친가정에서 양육할 수 없거나 부적절할 때 실시된다. 이는 일정 기간 다른 가정 환경을 제공하여 아동을 안정적인 환경에서 보호하고 양육을 지원하는 서비스이다. 동시에 원가정과의 재결합을 지원하여 가정해체를 예방하기 위한 대표적인 가족 중심의 아동복지 서비스이다(김봉수 외, 2023).

가정위탁보호는 소년소녀가정세대와 그 외 요보호아동에게 중요한 의미를 갖는다. 이 서비스는 친부모와의 분리에서 경험할 수 있는 심리적 · 정서적 손상을 최소화하고, 원가정으로 복귀하거나 영구적인 가정에 보호되거나 성인이 되어 독립할 때까지 아동을 보호하고 양육할 수 있는 바람직한 방법으로 평가된다(정옥분 외, 2022).

미국아동복지연맹(Children Welfare League)은 가정위탁보호를 "아동이 원가정에서 안전하게 양육될 수 없을 때 승인된 위탁가정에서 일시적 보호와 양육을 받을 수 있는 계획적이고 목표지향적인 대리보호서비스"라고 정의하였다.

가정위탁보호는 아동이 원가정으로부터 적절한 보호를 받을 수 없을 때 일시적으로 가정을 경험하게 하고 원가정으로 복귀할 가능성을 유지한다는 점에서 중요한 의미를 갖는다.

가정위탁보호는 입양과 유사하게 출생 가정이 아닌 다른 가정에서 아동이 보호되고 양육되는 서비스이다. 그러나 영구 보호 형태인 입양과 달리 계획된 기간 동안만 아동이 양육되며, 친부모가 친권을 유지한다는 차이점이 있다. 아동은 동거인 자격으로 위탁가정에서 보호를 받게 된다.

가정위탁보호에서 친부모는 친권을 포기하지 않는다. 대신 보호대상아동을 보호하고 양육하기를 희망하는 가정에 위탁 양육하여 가정적인 분위기에서 건전한 사회인으로 성장할 수 있도록 지원한다. 이는 보호대상아동 발생 시 가정형 보호 원칙에 따라 아동을 가정에서 분리하여 보호하기 위한 목적을 갖는다(아동권리보장원, 2023).

보호아동을 가정과 유사한 환경에서 보호하는 것은 분명한 장점이다. 그러나 원가정으로 돌아가지 못하거나 장시간 동안 여러 위탁가정을 거치게 되면 문제가 발생할 수 있다. 이 경우 아동은 이중 박탈을 경험하게 되고 부정적인 심리적·정서적 발달을 초래하기도 한다(정익중 외, 2023; 이혜영 외, 2011; Akin, 2010).

(2) 가정위탁보호서비스의 의의

대리보호서비스 중 가정위탁보호는 아동에게 안정적인 가정 환경을 제공한다는 점에서 중요한 의의를 갖는다.

가정위탁보호서비스의 주요 목적은 다음과 같다. 첫째, 부모와 분리되어 보호가 요구되는 아동을 원래 가정으로 돌아갈 때까지 가정과 같은 환경에서 건전하게 보호하고 성장시키는 것이다. 둘째, 아동이 다시 부모에게 복귀하도록 돕거나 적절한 가정으로 입양될 수 있도록 지원하는 것이다.

가정위탁보호서비스는 아동이 원가정에 복귀할 수 있는 환경을 조성하여 가족 재결합을 돕는 것이 일차적 목적이다. 또한 소년소녀가정세대로 방치되는 것을 예방하는 기능도 수행한다. 즉, 가정위탁보호서비스는 친부모와 생활하지 못하는 아동에게 새로운 가정을 제공함으로써 아동에게 새로운 가족체계를 형성해 준다. 위탁가정은 아동에게 새로운 가족체계로서 심리적·정서적 변화를 경험하게 한다. 위탁가정 내에서의 아동의 경험은 성장과 발달 그리고 적응에 중요한 영향을 미친다(곽연숙, 2007). 다른 대리보호서비스와 비교할 때 가정위탁보호의 장점은 명확하다. 아동보호시설은 아동에게 부모의 기능을 대신할 만한 가정과 유사한 환경을 제공하기 어렵다. 입양제도는 아동의 친부모가 친권을 포기해야 하는 어려움이 있다. 반면, 가정위탁보호서비스는 시설보호나 입양과 달리 아동이 정상적으로 양육될 수 없을 때 일정 기간 아동을 보호하면서도 원가정의 정상화와 가족기능 회복을 지원한다는 점에서 가정보호를 우선적으로 적용하는 제도이다.

우리나라는「유엔아동권리협약」에서 요보호아동이 당연히 누려야 하는 아동의 권리이자 국가적 책임에 대한 가정위탁보호제도 개선을 권고받아 이를 개선하기 위해「아동복지법」을 일부 개정하였다. 가정위탁보호제도 개선을 위한「아동복지법」 및 국가 정책의 주요 내용은 다음과 같다.

「아동복지법」 제4조 제3항에서는 '원가정 보호 원칙'을 명시하여 국가와 지방자치단체가 아동을 원가정에서 성장할 수 있도록 지원하고, 그렇지 못할 경우 가정과 유사한 환경을 제공하도록 규정하였다. 제48조에는 아동권리보장원이 가정위탁지원센터를 지원하고, 지방자치단체는 보호대상아동에 대한 가정위탁사업을 활성화하기 위하여 시·도 및 시·군·구에 가정위탁지원센터를 설치하도록 명시되어 있다.

가정위탁지원센터는「아동복지법」 제49조에 따라 다음의 업무를 수행한다.

① 가정위탁사업의 홍보 및 가정위탁을 하고자 하는 가정의 발굴
② 가정위탁을 하고자 하는 가정에 대한 조사 및 가정위탁 대상 아동에 대한 상담

③ 가정위탁을 하고자 하는 사람과 위탁가정 부모에 대한 교육
④ 위탁가정의 사례관리
⑤ 친부모 가정으로의 복귀 지원
⑥ 가정위탁 아동의 자립계획 및 사례관리
⑦ 관할 구역 내 가정위탁 관련 정보 제공
⑧ 그 밖에 대통령령으로 정하는 가정위탁과 관련된 업무

우리나라의 가정위탁보호서비스는 2019년 포용국가 아동정책 수립을 계기로 근본적인 변화를 시도하였다. 이 정책은 보호대상아동에 대한 국가의 공적 책임을 대폭 강화하고, 원가정 보호가 어려운 경우 시설보호보다 가정형 보호 서비스를 우선 지원하는 '가정보호 우선 원칙'을 확립하였다. 2020년 수립된 제2차 아동정책 기본계획에서는 가정형 보호 활성화 및 아동 중심 보호서비스 강화를 핵심 추진 과제로 설정하였다. 구체적인 세부 과제로는 ① 일반위탁부모 발굴 및 양성 프로그램 확대, ② 가정위탁 양육비 지원 확대를 통한 경제적 부담 경감, ③ 특별한 욕구를 가진 아동을 위한 전문 아동보호비 지원 등이 수립되었다. 정책 실행력 강화를 위해 2020년부터는 통합적 아동서비스 체계를 구축하였다. 특히 기존의 중앙가정위탁지원센터를 아동권리보장원으로 통합함으로써 아동보호 서비스의 전문성과 연계성을 높였다. 이러한 조직 개편을 통해 가정위탁보호, 입양, 아동보호 등 관련 서비스가 유기적으로 연결되어, 보다 체계적이고 통합적인 서비스 제공이 가능해졌다. 현재 가정위탁보호서비스 활성화를 위해 위탁부모 교육 강화, 사후관리 체계 개선, 지역별 가정위탁지원센터 기능 확대 등 다각도의 노력을 체계적으로 추진하고 있다.

가정위탁 보호 실천 원칙

① 아동 이익 최우선의 원칙

아동에 관한 모든 활동과 절차는 아동의 이익을 최우선으로 고려해야 한다. 원가정 분리 결정, 가정위탁 보호 결정 시에도 아동의 이익이 최우선이 되어야 하므로 모든 결정의 주체는 아동 본인이 될 수 있도록 반드시 전 과정에서 아동의 발달주기에 맞는 참여를 보장하고, 아동의 의견을 존중해야 한다.

② 원가정 보존의 원칙

아동을 가정에서 분리하여 가정위탁 보호를 할 경우에는 신속히 가정으로 복귀할 수 있도록 지원하여야 한다(「아동복지법」 제4조 제3항). 가정위탁 보호 중인 아동이 부모와 정기적으로 관계를 지속하고, 만남을 유지할 권리는 존중되어야 하며(유엔아동권리협약 제9조), 가정위탁 보호 결정 시 아동이 친권자와 연락하는 것과 원가정과의 잠재적 재결합을 반드시 전제해야 한다(유엔 아동 대안 양육에 관한 지침 제11조).

③ 연계성의 원칙

가정위탁보호사업은 아동 · 위탁가정 · 원가정을 포함하여 가정위탁지원센터와 행정기관, 지역사회 전반에 걸쳐 유기적으로 연계되어 있다. 이에 아동을 둘러싼 다양한 환경에 대해 총체적이며 체계적인 시각을 가지고 아동 · 위탁가정 · 원가정의 다양하고 복합적인 욕구를 보다 효과적으로 충족시키기 위해서 지역사회 내 유관조직 간 서비스 네트워크를 구축해야 한다.

④ 적절성의 원칙

아동이 원가정에서 분리되는 과정부터 배치, 종결 등 아동에게 영향을 미치는 모든 과정에서 아동과 위탁가정의 개별적인 특성을 고려하여 개별 아동과 위탁가정에 요구되는 적절한 서비스 계획을 수립하여 서비스를 제공해야 한다.

⑤ 전문성의 원칙

가정위탁보호 중에는 아동 · 위탁가정 · 원가정을 둘러싼 환경의 복합적 상호작용으로 인해 전문적 개입이 필요한 다양한 상황이 발생할 수 있다. 따라서 아동의 발달단계 또는 개인적 특성, 위탁가정 및 원가정과 아동의 관계 등 다양한 상황에 대처할 수 있는 전문적 서비스를 제공해야 한다. 이를 위해 가정위탁지원센터 종사자는 지속적인 교육을 통해 전문성 향상에 노력을 기울여야 한다.

출처: 아동권리보장원(2023). 2023 가정위탁지원센터 업무 매뉴얼. p.45.

(3) 가정위탁보호서비스 유형

가정위탁은 「아동복지법」 제15조 제1항 제3호에 따라 보호대상아동의 보호를 위하여 성범죄, 가정폭력, 아동학대, 정신질환 등의 전력이 없으며 보건복지부령으로 정하는 기준에 적합한 가정에 보호대상아동을 일정 기간 위탁하는 것을 말한다.

우리나라의 가정위탁보호서비스는 위탁의 성격과 대상 아동의 특성에 따라 일반가정위탁, 전문가정위탁, 일시가정위탁으로 구분된다.

① 일반가정위탁

일반가정위탁은 전문가정위탁보호에 해당하지 않는 보호대상아동의 일반적인 보호와 양육을 목적으로 하는 가정위탁보호를 말한다. 일반가정위탁은 위탁가정과 아동의 관계에 따라 다시 두 가지로 세분된다.

가. 일반가정위탁(친인척)

- 친 · 외조부모에 의한 아동 양육
- 「민법」 제974조에 따른 부양의무자에 의한 아동 양육
- 부양의무자가 아닌 8촌 이내의 혈족인 친 · 인척에 의한 위탁보호

나. 일반가정위탁(친인척 외)

- 혈연관계가 없는 일반가정에서 아동을 위탁보호하는 형태
- 위탁부모와 아동 간에 법적 · 혈연적 관계가 전혀 없는 경우

② 전문가정위탁

전문가정위탁은 특별한 보호가 필요한 보호대상아동을 대상으로 하는 가정위탁보호이다. 전문적인 돌봄 기술과 경험을 갖춘 위탁가정에서 전문적인 보호서비스를 제공한다.

- 학대피해아동: 아동학대로 인한 피해를 입은 아동(「아동복지법」 제3조 제8호, 「아동학대범죄의 처벌 등에 관한 특례법」 제2조 제8항)

- 영유아: 36개월 미만의 2세 이하 아동
- 장애아동: 신체적 · 정신적 장애를 가진 아동
- 경계선지능 아동: 특별한 교육적 · 치료적 개입이 필요한 아동

③ 일시가정위탁

일시가정위탁은 보호대상아동을 단기간 위탁하여 보호와 양육을 목적으로 하는 가정위탁보호를 말한다. 긴급한 보호가 필요한 상황에서 임시적으로 안전한 가정 환경을 제공하는 것이 주된 목적이다.

- 응급보호: 즉각 분리가 필요한 위기상황 아동의 임시보호
- 위기아동 가정보호 사업: 응급처치에 따라 원가정에서 분리된 0~6세 학대피해아동을 전문위탁 자격을 갖춘 가정에서 일시보호
- 단기보호: 친부모의 일시적 사정(입원, 출장 등)으로 인한 단기간 보호

각 유형의 가정위탁은 아동의 개별적 욕구와 상황에 따라 선택되며, 아동의 최선의 이익을 최우선으로 고려하여 결정된다. 특히 전문가정위탁과 일시가정위탁의 경우 위탁부모에게 보다 전문적인 자격과 교육이 요구되며, 관련 기관의 집중적인 지원과 관리가 이루어진다.

(4) 가정위탁보호서비스의 구성 및 추진체계

① 위탁아동

위탁아동은 18세 미만의 아동[1)]으로, 보호자가 없어서 아동을 양육할 수 없거나 보호자로부터 이탈된 아동 또는 보호자가 아동을 학대하거나 보호자가 아동을 양육하기에 적당하지 않고 양육할 능력이 없는 경우에 가정위탁 보호 대상이 된다.

---

1) 보호조치 중인 아동의 연령이 만 18세 이상이 되면 보호를 종료해야 하지만, 만 18세에 도달한 보호대상아동이 연장할 의사가 있는 경우 25세에 달할 때까지 보호기간 연장 가능.

② 위탁가정

위탁가정은 「아동복지법 시행규칙」 제2조에 따라 다음과 같은 가정위탁 기준을 충족해야 한다.

가. 일반가정위탁 기준(공통 요건)

- 아동을 양육하기에 적합한 수준의 소득 보유
- 종교의 자유를 인정하고 건전한 사회 구성원으로 성장할 수 있는 양육 및 교육 환경 구비
- 가정위탁 보호자의 연령이 각각 25세 이상이며, 위탁아동과의 나이 차이가 60세 미만일 것(단, 시·도지사, 시장·군수·구청장이 위탁 환경이 적합하다고 인정하는 경우 제외)
- 자녀가 없거나 18세 미만의 자녀가 위탁아동을 포함하여 4명 이내일 것
- 성범죄, 가정폭력, 아동학대 또는 정신질환 등의 전력이 없을 것
- 기본 5시간 이상 일반위탁부모 양성교육 이수(위탁부모 중 1명 반드시 이수)

나. 전문가정위탁(위기아동 보호가정) 추가 기준

일반가정위탁의 기준을 충족하고 다음 요건 중 1가지 이상을 갖추어야 한다.

- 가정위탁 보호 경험(친인척 외) 3년 이상
- 관련 전문자격 보유자: 사회복지사, 보육교사, 교사, 의료인, 청소년상담사, 심리 관련 학과 졸업자 등(해당 경력 3년 이상)
- 보건복지부 장관이 위와 유사하다고 인정하는 경력 및 자격을 갖춘 자
- 20시간 이상 전문위탁부모 양성교육 이수(위탁부모 1명 이상, 배우자가 있는 경우 최소 5시간 이상 교육 이수 권고)
- 그 외 보건복지부 장관이 필요하다고 인정하는 기준

다. 일시가정위탁 기준

일반가정위탁의 공통 요건을 충족하고, 위탁부모 선정 통보일(범죄 및 아동

학대 전력 조회 내역 1년간 유효)이 일시보호 의뢰일로부터 1년 이내이어야 한다.

③ 원가정(친부모)

원가정의 친부모는 여러 사유로 인해 아동을 직접 보호하거나 돌볼 수 없어 가정위탁을 의뢰한 아동의 생물학적 부모 또는 법적 보호자를 말한다. 친부모는 배우자의 사망, 별거, 이혼, 빈곤 등에 의한 사유로 아동을 직접 양육할 수 없어 가정위탁을 의뢰한 생물학적 부모가 있는 원가정이고, 그 외 법적 보호자의 가정을 말하기도 한다. 친부모는 아동이 가정위탁보호서비스를 받는 동안 가정의 기능을 회복하여 아동이 원가정으로 안전하게 복귀할 수 있는 환경을 조성해야 할 책임이 있다.

④ 위탁가정(위탁부모)

위탁부모는 보호가 필요한 아동을 자신의 가정에 위탁하여 보호 · 양육하면서 위탁 기간 동안 원가정을 대신하여 친권자 또는 보호자의 역할을 수행하는 부모를 말한다.

가. 위탁부모의 자격 요건

- 「아동복지법 시행규칙」 제2조에 따른 모든 요건을 충족
- 가정위탁지원센터에서 위탁부모교육을 이수
- 시 · 군 · 구청장의 승인을 받아야 함
- 보호가 필요한 아동을 친자녀처럼 양육할 수 있는 성품과 지식을 갖추고 있어야 함

위탁부모의 역할과 책임은 가정이 화목하고 정신적 · 신체적 건강을 유지하고 위탁아동에게 적합한 양육 환경을 제공하여 부모의 역할과 책임에 대한 이해가 필요하며, 위탁아동을 양육할 수 있도록 장애가 없어야 하며, 위탁부모의 역할과 책임을 이해하고 위탁아동의 원가정 복귀를 지원하고 협력해야 한다.

⑤ 가정위탁지원센터

가정위탁지원센터는 보호가 필요한 아동의 복지 증진을 위해 위탁가정을 제공하고, 위탁아동이 건강하게 성장하여 자립할 수 있도록 위탁아동, 원가정, 위탁가정에 필요한 서비스를 제공하는 전문기관이다.

가. 아동권리보장원(중앙 차원)

- 지역가정위탁지원센터 지원 및 총괄
- 가정위탁 관련 정책 수립과 연구
- 교육, 홍보, 정보 구축 및 제공
- 지역가정위탁지원센터 평가
- 가정위탁보호서비스 제공을 위한 기반 구축

나. 지역가정위탁지원센터(지역 차원)

- 위탁가정 발굴 및 개발
- 위탁부모와 위탁아동 대상 상담 및 교육 지원
- 사례관리를 통한 개별화된 서비스 제공
- 원가정 복귀 지원을 위한 다양한 서비스 제공
- 지역사회자원 연계 및 활용

⑥ 가정위탁 추진체계

우리나라의 가정위탁보호서비스는 중앙정부, 지방정부, 전문기기관이 유기적으로 연계된 추진체계를 구축하고 있다.

가. 보건복지부(중앙정부)

- 가정위탁사업 총괄
- 관련 법령 및 지침 제정
- 예산 확보 및 배분
- 지자체 운영 현황 관리 감독

나. 아동권리보장원

- 가정위탁 관련 연구 및 프로그램 개발
- 자료 발간 및 종사자 역량 강화
- 위탁가정 발굴 및 양성 지원
- 가정위탁지원센터 평가 및 지원

다. 시·도(광역자치단체)

- 가정위탁지원센터 설치 및 운영 지원
- 운영 예산 확보 및 지원
- 시 · 군 · 구 가정위탁보호 운영 현황 관리 감독
- 위탁아동 지원 및 가정위탁제도 홍보
- 자립지원전담기관으로서 보호종료 전후 사후관리 및 자립지원 통합서비스 제공

라. 시·군·구(기초자치단체)

- 보호대상아동 발굴 및 상담 · 조사
- 보호조치 결정 및 변경
- 위탁아동 사례관리 및 종결 · 사후관리
- 가정위탁보호 및 위탁가정 신청 접수
- 위탁가정 자격심의 및 재정 지원

마. 지역가정위탁지원센터

- 가정위탁사업 홍보 및 위탁가정 발굴
- 위탁가정 교육 및 위탁아동-위탁가정 연계 · 배치
- 지역사회 자원 발굴 및 연계
- 위탁가정 사례관리
- 위탁아동 원가정 복귀 및 자립 지원
- 위탁아동 종결 및 사후관리 협조

이러한 추진체계를 통해 가정위탁보호서비스는 체계적이고 전문적인 서비스 제공이 가능하며, 각 기관 간의 역할 분담과 협력을 통해 서비스를 지원하고 있다.

2) 가정위탁보호서비스의 현황

<표 8-1>은 2016년부터 2021년까지 가정위탁보호 서비스의 유형별 현황을 보여 준다. 2021년 기준 총 7,733가구 9,535명이 가정위탁보호 서비스를 받고 있으며, 이는 2016년 10,107가구 12,686명 대비 가구 수 23.5%, 아동 수 24.8% 감소한 수치이다.

2021년 가정위탁 유형별 분포를 보면, 대리양육이 6,107명(64.0%)으로 가장 높은 비율을 차지하며, 친인척 위탁 2,344명(24.6%), 일반가정위탁 1,084명(11.4%) 순으로 나타났다. 이는 우리나라 가정위탁이 주로 혈연관계 내에서 이루어지는 특성을 보여 준다.

2016년부터 2021년까지의 추세를 살펴보면, 대리양육은 8,578명에서 6,107명으로 28.8% 감소하였고, 친인척 위탁은 3,348명에서 2,344명으로 30.0% 감소하였다. 반면, 일반가정위탁은 2020년 934명으로 감소했다가 2021년 1,084명으로 증가하여, 비혈연 가정위탁의 확대 가능성을 보여 주고 있다. 특히 일반가정위탁의 비중은 2016년 7.6%에서 2021년 11.4%로 증가하였으나, 여전히 낮은 수준으로, 지속적인 확대 노력이 필요하다.

〈표 8-1〉 연도별 위탁아동 수(2016~2021)

연도	계		위탁가정의 유형					
	세대수	아동수	대리양육		친인척		일반	
			세대수	아동수	세대수	아동수	세대수	아동수
2021	7,733	9,535	4,817	6,107	1,999	2,344	917	1,084
2020	8,001	9,923	5,155	6,542	2,069	2,447	777	934
2019	8,359	10,384	5,442	6,905	2,167	2,572	750	907

<table>
<tr><th rowspan="3">연도</th><th colspan="2">계</th><th colspan="6">위탁가정의 유형</th></tr>
<tr><th rowspan="2">세대수</th><th rowspan="2">아동수</th><th colspan="2">대리양육</th><th colspan="2">친인척</th><th colspan="2">일반</th></tr>
<tr><th>세대수</th><th>아동수</th><th>세대수</th><th>아동수</th><th>세대수</th><th>아동수</th></tr>
<tr><td>2018</td><td>8,955</td><td>11,141</td><td>5,831</td><td>7,426</td><td>2,357</td><td>2,801</td><td>767</td><td>914</td></tr>
<tr><td>2017</td><td>9,575</td><td>11,983</td><td>6,207</td><td>7,950</td><td>2,605</td><td>3,100</td><td>763</td><td>933</td></tr>
<tr><td>2016</td><td>10,107</td><td>12,896</td><td>6,642</td><td>8,578</td><td>2,773</td><td>3,348</td><td>782</td><td>970</td></tr>
</table>

출처: 보건복지부(2023). '2023 보건복지통계 연보'.

2022년부터 가정위탁 유형이 기존의 일반·대리양육·친인척가정위탁에서 일반가정위탁, 전문가정위탁, 일시가정위탁으로 변경되었다. 이는 아동의 특성과 욕구에 따른 보다 전문적이고 세분화된 서비스 제공을 위한 제도 개선이었다.

〈표 8-2〉 연도별 위탁아동 수(2022~2023)

<table>
<tr><th rowspan="4">연도</th><th colspan="2">계</th><th colspan="8">위탁가정의 유형</th></tr>
<tr><th rowspan="3">세대수</th><th rowspan="3">아동수</th><th colspan="4">일반가정위탁</th><th colspan="2" rowspan="2">전문 가정위탁</th><th colspan="2" rowspan="2">일시가정위탁</th></tr>
<tr><th colspan="2">친인척</th><th colspan="2">친인척외</th></tr>
<tr><th>세대수</th><th>아동수</th><th>세대수</th><th>아동수</th><th>세대수</th><th>아동수</th><th>세대수</th><th>아동수</th></tr>
<tr><td>2023</td><td>7,714</td><td>9,526</td><td>6,671</td><td>8,338</td><td>762</td><td>863</td><td>270</td><td>312</td><td>11</td><td>13</td></tr>
<tr><td>2022</td><td>7,591</td><td>9,330</td><td>6,617</td><td>8,204</td><td>748</td><td>871</td><td>209</td><td>237</td><td>17</td><td>18</td></tr>
</table>

* 「아동복지법」 개정으로 가정위탁 유형이 일반·전문·일시가정위탁으로 변경됨

출처: 보건복지부(2024). '2024 보건복지통계 연보'.

3) 가정위탁보호서비스의 개선 방안

가정위탁보호서비스는 아동이 성장하기 좋은 양육 환경에서 보호받을 수 있도록 한다는 원칙에 따라 선진국에서도 시설보호보다 더 활용되고 있는 정책이다. 가정위탁보호서비스를 활성화하기 위해서는 장기위탁 보호아동의 영구배치계획 수립, 가정위탁지원센터의 전문인력 확대, 위탁가정 발굴 및 사회적 인식 개선, 정부지원 및 전문가정위탁보호 강화 등의 노력이 필요하다.

(1) 장기위탁 보호아동의 영구배치계획 수립

우리나라는 가정위탁보호서비스에서 대리양육 또는 친인척 위탁을 중심으로 아동이 보호되고 있으며, 위탁아동의 평균 보호기간이 9년을 초과하고 있다(이주연 외, 2023). 가정위탁보호는 일정 기간 보호 후 원가정으로 복귀하는 것이 목적이지만, 다수의 가정위탁 아동은 친가정이 아동을 다시 양육하기 어려워 장기간 위탁가정에서 사실상 영구적인 보호를 받고 있는 실정이다.

장기적인 위탁보호는 아동이 언제 위탁부모를 떠날지 모른다는 불안감으로 인해 위탁부모와 위탁아동 사이에 안정적인 정서적 관계 형성을 어렵게 할 수 있으며, 아동이 정서적 결핍을 경험할 위험이 있다. 미국의 경우 아동복지체계에 들어오는 아동 대부분은 학대나 방임 사례로, 원가정과 분리되어 위탁보호를 받게 된다. 위탁보호를 받는 모든 아동에게는 영구계획(Permanency Plan)이 수립된다. 영구계획은 아동이 위탁보호를 시작한 12개월 이내에 수립하고, 이후 12개월마다 재검토해야 한다. 아동의 영구계획은 우선적으로 가족 재결합을 목적으로 하지만, 원가정 복귀가 불가할 경우 보호자의 친권을 박탈하거나 입양, 후견인 제도 등 다른 영구 보호조치로 변경한다. 미국은 위탁아동에 대한 영구계획을 적극적으로 수행하여 위탁보호 기간을 평균 21.9개월로 유지하고 있다. 가족과의 재결합이 어려운 위탁아동의 약 20~25%는 보호를 종결하고 입양으로 연계된다(Ruggiero, 2015).

우리나라도 영구배치계획에 대한 지침과 절차를 마련하여 영구적 서비스가 제공될 수 있도록 개선할 필요가 있다. 특히 장기위탁보호에 관한 영구계획은 보호대상아동이 발생한 시점부터 고려하도록 하여 아동의 정서적 유대 관계와 가족 관계를 유지하면서 적절한 위탁보호계획을 수립해야 한다. 아동의 원가정 복귀가 어렵거나 불가능한 경우에는 입양과 후견인 제도를 적극 모색하여 아동에게 장기적으로 안정적인 보호조치를 제공하도록 해야 한다.

(2) 가정위탁지원센터의 전문인력 확대

가정위탁지원센터는 2024년 5월 기준, 전국 18개소가 설치되어 운영되고 있다. 위탁아동의 최선의 이익을 도모하고 위탁가정 및 친가정의 역량을 강화할 수 있는 양질의 서비스를 제공하기 위해서는 가정위탁지원센터의 전문인력 확대가 시급하다. 현재는 시 · 도 단위로 설치된 센터 한 곳이 시 · 도 전체를 담당하여 위탁부모, 위탁아동, 친가정 부모를 지원하고 있다.

서비스 강화를 위해 인력을 확대하고 전문성을 확보해야 위탁아동이 위탁가정에 잘 적응하고 있는지, 정서적으로 안정적인 환경에서 보호받고 있는지에 대한 지속적인 모니터링이 가능하다. 위탁아동과 위탁부모를 지원하고 더불어 원가정 복귀를 위해서는 친가정 부모에 대한 체계적인 지원이 필요하다. 즉, 가정위탁지원센터에 전문인력을 더 배치해야 위탁가정, 친가정, 위탁아동에게 체계적인 서비스를 제공할 수 있다.

(3) 일반위탁가정 발굴 및 사회적 인식 개선

가정위탁 활성화를 위한 정부의 관심과 지원은 매우 중요하다. 「아동복지법」상 가정위탁은 아동을 위한 최적의 보호조치로 명시되어 있음에도 불구하고, 장정은 외(2019)의 연구에서 다수의 위탁부모가 가정위탁의 주요 어려움으로 제도에 관한 낮은 사회적 인식을 지적한 바와 같이, 제도에 대한 낮은 인식과 위탁가정에 대한 부정적 선입견은 신규 일반위탁가정 발굴을 저해하는 핵심 요인으로 작용하고 있다.

보호가 필요한 아동을 위해 가정위탁보호서비스가 활성화되려면 아동을 안정적으로 보호할 수 있는 일반가정의 적극적 참여가 필수이다. 강현아 외(2015)와 베릭(Berrick et al., 1994)의 종단연구 결과에 따르면, 일반가정위탁의 양육 환경이 친인척위탁에 비해 아동의 인지적 · 정서적 · 사회적 발달에 더 긍정적인 영향을 미치는 것으로 확인되었다. 이는 일반가정위탁이 혈연관계에 얽매이지 않는 객관적이고 전문적인 돌봄을 제공할 수 있으며, 위탁부모 교육 및 지원 서

비스에 대한 수용성이 높다는 특성에 기인한다. 또한 원가정 복귀에 대한 객관적 판단이 가능하여 아동 최선의 이익 원칙 구현에 유리한 조건을 갖추고 있다.

사회적 인식 개선을 위해서는 가정위탁을 통해 아동을 가정과 유사한 환경에서 안정적으로 보호할 수 있도록 하는 국민적 공감대 형성이 선행되어야 한다. 가정위탁에 대한 올바른 이해와 긍정적 인식이 사회 전반에 확산될 때, 위탁가정은 보다 큰 사명감과 자부심을 갖고 보호가 필요한 아동을 위해 지속적으로 위탁서비스에 참여할 수 있을 것이다.

일반위탁가정의 지속적 확대를 위해서는 홍보 활동과 더불어 제도적 개선이 병행되어야 한다. 위탁수당의 현실화, 전문적 지원 서비스 확충, 위탁부모 역량 강화 교육 프로그램 체계화 등을 통해 일반가정의 참여 동기를 제고해야 한다. 나아가 가정위탁에 대한 사회적 편견을 근본적으로 해소하고 위탁가정과 위탁아동에 대한 긍정적 인식을 확산시키는 장기적이고 체계적인 노력이 요구된다. 궁극적으로 일반위탁가정의 확대는 단순히 시설보호의 대안적 서비스가 아닌, 아동의 건전한 성장과 발달을 지원하는 전문적 아동보호 서비스로 발전시켜야 한다는 패러다임의 전환이 필요하다.

(4) 정부지원 및 전문가정위탁보호 강화

위탁가정 보호아동의 양육 환경 질을 개선하기 위해서는 정부의 재정 지원과 서비스 지원을 강화할 필요가 있다. 가정위탁보호서비스의 질적 향상을 도모하기 위해서는 적절한 예산을 확보하고 가정위탁지원센터에 전문인력을 확대해야 한다. 특히 위탁아동 중 시설보호 위험이 높은 장애아동 또는 영유아 돌봄을 위한 전문가정위탁가정에 대한 예산 확충이 시급하다.

위탁아동 중에는 학대를 경험했거나 문제행동, 학업 부진, 장애 등의 복합적 문제를 경험하는 아동의 수가 많다(김경민 외, 2009). 이러한 특별한 욕구를 가진 아동은 일반가정위탁으로 배치되기 어려우며, 전문적인 돌봄 기술과 경험을 갖춘 위탁가정이 필요하다. 전문가정위탁의 부모는 위탁아동의 다양한 욕구를 충족하기 위해 더 많은 노력과 자원이 필요하다. 그러므로 특수한 요구를 가진 아동을 돌볼 의지가 있는 부모를 대상으로 차별화된 전문교육과정을 제공하고 맞춤형 서비스를 지원해야 한다(노충래 외, 2007). 또한 전문가정위탁을 활성화하여 일반가정위탁으로 배치되기 어려운 아동을 안정적으로 보호할 수 있도록 정부의 체계적인 지원이 필요하다.

보건복지부는 위탁아동과 위탁가정의 안정적인 생활을 위해 재정 지원과 서비스 지원을 병행하여 제공하고 있다. 가장 기본적인 지원은 양육보조금으로, 위탁아동의 연령에 따라 차등 지급된다. 경제적으로 어려운 위탁가정에는 「국민기초생활 보장법」에 의거한 생계비가 추가로 지원되며, 위탁아동의 미래 자립을 위한 디딤씨앗통장 지원도 이루어지고 있다. 또한 위탁아동의 안전을 위해 상해보험료를 지원하여 예기치 못한 사고에 대비하고 있다.

그러나 현재의 지원체계는 몇 가지 한계점을 보이고 있다. 전문가정위탁가정에 대한 차별화된 지원이 부족하여 특별한 욕구를 가진 아동을 돌보는 위탁가정의 부담이 가중되고 있으며, 위탁아동을 위한 심리치료 지원은 지방자치단체별로 상당한 편차가 존재하고 있다. 이러한 문제를 해결하기 위해서는 전문가정위탁가정에 대한 추가적인 재정 지원과 전국적으로 표준화된 심리치료 서비스 제공체계 구축이 필요하다.

2. 입양

1) 입양의 이해

(1) 입양의 개념

입양은 생물학적 부모가 아닌 다른 성인과 아동 사이에 법적 절차를 통해 친자 관계를 형성하는 제도이다. 입양 절차를 거쳐 아동과 친생부모 사이의 모든

법률적 권리와 의무가 종료되며, 혈연관계가 아닌 법률적 · 사회적 절차를 통해 새로운 부모-자녀 관계가 성립된다.

입양은 친생부모가 자녀를 돌볼 수 없는 상황이거나 양육을 원하지 않을 때, 법적인 친권 관계에서 벗어나 친권과 양육권을 모두 포기하고 아동을 영구적으로 보호하기 위해 새로운 보호자를 마련해 주는 제도이다(김유경 외, 2010). 모든 아동은 태어나서 부모로부터 보호받고 건강하게 성장할 권리를 갖고 있다. 그러나 부모가 없거나 보호자가 있음에도 불구하고 적절한 양육 환경을 제공받지 못하는 아동을 대상으로 새로운 가정을 연결하여 안정적인 가정 환경에서 정상적으로 성장할 수 있도록 지원하는 것이 입양의 목적이다.

입양은 「민법」에 따라 다음과 같은 법적 절차를 거쳐 성립한다. 첫째, 양부모가 되려는 사람과 양자 사이에 서로 합의가 있어야 하며(제883조 제1호), 둘째, 미성년자를 입양하는 경우 가정법원의 허가를 받아야 하고(「민법」 제867조 제1항), 셋째, 「가족관계의 등록 등에 관한 법률」에 따라 입양신고가 이루어져야 그 효력이 발생한다(「민법」 제878조). 입양신고가 완료되면 양부모와 양자 사이에는 법적인 친자관계가 형성되며, 부양이나 상속 등에서 자연혈족 관계와 동일한 권리를 인정받는다(「민법」 제772조 제1항). 즉, 입양부모는 법적 절차를 통해 아동에 대한 완전한 권리와 의무를 부여받게 되고, 입양되는 아동은 혈연관계가 없는 부모와 친자관계를 형성하게 된다.

(2) 입양에 관한 법령

우리나라 입양제도에 대한 법적 근거가 마련된 후, 2011년 「입양특례법」으로 변경되었으며, 2015년 일부 개정을 통해 국외 입양 사후관리를 의무화하였다. 「입양특례법」 제정 이후 국내 입양아동에 대해서는 입양기관의 장이 입양아동과 양부모의 적응상태 점검, 입양가정에 대한 양육정보 제공 등 사후관리서비스를 제공하도록 하였다. 그러나 국외 입양아동에 대해서는 사후관리가 적용되지 않아 국외 입양아동의 권익 보호에 한계가 있었다. 이러한 문제점을 개선하기 위해 2015년 일부 개정을 통해 국외 입양아동에 대한 사후관리도 의무화하게 되었다.

2023년 7월 「입양특례법」이 「국내입양에 관한 특별법」으로 전부 개정되고, 「국제입양에 관한 법률」이 제정되었다. 이 법은 입양에 대한 국가의 책임을 강화하기 위해 입양체계를 전면 개편하고자 하였으며, 기존의 민간 입양기관 중심 체계에서 벗어나 국가가 직접 입양과정을 관리하는 공적 입양체계를 구축하는 것을 목표로 하고 있다.

〈표 8-3〉 입양체계

구분	주요 내용
입양대상아동의 입양전 보호	입양기관이 아닌 지자체장이 아동의 후견인이 되어 아동을 입양 전까지 보호해야 함
예비양부모 조사 및 결연	보건복지부가 양부모 신청을 받아 상담 · 조사(이상 위탁 가능) 후 입양정책위원회의 심의를 아동과 양부모를 결연할 수 있도록 함
입양허가 및 임시양육결정	결연 후 법원허가를 받아야 하며 허가 전 양부모가 아동을 양육하는 것은 법원의 임시양육결정이 있어야 가능함
입양 사후관리	보건 복지부 장관이 입양 성립 후 일정기간 적응상황 점검 · 서비스 지원(위탁가능), 국적취득확인 등 사후관리, 국외 입양이 취소된 경우 아동 귀국 등 필요한 보호조치해야 함
입양정보공개	아동권리보장원은 입양인이 요청하면 입양정보를 공개, 입양기관 및 과거 입양을 진행했던 모든 기관(시설 · 지자체 포함)은 관련 기록물을 보장원에 이관해야 함

출처: 보건복지부 · 아동권리보장원(2025). 입양서비스 업무 매뉴얼. https://www.ncrc.or.kr/ncrc/na/ntt/selectNttInfo.do?mi=1177&bbsId=1014&nttSn=9084&cataGori=all&tabName= 2025년 7월 30일 인출)

(3) 입양 서비스의 특성

우리나라 입양 서비스는 가정보호가 어려운 아동에게 안정된 영구가정을 마련해 주는 것을 목적으로 한다. 이를 통해 아동이 신체적 · 정신적 · 사회적으로 건강하게 성장할 수 있도록 지원하여 아동의 복지를 증진하고 있다.

입양 서비스는 친생부모와 함께 성장할 수 없는 아동을 대상으로 하여, 성인인 부모가 보호가 필요한 아동에게 좋은 양육 환경을 조성하도록 돕는다. 또한

입양아동과 가족의 안정적인 정착을 지원함으로써 아동의 건강한 성장과 더불어 건전한 입양문화가 확산될 수 있도록 하는 것이다.

입양 서비스는 아동 복지 증진을 위한 중요한 실천 방법으로, 다음과 같은 기본원칙에 의해 이루어져야 한다(Adamec & Pierce, 2000; Cole & Donley, 1990; 한미현 외 재인용).

첫째, 아동의 가정에서 성장할 권리를 보장한다. 모든 아동은 안전하고 양육적인 가정 환경에서 성장할 기본적 권리를 가진다.

둘째, 대리가정에 의한 보호 권리를 인정한다. 생물학적 가정이 아동의 필요를 충족시킬 수 없을 때, 아동은 대리가정에 의해 보호받을 권리를 가진다.

셋째, 영구적 보호 관계의 우선성을 강조한다. 입양은 법적으로 인정되고 영구적인 관계를 제공하기 때문에 일시적 성격의 위탁보호보다 우선시된다.

넷째, 조기 입양의 중요성을 인식한다. 아동에게 더 많은 일관성과 안정성을 제공하기 위해 가능한 한 일찍 입양이 이루어져야 한다.

다섯째, 평생에 걸친 지속적 경험으로 인식한다. 입양은 모든 참여자(입양아동, 입양부모, 친생부모)에게 평생에 걸쳐 지속되는 경험이다.

여섯째, 아동의 알 권리를 보장한다. 입양된 아동은 자신의 출생, 친가정, 유전적 정보와 입양에 관한 특별한 사항에 대해 알 권리를 가진다.

이러한 원칙들을 종합할 때, 입양 서비스는 다음과 같은 특성을 갖는다. 입양은 아동 중심의 서비스로서 아동의 최선의 이익을 최우선으로 고려한다. 또한 영구적이고 불가역적인 성격을 가지며, 법적 효력을 통해 완전한 친자 관계를 형성한다. 입양은 단순한 아동 배치가 아닌 새로운 가족 형성 과정이며, 모든 관련 당사자의 평생에 걸친 적응과 성장을 지원하는 포괄적 서비스이다.

아동권리보장원에서는 입양 서비스가 아동 중심적이고 윤리적으로 수행될 수 있도록 핵심 원칙을 제시하고 있다. 이러한 원칙은 입양 과정에 참여하는 모든 당사자의 권리와 이익을 균형 있게 보장하면서도, 무엇보다 아동의 복리를 최우선으로 하는 입양 실천의 기준이 된다.

입양 서비스 실천을 위한 8가지 원칙

① 아동의 권리 보장과 이익 최우선의 원칙

- 아동의 건전한 성장과 발달을 위하여 아동의 권리를 최대한 보장해야 한다.
- 아동은 안정적이고 영구적인 가정에서 성장하는 것이 바람직하므로, 가정에서 자랄 권리를 최대한 보장하여야 한다.
- 아동보호에 관한 의사결정을 할 때는 친생부모, 입양부모, 조부모, 친인척 및 후견인보다 아동 본인의 이익이 최우선적으로 고려되어야 한다.

② 보충성의 원칙

- 헤이그국제아동입양협약 제4조 b)항에 따라 출신국의 권한 있는 당국이 출신국 내에서의 아동의 위탁 등 보호 가능성을 적절히 고려한 후, 국제 입양이 아동에게 최선의 이익이 된다고 결정한 경우에 한하여 이루어져야 한다.

③ 차별금지 원칙

- 헤이그국제아동입양협약 제21조 c)항에 따라 국제 입양이 고려되는 아동은 국내 입양과 동일한 수준의 보호망과 기준이 적용되어야 한다.
- 동 협약 제2조 일반적 차별금지 조항에 따라 아동의 출생 또는 기타 신분에 관계없이 다른 아동과 동일한 권리 및 보호를 누릴 수 있어야 한다.
- 동 협약 제26조 (2)항에 따라 친양자 입양의 경우 해당 아동의 권리는 입양국 국내법에 따른 유사한 입양으로 인한 아동의 권리와 동등한 것이어야 한다.

④ 사생활 존중 및 비밀의 원칙

- 아동의 이익을 최우선으로 고려하는 것을 전제로 입양과정에서 입양아동, 친생부모, 입양부모 등 입양 삼자의 신체적 · 정서적 · 사회적 특성과 욕구를 존중하고 보호하여야 한다.

⑤ 개별 욕구 존중의 원칙

- 아동의 이익을 최우선으로 고려하는 것을 전제로 입양과정에서 입양아동, 친생부모, 입양부모 등 입양 삼자의 신체적 · 정서적 · 사회적 특성과 욕구를 존중하고 보호하여야 한다.

⑥ 자발적 의사결정 존중의 원칙

- 입양아동, 친생부모, 입양부모 등 입양 삼자가 입양에 관한 의사결정을 할 때 자발적 의사결정 및 자기결정권을 보장한다.

⑦ 부적절한 경제적 이득과 부패 방지

- 입양과 관련된 활동으로부터 부적절한 경제적 이득 또는 다른 종류의 이득을 취할 수 없다.
- 중앙당국은 부적절한 경제적 이익과 부패를 방지하고, 협약의 목적에 반하는 모든 관행을 중단시키기 위해 적절한 조치를 직접적으로 또는 권한 있는 당국을 통하여 취할 책임이 있다.

⑧ 국가 간 협력 구축

- 국제 입양대상아동의 이익을 보호하고 협약의 기타 목적을 달성하기 위하여 국가 간 협력체계를 구축하여야 한다.
- 협약이 규정하고 있는 보호조치와 기준을 회피하여 협약의 체계 밖에서 국제 입양이 하여지는 관행을 근절하기 위하여 협력하여야 한다.

출처: 보건복지부·아동권리보장원(2025). 입양서비스 업무 매뉴얼. https://www.ncrc.or.kr/ncrc/na/ntt/selectNttInfo.do?mi=1177&bbsId=1014&nttSn=9084&cataGori=all&tabName= 2025년 7월 30일 인출)

(4) 입양 서비스의 유형

① 공개 입양과 비밀 입양

가. 공개 입양

공개 입양(disclosed adoption)은 입양한 자녀뿐만 아니라 가족, 친인척, 친구 등 주위의 모든 사람에게 입양에 대한 사실을 공개적으로 알리는 것을 말한다.

ㄱ. 공개 입양의 범위와 유형

공개 입양은 친가족과 입양가족 서로 출산 전 정보의 교환부터 지속적인 의사소통, 정기방문 등을 포함하는 개념으로 설명되기도 하지만(Bordo, 2005; 정옥분 외, 2022), 우리나라의 경우는 공개의 범위를 입양가정마다 친인척에게만 알리거나 주위 이웃과 아동의 교육기관까지 모두 알리는 경우 등은 각각의 입양가정마다 다르다(백경숙 외, 2001). 공개 입양이라 하더라도 입양 사실을 입양한 자녀와 친인척, 주위 사람에게 공개를 하지만 친생부모의 의사 참여 없이 입양부모의 의사로만 공개가 이루어지는 것을 공개 입양이라고 본다면, 단순히 입양 사실을 외부에 알린다는 소극적 의미를 가진다.

ㄴ. 부분 공개 입양

공개 입양을 선택하더라도 입양부모가 가족과 친인척에게 공개하고 주변 이웃이나 직장 동료, 교육기관 등 기타 주변 사람에게 입양 사실을 공개하지 않는 경우는 '부분 공개 입양'이라고 한다(정익중 외, 2023). 이는 우리나라에서 가장 일반적인 공개 입양의 형태로, 가족 내에서는 입양 사실을 인정하되 사회적으로는 선택적으로 공개하는 절충적 접근 방식이라 할 수 있다.

나. 비밀 입양

비밀 입양은 입양 사실을 입양자녀 본인과 주변 사람들에게 공개하지 않고 완전히 비밀로 유지하는 입양 형태이다. 입양아동을 친생자녀처럼 양육하며, 외부에서는 친생자녀로 인식되도록 하는 것을 기본원칙으로 한다.

비밀 입양의 특징은 입양자녀 본인에게도 입양 사실을 알리지 않고 모든 상황에서 친생자녀로 간주하고 양육한다는 것이다. 친생부모와 입양부모 간의 정보 교환도 완전히 차단한다.

우리나라는 1958년 입양사업을 하면서 주로 비밀 입양 형태로 진행되었으나, 2008년부터는 혈연 중심의 가족문화와 비밀 입양을 개선하고자 공개 입양을 장려하였다(최유정 외, 2024). 이후 혈연 중심의 가족문화를 개선하고 공개 입양가정에 대한 다양한 지원책을 마련하고 입양에 대한 긍정적인 사회 인식 조성을 위한 홍보 활동을 주요 정책 방향으로 변화하였다. 그러나 여전히 우리나라는 혈연관계를 중시하는 가족중심주의 제도의 영향으로 인해 입양을 감추려 하는 사회적 분위기로 공개 입양보다 비밀 입양을 선호하는 편이다.

② 국제 입양과 국내 입양

입양은 입양아동과 입양부모의 거주지와 국적에 따라 국제 입양(국외 입양)과 국내 입양으로 구분된다. 이러한 구분은 입양 절차, 법적 근거, 입양 후 아동의 생활환경에 중요한 차이를 가져온다.

가. 국제 입양

우리나라는 1950년대 한국전쟁 후 「고아입양특례법」을 제정하면서 국외 입양에 개입하기 시작하였다. 이는 전쟁으로 인한 대량의 고아 발생과 당시 국내의 열악한 사회경제적 상황이 배경이 되었다.

국제 입양은 한국에 거주하는 아동이 외국에 거주하는 부모에게 입양되어 국경을 넘나드는 입양을 의미한다. 「국제입양에 관한 법률」에 따라 헤이그국제아동입양협약의 원칙에 따른 새로운 체계로 운영되고 있다.

국제 입양은 보완성의 원칙에 따라 국내에서 양부모를 찾지 못한 경우에 한하여, 해당 아동에게 최선의 이익이 되는 경우에만 허용된다. 모든 절차는 헤이그국제아동입양협약이 정한 요건을 충족하여야 하며, 보건복지부가 중앙 당국의 역할을 수행하면서 아동의 안전과 권익을 최우선으로 보호하도록 하고 있다.

나. 국내 입양

국내 입양은 입양아동과 입양부모 모두 국내에 거주하며, 입양 후에도 동일한 국가 내에서 생활하는 입양 형태를 말한다. 2025년 전면 개정된 「국내입양에 관한 특별법」에 따라 기존의 민간 입양기관 중심 체계에서 국가와 지방자치단체가 입양 과정 전반을 책임지는 공적 입양체계로 전환되었다.

「국내입양에 관한 특별법」은 요보호 아동의 입양에 있어 아동의 권익과 복지를 증진하기 위하여 국내 입양을 우선적으로 고려하도록 명시하고 있다. 이는 입양 시 아동의 최선의 이익이 최우선되어야 한다는 원칙에 기반하며, 아동이 자신의 문화적 정체성과 언어적 환경을 유지하면서 성장할 수 있도록 하는 것을 정책 목표로 하고 있다.

③ 친족 입양과 비친족 입양

입양은 입양부모와 아동 간의 기존 관계 여부에 따라 친족 입양과 비친족 입양으로 구분할 수 있다. 이러한 구분은 입양의 동기, 절차, 그리고 입양 후 가족 관계의 특성에 차이가 있다.

가. 친족 입양

친족 입양은 아동이 혈연관계 또는 가족 관계를 이루고 있는 가정에 입양되는 것을 말한다. 즉, 친인척이 아동을 입양하는 것이다.

- 혈연관계에 대한 입양: 손자녀를 조부모가 입양하는 경우, 형제자매의 자녀를 입양하는 경우, 기타 혈족에 의한 입양
- 혼인 관계에 의한 입양: 재혼가정에서 계부모가 배우자의 자녀를 입양하는 경우, 배우자의 친족이 아동을 입양하는 경우

나. 비친족 입양

친족 입양은 아동과 전혀 가족 관계를 갖고 있지 않은 부모에게 입양되는 것을 말한다.

2) 입양 서비스의 현황

우리나라의 입양은 1950년대 한국전쟁으로 인해 발생된 전쟁고아 및 혼혈아동 등을 대상으로 국외 입양이 시작되었고, 그 이후 현재까지 계속되고 있다. 한국전쟁이라는 특수한 역사적 상황에서 출발한 우리나라의 입양 제도는 초기에는 주로 국외 입양 중심으로 운영되었으나, 시간이 지나면서 국내 입양을 우선하는 방향으로 정책이 변화하였다.

통계에 의하면 2023년까지 250,188명의 아동이 입양되었다. 이는 지난 70여 년간 우리나라가 상당한 규모의 입양사업을 지속해 왔음을 보여 준다. 그러나 입양아동 수는 2014년 이후 꾸준히 감소하고 있다. 이러한 감소 추세는 여러 요인이 복합적으로 작용한 결과로 볼 수 있다. 특히 국내 입양의 경우, 입양아동의 수가 지속적으로 감소하고 있는 것은 입양에 대한 부정적 인식에 의한 것으로 볼 수 있다(김현자 외, 2023).

〈표 8-4〉 연도별 국내외 입양 현황

구분	2014	2015	2016	2017	2018	2019	2020	2021	2022	2023	2024
국내	637	683	546	465	378	387	260	226	182	150	154
국외	535	374	334	398	303	317	232	189	142	79	58
합계	1,172	1,057	880	863	681	704	492	415	324	229	212

출처: 아동권리보장원 홈페이지(https://www.ncrc.or.kr). '입양통계' 2025. 7. 10. 인출.

입양아동의 발생 사유를 살펴보면, 2024년 기준 미혼모 아동이 전체 81.1%이다. 이는 현재 우리나라에서 입양이 필요한 아동의 대부분이 미혼모 가정에서 발생하고 있음을 보여 주는 중요한 통계이다.

〈표 8-5〉 연도별 입양아동 발생 사유

구분	2020	2021	2022	2023	2024
미혼모	447	355	279	167	172
유기아동	38	49	42	35	54
가족해체 등	7	11	3	8	5
합계	492	415	324	229	212

출처: 아동권리보장원 홈페이지(https://www.ncrc.or.kr). '입양통계' 2025. 7. 10. 인출.

우리나라의 국내 입양 가정의 경우, 발표된 자료에 의하면 1세 미만의 자녀를 입양하는 경우가 2024년 약 92.2%였다. 이는 입양을 원하는 부모가 영아 입양을 선호하고 있음을 보여 준다. 반면에 국외 입양아동은 1세 미만은 없고, 1~3세 미만 아동은 135명으로, 95%를 차지하였다. 이는 국내 입양과 국외 입양에서 선호하는 아동의 연령대가 뚜렷한 차이를 보이고 있음을 의미한다.

〈표 8-6〉 연도별 국내외 입양 연령별 현황

연도	구분	1세 미만	1~3세 미만	3세 이상
2024	국내	71	71	12
	국외	0	56	2
2023	국내	75	58	17
	국외	0	76	3
2022	국내	97	72	13
	국외	0	135	7
2021	국내	141	69	24
	국외	0	185	4
2020	국내	157	80	23
	국외	1	139	2

출처: 아동권리보장원 홈페이지(https://www.ncrc.or.kr). '입양통계' 2025. 7. 10. 인출.

3) 입양 서비스의 구성 요소와 절차

(1) 입양 서비스의 구성 요인

입양이 성립되기 위한 구성 요인은 입양대상아동, 친생부모, 입양부모, 입양기관이다.

① 입양대상아동

입양대상아동은 만 18세 미만의 모든 아동으로서 적절한 보호가 필요한 아동을 의미한다. 여기에는 가족보호가 불가능한 아동, 안전이 위협받는 환경의 아동, 양육 여건이 부족한 가정의 아동으로서 부모가 입양을 동의한 경우 등이 포함된다.

「국내입양에 관한 특별법」에 따르면 지방자치단체장이 입양대상아동을 적합한 시설·가정에 맡겨 보호하고 후견인 역할을 수행하도록 규정되어 있으며, 아동의 주소지를 관할하는 시장·군수·구청장이 후견인이 되어 아동을 보호하게 된다.

- **입양대상아동의 조건**: 「국내입양에 관한 특별법」 제13조 제1항에 따르면, 입양대상아동은 보호대상아동으로서 시·도지사 또는 시장·군수·구청장이 해당 아동에게 입양이 최선의 이익이 된다고 결정한 아동이어야 한다. 보호대상아동이란 「아동복지법」 제3조 제4호에 따른 보호대상아동을 의미하며, 이는 보호자가 없거나 보호자로부터 이탈된 아동, 또는 보호자가 아동을 학대하는 경우 등 그 보호자가 아동을 양육하기에 적당하지 아니하거나 양육할 능력이 없는 경우의 아동을 말한다. 입양대상아동은 「아동복지법」상 보호대상아동에 해당해야 하며, 시·도지사 또는 시장·군수·구청장이 해당 아동에게 입양이 최선이 경우에만 입양대상아동으로 결정된다.
- **입양대상아동 결정 절차**: 「국내입양에 관한 특별법」 제13조 제1항에 따라 양자가 될 아동으로 결정을 한 시·도지사 또는 시장·군수·구청장은 입양대상아동 결정 확인서를 작성해야 한다.

② 입양부모

「국내입양에 관한 특별법」 제18조에 따른 양부모가 될 사람의 자격요건은 다음과 같다.

- 양자에게 경제적·정서적으로 안정적인 양육 환경을 제공하여 줄 수 있을 것
- 양자에 대하여 종교의 자유를 인정하고 사회의 구성원으로서 그에 상응하는 양육과 교육을 할 수 있을 것
- 아동학대, 가정폭력, 성폭력, 마약 관련 범죄 등 대통령령으로 정하는 범죄경력이 없을 것
- 알코올 및 약물중독 등 심각한 건강상의 사유가 없을 것
- 그 밖에 양자가 될 사람의 복지를 위하여 보건복지부령으로 정하는 요건을 갖출 것

- 이 법에 따라 양부모가 되려는 사람은 양자가 될 아동이 복리에 반하는 직업이나 그 밖에 인권침해의 우려가 있는 직업에 종사하지 아니하도록 하여야 한다.
- 이 법에 따라 양부모가 되려는 사람은 보건복지부령으로 정하는 바에 따라 소정의 교육을 마쳐야 한다.

③ 친생부모

친생부모가 가정의 빈곤, 이혼, 경제적 문제, 한부모의 사망 등의 이유로 가족이 해체되어 자녀를 양육하지 못하고 입양을 의뢰한다. 또는 합법적인 혼인관계가 아닌 친부모가 입양을 의뢰하는 경우로, 대다수의 미혼모로 아동을 양육할 수 없는 환경으로 인해 입양을 의뢰하게 된다.

- **입양 동의 조건**: 입양동의는 아동의 출생 후 1주일이 경과한 후에만 가능하고 친생부모가 아동 최선의 이익을 위해 원가정 보호를 우선적으로 고려할 수 있도록 아동의 출생 후 1주일의 숙려기간을 두고 있다.

(2) 입양의 절차

① 「국내입양에 관한 특별법」으로 인한 국내 입양 절차

2025년부터 「국내입양에 관한 특별법」에 따라 입양 절차가 기존의 민간 입양기관 중심에서 국가 · 지방자치단체 중심의 공적 입양체계로 개편되었다.

① **입양대상아동 결정**: 「국내입양에 관한 특별법」 제19조 및 시행규칙 제14조에 따라 입양이 필요한 아동은 지방자치단체가 결정한다. 입양 완료 시까지 아동 주소지 지자체(시장 · 군수 · 구청장)가 후견인으로서 아동 보호 및 양육 상황을 점검한다. 다만, 국제 입양대상 여부는 보건복지부 입양정책위원회가 심의 · 결정한다.

② **예비양부모 신청 및 조사**: 법 제19조 및 시행규칙 제14조에 근거하여 예비입양부모는 보건복지부(아동권리보장원)가 신청 및 조사를 한다. 보건복

지부(위탁기관)는 양부모 상담 및 가정조사를 실시한다.

③ **결연심의**: 제12조 · 제20조 및 시행령 제8조에 따라 아동-양부모 결연은 입양정책위원회에서 심의한다.

④ **입양허가**: 결연 후 최종 입양허가는 가정법원이 결정하며, 필요시 허가 전 임시양육결정을 할 수 있다.

⑤ **입양 후 사후관리**: 입양 후 1년간 입양가정 사후 서비스는 위탁기관 및 시 · 군 · 구청이 한다.

⑥ **입양정보공개**: 입양인의 친가족찾기를 위한 입양정보공개는 아동권리보장원이 담당한다.

② 「국제입양에 관한 법률」로 인한 국제 입양 절차

가. 외국으로의 입양

국제 입양은 보호대상아동뿐만 아니라 배우자의 친생자 입양을 포함하여 국가를 이동하는 모든 아동의 입양에 대해 '헤이그국제아동입양협약'의 원칙과 절차에 따라 보건복지부가 추진한다.

① **국제입양대상아동 결정**: 법 제7조 · 제8조 및 시행규칙 제2조 · 제3조에 따라 입양정책위원회(분과위원회)가 국내에서 적합한 양부모를 찾기 어려운 경우에 한해 아동에게 최선의 이익이 되는지 심의하여 아동의 국제 입양 추진 여부를 결정한다.

② **예비양부모 자격심의**: 법 제9조에 근거하여 입양정책위원회가 국외 예비양부모 보고서를 검토하여 자격을 갖추었는지 심의한다.

③ **아동과의 결연**: 법 제10조에 따라 입양정책위원회 심의를 거쳐 자격을 갖춘 예비양부모와 아동과의 결연을 실시한다.

④ **절차진행 협의**: 법 제11조 및 시행규칙 제4조 · 제5조에 근거하여 결연된 아동의 정보 송부, 예비양부모의 결연 동의 의사 확인 등 보건복지부와 입양국 간 국제 입양 절차진행을 협의한다.

⑤ **가정법원 허가**: 법 제12조에 따라 예비양부모가 가정법원에 입양허가를 신청한다.

⑥ **입양신고**: 법 제15조 및 시행규칙 제6조에 근거하여 가정법원의 입양허가 확정 후 국내에서 양부모에게 아동을 인도하고「가족관계의 등록 등에 관한 법률」에 따라 입양(또는 친양자입양) 신고를 한다.

⑦ **아동 적응상황 점검**: 법 제16조, 시행령 제2조 · 제3조 및 시행규칙 제7조에 따라 입양 성립 후 1년간 입양국으로부터 아동적응보고서를 제출받아 입양아동의 적응모니터링을 한다.

나. 국내로의 입양

① **입양신청**: 법 제20조 및 시행규칙 제8조에 따라 국내에 일상거소가 있는 예비양부모가 아동권리보장원에 입양을 신청한다.

② **가정환경조사**: 법 제20조 및 시행규칙 제8조에 근거하여 입양을 신청한 예비양부모가 자격을 갖추었는지 확인하기 위하여 보건복지부 위탁기관이 방문, 대면상담을 통해 가정환경조사를 실시한다.

③ **예비양부모 자격심의**: 법 제19조 및 시행규칙 제8조에 따라 입양정책위원회가 국외 예비양부모 보고서를 검토하여 자격을 갖추었는지 심의한다.

④ **절차진행 협의**: 법 제21조 및 시행규칙 제9조에 근거하여 자격을 갖춘 예비양부모의 정보 송부, 출신국에서 아동 결연, 예비양부모의 결연 동의 의사 확인 등 보건복지부와 출신국 간 국제 입양 절차진행을 협의한다.

⑤ **가정법원 허가**: 법 제22조 · 제23조에 따라 예비양부모가 가정법원 또는 출신국의 권한 있는 기관에 입양허가를 신청한다.

⑥ **입양신고**: 법 제22조 · 제23조에 근거하여 입양허가 확정 후「가족관계의 등록 등에 관한 법률」에 따라 입양(또는 친양자입양) 신고를 한다.

⑦ **아동 적응상황 점검**: 법 제24조 및 시행령 제4조에 따라 입양 성립 후 1년간 보건복지부 위탁기관이 방문, 대면상담을 통해 입양아동의 적응모니터링을 한다.

이러한 절차는 국가 책임 강화, 전문 기관별 역할 분담, 아동 최선의 이익 원칙, 체계적 사후관리, 정보공개 지원을 통해 아동의 권익 보호와 입양가정의 안정성을 높이는 데 목표를 두고 있다.

4) 입양 서비스의 주요 사업 내용

입양 서비스는 아동의 복리와 입양 삼자(아동, 친생부모, 입양부모)의 권익 보장을 위해 다양한 사업을 체계적으로 운영하고 있다. 이러한 사업들은 입양 전 단계부터 입양 후 사후관리까지, 전 과정에 걸쳐 전문적이고 포괄적인 서비스를 제공한다.

(1) 입양숙려제 지원사업

입양숙려기간은 친생부모가 아동 최선의 이익을 위해 원가정 보호를 우선적으로 고려할 수 있도록 아동 출생 후 7일간의 숙려기간을 두는 제도이다. 이 제도는 친생부모가 충분한 시간을 가지고 신중하게 입양에 대해 결정할 수 있도록 하며, 성급한 결정으로 인한 후회를 방지하고자 하는 목적을 가지고 있다.

입양의 동의는 출생 후 7일이 경과한 후에만 가능하다. 이는 친생부모가 감정적으로 불안정한 상태에서 성급한 결정을 내리는 것을 방지하고, 충분한 정보와 상담을 통해 아동과 자신에게 최선의 결정을 내릴 수 있도록 지원하기 위함이다.

- **지원대상**: 출산(예정) 후 미혼 또는 이혼한 부모로서, 지원기간 동안 입양 사실이 없고 선정 기준을 충족하는 경우
- **지원내용**: 상담 서비스 비용, 산후 관리 및 건강 검진 비용, 숙려기간 중 기본적인 생활 유지 비용, 입양 관련 법적 절차 및 권리에 대한 상담

(2) 입양 상담 서비스

① 친생부모 상담

친생부모가 원가정 보호를 포함한 다양한 양육 방안을 종합적으로 검토한 후, 입양 결정을 내릴 수 있도록 원가정 양육 지원 정책 및 관련 정보, 입양 절차, 입양 동의의 요건 및 철회, 법적 효력, 입양의 취소, 양부모의 자격조건 등에 관한 상담을 한다.

② 법정대리인(후견인) 상담

후견인 등 친생부모가 아닌 법정대리인이 입양 관련 상담을 요청하는 경우, 아동에 대한 입양 승낙 결정 이전에 입양 제도 전반에 관한 종합적인 상담을 제공한다. 상담에서는 입양의 법적 절차와 효과, 아동에게 미치는 영향, 대안적 보호 방안 등을 포괄적으로 안내하여 법정대리인이 아동의 복리를 최우선으로 하는 신중한 판단을 할 수 있도록 지원한다.

③ 양자가 될 아동상담

입양을 진행할 때에는 아동의 연령과 성숙도를 고려하여 충분한 상담과 안내를 통해 입양에 대한 아동의 의견을 확인한다. 아동의 발달 수준에 적합하게 입양 개념을 설명하고, 입양 후 생활환경 변화, 새로운 가족과의 관계 형성 과정, 아동이 누릴 수 있는 권리와 보호 사항에 대하여 상담을 실시한다.

(3) 입양가족 지원

「국내입양에 관한 특별법」 제32조에 따라 국가와 지방자치단체는 입양아동이 건강하게 자랄 수 있도록 하기 위하여 필요한 경우에는 양육수당, 의료비, 아동교육지원비, 그 밖의 필요한 양육보조금을 지급할 수 있다. 또한 입양가정이 입양아동을 건전하게 양육할 수 있도록 상담, 정보 제공, 모임 지원 등 다양한 사회복지서비스를 제공하고 있다.

① 경제적 지원

국가와 지방자치단체는 입양아동이 건강하게 자랄 수 있도록 다양한 경제적 지원을 제공한다(「국내입양에 관한 특별법」 제32조). 일반 입양아동에게는 양육수당을 만 18세까지 월 20만 원씩 지급하며, 1종 의료급여 지원 및 입양비용 보조 등을 제공한다.

② 입양 준비 지원

입양가정의 안정적인 입양을 위해 입양 전 단계에서 예비 양부모를 대상으로 체계적인 준비 지원 서비스를 제공한다. 예비양부모 교육은 양부모가 되려는 사람이 아동권리보장원에서 실시하는 필수 교육을 이수하도록 하며, 입양의 요건·절차, 양육방법, 입양아동의 심리·정서, 사후서비스 등을 교육한다. 상담 및 가정환경 조사는 보건복지부 위탁기관이 방문·대면 상담을 통해 양육능력, 입양 동기, 가정환경 등을 종합적으로 평가한다.

자격 심사 과정에서는 범죄경력 조회, 소득 및 건강상태 조사를 통해 양육능력을 확인하고 입양정책위원회에서 최종 심의한다. 결연 후에는 임시양육결정을 통해 입양허가 전 양부모와 아동 간 적응 상황을 점검하고 애착관계 형성을 지원한다.

(4) 사후관리 서비스

입양은 입양허가와 아동을 입양가정에 인도한 후에 성립된다. 입양기관은 양부모와 아동이 서로 잘 이해하고 적응하도록 가족을 강화하기 위해 사후관리를 의무적으로 지원하고 있다.

① 국내 입양 사후서비스

「국내입양에 관한 특별법」에 따라 입양 후 입양가정의 안정적 정착과 입양아동의 건전한 성장을 위해 체계적인 사후서비스를 제공한다. 입양 후 1년간 사후관리를 하고 있다. 적응모니터링을 통해 양부모와 양자의 상호 적응 상태를 관찰하고 필요한 서비스를 제공하며, 입양가정이 수시로 상담할 수 있다.

상담 및 정보 제공으로는 양육에 필요한 정보를 제공하고 입양상담 관련 전문가 교육을 지원한다. 자조모임 지원을 통해 입양가족 간의 정보 공유와 상호 협력을 위한 모임이나 단체의 사업을 지원한다. 또한 심리정서 지원사업으로 심리상담 전문가를 연계하여 입양 초기 심리상담 · 검사를 지원하며, 생애주기별 입양 이슈에 대한 통합서비스(교육, 멘토링, 상담 등)를 제공하고, 아동통합정보시스템을 통해 입양 관련 정보를 관리하며, 아동권리보장원이 입양인의 친가족찾기를 위한 입양정보공개청구 서비스를 제공한다.

② 국외 입양 사후서비스

2015년 「입양특례법」 개정으로 해외입양 아동에 대한 사후관리가 법적으로 의무화되면서 국제 입양 사후서비스 제도가 마련되었다. 2023년 제정된 「국제입양에 관한 법률」은 헤이그국제아동입양협약의 기준에 부합하는 사후서비스 제공을 규정하고 있다.

구체적인 사후관리 내용을 살펴보면, 입양 성립 후 1년 동안 입양국 현지기관으로부터 아동적응현황보고서를 접수하여 입양아동의 생활적응 상태를 점검한다. 입양기관은 현지 협력기관과의 연계를 통해 입양아동의 국적 취득 진행 상황을 파악하고, 이를 아동권리보장원 경유로 보건복지부 장관에게 보고하는 체계를 갖추고 있다.

사후지원서비스는 양육정보 안내, 전문상담 창구 운영, 상담인력 배치 등을 포함하며, 입양 관련 모든 기록의 영구보존을 통해 지속가능한 사후관리 기반을 구축하고 있다.

5) 입양 서비스의 과제

입양에 관한 인식은 변화하고 있으나 우리나라는 아직 입양이 활성화되지 않고 있다. 혈연 중심의 가족문화로 입양에 대한 부정적 편견이 있고 공개 입양

보다 비밀 입양 위주로 이루어지고 있기 때문이다. 입양 서비스의 개선 방안을 입양아동의 복지 증진을 위한 관점에서 살펴보고자 한다.

(1) 입양대상아동의 발생 예방을 위한 노력

입양은 아동이 신체적 · 정신적 · 사회적으로 성장할 수 있도록 하는 가정보호 중심의 서비스이다. 그러나 보호대상아동이 발생하지 않는다면 입양을 고려할 필요가 없기 때문에 입양대상아동의 발생을 예방하는 것이 선행되어야 한다(한미현 외, 2022).

우리나라 입양아동의 친생부모가 대부분 미혼모라는 점을 고려할 필요가 있다. 최근 성에 대한 윤리와 가치가 변화되면서 성에 대한 개방성이 높아지고 10대 청소년의 원하지 않는 임신과 출산이 사회적 문제로 대두되고 있다. 이에 청소년을 대상으로 실질적인 성교육과 피임교육을 체계적으로 실시하여 원하지 않는 임신을 예방하는 것이 중요하다.

미혼모 대다수가 자녀의 입양을 결정한 사유는 경제적 어려움으로 자녀를 양육하기 힘들다는 것이다(헤럴드경제, 2024. 2. 24.). 정부는 미혼모가 자녀를 안정적인 환경에서 양육할 수 있도록 경제적 지원을 강화하고 양육교육 및 정보를 제공하여 미혼모의 자녀 양육을 지원해야 한다.

(2) 입양에 관한 인식 개선 및 홍보

국내 입양을 활성화하기 위해서는 입양아동과 입양부모에 대한 정책적 지원과 더불어 사회적 차별과 편견을 감소시킬 수 있는 국민 인식 개선을 위한 노력이 필요하다(양진희, 2011). 입양에 관한 부정적인 시각을 긍정적으로 변화시킬 수 있는 홍보가 매우 중요하다.

「국내입양에 관한 특별법」 제8조에 따라 5월 11일을 입양의 날로 하고, 입양의 날부터 1주일을 입양주간으로 정하여 건전한 입양문화 정착과 입양에 대한

인식 개선을 도모하고 있다. 그러나 국내 입양이 활성화되고 사회에 긍정적으로 인식되려면 입양에 관한 교육을 초·중·고등학교와 성인까지 자연스럽게 받을 수 있는 체계를 마련해야 한다.

또한 입양가족의 성공사례를 발굴하고 대중매체를 통한 캠페인을 확대하여 입양에 대한 긍정적인 사회적 공감대를 형성해야 한다. 특히 언론에서 입양의 부정적 측면만을 부각시키는 것을 지양하고, 입양의 긍정적 가치와 성공적 사례를 적극적으로 홍보할 필요가 있다.

(3) 입양 후 사후서비스 강화

입양가정의 입양부모와 입양아동이 경험할 수 있는 어려움은 다양하고 복잡하며, 입양 후 장기간에 걸쳐 나타날 수 있어 사후관리가 매우 중요하다(김향은, 2014). 「국내입양에 관한 특별법」에 따라 입양 후 1년간 보건복지부 위탁기관(대한사회복지회)이 사후관리를 수행하고 있으나, 현장 전문가들은 입양 성립 후 36개월 이상의 지속적인 사후관리가 필요하다고 지적하고 있다(정옥분 외, 2022).

입양가정이 가정법원의 최종 허가를 받고 입양이 되었다 해도 입양 서비스가 종료되는 것은 아니다. 입양아동이 입양가정에 성공적으로 적응할 수 있도록 하기 위해서는 입양 후에도 지속적인 서비스를 제공해야 한다. 사후서비스에는 상담, 경제적 지원, 입양 관련 정보 제공, 친생부모와의 만남 지원, 치료서비스, 입양가족 간의 상호 지원과 정보 교류 등이 포함된다.

2019년에 중앙입양원이 아동권리보장원으로 통합되면서 국내외 사후서비스를 제공하기 위한 시스템이 구축되었고, 2025년 새로운 입양 체계에서는 아동권리보장원이 입양정책위원회 사무국 역할과 입양정보공개 업무를 담당하게 된다. 아동권리보장원은 입양가정 및 입양아동의 욕구 분석을 통해 만족도를 높일 수 있는 서비스를 개발하고, 현행 1년 사후관리 기간의 연장 및 서비스 내실화 방안을 마련해야 한다.

?! 생각해 봅시다

1. 베이비박스는 생물학적 가족과의 분리를 의미하지만, 동시에 새로운 가족 형성의 출발점이 되기도 한다. 아동이 원가정에서 성장할 권리, 위기 상황에서 생명과 안전을 보호받을 권리, 입양을 통해 안정적인 양육환경을 제공받을 권리가 공존하는 상황에서 '아동 최선의 이익'은 어떻게 판단되어야 하는가? 그리고 이를 실현하기 위해 우리 사회에서 아동을 보호하기 위한 대안양육체계는 어떻게 마련되어야 하는지 논의해 보자.

브로커(2022)

베이비박스와 가족, 그리고 아동 최선의 이익

영화에서 영아는 생모로부터 분리되어 베이비박스에 맡겨진 후, 낯선 어른들과 함께 여행하며 입양 가정을 만나게 된다.

제 9 장

시설아동보호 아동복지시설

우리나라 시설 아동보호는 한국전쟁 직후 전쟁고아의 수용과 보호라는 시대적 필요에 따라 양적으로 급성장하였다. 역사적으로는 갑오경장 이후 서양 선교사들이 구호 목적의 아동보호 활동을 시작하였으며, 1854년 프랑스 메스트르 신부가 고아 구제사업을 시작한 것이 효시이다. 이후 파리외방선교회가 설립한 조선영해회가 1854년에 고아원을 설립, 1880년에는 프랑스 쟝블랑 신부가 양로원과 고아원을 한양에 설립하였다. 1886년 미국 북장로교의 언더우드는 고아들을 모아 예수학당과 구세학당을 시작하였고, 1888년에는 조선영해회가 종로의 수녀원 부속건물로 고아원을 설립하여 아동을 양육하였다. 1892년 영국성공회 선교사 랜디스는 인천에 고아학원을 설립하였다. 이처럼 서양 선교사들에 의한 시설보호제도의 도입은 이후 우리나라의 아동보호가 수용시설 중심으로 발전하는 데 영향을 주었다. 한국인을 통해서는 1906년에는 이필화가 경성고아원을 설립하였고 이는 근대적 영유아 복지사업의 효시이다(윤혜미, 2005).

1. 시설보호 서비스의 개념

1) 시설보호의 개념

저출산 및 고령화 현상으로 인해 양적 규모는 감소세가 예상되나(김정득 외, 2012) 날로 증가하는 빈부격차와 소득 양극화, 가족기능의 약화 및 해체, 다문화 가정의 증가로 저소득층 요보호아동의 교육과 돌봄 문제는 국가와 사회의 중요한 책임으로 인식되고 있으므로 사회복지 측면에서 아동복지시설이 지닌 역할과 중요성이 높아지고 있다.

시설보호는 부모나 아동의 문제가 발생하여 친가정에서 더 이상 양육할 수 없을 때 아동이 생활할 수 있는 공간을 제공하고, 집단보호와 치료를 해 주는 등 24시간 함께 생활할 수 있도록 사회적으로 보호해 주는 복지 서비스이다(한성심 · 송주미, 2009). 과거에는 요보호아동을 장기적으로 집단 수용하는 것이었다면 현재에는 다양한 유형의 시설 등을 통해 아동을 일시적으로 보호하면서 아동과 그 가족에 대한 의료 서비스를 제공함으로써 아동을 원가정으로 복귀하는 것을 우선으로 하고 있다.

우리나라에서 아동복지시설은 「아동복지법」 제50조에 따라 설치된 시설로, 보호대상아동을 건전한 사회인으로 자랄 수 있도록 보호조치 하기 전 일시적으로 보호하거나 가정 복귀, 입양, 가정위탁이 어려운 아동을 보호 및 양육하고, 아동복지시설을 퇴소한 사람에게 취업 준비기간 또는 취업 후 일정 기간 보호함으로써 자립을 지원하는 것을 목적으로 한다(민미희 외, 2022).

2) 시설아동의 문제점

시설보호에 입소하게 되는 아동은 원가족으로부터 해체되어 낯선 사람들과 낯선 환경에서 지내게 된다. 이러한 것을 경험하게 되는 아동은 많은 스트레스를 겪는다. 또한 문화적 혜택이 부족한 환경에서 심리사회적인 욕구를 충족하

기 어렵기 때문에 신체적 · 인지적 · 언어적 · 사회적 발달인 전인적 발달에 여러 지체 현상을 보이는 데 다음과 같은 특징을 보이고 있다.

첫째, 신체발달 측면에서, 대부분의 시설아동이 한국 소아 발육 표준치에 뒤떨어지고 있으며, 영양소 섭취량도 권장량에 미치지 못하는 것으로 조사되었다. 그리고 이러한 발달 특성은 인지발달에도 영향을 미치는 것으로 나타났다.

둘째, 정서발달 측면에서, 시설아동은 일반아동에 비해 자신의 의견을 주장하고 감정 상태를 통제하는 정서조망능력이 부족한 것으로 나타났다. 그리고 이중인격을 가지는 경향이 있는데, 표면적으로는 규칙에 순종하지만 내면적으로는 반항적이라는 것이다. 또 다른 사람과의 접촉에 두려움을 느끼고 정서적으로 불안정하며, 제한된 생활로 물질적 욕구가 강하다.

셋째, 인지발달 측면에서 살펴보면, 집단생활로 인해 개별적인 지적 자극을 받지 못하기 때문에 인지발달지체, 학습장애, 창의성 부족, 집중력 부족, 언어발달지체 등의 발달지체가 나타났다.

넷째, 사회성 발달 측면에서 살펴보면, 시설보호의 경험이 있는 아동의 사회적 관계의 특성은 좀 더 많은 관심과 인정을 추구하는 성인 지향적이다. 또래 관계에서 어려움을 겪고 친구가 적으며 불안할 때는 또래로부터의 정서적 지지에 의존하는 경향이 적으며 또래 관계 양상도 부적절하고 부정적이었다.

다섯째, 시설 생활은 아동의 보호와 교육을 통해 퇴소 후 자립할 수 있는 기반을 다져 주는 역할을 하고 있다. 그러나 그동안 아동시설 프로그램의 변화로 이를 보완해 왔음에도 불구하고 여전히 미흡한 실정이다. 아동의 퇴소 후 자립생활, 사회 적응에서 오는 경제적 심리적 · 사회적 문제 등 유형 및 무형의 문제점들이 제기되고 있다. 자립준비가 아직 안 된 상태에서 자립이 요구되므로 심리적 · 사회적 위기를 경험하게 된다(윤매자 외, 2016).

3) 시설보호 서비스의 구성 요소

(1) 시설보호아동

우리나라는 「아동복지법」 제3조에 따라 '보호대상아동'으로 규정하여, 보호자가 없거나 보호자로부터 이탈된 아동 또는 보호자가 아동을 학대하는 경우 등 "보호자가 아동을 양육하기에 적당하지 아니하거나 양육할 능력이 없는 경우의 아동"을 의미한다. 즉, 가정위탁, 입양, 시설보호의 대상 아동이 동일하나, 「아동복지법」 제15조에 의해서 보호조치는 가정 복귀 및 대리양육을 최우선으로 조치하고, 시설입소는 최후의 수단으로 조치하는 것으로 규정하고 있다.

① 부모의 심한 질병 또는 상해로 인하여 더 이상 가정에 머무를 수 없게 된 아동으로서 친부모와의 정서적인 밀착 관계로 인해 다른 가족과 같이 지내기를 거부하는 아동

② 가족의 역기능, 스트레스 또는 이혼에서 비롯된 아동의 문제가 가정에 남아 있을 수 없을 정도로 심각하나 위탁가정에서도 건전한 정서적 관계를 맺을 능력이 없는 아동

③ 이전의 위탁가정에서 크게 실망하였거나 마음에 깊은 상처를 입어 새로운 가정에 적응하기 어려운 아동

④ 위탁가정이 수용하기 곤란한 건강 또는 행동상의 문제를 가져 전문적 관찰과 지도와 통제된 환경에서 의료 또는 정신과적 치료가 필요한 아동

⑤ 형제가 많아 몇몇 위탁가정으로 분리되어야 하지만 서로 헤어지길 원치 않는 형제 집단

⑥ 원가족으로부터 독립하고자 하였고 위탁가정으로부터도 독립하려는 경향을 보이는 아동 및 청소년

⑦ 가족의 문제로 인하여 일정 기간의 보호가 필요하고 그 기간 동안 집단생활을 경험하는 것이 보다 유익할 것으로 판단되는 청소년

(2) 아동복지시설

시설입소 대상은 아동양육시설 및 일시보호시설과 자립시설로 구분되며, 입소 대상과 입소 기간을 설명하면 <표 9-1>과 같다.

〈표 9-1〉 아동복지시설 입소 대상 및 기간

시설명	입소 대상	입소 기간
아동양육시설 및 일시보호시설	• 보호자가 없거나 보호자로부터 이탈된 아동 • 보호자로부터 학대받은 아동 • 보호자의 학대로 아동보호전문기관에 신고되어 동 기관이 시·도지사 또는 시장·군수·구청장에게 보호조치를 의뢰한 아동 • 기초생활보장 수급자로서 보호자의 질병, 가출 등으로 가정에서 보호하기 어려운 아동 • 시·도지사 또는 시장·군수·구청장이 특별히 보호가 필요하다고 결정한 아동	• 양육시설: 18세 미만(대학, 직업훈련시설 재학 중인 경우 연장 가능) • 일시보호시설: 3월(1회에 한해 3월 연장)
자립지원시설	• 시설퇴소아동 중 취업 중인 아동(우선) • 시설퇴소아동 중 취업 준비 중인 18세 이상 24세 이하인 사람 • 아동복지시설 퇴소자로서 24세 이하인 기초생활보상	• 24세 이하: 1년(사유가 종료된 날까지 연장 가능)

출처: 보건복지부(2016).

(3) 종사자

아동복지시설에서 아동을 보호하고 양육하는 종사자는 부모와 같은 역할을 대신하기에 매우 중요하다. 정서적 분리와 스트레스를 경험한 아동에게 종사자의 인성과 자질은 매우 중요하다고 볼 수 있다. 종사자의 기준은 2021년도에 개정된 내용으로는 <표 9-2>와 같다.

〈표 9-2〉 시설종사자 기준

직종별	자격 기준
시설장	1. 「사회복지사업법」에 따른 사회복지사 2급 이상의 자격 취득 후 아동과 관련된 사회복지사업에 3년 이상 또는 사회복지사업에 5년 이상 종사한 경력이 있는 사람 2. 학대아동보호사업과 관련된 기관에서 3년 이상 근무한 경력이 있는 사람 3. 7급 이상 공무원으로서 국가나 지방자치단체에서 사회복지사업에 관한 행정업무에 5년 이상 종사한 경력이 있는 사람 4. 「의료법」에 따른 의사·한의사 또는 치과의사 면허 취득 후 3년 이상 진료 경력이 있는 사람 5. 「정신건강증진 및 정신질환자 복지 서비스 지원에 관한 법률」에 따른 정신건강전문요원 자격 취득 후 사회복지사업에 5년 이상 종사한 경력이 있는 사람 6. 「영유아보육법」에 따른 보육교사 1급 자격 취득 후 사회복지사업에 5년 이상 종사한 경력이 있는 사람 7. 유치원, 초등학교 또는 중등학교 교사 자격증 취득 후 사회복지사업에 5년 이상 종사한 경력이 있는 사람 8. 직업훈련교사, 간호사, 영양사 자격 취득 후 사회복지사업에 5년 이상 종사한 경력이 있는 사람
사무국장	1. 「사회복지사업법」에 따른 사회복지사 2급 이상의 자격 취득 후 아동과 관련된 사회복지사업에 1년 이상 또는 사회복지사업에 3년 이상 종사한 경력이 있는 사람 2. 학대아동보호사업과 관련된 기관에서 1년 이상 근무한 경력이 있는 사람 3. 9급 이상 공무원으로서 국가나 지방자치단체에서 사회복지사업에 관한 행정업무에 3년 이상 종사한 경력이 있는 사람 4. 「정신건강증진 및 정신질환자 복지 서비스 지원에 관한 법률」에 따른 정신건강전문요원 자격 취득 후 사회복지사업에 3년 이상 종사한 경력이 있는 사람 5. 「영유아보육법」에 따른 보육교사 1급 자격 취득 후 사회복지사업에 3년 이상 종사한 경력이 있는 사람 6. 유치원, 초등학교 또는 중등학교 교사 자격증 취득 후 사회복지사업에 3년 이상 종사한 경력이 있는 사람 7. 직업훈련교사, 간호사, 영양사 자격 취득 후 사회복지사업에 3년 이상 종사한 경력이 있는 사람
보육사	1. 「사회복지사업법」에 따른 사회복지사 3급 이상 자격이 있는 사람 2. 「영유아보육법」에 따른 보육교사 자격이 있는 사람 3. 유치원, 초등학교 또는 중등학교교사 자격이 있는 사람
생활복지사 또는 상담지도원	1. 「사회복지사업법」에 따른 사회복지사 2급 이상 자격이 있는 사람 2. 유치원, 초등학교 또는 중등학교 교사 자격이 있는 사람 3. 「영유아보육법」에 따른 보육교사 1급 자격이 있는 사람
직업훈련 교사	1. 「국민 평생 직업능력 개발법」에 따른 직업능력개발훈련교사 자격이 있는 사람 2. 「학원의 설립·운영 및 과외교습에 관한 법률」에 따른 학원강사 자격이 있는 사람

직종별	자격 기준
임상심리 상담원	1. 「고등교육법」 제2조에 따른 학교, 「평생교육법」 제32조 또는 제33조에 따라 교육부 장관의 인가를 받아 전문대학 또는 대학 졸업자와 동등한 학력·학위가 인정되는 평생교육시설(이하 이 표에서 "대학 등"이라 한다)의 심리 관련 학과를 졸업한 사람 2. 「국가기술자격법 시행령」 제12조의 2제1항 및 별표 1에 따른 임상심리사 2급 이상의 자격이 있는 사람
자립지원 전담요원	1. 「국민 평생 직업능력 개발법」에 따른 직업능력개발훈련교사 자격이 있는 사람 2. 「사회복지사업법」에 따른 사회복지사 2급 이상의 자격이 있는 사람 3. 초등학교 또는 중등학교 교사 자격이 있는 사람 4. 대학 등 졸업자(법령에 따라 이와 같은 수준의 학력이 있다고 인정되는 사람을 포함한다)로서 아동복지 또는 사회복지 관련 학과를 졸업하고 1년 이상 아동복지 업무에 종사한 경력이 있는 사

출처: 보건복지부(2021).

2. 시설보호 서비스의 유형

우리나라 아동복지시설의 유형은 「아동복지법」 제52조에 따라 보호시설과 이용시설로 분류할 수 있다(보건복지부, 2021).

1) 보호시설

(1) 아동양육시설

보호대상아동을 입소시켜 보호, 양육 및 취업훈련, 자립지원 서비스 등을 제공하는 것을 목적으로 하는 시설이다.

(2) 아동일시보호시설

보호를 필요로 하는 대상아동을 일시보호하고 아동에 대한 향후의 양육대책 수립 및 보호조치를 행하는 것을 목적으로 하는 시설이다.

(3) 아동보호치료시설

아동에게 보호 및 치료 서비스를 제공하는 시설로, 첫째, 불량 행위를 하거나 불량 행위를 할 우려가 있는 아동으로서 보호자가 없거나 친권자나 후견인이 입소를 신청한 아동 또는 가정법원, 지방법원소년부지원에서 보호 위탁된 19세 미만인 사람을 입소시켜 치료와 선도를 통하여 건전한 사회인으로 육성하는 것을 목적으로 하는 시설이다. 둘째, 가정법원, 지방법원소년부지원에서 보호 위탁된 19세 미만인 사람을 입소시켜 치료와 선도를 통하여 건전한 사회인으로 육성하는 것을 목적으로 하는 시설이다. 셋째, 정서적 · 행동적 장애로 인하여 어려움을 겪고 있는 아동 또는 학대로 인하여 부모로부터 일시 격리되어 치료받을 필요가 있는 아동을 보호 · 치료하는 시설이다.

(4) 공동생활가정

보호대상아동에게 가정과 같은 주거여건과 보호, 양육, 자립지원 서비스를 제공하는 것을 목적으로 하는 시설이다. 공동생활가정은 아동복지시설 중, 특히 요보호아동에게 가정과 같은 편안한 환경을 제공해 주고 아동에게 적절한 서비스를 제공해 줄 수 있다는 측면에서 가장 적절한 보호 형태의 시설이라는 장점이 있다. 또한 지역사회에 위치하고 있음으로써 시설아동이라는 낙인화를 예방할 수 있어 대규모 시설보호의 대안으로 여겨지고 있다.

공동생활가정의 유형과 공동생활가정 운영 프로그램의 내용은 <표 9-3>, <표 9-4>와 같다.

〈표 9-3〉 공동생활가정의 유형

유형	대상 아동	입주 기간
단기보호	경제적 위기 또는 부부의 갈등이나 별거, 수감 및 아동학대 등으로 인해 보호자 또는 친인척이 함께 거주할 수 없는 아동	1년 원칙, 1년 단위로 연장 가능
치료보호	시설보호에 적응하지 못하거나 약간의 정서적 문제 등으로 인하여 시설보호에 적합하지 않은 아동	
장기보호	기존의 소년소녀가정 또는 시설에서 보호 중인 아동 및 장기보호가 필요한 아동	18세 미만까지 가능

출처: 보건복지부(www.mohw.go.kr).

〈표 9-4〉 공동생활가정 운영 프로그램

영역	프로그램
아동·청소년의 자립 능력 향상	• 아동·청소년의 발달론적 관점에서의 특성 이해 • 아동의 특성과 능력에 맞는 개별화된 서비스 제공 – 아동의 강점을 이해하고 과제 해결 중심 접근 • 아동의 학령에 맞는 개별적인 연차적 자립 계획 수립 – 매년 아동의 욕구를 점검하여 수정
원가족과의 관계 회복	• 가족 방문 또는 전화, 문자, 편지, 카드 등 지속적인 관계 유지 노력 연 1회 이상 • 가족참여 프로그램(예 가족캠프 등) 연 1회 이상 실시 • 관련 기관 및 단체 등과 연계하여 부모교육 등 연 1회 이상 실시
학교와 관계 형성	• 학교교사와 정기적이고 지속적인 상담, 정보공유, 학교행사에 참여 – 분기 1회 이상 아동생활 상황에 대해 교류한 기록 보유
지역 내 자원 활용	• 지역 내 관공서, 민간 자원 등 자원 연계 • 자원봉사 및 후원 기관과 관계 형성

* 공동생활가정(그룹홈) 운영 매뉴얼에 따라 각종 프로그램 운영

출처: 보건복지부(2024). 2024 아동분야 사업안내. p.217.

(5) 자립지원시설

아동복지시설에서 퇴소한 사람에게 취업 준비 기간 또는 취업 후 일정 기간 동안 보호함으로써 자립을 지원하는 것을 목적으로 하는 시설이다.

(6) 아동상담소

아동과 그 가족의 문제에 관한 상담, 치료, 예방 및 연구 등을 목적으로 하는 시설이다.

(7) 아동전용시설

어린이공원, 어린이놀이터, 아동회관, 체육 · 연극 · 영화 · 과학실험 전시시설, 아동휴게 숙박시설, 야영장 등 아동에게 건전한 놀이 · 오락, 그 밖의 각종 편의를 제공하여 심신의 건강 유지와 복지 증진에 필요한 서비스를 제공하는 것을 목적으로 하는 시설이다.

(8) 지역아동센터

지역사회 아동의 보호 · 교육, 건전한 놀이와 오락의 제공, 보호자와 지역사회의 연계 등 아동의 건전 육성을 위하여 종합적인 아동복지 서비스를 제공하는 시설이다.

(9) 아동보호전문기관

학대받은 아동의 치료, 아동학대의 재발 방지 등 사례관리 및 아동학대 예방을 담당하는 시설이다.

(10) 가정위탁지원센터

지방자치단체는 보호대상아동에 대한 가정위탁사업을 활성화하기 위한 시설이다.

(11) 아동권리보장원

아동정책에 대한 종합적인 수행과 아동복지 관련 사업의 효과적인 추진을 위하여 필요한 정책의 수립을 지원하고 사업평가 등의 업무를 수행하기 위한 시설이다.

3. 시설보호아동을 위한 복지 지원

1) 시설보호 서비스

시설보호아동에게는 다음과 같은 복지 서비스가 제공된다(윤매자 외, 2016).

(1) 입소지원체계 서비스

① 생계보호

주·부식비, 연료비, 피복비, 장의비, 초·중·고등학생 학용품비, 운동화, 교통비 등을 지원하며, 영양급식비와 교복비 지원, 그리고 교양도서관을 지원한다.

② 교육보호

중·고등학생의 수업료 및 입학금을 지원한다.

③ 취업 및 학업 지도

연장아동의 아동직업훈련시설이나 취업알선센터의 취업 지도, 퇴소아동의 자립 정착금을 지원하며, 시설종사자와 자원봉사자를 활용하여 학습 지도를 제공한다.

④ 직업훈련

고등학생의 취업 준비를 위하여 사설 학원의 설비를 자체적으로 확보하여 지원하는 시설, 인문계 학생의 국·공립기능대학과 직업전문학교의 입소, 지도를 지원한다.

⑤ 결연사업

지역 내 독지가와 후원자 발굴로 결연을 통한 정신적 · 물질적 지원을 연결한다.

(2) 퇴소지원체계

① 연장보호

아동복지시설에서 생활하고 있는 아동은 18세가 되면 시설에서 퇴소해야 하지만, 「아동복지법」 제16조에 따르면 대학 이하의 학교에 재학 중인 경우, 아동양육시설, 직업능력개발 훈련시설에서 직업관련 교육 · 훈련을 받고 있는 경우, 그 밖에 각종 아동복지시설에서 해당 아동을 계속하여 보호 · 양육할 필요가 있다고 대통령령으로 정하는 경우는 연장보호를 받을 수 있다.

② 주거 제공 서비스

퇴소연장아동에게는 취업 준비 또는 취업 후 일정 기간 보호를 위한 자립지원시설(자립생활관)을 통해 주거를 제공하고 있으나, 이용률이 낮아 시설 환경개선과 자립생활관 이용 기간을 24~25세까지로 확대하고, 최장 5년까지 이용할 수 있도록 하였다. 정부에서는 국토해양부(2013년 국토교통부로 변경), 교육부와 함께 2006년도부터 시설퇴소 아동에게 영구임대아파트 입주 자격을 부여하고, 공동생활가정과 전세주택을 지원하고 있다.

③ 기술교육

퇴소아동과 연장아동에 대해서는 직업훈련시설에서 기술교육을 받을 수 있도록 하고 있다.

④ 자립정착금 및 자립 수당

시설 퇴소 시에는 침구나 취사도구 등을 구입할 수 있도록 일정액의 시설 아동 자립정착금을 지원하고 있으며, 지원을 점차 확대해 나갈 예정이다. 또한 대학 진학, 기숙사 배정 우대, 학자금 지원 확대와 자립지원시설 상담 인력 증원, 아동복지시설에 자립 전담 인력 배치 추진 등의 퇴소아동 자립지원 방안을 마

련하여 추진하였다(보건복지부, 2008). 자립정착금은 지역마다 차이가 있지만 보건복지부에서는 아동 1인당 500만 원 이상을 지급하도록 규정하고 있다. 또한 아동양육시설, 공동생활 가정, 아동보호치료시설, 아동일시보호시설 등의 아동복지 시설보호 종료 5년 이내의 사람에게 경제적 부담을 줄여 주기 위해 매월 30만 원의 자립 수당을 지원하고 있다. 대학 진학을 할 경우에는 대학진학자금으로 1인당 500만 원 이상을 지급하도록 하고 있다.

⑤ 자립지원 프로그램

아동복지시설에서 보호를 받고 있는 아동을 대상으로 자립 준비를 위한 프로그램이 운영된다. 취업, 주거, 금전 관리, 생활 스킬 등을 다루며, 보호종료 후 안정적인 자립을 지원한다. 자립 준비 교육 내용은 <표 9-5>와 같다.

〈표 9-5〉 자립 준비 교육의 내용

구분	내용
일상생활 기술	자립에 필요한 일상생활능력 향상을 돕기 위한 교육: 세탁, 청소, 예의범절, 요리하기 등
자기 보호 기술	건강하게 자신을 돌보며 건전한 생활을 영위하기 위한 교육: 개인위생관리, 응급처치방법, 성교육, 스트레스 다스리기 등
지역사회 자원 활용 기술	나에게 필요한 지역사회의 다양한 자원을 활용할 수 있도록 돕기 위한 교육: 지역 내 활용 가능한 서비스, 사회자원 방문조사 및 활용
돈 관리 기술	미래의 경제문제에 대하여 합리적인 경제적 의사결정을 돕기 위한 교육: 교육을 통한 올바른 경제관념 형성, 효율적인 용돈 관리 기술
사회적 기술	원만한 대인 관계 형성을 돕기 위한 교육: 긍정적인 대인 관계 기술 습득, 효과적인 의사소통 기술 등집
진로 탐색 및 취업 기술	미래에 대한 목표를 설정하고 계획하여 진학 및 취업 준비를 돕기 위한 교육: 적성검사를 통한 상급학교 진학 및 직업탐색
직장 생활 기술	사회 초년생이 알아야 하는 정보와 취업 후 안정적인 직장 유지를 위한 직장 예절 교육: 이력서 작성법, 면접 방법, 대처 방법 등 직장 생활 기술 등
다시 집 떠나기	퇴소 후 자립을 위한 준비를 점검하고 돕기 위한 교육: 집 구하기, 계약, 이사 등의 거주지 마련 방법 등

출처: 보건복지부(2021). 아동분야 사업안내.

(3) 아동복지시설 아동 재활 치료 서비스

시설에 입소해 있는 아동 중 심리 · 정서 · 인지 · 행동상의 어려움이 있는 아동에게 아동권리보장원에서 매년 사업비 및 대상을 확대하여 실시하고 있다. 내용은 <표 9-6>와 같다.

〈표 9-6〉 치료재활 서비스 내용

구분		내용
대상		양육시설, 공동생활가정, 아동보호치료시설 보호 아동
대상 선정		신청 아동 전원에게 사전 심리검사를 실시하여 대상자를 선정하고, 이후 선정된 아동은 종합심리검사를 추가로 실시하여 맞춤형 치료재활 서비스를 지원함
2단계	종합 심리검사	웩슬러 지능검사, 문장완성검사, 그림검사, 로르샤흐검사, 아동용 종합 주의력 검사, 다면적 인성검사 등
		놀이치료 미술치료, 심리상담, 언어치료, 인지치료, 음악치료 등
통합사례관리 프로그램		심리치료의 효과를 높이기 위하여, 건강 관리(운동 등), 학습문화 · 여가, 주 양육자와의 관계 증진, 경제 교육 등의 프로그램도 같이 지원

(4) 아동복지시설 평가의 프로그램 및 서비스 영역

2025년 기준으로 우리나라 아동복지시설에서 운영되고 있는 프로그램은 아동의 기본 생활 지원부터 교육, 정서, 자립, 건강, 문화까지 전 영역에 걸쳐 통합적이고 맞춤형 프로그램이 운영되어 아동의 전인적 성장과 복지 증진을 도모하고 있다.

① 생활 지원 프로그램

아동이 일상생활을 원활하게 영위할 수 있도록 기본 생활 습관 형성, 식사 및 위생 관리, 자기 돌봄 능력 향상 등을 목표로 한다. 이를 통해 아동은 건강한 신체와 정서적 안정을 도모할 수 있다.

② 교육 지원 프로그램

기초 학습 능력 향상과 학업 격차 해소를 위해 방과 후 학습, 독서 활동, 맞춤형 학습 지도 등을 제공한다. 특히 개별 아동의 학습 특성과 발달 단계에 맞춘

교육 지원이 강화되어 아동의 학습 의욕을 높이고 성취감을 증진시킨다.

③ 정서적 안정을 위한 심리 · 정서 지원 프로그램

전문 상담사와 치료사가 참여하는 상담치료, 놀이치료, 집단치료 등이 제공되어 아동의 스트레스 해소와 정서적 회복을 돕고, 자기 존중감과 사회성 향상에 기여하고 있다.

④ 아동의 미래 자립 역량 강화를 위한 자립 지원 프로그램

직업 체험, 진로 상담, 경제 교육, 자립생활 훈련 등으로 구성되어 있으며, 특히 청소년 대상의 직업훈련과 사회 적응 능력 향상에 초점을 맞추고 있다.

⑤ 건깅 및 인전 관리 프로그램

건강한 신체 발달과 안전을 위해 정기적인 건강검진, 예방접종, 안전 교육 등 건강 및 안전 관리 프로그램이 필수적으로 시행되고 있으며, 이를 통해 아동의 신체 건강과 시설 내 안전 환경이 유지된다.

⑥ 아동의 문화적 경험과 사회성 발달을 지원하는 문화 · 여가 프로그램

체육 활동, 음악 · 미술 · 연극 등 예술 활동, 야외 캠프 및 견학 등 다양한 활동을 제공하여 창의성과 사회적 관계 형성에 긍정적인 영향을 준다.

4. 시설보호 서비스의 문제점과 개선 방향

우리나라의 사회 환경의 변화는 가정의 기능의 약화로 인한 죽음, 이혼, 가출, 경제적 문제, 사회적 결여, 학대 등의 여러 이유로 인해 보호가 필요한 아동이 많이 발생하고 있다. 원가정에서 더 이상 양육자가 없어서 누군가의 도움이 필요한 아동에게 입양 서비스 및 가정위탁보호 등의 서비스는 많이 부족한 실정이다. 아동의 복지를 위한 시설보호 서비스가 이루어지기 위해서는 현 시설이 가지고 있는 문제점을 파악하는 것이 중요하다.

1) 시설보호 서비스의 문제점

(1) 아동복지시설 환경

시설 환경의 문제는 아동의 형태에 영향을 주는 물리적 요소로서, 그 중요성이 크다. 특히 시설의 위치 문제는 지역사회와의 접근성 등의 문제를 발생시킬 수 있는 요소로서 중요하게 고려되어야 한다. 시설의 구조에서 나타나는 문제점은 여전히 시설의 형태가 소규모 그룹식보다는 대규모로 이루어지고 있어 아동이 시설을 가정과 같이 느끼고 생활하는 데에 여러 어려움이 있다. 또한 아동이 편안하게 지낼 수 있어야 하는데, 안전이 보장되지 않는 시설 설비, 용품들에 대한 관리가 부족한 실정이다.

(2) 시설 인력 관리 문제 및 근무 조건

시설에 근무하는 종사자의 자질은 시설에 보호되고 있는 아동에게 많은 영향을 주고 있어 질적인 면에서 중요하다. 보육사 1인이 담당하는 아동 수가 많아 아동의 개별적 욕구 충족이 어렵다. 낮은 보수를 받으며 일을 하고 있고 2001년 4월부터는 3세 미만의 영아가 있는 보호시설에서는 2교대 근무 외에도 하루 종일 많은 업무를 감당해야 하는 실정이다.

(3) 재정 문제

우리나라 대부분의 보호시설은 재정에 많은 어려움을 가지고 있다. 국가와 지방자치단체가 시설의 운영비용은 모두 보고하고 있지만, 각 시설마다 현실적인 보조금을 책정하고 있지는 않아 현실적이지 못하다는 어려움이 있기에 민간후원금에 의존하고 있다.

(4) 프로그램의 다양성 부족

시설보호아동 중 부모나 부모 중 한 분이 생존해 있는 경우도 많은데, 원가족

을 도울 수 있는 프로그램이나 정서적 안정감을 줄 수 있는 프로그램 등 아동의 개별성을 존중하고 인정해 줄 수 있는 다양한 프로그램이 부족한 실정이다.

2) 시설보호 서비스의 개선 방향

(1) 소규모 시설보호로 확대

대규모 시설에서 보호받는 아동은 개별적 서비스를 받기 어려우며, 획일화된 서비스와 종사자와 정서적인 유대 관계를 형성하기 어려우므로 정서적 스트레스를 경험할 수 있다. 따라서 소규모 시설로 아동에게 가정과 같은 환경을 제공함으로써 가정과 같은 안정감을 느낄 수 있도록 해 주어야 한다. 시설의 질을 높이기 위해서는 소규모 숙소와 그룹홈 제도가 확산되어 30인 이상의 시설을 소숙사 규모로 전환하고, 보육사를 부모와 같이 배치하여 일반 가정과 같은 집단을 구성할 수 있도록 지원하는 것이 필요하다. 이를 위하여 제도적·재정적인 국가 지원이 확대되어야 한다.

(2) 지역의 특수성을 이해하는 균형 있는 서비스

지역 주민과 연계되는 여러 복지 서비스가 제공되며, 여러 다양한 교육 프로그램의 개발, 지역사회 복지 센터로서의 역할 분담, 재정적인 지원, 자원봉사 등 다양한 효과를 이룰 수 있다. 따라서 아동복지시설이 지역별로 배치가 균형 있게 이루어질 수 있도록 해야 한다.

(3) 시설보호 종사자의 전문성 및 처우 개선

시설보호아동의 정서적 유대감을 위해서 종사자의 자질이 매우 중요하다. 최근에는 다양한 이유로 시설에 입소하는 아동이 늘고 있으므로 이들의 다양하고 복잡한 요구를 충족시켜 줄 수 있기 위해 종사자의 전문성이 요구된다. 아동을 단순히 보호하는 것이 아니라 아동의 다양성을 인정하여 상담하고 정서적 치료를 할 수 있는 전문성을 갖추어야 한다. 또한 종사자의 질을 높이고 소진과 이직률을 줄여 행복하게 일할 수 있도록 안정적인 처우 개선이 중요하다.

(4) 프로그램의 다양성

시설복지 차원에서 이루어지는 프로그램이 예전에 비해 다양해지기는 했지만 시설에서 퇴소한 후 적응할 수 있는 자립준비 프로그램과 퇴소 후 개별 아동의 특성을 이해하는 사회 적응 프로그램을 제공하여 도움을 줄 수 있어야 한다. 또한 현대사회에서는 가족의 다양한 문제로 시설보호가 필요한 경우가 있으므로 부모나 부모 중 한 사람과 교류가 있다면 관계 개선이나 정서적 프로그램과 같이 원가정을 돕고 협력할 수 있는 프로그램 등을 제공하여야 한다.

(5) 퇴소 아동을 위한 자립지원 강화

시설보호 후 연령이 되어 자립을 해야 하는 아동에게는 개인 아동의 특성을 고려하여 스스로 자립할 수 있는 계획을 세우고 그 아동의 장점을 살려 자립할 수 있는 기술들을 배울 수 있도록 도와주어야 한다. 또한 상담 등 조언을 할 수 있는 멘토·멘티 프로그램을 통해 자립 후에도 지속적으로 경제적 지원뿐만 아니라 정서적 지원이 강화되어야 한다.

제10장

빈곤아동을 위한 복지 서비스

빈곤아동을 위한 복지 서비스는 그들의 삶의 질을 향상시키고, 사회 전반에 긍정적인 영향을 미치는 데 필수적이다. 빈곤가정의 구성원인 아동의 생활 환경은 가정, 학교, 지역사회의 환경과 밀접하게 관련되어 있고, 빈곤 문제는 그 자체로서 아동의 양육 환경상의 박탈과 결함이라는 속성을 가지고 있다. 즉, 빈곤아동은 경제적 어려움으로 인해 교육, 건강, 사회적 활동 등의 기회를 제한받을 수 있으며, 이와 같은 현상은 행동장애와 반사회적 행동을 초래하는 부정적인 파급 효과로 나타난다(오정수·정익중, 2011). 모든 아동은 존엄성과 권리를 지니고 있기에 국가적 차원의 체계적인 정책 수행과 실천적 개입을 통해 인도적 책임을 수행해야 한다. 본 장에서는 빈곤의 개념을 알아보고, 빈곤아동의 현황 및 복지정책 서비스, 지원 정책의 개선 방향에 대해 살펴보기로 한다.

1. 빈곤의 개념

아동은 미성년자로서, 경제적으로 성인 가족원들에게 의존하는 존재이기 때문에 아동이 속해 있는 가족이나 가구가 빈곤할 경우 아동은 이에 따른 물질적·심리적 자원 부족에 가장 취약하게 노출된다. 즉, 아동은 가족의 부양을 받고 있는 존재이므로 아동이 빈곤하다는 것은 아동이 속해 있는 가족이 빈곤한 상태임(Munujin & Nandy, 2012; Roosa et al., 2005)을 의미한다. 다음에서는 빈곤의 개념을 살펴보고, 빈곤의 원인에 대해 살펴보기로 한다.

1) 빈곤의 개념

빈곤은 생활에 필요한 물자가 없거나 부족한 상태 또는 일반적으로 기본 수요의 부족 현상으로 생활필수품의 결핍과 그것이 가져오는 육체적·정신적 불안감을 포함하는 생활 상태(이철수, 2009)로 정의된다. 빈곤의 개념은 나라 및 학자에 따라 다양하나 일반적으로 개인이 인간의 삶에서 일상생활을 영위함에 있어서 주관적이거나 객관적으로 궁핍을 느끼는 정도로 삶의 영위에 필요한 재화 획득에서 욕구 충족이 필요한 상태를 뜻한다(김재환·최진원·곽미정, 2022). 즉, 경제적·사회적·문화적 자원이 부족하여 기본적인 생활 수준을 유지할 수 없는 상태를 의미한다.

전통적으로 빈곤이란, 최소한의 인간다운 생활에 필요한 물질적 자원(소득)의 부족 상태로 정의되었다. 이와 같이 초창기에는 생필품을 구할 수 있는 경제적 능력 여부에 따라 빈곤의 여부를 결정하는 절대적 기준을 정하고 그 이하를 빈곤으로 정의하였으나, 차차 상대적인 빈곤 개념으로 그 논의를 보완해 왔다. 최근의 빈곤은 물질적 자원이 있느냐 없느냐 하는 문제보다도 각종 자원에 접근할 수 있는 기회와 의지에 주목한다. 빈곤은 크게 절대적 빈곤, 상대적 빈곤, 주관적 빈곤의 세 유형으로 구분해 볼 수 있다(김재환·최진원·곽미정, 2022; 조형숙 외, 2022; 황해익 외, 2016).

(1) 절대적 빈곤(Absolute Poverty)

가장 널리 사용되는 빈곤의 정의로서, '한 가구(또는 지출)의 최저 생활을 유지하는 데 필요한 생계비에 미달하였을 경우'를 빈곤으로 정의한다. 인간으로서 생활하는 데 필요한 최저생계비가 있다. 최저생계비란 "국민의 건강하고 문화적인 생활을 유지하기 위해 소요되는 최소한의 비용(「국민기초생활 보장법」 제2조의5)"을 의미하며, 최저생활이라고 생각되는 수준의 삶을 살기 위해 반드시 지출해야 한다고 생각되는 비용을 말한다. 이러한 최저생계비에 미치지 못한 가계의 수입으로 인해 비용이 부족하여 아동을 양육하는 데 어려움이 있을 수 있다. 세계은행에서는 하루에 1.90달러 미만으로 살아가는 상황을 절대적 빈곤으로 정의하며, 이는 개인이나 가정이 기본적인 식량, 주거, 의료 등을 충족할 수 없는 상태를 의미한다. 절대적 빈곤은 주로 다음과 같은 '기본적 욕구 방법'과 '음식비 비율 방법'으로 계측된다(김태성 · 송병돈, 2002).

첫째, 기본적인 욕구 방법은 생존을 위해 필수적인 요소, 일반적으로 음식, 주거, 의복, 의료, 교육 등의 욕구를 해결하는 데 드는 비용에 따른 수준을 결정하는 방법으로, 객관적으로 빈곤을 측정하려는 시도이다. 예를 들어, 일일 칼로리 섭취량, 적절한 주거 환경, 기본 의료 서비스 접근성 등을 확보하기 위해 필요한 소득 수준을 계산하는 것이며, 설정된 소득 기준에 미치지 못하는 경우를 절대적 빈곤으로 간주한다. 이 방법은 필수품을 모두 고려하였다는 점에서 전물량 방식으로 불린다. 우리나라의 경우 최저생계비 계측은 바로 이러한 기본적 욕구 방법에 따라 빈곤 대책의 대상자 선정과 급여 수준을 결정하고 있다. 즉, 우리나라 최저생계비는 어떤 품목이 필수적이며 그 품목을 얼마만큼 사용하는가를 구축하는 기초 생필품 목록 및 사용량을 결정하고 그것을 구매하는 데 드는 비용을 계산함으로써 추계된다.

둘째, 음식비 비율 방법은 개인이나 가정의 소득에서 음식비가 차지하는 비율을 기준으로 절대적 빈곤을 계측하는 방법이다. 이 방법에 따르면 우선 건강한 생활을 유지하는 데 필요한 최소한의 식량 비율을 산정하여, 각 가정의 소득

에서 음식비가 차지하는 비율을 계산하는 것이다. 일반적으로 음식비가 소득의 1/3 이상을 차지할 경우 절대적 빈곤으로 간주한다. 이 방법을 엥겔 방식이라고 하는데, 이는 모든 필수품이 아닌 최저 식료품비를 중심으로 구성하였다는 점에서 반물량 방식이라고 불린다. 이와 같은 절대적 빈곤의 개념은 육체적 생존을 위한 최저 수준의 확보라는 장점도 있지만, 계측의 문제점과 빈곤의 다른 특성을 파악하지 못하는 문제점이 있다.

우리나라 아동의 절대빈곤에는 다음과 같은 경향성이 나타난다(이완정 · 권혜진 · 양성은, 2009).

첫째, 아동의 절대빈곤율은 도시보다는 농촌 지역에서 높게 나타난다. 둘째, 아동의 절대빈곤율은 가구 유형별로 살펴보면 맞벌이 가정에 속한 아동의 빈곤율이 가장 낮고 모자가정이나, 특히 조손가정의 아동이 절대적 빈곤인 경우가 매우 높다. 셋째, 아동의 연령별로 보면 5세 이하 아동 집단에서 다른 연령 집단보다 절대빈곤율이 더 높게 나타난다. 이는 영유아를 위한 조기 빈곤중재 프로그램의 필요성이 크다는 것을 시사한다.

(2) 상대적 빈곤(Relative Poverty)

한 사회의 기존 생활 수준과 직접 비교하는 정의로서, 절대빈곤의 추계가 실제로 매우 어려우며, 상당한 임의성을 내포하기 때문에 상대빈곤의 개념이 널리 사용된다. 상대적 빈곤이란, 사회의 평균 또는 일정 생활 수준과 비교해 볼 때 상대적으로 적게 가진 상태를 말한다. 상대적 빈곤을 측정하는 방법 중 하나는 가정의 소득이 해당 국가나 사회의 평균소득(mean income)이나 중위소득(median income)의 일정 수준 이하를 빈곤으로 정의하거나 전체 소득 분포상에서 일정 수준 이하를 빈곤으로 정하는 것이다. 일반적으로 가정의 소득이 중간소득의 50% 또는 60% 이하일 경우 상대적 빈곤 상태로 간주한다. 상대적 빈곤은 소득의 상대적 분포를 반영하므로, 사회 내 소득 불평등을 측정하는 데도 활용된다. 이는 특정 사회에서 소득 격차가 커질수록 상대적 빈곤 인구가 증가한

다는 것을 의미하며, 빈곤이 개인뿐만 아니라 사회의 문제가 될 수 있음을 알 수 있다.

상대적 빈곤은 경제적 자원뿐만 아니라 사회적·문화적 참여를 제한하는 요소가 될 수 있다. 소득이 낮아 일반적으로 누리는 문화적·사회적 활동에 참여하기 어렵고, 이는 사회적 소외나 심리적 스트레스를 유발할 수 있다. 현재 국제적으로 빈곤은 상대적인 개념으로 활용되는 추세이며, 빈곤을 사회적으로 정의하는 것에는 그 사회에 있어서 하위 소득 분위를 어떻게 잡느냐에 따라 달라진다.

(3) 주관적 빈곤(Subjective Poverty)

주관적 빈곤은 자신이 주관적으로 생각하기에 충분히 갖고 있지 않다고 느끼는 상태를 기준으로 판정하는 것이다. 즉, 객관적으로 부여된 빈곤 지위가 아니라 개인이 자신의 생활 수준이나 경제적 상태를 어떻게 느끼는지를 기준으로 빈곤을 평가하는 개념이다. 이는 소득이나 경제적 자원뿐만 아니라 개인의 인식과 기대, 주변인과 비교하여 자신의 생활 수준을 평가하는 사회적 비교 등에 기반하여 빈곤을 정의 및 평가하는 것으로, 개인의 심리적·사회적 상태에 대한 이해를 필요로 한다.

2) 빈곤의 원인

빈곤은 다양한 사회학적 관점에서 이해할 수 있다. 빈곤의 원인을 기능주의적 관점, 갈등주의적 관점, 낙인주의적 관점에서 살펴보기로 한다(송정애, 2013).

(1) 기능주의적 관점

빈곤의 원인을 개인적 관점에서 보는 입장으로, 가구주 사망, 질병, 불구나 장애, 노령, 낮은 교육 수준 등을 빈곤의 요인으로 본다. 빈곤이 사회 문제가 되는 것도 빈곤층이 사회에 적응하지 못하고 적절한 기능을 수행하지 못하여 발생하는 이탈 행위 때문이라고 본다. 즉, 기능주의 관점은 아동의 빈곤을 일종의 사회 문제로 보고 사회체계의 기능적 결함에 기인하는 현상으로 이해한다.

(2) 갈등주의적 관점

한 집단이 사회 내의 다른 집단보다 더 적은 경제적 자원을 가질 때 빈곤이 존재한다고 본다. 이 관점은 재산, 지식, 자원, 기회 등의 무소유와 충족 상태, 즉 사회 내 자원의 분배가 불평등하게 이루어지며, 이것이 사회적 불평등을 지속시킨다고 본다.

(3) 낙인주의적 관점

빈곤의 원인을 개인적 요인, 즉 동기의 결여, 낮은 열망 수준, 무절제, 게으름, 의타심, 부적응 등과 같은 개인적 결함과 책임으로 본다. 즉, 사회가 특정 개인이나 집단에 부정적인 낙인을 부여함으로써 빈곤층이 사회에서 소외되고 배제되는 과정을 강조하는 것이다. 따라서 낙인주의 관점에서는 단지 경제적 박탈의 문제가 아니라 인격체의 자아 개념과 관련되며, 사회적 지원과 기회를 얻기 어려워 빈곤의 지속성과 악순환을 초래하며 빈곤층 삶의 질을 저하시킨다.

2. 빈곤가정 아동에 대한 이해

1) 빈곤가정 아동의 현황

빈곤 및 불평등의 규모는 해당 국가의 사회적 위험이 어느 집단에 집중되어 있으며, 어느 정도 수준인가를 나타낸다. 빈곤 및 불평등의 심화는 사회의 불안을 가중시키고 통합을 저해하는 요소로 작용할 수 있다. 우리나라는 1997년과

2008년 두 차례의 경제 위기를 거치면서 빈곤 및 불평등에 관련한 연구가 증가해 왔다. 왜냐하면 빈곤은 가족해체의 요인이 될 수 있기 때문에 우리나라 빈곤율을 알아보고 정책 결정의 기초 자료로 활용하며 대비할 필요가 있다.

2023년 빈곤통계연보(한국보건사회연구원, 2023)에 따르면, 상대적 빈곤율(중위소득 50% 미만 적용)을 구분별로 살펴보면, 2021년의 시장소득, 경상소득 및 가처분소득 기준 빈곤율은 전년 대비 모두 감소한 모습을 보였다. 시장소득 기준 2021년 상대적 빈곤율은 21.1%로 2020년 21.5%보다 0.4%p 감소하였다. 가처분소득 기준 2021년 상대적 빈곤율은 15.1%로 2020년 대비 0.2%p 감소한 것으로 나타났다.

〈표 10-1〉 상대적 빈곤율(중위 50% 기준)

(단위: %)

구분	2016년	2017년	2018년	2019년	2020년	2021년
시장소득	20.7	20.8	21.0	21.4	21.5	21.1
경상소득	17.9	17.5	16.9	17.0	16.2	15.8
가처분소득	17.6	17.3	16.7	16.3	15.3	15.1

출처: 통계청. (각 연도). 가계금융복지조사 원자료.

인구 유형별 빈곤율 중 우선 아동빈곤율을 살펴보면, 2016년 시장소득 기준으로 중위 50% 이하의 경우 15.5%에서 2021년 12.7%로 전년 대비 0.2%p 감소하였다. 최근 아동빈곤 실태와 추이는 첫째, 직접적인 요인으로 아동이 있는 가구의 가구소득 상승을 꼽을 수 있다. 여기에는 인구 고령화의 영향으로 인해 노인가구 비중이 높아짐에 따라 아동 가구의 상대 소득이 높아진 결과도 포함될 수 있다. 둘째, 아동이 있는 가구에 대한 소득 재분배 효과(빈곤 감소 효과)가 커진 결과로 볼 수 있다. 무상보육, 아동수당 등의 정부 지원금이 아동 가구의 빈곤을 감소시키고 있다고 해석된다. 마지막으로, 현재 가난으로 인해 혹은 결혼이나 출산으로 인해 빈곤해질 가능성이 크다고 예견되는 청년들이 결혼이나 출산을 포기하거나 미룬 결과, 즉 한국의 초저출산율과 상관성이 있는 것으로 해석되며, 이 세 가지 요인은 복합적으로 작용하고 있다(김성경 · 김혜영, 2021). 여성가구주가구의 2021년 시작소득 기준 빈곤율은 39.9%로, 전년 대비 2.2%p 감소하였다. 한부모가구의 2021년 시작소득 기준 빈곤율은 43.8%로, 2020년 40.5%에서 3.3%p 증가하였다.

〈표 10-2〉 중위소득 기준 아동, 여성가구주, 한부모가구 빈곤율

(단위: %)

	아동 시장소득 중위 50%	여성가구주 시장소득 중위 50%	한부모가구 시장소득 중위 50%
2016	15.5	43.6	48.2
2017	14.5	43.3	48.6
2018	13.1	43.4	49.1
2019	12.1	44.0	44.9
2020	12.9	42.1	40.5
2021	12.7	39.9	43.8

출처: 한국보건사회연구원(2023). 2023년 빈곤통계연보.

2) 빈곤아동이 가지는 어려움

빈곤은 아동의 전반적인 발달과 삶의 질에 광범위하고 심각한 영향을 미친다. 빈곤이 아동에게 미치는 영향을 비교한 연구들에 의하면 빈곤을 경험하는 아동은 그렇지 않은 아동보다 개인 내적으로 우울이나 자아존중감의 저하, 사회적인 또래 관계의 어려움 및 품행 장애를 겪을 가능성 등 다양한 발달 측면에서의 문제가 빈곤을 경험하지 않는 아동보다 높게 나타난다고 보고된다. 따라서 가족복지의 영역에 있어서는 가족이 담당하지 못하는 부분을 보완하기 위한 사회적 지지 등의 보호 요인을 제공하는 것이 필요하다. 여기에서는 건강, 교육, 정서 및 심리, 사회적 발달 등에 미치는 영향에 대해서 알아보고자 한다(오정수 · 정익중, 2011; 조형숙 외, 2022).

(1) 건강적 측면

아동기의 건강은 성장 발달과 직접적으로 관계가 있을 뿐만 아니라 성인기 건강으로까지 이어질 수 있다는 점에서 중요하기 때문에 건강 상태를 잘 살펴서 발달 단계에 맞는 성장을 할 수 있도록 도와줄 필요가 있다. 빈곤한 가정의 아동은 경제적 제약으로 인해 균형 잡힌 식사를 할 기회가 적어 영양 부족 상태에 놓일 수 있다. 예를 들어, 아동기 결식 문제에서 비롯된 영양의 결핍이나 불균형은 성인기에 골다공증(칼슘 부족), 위암, 뇌졸중(염분 과다 섭취), 당뇨(비만) 등의 문제를 일으킬 수 있으며, 특히 철분 결핍성 빈혈은 인지 능력의 저하와 관련이 있다(Pollitt et al., 1985). 이런 연구들은 간접적이나마 빈곤계층의 아동이 장기적으로 열악한 건강 수준을 가질 수 있음을 보여 준다. 또한 빈곤은 불충분한 의료 접근성과 연결되어 있어 일상적인 건강 관리와 필요한 의료 서비스를 받기에 어려운 상황이다. 이로 인해 질병의 조기 발견과 치료가 어려워져 삶을 일찍 마감하게 만들 수 있는 요인이 된다.

(2) 교육적 측면

소득 수준이 낮은 부모는 의식주를 해결해야 하는 필수생활비의 부담이 높게 차지하기 때문에 아동에게 들어가는 교육 비용이 적을 수밖에 없다. 즉, 빈곤 가족은 자녀의 학업 자원, 교육 기회 및 학습 지원이 부족하여, 아동이 학교 성적이 낮고 교육 이탈률이 높다. 다른 아동이 접하게 되는 다양한 교재교구, 장난감, 체험활동 등이 상대적으로 제한되기 때문에 인지 발달을 자극할 수 있는 경험도 제한된다.

(3) 정서 및 심리적 측면

빈곤가정의 아동은 가정의 부적절한 환경으로 인해 사회정서적인 어려움이나 학습·학교생활에서의 부적응 행동 등이 다른 계층의 아동보다 높게 나타난다. 물질주의가 만연한 사회에서 빈곤한 아동은 종종 낮은 자존감을 경험할 수 있으며, 이는 그들의 사회적 상호 작용과 개인적 성취에 부정적인 영향을 미친다. 심한 경우 사회의 도덕과 규범에 위배되는 행동을 하지 않을 수 없는 상황에 놓이게 된다. 빈곤 자체도 문제이지만 이것이 비행, 범죄, 알코올 중독 등 수많은 병리현상의 원인이 되기 때문에 더욱 심각한 사회 문제이다.

(4) 사회적 측면

경제적 제약은 아동이 동료들과의 여가 활동이나 외부 사회적 활동에 참여하는 데 제한을 가져올 수 있으며, 이는 사회적 기술과 네트워킹 기회의 부족으로 이어진다. 일부 연구에서는 빈곤이 높은 지역에서 청소년 비행과 범죄율이 높다는 점을 지적하며, 이는 사회적 · 경제적 불평등과 연결되어 있다.

3) 빈곤가정 부모의 양육 특성과 아동발달

[그림 10-1]의 가족과정 모델 관점에 의하면 취약계층의 부모는 경제적 스트레스를 비롯하여 많은 스트레스 상황에 노출된다. 이러한 스트레스는 부부 관계나 양육태도에 부정적 영향을 미치며, 이것이 아동에게도 부정적인 영향을 미치고 있음을 알 수 있다. 빈곤이나 경제적 어려움으로 야기된 갈등은 가족 내 역기능으로 나타나고, 주로 부모는 비일관적이고 부정적인 양육행동을 하게 되는 것이다. 빈곤이나 경제적 불이익은 부정적 부모-자녀 상호 작용, 낮은 부모의 자녀교육 관여 및 기대, 부부의 심리적 스트레스에 영향을 미치고, 이는 다시 자녀의 학업 실패 및 문제행동에 영향을 미치는 것으로 나타났다. 심리적 스트레스가 많은 부모는 양육 태도에 있어서 강압적인 훈육 방식을 더 많이 사용하기 때문에 따뜻하고 지지적인 반응보다는 적대적 태도를 보이는 경향이 높다(곽금주 · 유제민 · 김정미, 2007).

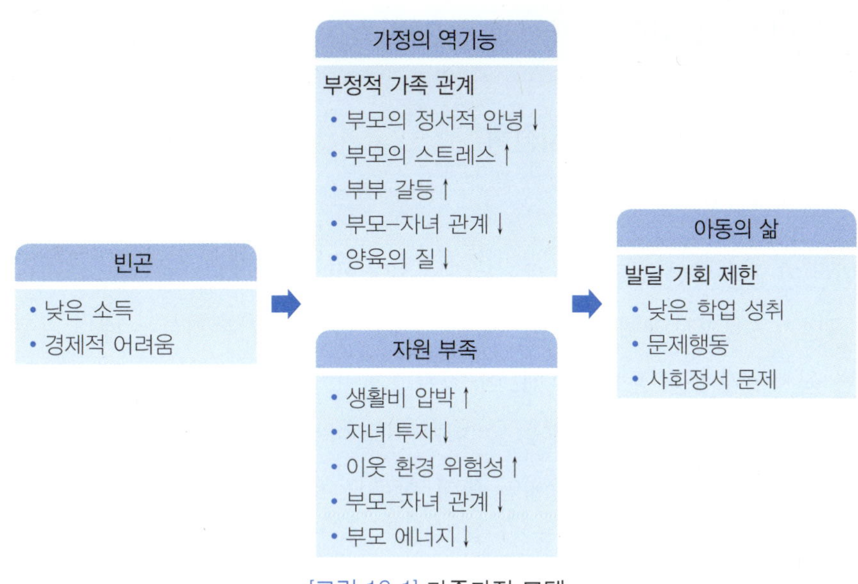

[그림 10-1] 가족과정 모델

출처: 서보준 · 김우호 · 박선태 · 이정미(2016). 아동복지론. 경기: 공동체.

빈곤아동은 성장 과정에서 다양한 불이익과 차별을 경험하여 문제를 발생시킬 가능성이 있지만 모든 빈곤아동이 문제를 경험하는 것은 아니다. 빈곤아동 중에서 상황을 잘 극복하고 훌륭하게 성장하는 경우도 다수 발견할 수 있다. 이는 빈곤이라는 동일한 악조건에서도 아동이 가진 독특한 자질에 따라 차별적인 결과가 나타날 수 있음을 의미한다. 이러한 결과는 어려운 상황에서도 원래 기능을 회복한다는 의미에서 탄력성(resilience)이라고 부른다. 아동의 탄력성 요인에는 개인적 인성 특질, 부모와의 관계, 가족 외 외부의 사회적 지지로 교사, 조부모, 친구와 같이 아동과 특별한 관계를 유지하는 사람의 존재 등이 아동의 탄력성에 기여한다고 할 수 있다(어윤빌렉, 2015).

3. 빈곤아동을 위한 복지정책 및 서비스

1) 빈곤아동을 위한 사회복지정책

(1) 기초생활보장제도

빈곤 가구를 위한 소득보장제도는 공공부조의 성격을 갖는 제도로, 우리나라는 국민기초생활보장제도 중심으로 운영되고 있다. 보건복지부는 매년 가구원 수별 최저생계비를 공표하는데, 이 최저생계비에 미달하는 가구가 절대빈곤 가구로, 기초생활수급 가구라 할 수 있다. 빈곤아동은 대부분 기초생활수급 가구의 아동으로, 일반 세대, 장애인 세대, 한부모 세대, 소년소녀가장 세대에 포함되어 있다.

우리나라 기초생활수급자의 선정 기준은 기준중위소득의 30~50% 이하의 가구이며, 생계급여의 경우 기준중위소득의 30% 이하, 의료급여는 40% 이하, 주거급여는 45% 이하, 교육 급여는 50%이며, 기초생활보장 대상자에 대한 지원 내용은 <표 10-3>과 같다.

〈표 10-3〉 기초생활보장 대상자에 대한 지원

지원제도	내용
감면제도	주민세, TV수신료, 자동차검사 수수료, 주민등록증 발급 수수료 등을 면제한다. 상하수도 요금, 전화요금, 전기요금, 자동차보험료 등을 감면한다.
생계급여	생계급여는 수급자에게 의식주비, 수도·광열비와 기타 일상생활에 기본적으로 필요한 금품을 지급하는 것으로, 매월 정기적으로 현금으로 지급한다.
의료급여	의료급여 수급권자는 부양의무자가 없거나, 부양의무자가 있어도 부양 능력이 없거나 부양을 받을 수 없는 사람으로서 그 소득인정액이 의료급여 선정 기준 이하인 사람으로 한다.
주거급여	수급권자는 소득인정액이 「국민기초생활 보장법」 제20조 제2항에 따른 주거급여 선정 기준 이하인 사람으로 한다.
그 외 급여	해산급여, 장제급여, 자활급여 등

출처: 김성경·김혜영(2021). 현대사회 아동복지론. 경기: 양서원.

(2) 아동수당제도

아동수당은 아동빈곤과 관련하여 주요하게 거론되는 정책 수단 중 하나이다. 아동수당제도가 도입된 국가의 경우, 일정 수준의 소득대체율을 유지하고 있고, 여성의 노동시장 참가율은 도입 국가 모두에서 점진적으로 증가하는 추세이다. 빈곤가정의 근로활동 참여를 유도하기 위해서는 아동양육비용의 현실화가 요구된다.

우리나라 아동수당제도는 「아동수당법」(2018년 3월 제정, 2018년 9월 시행)에 따라 시행되고 있다. 아동과 양육가구 지원을 위해 운영되는 기본적인 사회복지제도로서, 현재 OECD 가입국 대부분이 가족지원 정책으로 운영 중이다. 현재 만 7세 미만 아동에게 월 10만 원의 수당이 지원되고 있으며, 이는 우리나라의 대표적인 보편주의적 복지제도라 할 수 있다. 아동수당제도는 아동을 양육하는 가구의 부담을 고려하여 개별 아동을 기준으로 가족에게 현금을 직접 이전해 주는 제도로, 다음과 같이 여러 정책 효과를 갖는다.

- 단기적으로 자녀가 있는 가구와 무자녀 가구 간의 생활비 차이를 보전하고, 소득계층 간의 갈등을 완화하고 사회통합과 사회적 책임성을 높일 수 있다.
- 장기적으로 양호한 자녀 양육 환경을 조성함으로써 출산 유인 효과도 기대할 수 있다. 즉, 자녀 양육 부담으로 인해 출산을 피하는 세대의 출산을 유인한다는 점에서 정책 효과가 있다.
- 장기적으로 아동의 인적 자본 투자에 대한 사회적 책임을 강화하고 자녀 양육에 따른 경제적 부담을 사회와 국가가 분담함으로써 아동 가구의 빈곤 위험을 예방하고, 생애 초기에 대한 개입을 통하여 인적자본 투자의 효과성을 높일 수 있다.

(3) 무상교육 · 보육 지원

우리나라에서는 2013년부터 전면 무상교육 · 보육 정책을 시행하고 있다. 현재 3~5세 유아 대상으로 확산 · 적용되고 있는 누리과정은 우리나라 유아의 생애 초기 출발선에서의 평등 보장을 위한 취지로 도입되어 운영되고 있다. 영유아기 교육에 대한 경제적 효과분석 연구에서 생애주기별로 보았을 때 영유아기 인적 자원에 대한 투자가 투입 대비 회수 비율이 가장 높다고 알려져 왔다.

육아정책연구소에서 실시한 무상교육 · 보육제도의 효과는 다음과 같이 나타났다. 3~5세 유아들의 누리과정 성취 수준을 유아가 속한 가족의 사회 인구학적 배경에 따라 살펴본 연구(이정림 외, 2014)에 의하면, 양부모가 없는 가족 유형(한부모, 친인척 가족) 및 다문화 가정의 유아들을 포함한 취약계층 유아들에 대한 누리과정 적용 효과는 사전조사에 비해 사후조사에서 큰 폭으로 상승하여 시간이 경과함에 따라 취약계층이 아닌 가정의 유아를 따라잡는 경향을 보였다.

2) 빈곤아동을 위한 복지 서비스

(1) 스타트 사업

사회에서 빈곤아동, 특히 연령이 어린 빈곤아동을 보호하기 위한 대표적인 사업 중 하나가 스타트 사업이다. 국가 수준의 적극적인 지원 정책으로, 미국은 1965년부터 저소득층 가정과 가족 내 영유아를 대상으로 헤드스타트 프로그램(head start program)을 실시하였고, 영국도 1997년에 슈어스타트(sure start)가 제안되어 1999년부터 첫 프로그램이 시작되었다. 캐나다에는 페어스타트(fair start), 호주에는 베스트스타트(best start) 사업이 있다. 이들 사업은 국가가 아동빈곤에 조기개입을 할수록 빈곤의 부정적 영향이 줄어든다고 보며, 취약아동에게 공정한 출발선을 보장해 주고자 한다.

우리나라는 빈곤아동이 증가하는 추세에 따라 정부에서 기존의 사후적 개

별 서비스의 확대로는 효과적 대응이 곤란하다는 인식에서 시도된 드림스타트 사업이 있다. 드림스타트는 취약계층 아동에게 맞춤형 통합 서비스를 제공하여 아동의 건강한 성장과 발달을 도모하고 공평한 출발 기회를 보장함으로써 건강하고 행복한 사회 구성원으로 성장할 수 있도록 지원하는 보건복지부 주관 사업이다. 이 사업은 2007년 처음 16개 센터를 시범 운영하는 것을 시작으로 2015년 이후 현재까지 전국 시·군·구 299개 지역으로 확산되어 사업을 시행하고 있다(김성경·김혜영, 2021).

드림스타트의 기본 서비스는 모든 드림스타트 센터에서 모든 대상 아동에게 실시된다. 가정 방문을 통한 사례관리로 저소득층 아동의 성장, 발달에 필요한 신체·건강, 언어·인지, 정서·행동, 부모·가족 등 아동의 발달에 필요한 필수 서비스가 제공되고, 그 외에도 아동의 개별적 욕구와 상황에 맞춰 선택적 서비스를 제공하는 맞춤형 통합 서비스가 시행된다.

〈표 10-4〉 드림스타트 사업 운영 내용

<table>
<tr><th>추진 주체</th><td colspan="3">보건복지부</td></tr>
<tr><th>사업 지역</th><td colspan="3">시·군·구</td></tr>
<tr><th>사업 대상</th><td colspan="3">0세(임산부)~만 12세(초등학생 이하) 이하로 아동 및 가족
※ 국민기초수급 및 차상위계층 가정, 법정 한 부모가정(조손가정 포함), 학대 및 성폭력피해아동 등에 대한 우선 지원 원칙</td></tr>
<tr><th rowspan="4">지원 내용</th><td colspan="3">가정방문을 통해 인적조사, 욕구조사, 양육 환경 및 아동발달 사정 실시
사례관리 대상 아동과 그 가족에게 지역 자원과 연계한 맞춤형 서비스 지원, 주기적 재사정 및 지속적인 모니터링 등 통합사례관리 실시</td></tr>
<tr><th>서비스 구분</th><th>서비스 내용</th><th>프로그램(예시)</th></tr>
<tr><td>신체·건강</td><td>• 아동의 건강한 성장과 신체발달 증진
• 건강한 생활을 위한 건강검진 및 예방, 치료
• 아동발달에 필요한 신체·건강 정보 제공</td><td>건강검진, 예방접종, 건강교육, 영양교육</td></tr>
<tr><td>언어·인지</td><td>• 아동의 의사소통 및 기초학습 능력 강화
• 맞춤형 인지·언어 서비스를 통한 아동의 강점 개발</td><td>기초학력검사, 기초학력배양, 경제교육, 독서지도 등</td></tr>
</table>

	서비스 구분	서비스 내용	프로그램(예시)
지원 내용	정서·행동	• 자아존중감 및 긍정적 성격 형성을 위한 정서발달 서비스 제공 • 사회성 발달 및 아동권리 신장을 위한 교육	사회성발달 프로그램, 아동학대 예방, 심리상담 및 치료, 돌봄 기관 연계
	부모·가족	• 부모-자녀 상호 작용 및 적합한 교육 환경을 위한 부모 역량 강화 • 부모의 유능감 및 자존감 강화 • 부모의 양육기술 지원 • 임산부의 건강한 출산 및 양육 지원	부모교육, 가족상담 및 치료, 부모취업지원, 산전·후 관리 등
인력 구성	전담공무원 및 아동통합 서비스전문요원으로 구성		
연혁	2007년 희망스타트 시범사업 실시 16개 시·군·구 2007년 사업명을 '희망스타트'에서 '드림스타트'로 변경		

출처: 보건복지부 드림스타트 사업단(https://www.dreamstart.go.kr).

드림스타트에 앞서 우리나라는 민간 차원에서 2004년 우리 사회 구성원 모두(We)가 나서 저소득층 아동에게 가난의 대물림에서 벗어나도록 복지(Welfare)와 교육(Education)의 기회를 제공해 주어 삶의 출발(Start)을 돕자는 취지의 시민운동으로 위스타트(we start)를 시작하였다. 2004년 5월 언론사와 여러 시민 단체가 모여 위스타트 운동본부를 발족하였으며, 가장 기본 사업은 위스타트 마을 센터가 중심이 되어 자원봉사자, 지방자치단체와 사회복지관, 학교, 사회단체, 기업, 보건소, 병원, 약국 등과 주민이 힘을 합해 아동복지 네트워크를 구성해 12세 이하 빈곤아동을 돕는 위스타트 마을 사업이다. 위스타트는 빈곤 및 소외된 어린이가 뒤처지지 않고 공동의 출발선에서 미래의 희망으로 자라날 수 있도록 아동-가족-지역사회의 역량을 강화하고 지원해 주는 역할을 한다(주정현, 2017).

(2) 지역아동센터 지원

지역아동센터는 방과 후 돌봄이 필요한 지역사회 아동의 건전 육성을 위하여 보호·교육, 건전한 놀이와 오락의 제공, 보호자와 지역사회의 연계 등 종합

적인 복지 서비스 제공(「아동복지법」 제52조 제1항 제8호)을 목적으로 한다. 만 18세 미만 아동을 대상으로 지원하며, 18세 이상인 경우에도 고등학교에 재학 중인 아동을 포함한다. 다만, 국민기초생활보장 수급권자 가정 아동으로 가정 소득 기준이 중위소득 100% 이하인 아동, 차상위계층 가정 아동 · 보호대상인 한부모가정 아동 · 조손가정 아동 · 다문화가정 아동 · 장애가정 아동(아동본인 또는 장애가정 내 아동 포함), 기타 승인 아동으로, 보호가 필요한 아동에 대한 우선보호를 위해 지역아동센터 신고 정원의 60% 이상 우선보호아동 비율을 지원한다. 지원 내역으로는 지역사회아동보호 실현을 위한 아동권리 보장과 안전한 보호, 급식 등의 지원이다. 지역아동센터 지원 사업의 기능과 기본프로그램에 대한 내용은 다음과 같다.

(3) 디딤씨앗통장

이 사업은 저소득층 아동(보호자, 후원자)이 매월 일정 금액을 저축하면 국가(지자체)가 1:1 정부매칭 지원금으로 월 3만 원까지 같은 금액을 적립해 주는 것으로, 아동이 준비된 사회인으로 성장할 수 있도록 도와주는 자산 형성 지원사업이다. 2007년 4월부터 아동발달지원계좌(Child Development Account, CDA)를 추진하여 아동복지시설 아동, 가정위탁보호 아동 등 기타 요보호아동을 대상으로 사회진출 시 학자금, 취업, 주거 마련 등에 소요되는 초기 비용 마련에 도움을 주기 위해 지원한다(보건복지부, 2020). 이 사업의 목표는 아동의 건전한 육성과 발달 실현, 아동의 완전한 경제적 자립 및 빈곤의 대물림 예방, 아동에게 더 나은 사회 출발의 여건을 제공하기 위한 자산 형성 지원, 개인 및 기업을 통한 효과적인 자원 개발과 우리 사회의 기부 문화 정착에 있다.

4. 권리에 기반한 빈곤아동 지원 정책의 방향

빈곤의 악영향에 대한 광범위한 인식에도 불구하고 수백만의 유아가 가장 기본적인 삶의 생활 수준마저 보장되고 있지 않은 것이 현실이다. 상대적 빈곤 상태에서 성장하는 것은 아동의 복지, 사회통합, 자기존중을 저해하고, 학습과 발달의 기회를 감소시킨다. 절대빈곤 상태에서의 성장은 더욱 심각한 결과를 초래하며, 삶의 기본적인 질을 저해시킬 뿐만 아니라 아동의 생존과 건강을 위협한다. 빈곤아동 문제는 아동만의 문제가 아니라 빈곤가족의 문제이기 때문에 가족 구성원 전체에 대한 복지 혜택이 제공되지 않으면 아동한테도 실질적인 도움이 되기 어렵다. 따라서 복지 사각지대 빈곤아동 문제는 아동의 보호자가 적절한 역할을 할 수 있도록 가정 내 바람직한 양육 환경을 만들어 주는 것을 목표로 다양한 해법이 시도되어야 한다(허선, 2016). 아동빈곤의 영향을 최소화하기 위한 정책적 과제는 다음과 같다(이재연 외, 2019; 황해익 외, 2016).

1) 아동기 특성에 따른 차별화된 접근

지원이 필요한 대상 아동별로 서비스 기능을 특화할 필요가 있다. 우선 아동들의 발달 수준과 필요가 연령에 따라 다를 수 있으므로, 유아기, 어린이, 청소년 등의 단계별로 적절한 지원이 필요하다. 영유아의 경우는 어린이집이나 유치원을 중심으로 보호 서비스와 예방적 보건 서비스를 강화하고, 초등학교 시기에는 방과 후 보호 및 지역아동센터와 연계한 서비스를 이용할 수 있도록 하는 것이다. 지역아동센터와 더불어 지역사회 내 사회복지관, 학교 등 다양한 아동복지시설과 연계하여 가까운 곳에서 빈곤아동이 처한 어려움에 실질적인 도움을 받아 공평한 출발 기회를 보장하려는 정책이 지속적으로 활성화될 필요가 있다. 또한 이혼이나 사별 등 가족해체로 인해 형성되는 조손가정, 모자가정이 아동빈곤의 주요 구성원이라는 점을 감안하여 빈곤가구의 특성에 맞는 지원이 필요하다. 이러한 다양한 환경과 상황을 고려하여 빈곤아동을 위한 정책

개발 시 다양한 전문가들과 협력하여 맞춤형 서비스를 제공할 수 있는 시스템 구축이 중요할 것이다.

2) 조기개입 및 투자 확대

「유엔아동권리협약」의 당사국은 아동의 복지에 부정적인 영향을 미치는 빈곤의 악영향에 맞서야 하며, 초기 유년기의 빈곤을 근절하기 위한 체계적인 전략을 실행하기 위해 노력하여야 한다. 아동과 가족을 위한 '물질적인 보조 및 지원계획'(「유엔아동권리협약」 제27조 3항)을 포함한 유아의 권리에 부합하는 기본적인 생활 수준을 보장하기 위한 모든 가능한 수단이 사용되어야 한다. 인적 자본 투자전략의 효과를 연구한 헤크먼(Heckman, 2006)은 교육에 있어 학령전기의 조기개입이 가장 효과적이라고 밝히고 있다. 이는 빈곤가정 아동에 대한 투자와 개입이 조기에 이루어질수록 부정적인 영향은 최소화될 수 있음을 나타내며, 그 효과와 효율성은 높게 나타남을 시사한다.

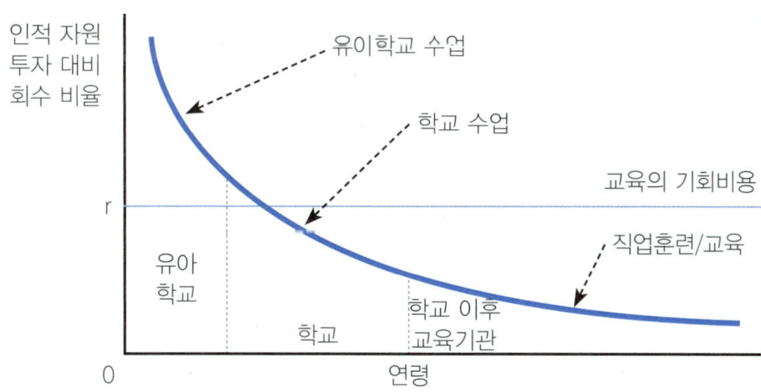

[그림 10-2] 영유아기의 인적 자원 투자 대비 회수 비율

3) 빈곤가정 아동 가족 지원

UNICEF(2012)의 보고서에 따르면, 빈곤아동에 대한 정부의 적극적 개입은 아동의 빈곤율을 감소시키는 효과를 보이는 것으로 나타났다. 이 보고서에서

는 가족에 대한 공공지출이 늘어날수록 아동빈곤율이 감소하는 것을 보여 주고 있다. 정부의 개입으로 프랑스에서는 60%, 독일과 영국에서는 약 40%의 빈곤아동이 줄어드는 효과가 나타났다. 특히 영국은 2010년 '아동빈곤법(Child Poverty Act)'을 제정하며, 영국 내에서의 아동빈곤을 근절하고자 하는 강력한 정책 의지를 실현하고 있다(한국아동권리학회, 2015). 우리나라에서도 2014년부터 「아동의 빈곤예방 및 지원 등에 관한 법률」이 제정 및 시행되었다. 이에 정부와 지방자치단체장이 아동빈곤 지원을 위한 기본계획을 수립하고 구체적인 정책 노력을 기울이고 있다. 다시 말해, 빈곤가정 아동을 위한 정책은 단순히 아동 자체에만 초점을 맞추는 것이 아니라 그들이 속한 가족 전체를 지원해야 한다. 가족 지원 프로그램을 강화하여 부모의 경제적 자립을 돕고, 부모-아동 관계를 강화하는 등의 방법으로 가정 내 환경을 개선해야 한다. 빈곤아동이 속한 가족에 대한 사회적·경제적·심리적 통합지원 서비스의 필요성도 제기된다. 빈곤가정에 대한 지원이 경제적 지원에 한정되기보다는 빈곤가족이 건강성을 회복할 수 있는 심리적·정서적 지원 서비스가 병행되는 것이 필요하다. 빈곤은 아동뿐만 아니라 부모의 정서 상태에도 부정적인 영향을 미치며, 아동은 이러한 부모의 심리 상태에 영향을 받게 된다. 따라서 빈곤아동뿐만 아니라 부모 및 가족에 대한 동시적인 서비스 지원이 필수이다.

?! 생각해 봅시다

1. 빈곤아동은 단순한 경제적 어려움뿐만 아니라 교육, 건강, 주거 등 다양한 측면에서 복합적 문제를 겪는다. 현재 시행되고 있는 복지정책이 이러한 다차원적 문제를 효과적으로 해결하고 있는지 평가해 보고, 개선이 필요한 부분이 무엇인지 토론해 보자.
2. 현행 빈곤아동 복지정책에서 지원의 사각지대에 놓인 아동이 존재할 수 있다. 이러한 사각지대는 어떤 경우에 발생하며, 이를 해소하기 위한 정책적 개선 방안은 무엇인지 논의해 보자.

제 11 장

장애아동을 위한 보호 서비스

'장애'는 외부 신체 기능의 장애뿐만 아니라 신장, 심장, 간 등 내부기관의 장애 그리고 발달장애, 조현병, 기타 정신질환에 이르는 정신적 장애까지 포괄하는 개념이다. '장애아동'이란, 영아기, 유아기, 아동기에 장애가 있는 아동을 의미한다. 장애의 범주는 크게 신체적 장애와 정신적 장애로 구분하고 있다. 신체적 장애는 다시 외부 신체 기능 장애와 내부기관 장애로 세분화되며, 정신적 장애는 지적장애, 자폐성장애, 정신장애의 세 유형으로 나뉜다.

우리나라 장애아동 수는 지속적으로 증가하고 있으며, 조기발견과 조기개입의 중요성이 강조되고 있다. 이에 장애아동의 성장과 발달을 위한 복합적인 지원이 필요하며, 가족과 지역사회 중심의 통합적 접근이 요구된다. 본 장에서는 장애의 개념과 유형, 장애아동 현황을 바탕으로 장애아동을 위한 복지 서비스 및 개선 방향을 살펴보고자 한다.

1. 장애아동의 개념과 유형

1) 장애의 개념

장애아동을 정의하기에 앞서 '장애'의 개념을 먼저 이해할 필요가 있다. 사전적으로 '장애'란, 질병이나 사고 등에 의해 지적, 정신적, 청각, 시각, 내장, 골격, 기형적인 면에 결함(impairment)이 발생하여 정상적인 생활이 어렵거나 불가능한 상태를 의미한다(국립특수교육원, 2018). 그러나 장애에 대한 개념은 시대와 국가, 사회·문화적, 정치적·경제적 맥락에 따라 다르게 정의될 수 있어, 보편적인 개념으로 일률적인 정의를 내리기에는 한계가 따른다.

이에 따라 '장애'의 개념을 공식적인 법령에 기반하여 살펴볼 필요가 있다. 법적 정의는 해당 국가의 복지정책과 실천전략에 직결되며, 가장 실질적인 의미를 지니기 때문이다.

우리나라는 1981년 6월 5일 「심신장애자복지법」을 제정하여 장애인 복지의 제도적 기반을 마련하였고, 1989년 장애인복지정책의 체계화를 위하여 「심신장애자복지법」을 「장애인복지법」으로 개정하였다. 이후 지속적인 법 개정을 통해, 현행 「장애인복지법」 제2조 제1항에서는 장애인을 "신체적 또는 정신적 장애로 오랫동안 일상생활이나 사회생활에 상당한 제약을 받는 자"로 정의하고 있다. 「장애인복지법」에서 '장애'는 외부 신체 기능의 장애뿐만 아니라 신장, 심장, 간 등 내부기관의 장애, 그리고 발달장애, 조현병, 기타 정신질환에 이르는 정신적 장애까지 포괄하는 개념이다.

'장애아동'이란, 영아기, 유아기, 아동기에 장애가 있는 아동을 의미하며, 「장애아동 복지지원법」에서 장애아동은 "18세 미만의 사람 중 「장애인복지법」 제32조에 따라 등록한 장애인"으로 정의하고 있다. 단, 6세 미만의 아동 중 장애가 있다고 보건복지부 장관이 인정한 경우도 포함된다. 「장애아동 복지지원법」은 장애아동이 안정된 가정생활 속에서 건강하게 성장하고 사회에 활발하게 참여할 수 있도록 지원하며, 동시에 장애아동 가족의 돌봄 부담을 줄이는 데 이바지

하기 위한 목적으로 개정되었다. 이에 따라 의료비 지원, 보육 서비스, 가족 지원, 아동발달에 필요한 다양한 인적·물적 자원 제공 등을 포함하는 복지정책의 제도적 기반이 마련되어 있다.

이처럼 과거에는 '장애', '장애인'의 개념이 신체적·지적 기능의 결함과 이상, 또는 상실과 일부 훼손 등 '결함'에 초점을 둔 의료학적 관점에 초점을 맞췄다면, 최근에는 사회학적 관점까지 포함하는 방향으로 확대되었다. 이러한 변화는 1975년 UN 총회에서 만장일치로 채택된 「장애인 권리 선언」을 통해 이해할 수 있다. 이 선언은 국제연합헌장과 세계인권선언의 정신에 근거하여, 모든 장애인이 비장애인과 동등한 권리를 지닌 존재임을 천명하고 있다. 선언에 따르면 장애인은 "선천적 또는 후천적인 신체적·정신적 능력의 결함으로 인해 개인적 또는 사회생활에 필요한 요소를 전부 혹은 일부 갖추지 못한 사람"으로, 장애인 또한 비장애인과 같이 사회 구성원으로서 건강하게 사회와 소통하는 모습과 방향을 지향하는 삶을 영위해야 함을 강조하고 있다.

아동기는 인간발달 과정에서 사회적·인지적·정서적으로 급격한 성장이 이루어지는 발달의 결정적 시기로, 이는 일반아동뿐만 아니라 장애아동에게도 동일하게 적용된다. 또한, 장애아동의 잠재능력을 개발하고 잔존하는 능력을 최대한 보존하며, 장애로 인한 손상을 최소화하기 위한 개입이 중요한 시기이다. 이를 통해 장애아동이 건강하게 성장하고, 사회에 활발하게 참여하는 주체로 살아갈 수 있도록 돕는 지원이 필요하다. 따라서 장애아동이란 "만 18세 미만의 아동 중 신체적 또는 정신적 장애로 인하여 보호와 양육, 교육과 재활 및 사회 적응에 있어 특별한 보호 서비스를 필요로 하는 아동"으로 정의할 수 있다(이선애·현정희·표정민·박은지, 2022).

〈표 11-1〉「장애아동 복지지원법」

제1장 총칙

제1조(목적) 이 법은 국가와 지방자치단체가 장애아동의 특별한 복지적 욕구에 적합한 지원을 통합적으로 제공함으로써 장애아동이 안정된 가정생활 속에서 건강하게 성장하고 사회에 활발하게 참여할 수 있도록 하며, 장애아동 가족의 부담을 줄이는데 이바지함을 목적으로 한다.

제2조(정의) 이 법에서 사용하는 용어의 뜻은 다음과 같다. <개정 2024. 1. 2.>

1. "장애아동"이란 18세 미만의 사람 중「장애인복지법」제32조에 따라 등록한 장애인을 말한다. 다만, 6세 미만의 아동으로서 장애가 있다고 보건복지부 장관이 별도로 인정하는 사람을 포함한다.
2. "장애아동 보호자"(이하 "보호자"라 한다)란 친권자, 후견인, 장애아동을 보호 · 양육 · 교육하거나 그 의무가 있는 자 또는 업무 · 고용 등의 관계로 사실상 장애아동을 보호 · 감독하는 자를 말한다.
3. "장애아동 복지지원"(이하 "복지지원"이라 한다)이란 국가와 지방자치단체가 장애아동의 특별한 복지적 욕구에 따라 의료비지원, 보육지원, 가족지원 및 장애아동의 발달에 필요한 지원 등 다양한 인적 · 물적 자원을 제공하는 것을 말한다.
4. "복지지원 대상자"란 이 법에 따라 복지지원을 받는 사람을 말한다.
5. "장애아동 복지지원 이용권"(이하 "복지지원 이용권"이라 한다)이란 그 명칭 또는 형태와 상관없이 이용자가 제공자에게 제시하여 일정한 복지지원을 받을 수 있도록 복지지원의 수량 또는 그에 상응하는 금액이 기재(전자적 또는 자기적 방법에 따른 기록을 포함한다)된 증표를 말한다. 다만, 제22조 제1항에 따른 보육료 지원의 경우에는「영유아보육법」제34조의3에 따른 보육 서비스 이용권으로 대체한다.

제3조(기본이념)

① 장애아동을 위한 모든 활동에 있어서 장애아동의 이익이 최우선적으로 고려되어야 한다.

② 장애아동은 자신에게 영향을 미치는 모든 활동에 대하여 자신의 견해를 자유로이 표현할 권리를 최대한 보장받아야 한다.

제4조(장애아동의 권리)

① 장애아동은 모든 형태의 학대 및 유기 · 착취 · 감금 · 폭력 등으로부터 보호받아야 한다.

② 장애아동은 부모에 의하여 양육되고, 안정된 가정 환경에서 자라나야 한다.

③ 장애아동은 인성 및 정신적·신체적 능력을 최대한 계발하기 위하여 적절한 교육을 제공받아야 한다.

④ 장애아동은 가능한 최상의 건강 상태를 유지하고 행복한 일상생활을 영위하기 위한 의료적·복지적 지원을 받아야 한다.

⑤ 장애아동은 휴식과 여가를 즐기고, 놀이와 문화예술활동에 참여할 수 있는 기회를 제공받아야 한다.

⑥ 장애아동은 의사소통능력, 자기결정능력 및 자기권리 옹호능력을 향상시키기 위한 교육 및 훈련 기회를 제공받아야 한다.

2) 장애의 유형

1989년 「장애인복지법」이 최초로 시행되었을 당시, 장애의 범주는 지체장애, 시각장애, 청각장애, 언어장애, 정신지체장애의 5가지로 한정되어 있었다. 이후 1999년에는 뇌병변장애, 자폐성장애(발달장애), 정신장애, 신장장애, 심장장애 등이 추가되어 5종에서 10종으로 확대되었으며, 2003년에는 만성·중증 호흡기 장애, 간장애, 안면장애, 장루·요루장애 등이 포함되면서 총 15종으로 확장되었다.

현재 「장애인복지법」에서는 장애를 크게 신체적 장애와 정신적 장애로 구분하고 있다. 신체적 장애는 다시 외부 신체 기능 장애와 내부기관 장애로 세분화되며, 정신적 장애는 지적장애, 자폐성장애, 정신장애의 세 유형으로 나뉜다. 이와 같은 장애의 범주와 기준은 「장애인복지법」 제2조 제2항 (별표 1)에서 명시하고 있으며 다음과 같다.

〈표 11-2〉 장애의 범주와 기준

장애의 종류			기준
신체적 장애	외부 신체 기능 장애	지체 장애인	가. 한 팔, 한 다리 또는 몸통의 기능에 영속적인 장애가 있는 사람 나. 한 손의 엄지손가락을 지골(指骨: 손가락뼈) 관절 이상의 부위에서 잃은 사람 또는 한 손의 둘째 손가락을 포함한 두 개 이상의 손가락을 모두 제1지골 관절 이상의 부위에서 잃은 사람 다. 한 다리를 가로발목뼈관절(lisfranc joint) 이상의 부위에서 잃은 사람 라. 두 발의 발가락을 모두 잃은 사람 마. 한 손의 엄지손가락 기능을 잃은 사람 또는 한 손의 둘째 손가락을 포함한 손가락 두 개 이상의 기능을 잃은 사람 바. 왜소증으로 키가 심하게 작거나 척추에 현저한 변형 또는 기형이 있는 사람 사. 지체(肢體)에 위 각 목의 어느 하나에 해당하는 장애정도 이상의 장애가 있다고 인정되는 사람
		뇌병변 장애인	뇌성마비, 외상성 뇌손상, 뇌졸중(腦卒中) 등 뇌의 기질적 병변으로 인하여 발생한 신체적 장애로 보행이나 일상생활의 동작 등에 상당한 제약을 받는 사람
		시각 장애인	가. 나쁜 눈의 시력(공인된 시력표에 따라 측정된 교정시력)이 0.02 이하인 사람 나. 좋은 눈의 시력이 0.2 이하인 사람 다. 두 눈의 시야가 각각 주시점에서 10도 이하로 남은 사람 라. 두 눈의 시야 2분의 1 이상을 잃은 사람 마. 두 눈의 중심 시야에서 20도 이내에 겹보임[복시(複視)]이 있는 사람
		청각 장애인	가. 두 귀의 청력 손실이 각각 60데시벨(dB) 이상인 사람 나. 한 귀의 청력 손실이 80데시벨 이상, 다른 귀의 청력 손실이 40데시벨 이상인 사람 다. 두 귀에 들리는 보통 말소리의 명료도가 50퍼센트 이하인 사람 라. 평형 기능에 상당한 장애가 있는 사람
		언어 장애인	음성 기능이나 언어 기능에 영속적으로 상당한 장애가 있는 사람
		안면 장애인	안면 부위의 변형이나 기형으로 사회생활에 상당한 제약을 받는 사람
	내부 기관 장애	신장 장애인	신장의 기능장애로 인하여 혈액투석이나 복막투석을 지속적으로 받아야 하거나 신장기능의 영속적인 장애로 인하여 일상생활에 상당한 제약을 받는 사람
		심장 장애인	심장의 기능부전으로 인한 호흡곤란 등의 장애로 일상생활에 상당한 제약을 받는 사람

장애의 종류			기준
신체적 장애	내부 기관 장애	호흡기 장애인	폐나 기관지 등 호흡기관의 만성적 기능부전으로 인한 호흡기능의 장애로 일상생활에 상당한 제약을 받는 사람
		간 장애인	간의 만성적 기능부전과 그에 따른 합병증 등으로 인한 간기능의 장애로 일상생활에 상당한 제약을 받는 사람
		장루·요루 장애인	배변기능이나 배뇨기능의 장애로 인하여 장루(腸瘻) 또는 요루(尿瘻)를 시술하여 일상생활에 상당한 제약을 받는 사람
		뇌전증 장애인	뇌전증에 의한 뇌신경세포의 장애로 인하여 일상생활이나 사회생활에 상당한 제약을 받아 다른 사람의 도움이 필요한 사람
정신적 장애	지적 장애인		정신 발육이 항구적으로 지체되어 지적 능력의 발달이 불충분하거나 불완전하고 자신의 일을 처리하는 것과 사회생활에 적응하는 것이 상당히 곤란한 사람
	자폐성 장애인		소아기 자폐증, 비전형적 자폐증에 따른 언어·신체표현·자기조절·사회 적응 기능 및 능력의 장애로 인하여 일상생활이나 사회생활에 상당한 제약을 받아 다른 사람의 도움이 필요한 사람
	정신 장애인		다음 각 목의 장애질환에 따른 감정조절행동사고 기능 및 능력의 장애로 일상생활이나 사회생활에 상당한 제약을 받아 다른 사람의 도움이 필요한 사람 가. 지속적인 양극성 정동장애(情動障碍, 여러 현실 상황에서 부적절한 정서 반응을 보이는 장애), 조현병, 조현정동장애(調絃情動障碍) 및 재발성 우울장애 나. 지속적인 치료에도 호전되지 않는 강박장애, 뇌의 신경학적 손상으로 인한 기질성 정신장애, 투렛장애(Tourette's disorder) 및 기면증

출처: 대한민국 법제처(2025). 「장애인복지법 시행령」 [별표 1: 장애의 종류 및 기준에 따른 장애인] (시행 2025. 4. 23.).

「장애인복지법」과 함께 장애를 분류하는 「장애인 등에 대한 특수교육법」은 2007년 5월 25일에 제정되었다. 「장애인 등에 대한 특수교육법」은 장애인과 특별한 교육적 요구가 있는 사람에게 통합적인 교육 환경을 제공하고, 생애주기별로 장애 유형과 정도의 특성을 반영한 교육을 실시함으로써 이들의 자아실현과 사회통합을 도모하는 것을 목적으로 한다. 해당 법 제15조에서는 특수교육대상자 선정 기준을 구체적으로 제시하고 있다.

〈표 11-3〉 특수교육대상자 선정 기준

구분	선정 기준
시각장애를 지닌 특수교육대상자	시각계의 손상이 심해 시각기능을 전혀 이용하지 못하거나 보조공학기기의 지원을 받아야 시각적 과제를 수행할 수 있는 사람으로서 시각에 따른 학습이 곤란해서 특정의 광학기구·학습매체 등을 통해 학습하거나 촉각 또는 청각을 학습의 주요 수단으로 사용하는 사람
청각장애를 지닌 특수교육대상자	청력 손실이 심해 보청기를 착용해도 청각을 통한 의사소통이 불가능 또는 곤란한 상태이거나, 청력이 남아 있어도 보청기를 착용해야 청각을 통한 의사소통이 가능하여 청각에 따른 교육적 성취가 어려운 사람
지적장애를 지닌 특수교육대상자	지적 기능과 적응행동상의 어려움이 함께 존재하여 교육적 성취에 어려움이 있는 사람
지체장애를 지닌 특수교육대상자	기능·형태상 장애를 가지고 있거나 몸통을 지탱하거나 팔다리의 움직임 등에 어려움을 겪는 신체적 조건이나 상태로 교육적 성취에 어려움이 있는 사람
정서·행동장애를 지닌 특수교육대상자	장기간에 걸쳐 다음의 어느 하나에 해당되는 특별한 교육적 조치가 필요한 사람 가. 지적·감각적·건강상의 이유로 설명할 수 없는 학습상의 어려움을 지닌 사람 나. 또래나 교사와의 대인 관계에 어려움이 있어 학습에 어려움을 겪는 사람 다. 일반적인 상황에서 부적절한 행동이나 감정을 나타내어 학습에 어려움이 있는 사람 라. 전반적인 불행감이나 우울증을 나타내어 학습에 어려움이 있는 사람 마. 학교나 개인 문제에 관련된 신체적인 통증이나 공포를 나타내어 학습에 어려움이 있는 사람
자폐성장애를 지닌 특수교육대상자	사회적 상호 작용과 의사소통에 결함이 있고, 제한적이고 반복적인 관심과 활동을 보임으로써 교육적 성취 및 일상생활 적응에 도움이 필요한 사람
의사소통장애를 지닌 특수교육대상자	다음의 어느 하나에 해당하여 특별한 교육적 조치가 필요한 사람 가. 언어의 수용 및 표현 능력이 인지능력에 비해 현저하게 부족한 사람 나. 조음능력이 현저히 부족해서 의사소통이 어려운 사람 다. 말 유창성이 현저히 부족해서 의사소통이 어려운 사람 라. 기능적 음성장애가 있어 의사소통이 어려운 사람
학습장애를 지닌 특수교육대상자	개인의 내적 요인으로 듣기, 말하기, 주의집중, 지각(知覺), 기억, 문제 해결 등의 학습기능이나 읽기, 쓰기 및 수학 등 학업 성취 영역에서 현저하게 어려움이 있는 사람
건강장애를 지닌 특수교육대상자	만성질환으로 3개월 이상의 장기입원 또는 통원치료 등 계속적인 의료적 지원이 필요하여 학교생활 및 학업 수행에 어려움이 있는 사람

구분	선정 기준
발달지체를 보이는 특수교육대상자	신체, 인지, 의사소통, 사회·정서 및 적응행동 중 하나 이상의 발달이 또래에 비해 현저하게 지체되어 특별한 교육적 조치가 필요한 영아 및 9세 미만의 아동
두 가지 이상 중복된 장애를 지닌 특수교육대상자	다음의 구분에 따른 장애를 지닌 사람으로서 특수교육대상자에 대한 각각의 교육 지원만으로 교육적 성취가 어려워 특별한 교육적 조치가 필요한 사람 가. 중도중복(重度重複)장애: 다음의 구분에 따른 장애를 각각 하나 이상씩 지니면서 각각의 장애의 정도(선별검사의 결과, 제출한 진단서 및 장애의 정도 등을 고려하여 정함)가 심한 경우 1) 지적장애 또는 자폐성장애 2) 시각장애, 청각장애, 지체장애 또는 정서·행동장애 나. 시청각장애: 시각장애 및 청각장애를 모두 지니면서 시각과 청각에 따른 학습이 곤란하고 의사소통 및 정보 접근에 심각한 제한이 있는 경우

출처: 대한민국 법제처(2025). 「장애인 등에 대한 특수교육법 시행령」 [별표 1: 특수교육대상자 선정 기준] (시행 2025. 2. 28.).

따라서 「장애인복지법」과 「장애인 등에 대한 특수교육법」에서 정한 기준에 해당하는 경우, 장애인으로 등록되어 장애의 유형과 정도에 따라 정부 및 지역사회의 의료비, 보육, 가족지원, 발달지원 등 다양한 인적·물적 서비스를 지원받을 수 있다.

2. 장애아동 현황

1) 장애 현황

2022년 기준 전체 등록장애인 수는 2,652,860명으로, 전체 인구(51,439,038명)의 5.2%에 해당한다. 연도별 전체 등록장애인 수는 2012년 감소 추세였으나 2016년부터 지속적으로 증가하는 추세를 보인다. 이는 2014년 이후 고령화 수준이 지속적으로 증가하여 2021년에는 50%를 돌파한 것과 무관하지 않다. 장애 유형별로 살펴보면, 지체장애가 44.3%로 가장 높은 비율을 보이며, 청각장애 16.0%, 시각장애 9.5%, 뇌병변장애 9.3%, 지적장애 8.5% 순으로 나타났다.

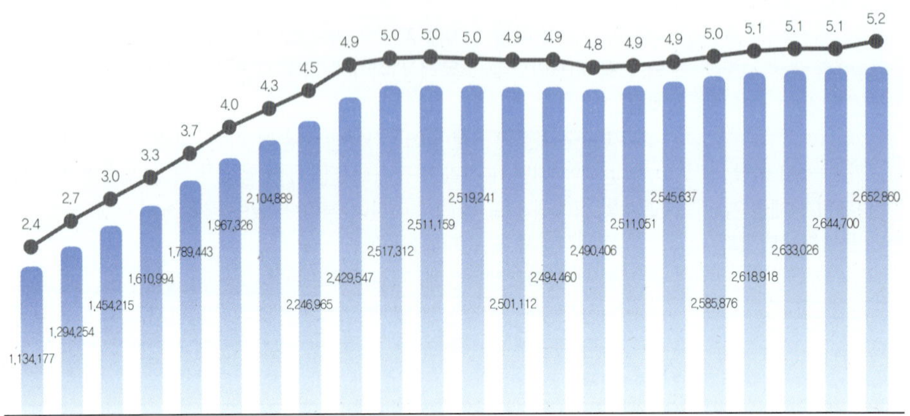

장애인구(명) —●— 주민등록인구 대비 장애인 인구 비율(%)

[그림 11-1] 등록장애인 수 장애인구 비율-연도별

〈표 11-4〉 장애아동실태

	2014	2015	2016	2017	2018	2019	2020	2021	2022
전체아동 인구	9,186,841	8,961,805	8,736,051	8,480,447	8,176,335	7,928,907	7,710,946	7,483,944	7,271,460
장애아동 인구	73,195	72,583	72,139	72,260	72,618	74,362	75,482	77,961	81,364
비율	0.80	0.81	0.83	0.85	0.89	0.94	0.98	1.04	1.12

출처: 한국장애인개발원(2023). 「2023 장애통계연보」.

우리나라 '2022년 장애아동 실태조사'와 '2023 장애통계연보'를 근거로 장애아동의 현황을 살펴보면, 전체 아동 인구(만 18세 미만)는 7,271,460명이며, 이 중 등록된 장애아동은 81,364명으로, 전체 아동 인구의 약 1.12%를 차지한다. 연도별로 살펴보면, 2009년 이후 감소 추세를 보이던 장애아동 수는 2017년부터 증가세로 전환되었다. 이는 전체 아동 인구가 지속적으로 감소하는 가운데,

장애아동 수는 상대적으로 안정적인 수준을 유지하거나 증가하고 있기 때문이다(한국장애인개발원, 2023).

〈표 11-5〉 장애아동 현황(2022) - 장애 유형별, 성별, 장애 정도별

(단위: 명, %)

구분	전체	지체	뇌병변	시각	청각	언어	지적	자폐성	정신	신장	심장	호흡기	간	안면	장루요루	뇌전증
계	81,364 (100.0)	2,683 (3.3)	9,393 (11.5)	1,891 (2.3)	3,616 (4.4)	5,139 (6.3)	36,988 (45.5)	20,374 (25.0)	19 (0.0)	177 (0.2)	235 (0.3)	38 (0.0)	358 (0.4)	22 (0.0)	150 (0.2)	263 (0.3)
남	54,590 (67.1)	1,422 (53.0)	5,332 (56.8)	1,085 (57.4)	1,950 (53.9)	3,625 (70.5)	24,064 (65.1)	16,435 (80.7)	8 (42.1)	105 (59.3)	148 (58.5)	27 (71.1)	147 (41.1)	9 (40.9)	83 (55.3)	150 (57.0)
여	26,774 (32.9)	1,261 (47.0)	4,061 (43.2)	806 (42.6)	1,666 (46.1)	1,514 (29.5)	12,924 (34.9)	3,939 (19.3)	11 (57.9)	72 (40.7)	105 (41.5)	11 (28.9)	211 (58.9)	13 (59.1)	67 (44.7)	113 (43.0)
0~13세	58,120 (71.4)	1,426 (1.8)	7,272 (8.9)	1,141 (1.4)	2,614 (3.2)	4,933 (6.1)	23,536 (28.9)	16,393 (20.1)	– –	86 (0.1)	170 (0.2)	14 (0.0)	248 (0.3)	12 (0.0)	106 (0.1)	170 (0.2)
14~17세	23,244 (28.6)	1,257 (1.5)	2,121 (2.6)	750 (0.9)	1,002 (1.2)	206 (0.3)	13,425 (16.5)	3,981 (4.9)	19 (0.0)	91 (0.1)	83 (0.1)	24 (0.0)	110 (0.1)	10 (0.0)	45 (0.1)	93 (0.1)
심한 장애	69,674 (85.6)	942 (35.1)	6,550 (69.7)	603 (31.9)	2,455 (67.9)	1,166 (22.7)	36,988 (100.0)	20,374 (100.0)	17 (89.5)	53 (29.9)	213 (84.2)	27 (71.1)	2 (0.6)	13 (59.1)	32 (21.3)	239 (90.9)
심하지 않은 장애	11,690 (14.4)	1,741 (64.9)	2,843 (30.0)	1,288 (68.1)	1,161 (32.1)	3,973 (77.3)	– –	– –	2 (10.5)	124 (70.1)	40 (15.8)	11 (28.9)	356 (99.4)	9 (40.9)	118 (78.7)	24 (9.1)

출처: 한국장애인개발원(2023). 「2023 장애통계연보」.

장애아동 현황에 대해 장애 유형별, 성별, 장애 정도별로 살펴보면, 장애 유형은 지적장애가 45.5%로 가장 높은 비율을 보이며, 자폐성 장애 25%, 뇌병변 장애 11.5%, 언어장애 6.3%, 청각장애 4.4%, 지체장애 3.3%, 시각장애 2.3% 순으로 나타났다. 이러한 분포는 발달장애(지적장애 및 자폐성 장애)의 비중이 높음을 나타내며, 이는 장애아동 지원 정책 수립 시 발달장애에 대한 집중적인 고려가 필요함을 시사한다.

장애아동의 성별 분포는 남아가 67.1%, 여아가 32.9%로, 남아의 비율이 여아보다 두 배 이상 높다. 이는 자폐성 장애 등 특정 장애 유형에서 남아의 발생률

이 높게 나타나는 경향과 관련이 있다.

장애 정도별로는 '심한 장애'가 85.6%, '심하지 않은 장애'가 14.4%를 차지한다. 이는 장애아동의 대다수가 중증 장애를 가지고 있음을 의미하며, 이들을 위한 보육 및 교육 서비스의 체계적인 지원이 필요함을 의미한다.

〈표 11-6〉 2022 장애영유아 현황(연령별, 연도별)

(단위: 명, %)

구분	전체영유아 인구	장애영유아 인구	0세	1세	2세	3세	4세	5세	비율
2014	2,741,835	7,657	31	446	1,067	1,583	2,032	2,498	0.28
2015	2,739,901	8,122	26	459	1,066	1,566	2,196	2,809	0.30
2016	2,680,088	8,598	46	521	1,047	1,583	2,293	3,108	0.32
2017	2,568,516	8,983	46	517	1,157	1,640	2,313	3,310	0.35
2018	2,415,349	9,175	41	482	1,066	1,804	2,482	3,300	0.38
2019	2,285,605	9,679	43	483	1,014	1,721	2,898	3,520	0.42
2020	2,121,390	9,729	36	381	916	1,614	2,825	3,957	0.46
2021	1,943,208	9,692	28	409	801	1,599	2,734	4,121	0.50
2022	1,791,788	9,234	20	534	729	1,320	2,701	4,110	0.52

출처: 한국장애인개발원(2023). 「2023 장애통계연보」.

〈표 11-7〉 2022 장애영유아 현황(연령별, 장애 유형별, 성별, 장애 정도별)

(단위: 명, %)

구분	장애영유아	0세	1세	2세	3세	4세	5세
전체	9,234 (100.0)	20 (100.0)	354 (100.0)	729 (100.0)	1,320 (100.0)	2,701 (100.0)	4,110 (100.0)
지체	269 (2.9)	3 (15.0)	21 (5.9)	40 (5.5)	54 (4.1)	65 (2.4)	86 (2.1)
시각	158 (1.7)	– –	8 (2.3)	22 (3.0)	25 (1.9)	51 (1.9)	52 (1.3)
청각	783 (8.5)	16 (80.0)	103 (29.1)	138 (18.9)	167 (12.7)	181 (6.7)	178 (4.3)
언어	1,726 (18.7)	– –	– –	1 (0.1)	164 (12.4)	630 (23.3)	931 (22.7)

구분	장애영유아	0세	1세	2세	3세	4세	5세
지적	1,451 (15.7)	– –	– –	27 (3.7)	129 (9.8)	448 (16.6)	847 (20.6)
뇌병변	2,561 (27.7)	– –	206 (58.2)	467 (64.1)	560 (42.4)	638 (23.6)	690 (16.8)
자폐	2,113 (22.9)	– –	– –	7 (1.0)	179 (13.6)	653 (24.2)	1,274 (31.0)
정신	– –	– –	– –	– –	– –	– –	– –
신장	19 (0.2)	– –	4 (1.1)	2 (0.3)	4 (0.3)	5 (0.2)	4 (0.1)
심장	38 (0.4)	– –	3 (0.8)	8 (1.1)	8 (0.6)	10 (0.4)	9 (0.2)
호흡기	2 (0.0)	– –	– –	– –	2 (0.2)	– –	– –
간	63 (0.7)	1 (0.5)	6 (1.7)	12 (1.6)	12 (0.9)	13 (0.5)	19 (0.5)
안면	3 (0.0)	– –	– –	– –	– –	2 (0.1)	1 (0.0)
장루 요루	27 (0.3)	– –	1 (0.3)	3 (0.4)	8 (0.6)	3 (0.1)	12 (0.3)
뇌전증	21 (0.2)	– –	2 (0.6)	2 (0.3)	8 (0.6)	2 (0.1)	7 (0.2)

출처: 보건복지부(2022). 「2022 보육통계」.

'2022년 장애아동 실태조사'에 따르면, 전체 영유아 인구 1,791,788명 중 장애영유아 인구는 9,234명으로, 전체의 약 0.52%를 차지한다. 장애영유아 수는 2013년 이후부터 2022년까지 꾸준한 증가 추세를 보인다.

2022년 기준 장애 유형별 영유아 현황을 살펴보면, 전체 장애영유아 중 뇌병변장애가 2,561명(27.7%)으로 가장 높은 비율을 차지하며, 이어서 자폐성장애 2,113명(22.9%), 언어장애 1,726명(18.7%), 지적장애 1,451명(15.7%) 순으로 나타났다.

2) 보육 및 교육 현황

장애영유아를 위한 보육기관에는 장애아전문어린이집 및 장애아통합어린이집이 있다. 장애아전문어린이집은 「장애아동 복지지원법」 제32조에 따라 요건을 갖추고, 상시 12명 이상의 장애아(단, 미취학 장애아 9명 이상 포함)를 보육하는 시설로, 지방자치단체가 지정한 시설을 의미한다. 장애아통합어린이집은 장애아 전담교사를 배치하고, 정원의 20% 이내에서 장애아 종일반을 편성 · 운영하거나 미취학 장애아동 3명 이상을 통합보육하는 어린이집으로서 시 · 군 · 구에서 지정한 기관이다.

장애영유아를 위한 어린이집은 지속적으로 증가 추세에 있으며, 특히 통합보육의 중요성이 부각됨에 따라 장애아통합어린이집의 수가 꾸준히 증가하고 있다. 또한 일반어린이집에서 보육 서비스를 제공받은 장애영유아도 1,002명에 달하는 것으로 나타났다(보건복지부, 2022).

〈표 11-8〉 장애아전문 · 통합시설 현황

(단위: 개소)

	2013	2014	2015	2016	2017	2018	2019	2020	2021	2022
계	1,039	1,046	1,074	1,088	1,124	1,177	1,276	1,388	1,495	1,570
장애아전문 보육시설	172	174	175	177	178	177	176	177	178	177
장애아통합 보육시설	867	872	899	911	946	1,000	1,100	1,211	1,317	1,393

출처: 보건복지부(2022). 「2022 보육통계」.

장애영유아를 위한 어린이집의 설립 유형을 살펴보면, 국공립 어린이집이 가장 높은 비율을 보이며, 그 뒤를 이어 사회복지법인어린이집, 민간어린이집, 가정어린이집, 법인 · 단체등어린이집, 직장어린이집, 협동어린이집 순으로 나타났다.

〈표 11-9〉 특수보육어린이집 현황

(단위: 개소)

구분		설립주체별							
		총계	국·공립 어린이집	사회복지 법인 어린이집	법인·단체등 어린이집	민간 어린이집	가정 어린이집	협동 어린이집	직장 어린이집
장애아 전문시설	어린이집 수	177	48	1,000	5	23	1	0	0
장애아 통합시설	어린이집 수	1,393	1,139	48	39	142	9	3	13
일반 시설	어린이집 수	801	120	63	29	430	126	7	26

출처: 보건복지부(2022). 「2022 보육통계」.

한편, 장애아동을 위한 특수교육 현황을 살펴보면, 2022년 기준 특수교육 대상자 수는 109,703명으로 집계되었다. 이 중 일반학교의 특수학급에서 교육을 받는 아동이 61,993명으로 가장 많고, 다음으로 특수학교 재학생이 28,942명, 일반학급에서 통합교육을 받는 아동은 18,474명, 특수교육지원센터에서 교육받는 아동은 294명 순으로 나타났다.

특수교육을 받은 장애아동의 장애 유형을 살펴보면, 지적장애아동은 55,867명으로 가장 높은 비율을 보이며, 자폐성장애아동은 19,275명, 발달지체아동은 12,918명, 지체장애아동은 9,522명 순으로 나타났다.

특수교육 과정별 아동을 살펴보면, 영아 및 유치원 과정 9,188명, 초등학교 과정 51,585명, 중학교 과정 23,005명, 고등학교 과정 20,725명, 전공과 과정 5,200명으로 나타났다.

〈표 11-10〉 2023 특수교육 주요 현황

배치별			특수학교	일반학교		특수교육 지원센터	계
				특수학급	일반학급 (전일제통합학급)		
특수교육대상자 수			28,942	61,993	18,474	294	109,703
학생 수	장애 영역별	시각장애	1,079	207	458	1	1,745
		청각장애	560	689	1,646	12	2,907
		지적장애	14,540	35,855	5,457	15	55,867
		지체장애	3,905	3,232	2,326	59	9,522
		정서 · 행동장애	68	1,186	577	–	1,831
		자폐성장애	7,781	10,183	1,307	4	19,275
		의사소통장애	206	1,396	1,042	1	2,645
		학습장애	10	628	399	–	1,037
		건강장애	13	109	1,834	–	1,956
		발달지체	780	8,508	3,428	202	12,918
		계	28,942	61,993	18,474	294	109,703
	학교 과정별	장애영아	113	–	–	294	407
		유치원	956	5,676	2,149	–	8,781
		초등학교	9,876	33,121	8,588	–	51,585
		중학교	6,461	12,425	4,119	–	23,005
		고등학교	6,522	10,585	3,618	–	20,725
		전공과	5,014	186	–	–	5,200
		계	28,942	61,993	18,474	294	109,703
학교 및 센터 수			194	12,190		197	12,581
				9,288	8,366		
학급 수			5,443	13,287	17,497	61	36,288
특수학교(급) 교원 수			10,146	13,888	–	1,565	25,599
특수교육 지원인력 수			5,192	10,313	280	–	15,785

출처: 교육부(2023). 「2023 특수교육통계」.

3. 장애아동을 위한 복지 서비스 및 개선 방향

1) 장애인 복지 서비스

우리나라의 장애인 복지 서비스는 「장애인복지법」 제58조(장애인복지시설)에 근거하여 장애인 거주시설, 장애인 지역사회재활시설, 장애인 직업재활시설, 장애인 의료재활시설을 제공하고 있다. 각 장애인복지시설에서는 장애인의 자립생활과 사회참여를 지원하기 위해 다양한 서비스를 제공하며, 개별적인 욕구에 기반한 맞춤형 지원체계를 통해 장애인의 자유롭고 평등한 삶을 실현하는 것을 목표로 하고 있다. 이는 나아가 모든 국민이 함께하는 포용사회, 즉 행복한 사회 구현을 지향하는 국가의 장애인복지 정책 방향과도 일치한다. 이를 위해 정부는 장애인 정책 종합계획의 일환으로 9대 정책분야·30대 중점과제·74개 세부 추진 과제를 발표했다.

〈표 11-11〉 9대 정책분야 · 30대 중점과제 · 74개 세부 추진 과제

1. 장애인 맞춤형 통합지원 및 자립·주거결정권 강화	2. 지역사회 기반 장애인 보건 의료체계 강화	3. 생애 단계별 맞춤형 교육 지원체계 고도화
• 지역사회 장애인 생활지원 강화 • 발달장애인 평생돌봄 지원체계 마련 • 장애인 자립 및 주거 자기결정권 강화 • 장애인 서비스 제공 기반 고도화	• 장애인 맞춤형 보건의료 지원체계 • 장애인 보건의료사업 고도화 • 혁신기술 기반 장애인 헬스케어 활성화	• 장애 조기 발견 및 영유아 교육 지원 강화 • 장애학생 맞춤형 특수교육 지원 강화 • 장애인 고등·평생교육 기회 확대
4. 소득 보장제도 강화 및 장애인 고용지원 확대	**5. 장애인의 일상생활 속 체육·관광 여가 확대**	**6. 장애인의 문화예술 향유 및 디지털·미디어 참여 확대**
• 장애인 소득 보장 확대 및 제도 선진화 • 취업 지원 및 고용안정·직업훈련 확대 • 장애인 벤처·중소기업 지원	• 장애인 체육 이용 환경 지원 확대 • 장애인 관광 향유 증진 기반 확충	• 장애인 문화예술 접근성 제고 • 장애예술활동 지원 강화 • ICT 기반 정보격차 해소·사회참여 확대 • 미디어 접근권 보장 강화

7. 장애인 이동 및 시설 접근, 재난안전 보장 강화	8. 장애인의 사회참여 및 권리 보장 강화	9. 장애인 정책 추진기반 강화
• 장애인 교통수단 확대 및 이동 보장 • 일상생활을 위한 장애인 편의시설 확대 • 장애인 재난안전 대응체계 강화	• 장애인학대 예방 및 권리옹호 강화 • 정신장애인 사회참여 및 권익 증진 지원 • 여성장애인 지원 확대 및 차별 해소 • 장애인정책 국제협력 강화	• 장애 개념 확대 • 장애인 정책 조정 거버넌스 강화 • 장애인 보건복지 전달체계 개편 • 장애인권리보장원 설치

출처: 보건복지부(2023). 제6차 장애인정책종합계획(23~27).

〈표 11-12〉 장애아 복지시설 지원

	「장애인복지법」 제58조(장애인 복지시설)
장애인 거주시설	• 거주공간을 활용하여 일반가정에서 생활하기 어려운 장애인에게 일정 기간 동안 거주 · 요양 · 지원 등의 서비스를 제공하는 동시에 지역사회생활을 지원하는 시설
장애인 지역사회 재활시설	• 장애인 지역사회재활시설: 장애인을 전문적으로 상담 · 치료 · 훈련하거나 장애인의 일상생활, 여가활동 및 사회참여활동 등을 지원하는 시설 • 장애인 자립생활지원시설: 장애인의 자립생활 역량을 강화하기 위하여 동료상담, 지역사회의 물리적 · 사회적 환경 개선 사업, 장애인의 권익 옹호 · 증진, 장애인 적합 서비스 등을 제공하는 시설
장애인 직업재활시설	• 일반 작업 환경에서는 일하기 어려운 장애인이 특별히 준비된 작업 환경에서 직업훈련을 받거나 직업 생활을 할 수 있도록 하는 시설 : 직업훈련 및 직업생활을 위하여 필요한 제조 · 가공 시설, 공장 및 영업장 등 부속 용도의 시설로서 보건복지부령으로 정하는 시설을 포함
장애인 의료재활시설	• 장애인을 입원 또는 통원하게 하여 상담, 진단 · 판정, 치료 등 의료재활 서비스를 제공하는 시설

출처: 대한민국 법제처(2025). 「장애인복지법」. 2025. 6. 6. 발췌.

2) 장애아동을 위한 복지 서비스

장애아동은 만 18세 미만으로 신체적 · 정신적 장애로 인하여 보호와 양육, 교육과 재활 및 사회 적응에 있어 특별한 보호 서비스를 필요로 하는 대상이다. 장애아동은 부모 및 가족의 지속적인 돌봄과 지원이 절대적으로 필요하므로 정부는 장애아동 및 장애아동의 가족을 대상으로 다양한 복지 서비스를 제공하고 있다.

현재 우리나라에서 제공되고 있는 장애아동수당 및 장애아가족 양육지원, 청소년 발달장애인 방과 후 활동 서비스, 장애아 가족양육 지원 사업, 발달 재활 서비스 사업, 언어발달 지원 사업에 대한 내용을 살펴보면 다음과 같다.

① 장애아동수당

장애아동수당은 장애로 인하여 생활에 어려움을 겪는 장애아동의 생활 안정 지원과 복지 증진, 사회통합을 도모하기 위한 제도이다. 지원 대상은 「국민기초생활 보장법」에 따른 수급자 및 차상위 계층의 만 18세 미만 등록 장애아동이다. 지급금액은 장애아동 가족의 소득 수준 및 장애 정도를 고려하여 차등으로 지원되며, 지급의 시작은 장애아동수당 신청일이 속한 달부터 지급되며, 연 1회 이상 확인조사를 실시하여 장애 정도 상향, 하향 조정 결과에 따라 장애아동수당이 조정되어 지원된다.

② 청소년발달장애인 방과후 활동 서비스

청소년발달장애인 방과 후 활동 서비스는 청소년 발달장애아동에게 방과 후 활동을 제공함으로써 의미 있는 여가활동 및 성인기 자립을 준비할 수 있도록 지원하는 서비스이다. 청소년발달장애아동의 방과 후 프로그램 참여는 돌봄 사각지대 해소 및 부모의 원활한 사회경제적 활동을 지원할 수 있다. 지급 대상은 만 6세 이상 18세 미만으로 「장애인복지법」 상 등록된 지적 및 자폐성 장애아동으로, 서비스 지원 시간은 월요일부터 토요일 오전 9시부터 21시까지 일일 최대 9시간, 월 66시간 제공된다.

〈표 11-13〉 장애아동을 위한 복지 서비스

주요 사업명	지원 대상	지원 내용	비고
장애아 수당	• 「국민기초생활 보장법」에 의한 수급자 및 차상위 계층의 18세 미만 등록 장애아동. 단, 「초·중등교육법」에 따른 학교에 재학(휴학 및 의무교육대상자 중 유예자도 포함) 중인 20세 이하의 장애인은 포함(단, 장애인 연금을 받는 경우 제외)	• 지급 금액 – 생계 또는 의료급여 수급 중증장애인: 월 22만 원 – 생계 또는 의료급여 수급 경증장애인: 월 11만 원 – 주거 또는 교육급여 수급* 중증장애인: 월 17만 원 – 주거 또는 교육급여 수급* 경증장애인: 월 17만 원 ※ 주거 또는 교육급여 수급자(생계 또는 의료급여 미수급자)는 법적으로 기초생활보장 수급자이나, 차상위계층에 해당하는 혜택을 부여 – 보장시설 입소(생계 또는 의료) 중증장애인: 월 9만 원 – 보장시설 입소(생계 또는 의료) 경증장애인: 월 3만 원 • 지급 기간 – 지급 개시: 장애아동수당 신청일이 속한 달부터 지급함 – 지급 종료: 장애아동수당을 지급하지 아니하기로 결정한 달까지 지급 • 지급 방법 – 수급자의 계좌에 입금	전국 읍·면 사무소 및 동 주민센터 방문 신청 복지로 (www.bokjiro.go.kr) 신청
청소년 발달 장애인 방과후 활동 서비스	• 만 6세 이상 만 18세 미만의 「장애인복지법」상 등록된 지적 및 자폐성 장애인. 단, 만 18세 이상의 재학생의 경우 방과후활동 서비스(재학증명서 필수)와 주간활동 서비스(단축형, 기본형에 한함) 중 택 1 가능(중복 이용 불가) • 온종일교실, 청소년 방과후 아카데미, 장애인 거주시설 입소자 등 다른 복지 서비스 이용자 제외	• 서비스 내용 및 급여 시간 – 이용자는 수급 자격(제공 시간)을 받아 원하는 지역 내 방과후활동 제공기관에 등록 후 소그룹을 구성하여 방과후활동 서비스 이용 : 제공기관은 취미·여가, 자립 준비, 관람·체험, 자조활동 등 이용자의 욕구 및 상황을 고려한 다양한 방과후활동 서비스 제공 – 월 66시간(월~토, 일요일·공휴일 제외) 제공 : 월~토(09~21시), 일일 최대 9시간 • 서비스 단가 – 기준 단가는 15,570원(예산편성단가)이며, 본인부담금 없음 – 이용자 그룹 규모별 차등단가 지급	읍·면·동에 신청 서비스 대상자의 주민등록상 주소지 읍·면·동 주민센터에 신청

출처: 보건복지부 홈페이지(https://www.mohw.go.kr). 2025. 6. 10. 발췌.

③ 장애아 가족양육 지원 사업

장애아 가족양육 지원 사업은 장애아동 가족의 일상적인 양육 부담을 경감하고 보호자의 사회활동을 돕기 위한 사업으로, 돌봄 및 일시적 휴식을 지원한다. 가족 관계 회복 및 돌봄 부담 경감을 위하여 제공되는 서비스는 장애아 가족 양육 지원 서비스, 발달장애인 부모상담 지원, 발달장애인 가족휴식 지원이 있다.

장애아 가족양육 지원 서비스 지원 대상은 만 18세 미만의 중증장애아동의 가족이며, 가족의 소득 수준이 기준중위소득 120% 이하 가구를 대상으로 하며, 장애아동 1명당 연간 최대 600시간 이내에서 돌봄 서비스를 제공한다. 이를 통해 가정 내 양육 부담을 경감하고 안정적인 돌봄 환경을 조성한다.

발달장애인 부모상담 지원은 발달장애아동을 둔 부모 및 보호자를 대상으로 심리·정서 상담을 제공하여 돌봄 부담으로 인한 우울감 및 스트레스 등 부정적 심리 상태를 완화하고 가족기능 향상을 도모한다. 상담은 개별 및 집단 상담으로 이루어지며, 부부 개별 상담 시 전문 상담이 필요한 한 명에게 집중 지원한다. 지원 기간은 원칙적으로 12개월이며, 소득 수준, 욕구 상태, 심리검사 결과에 따라 1회에 한해 12개월 연장할 수 있다.

발달장애인 가족휴식 지원은 발달장애아동 및 가족을 대상으로 하며, 사업 수행 기관에 신청하여 가족캠프, 인식개선캠프, 동료상담캠프 등 힐링 프로그램과 테마여행 비용을 1인당 최대 24만 원까지 지원한다. 또한 발달장애인의 생애주기별 부모교육을 병행하여 가족의 전반적인 삶의 질 향상을 도모한다.

④ 발달 재활 서비스 사업

발달 재활 서비스 사업은 성장기 정신적·감각적 장애아동의 인지능력, 의사소통능력, 적응행동, 감각 및 운동 기능 향상과 행동 발달을 지원하는 발달 재활 서비스 및 관련 정보를 제공하는 사업이다. 높은 재활 서비스 비용으로 인한 장애아동 양육 가정의 경제적 부담을 완화하기 위해, 만 18세 미만 장애아동 가족 중 기준중위소득 180% 이하 가구를 우선 지원한다. 다만, 소득기준을 초과하더라도 장애아동 2명 이상을 둔 가구 또는 부모 중 1인 이상이 중증장애인 가구로서 시·군·구청장의 인정이 있을 경우, 예산 범위 내에서 지원이 가능하다. 서비스 지원 기간은 신청일을 기준으로 판정하며, 대상자가 만 18세가 되는 달에 지원이 종료된다.

⑤ 언어발달 지원 사업

언어발달 지원 사업은 시각, 청각, 언어, 지적, 자폐성, 뇌병변 등 감각적 장애를 가진 부모의 자녀 또는 조손가정에서 조부모 보호를 받는 만 12세 미만 비장애아동에게 언어발달 지원 서비스를 제공하여 아동의 건강한 성장과 장애가족의 역량 강화를 지원하는 사업이다. 지원 대상은 해당 등록 장애인을 부모로 둔 아동과 조손가정 내 조부모 보호 아동이며, 양부모 또는 조손가정 내 양조부모가 등록 장애인인 경우 우선 지원된다. 지원 기간은 신청일을 기준으로 판정하며, 선정된 달의 다음 달부터 수급 대상 아동이 만 12세가 되는 달까지 지원이 이루어진다.

〈표 11-14〉 장애아동 및 장애아동 가족 지원 사업

	장애아 가족 양육지원 서비스		
장애아 가족양육 지원 사업	• 만 12세 미만 장애아동 – 「장애인복지법」상 장애의 정도가 심한 장애인 • 지원 대상 – 기준중위소득 120% 이하(단위: 천 원)	• 지원단가: 14,140원 • 이용금액: 12,180원 • 장애아돌보미 시급: 10,590원 • 지원 내용 – 양육자의 질병, 사회활동 등 일시적 돌봄 서비스 필요시 일정한 교육과정을 수료한 돌보미를 파견하여 장애아동 돌봄 및 부모의 휴식 지원 – 아동당 연 1,080시간 범위 내 지원(1,080시간 초과 시 전액 본인 부담으로 이용 가능) – 서비스 제공은 월 160시간 이내 원칙	읍·면·동에 신청

<table>
<tr><td rowspan="4">장애아 가족양육 지원 사업</td><td colspan="3">발달장애인 부모상담지원</td></tr>
<tr><td>• 「장애인복지법」상 지적·자폐성 장애인으로 등록된 자녀의 부모 및 보호자
– 지적장애 또는 자폐성 장애를 부장애로 가진 경우도 포함
– 발달장애인 자녀의 부모 동시 지원 가능
• 다만, 자녀가 영유아(9세 미만)의 경우 장애등록이 되어 있지 않은 경우,
– 발달장애(지적·자폐성)가 의심된다는 발달재활 서비스 의뢰서 또는 최근 6개월 이내 발행된 의사소견서(진단서)로 대체 가능</td><td>• 발달장애인 부모에게 상담(개별/집단) 지원
– 정부 바우처 지원액 16만 원, 정부 지원을 초과하는 금액은 본인 부담
– 회당 50~100분, 월 3~4회 이상, 12개월간 제공(특별한 경우 연장 최대 12개월 가능)</td><td>읍·면·동에 신청</td></tr>
<tr><td colspan="3">발달장애인 가족휴식지원</td></tr>
<tr><td>• 발달장애인 및 그 가족
• 지원 대상 결정
– 기초생활보장 수급 대상
– 차상위 계층
– 가족 중 장애인이 2명 이상인 경우
– 「발달장애인법」 제19조 개인별지원계획수립에 의해 해당 서비스 지원이 필요한 경우
– 본 사업 이용 경험이 없는 경우</td><td>• 지원 내용
– 힐링캠프(가족캠프, 인식개선캠프, 동료상담캠프)
– 테마여행(역사, 문화기관 방문 등) 지원
: 여행지 관광 중심(체험비 가능) 지원
: 여행 계획에 따라 참여자 모집
– 자율여행: 가족 계획 중심 여행 지원
• 지원 비용
– 일정별 비용 산정
– 당일 일정: 75,000원
– 1박 2일 일정: 150,000원
– 2박 3일 일정: 240,000원
• 지원 기준
– 1인당 최대 지원 금액
– 실제 소요경비가 지원 금액을 초과할 경우, 초과금액 이용자 실비 부담</td><td>사업 수행 선정 기관에 신청</td></tr>
</table>

<table>
<tr>
<td>발달
재활
서비스
사업</td>
<td>• 연령 기준: 만 18세 미만 장애아동
• 장애 유형: 시각·청각·언어·지적·자폐성·뇌병변 등록장애아동
• 소득 기준: 기준중위소득 180% 이하
• 기타 요건
– 「장애인복지법」상 등록장애아동
– 다만, 등록이 안 된 만 9세 미만 아동의 경우, 전문의가 작성한 발달재활 서비스 의뢰서, 세부영역검사결과서 및 검사자료로 대체 가능</td>
<td>• 지원 대상
– 총 구매력(소득기준) = 바우처 지원액 + 본인부담금
<table>
<tr><th>소득 기준</th><th>총 구매력</th><th>바우처 지원액</th><th>본인 부담금</th></tr>
<tr><td>기초생활수급자(다형)</td><td rowspan="5">월 25 만 원</td><td>월 25만 원</td><td>면제</td></tr>
<tr><td>차상위 계층(가형)</td><td>월 23만 원</td><td>2만 원</td></tr>
<tr><td>차상위 계층 초과 ~기준중위소득 65% 이하(나형)</td><td>월 21만 원</td><td>4만 원</td></tr>
<tr><td>기준중위소득 65% 초과~120% 이하(라형)</td><td>월 19만 원</td><td>6만 원</td></tr>
<tr><td>기준중위소득 120% 초과 ~180% 이하(마형)</td><td>월 17만 원</td><td>8만 원</td></tr>
</table>
• 서비스영역
– 언어·청능, 미술심리·음악·놀이심리·행동발달·재활심리·심리운동, 감각발달·운동발달 재활영역</td>
<td>읍·면·동에 신청</td>
</tr>
<tr>
<td>언어발달 지원 사업</td>
<td>• 연령 기준: 만 12세 미만 비장애아동(한쪽 부모 및 조손가정의 한쪽 조부모가 시각·청각·언어·지적·뇌병변·자폐성 등록 장애인)
• 소득 기준: 전국가구 평균소득 120% 이하</td>
<td>• 지원 대상
<table>
<tr><th>소득 기준</th><th>등급</th><th>정부 지원금</th><th>본인 부담금</th></tr>
<tr><td>기초생활수급자</td><td>다형</td><td>22만 원</td><td>면제</td></tr>
<tr><td>차상위 계층</td><td>가형</td><td>20만 원</td><td>2만 원</td></tr>
<tr><td>차상위 계층 초과 ~기준중위소득 65% 이하</td><td>나형</td><td>18만 원</td><td>4만 원</td></tr>
<tr><td>기준중위소득 65% 초과 ~120% 이하(라형)</td><td>라형</td><td>16만 원</td><td>6만 원</td></tr>
</table>
• 언어발달진단 서비스, 언어·청능재활 등 언어재활 서비스, 독서지도, 수화지도 제공</td>
<td>읍·면·동에 신청</td>
</tr>
</table>

출처: 보건복지부(2025). 2025년 장애아동가족지원 사업안내.
보건복지부 홈페이지(https://www.mohw.go.kr). 2025. 6. 10. 발췌.

[그림 11-2] 장애아동 및 장애아동가족을 위한 다양한 복지 서비스 사례

3) 장애아동을 위한 복지 서비스의 개선 방안

우리나라 장애인복지제도는 주로 성인 장애인을 중심으로 발전해 왔으며, 이에 따라 장애아동에 대한 정책적 대응은 상대적으로 미흡한 실정이다. 그러나 최근 장애아동의 발달 특성과 특별한 요구에 대한 사회적 인식이 확대되면서, 장애아동 권리 보장과 가족 지원, 자립 지원을 위한 복지 서비스가 점차 강화되고 있다. 그럼에도 불구하고 장애아동 수가 증가하는 현실에서, 정부는 장애아동 대상의 지속적인 연구와 실증적 데이터 축적을 바탕으로 더욱 정교하고 실효성 있는 정책을 개발·추진해야 한다. 이를 위한 주요 과제는 다음과 같다.

① 장애아동 조기 발견을 통한 교육 및 치료 서비스 제공

장애아동 발생률 감소를 위한 조기 발견 체계 구축이 우선 과제이다. 체계적인 조기 선별 및 관리 시스템은 특수교육과 사회복지 재정 부담을 경감시키고, 시설 수용의 필요성을 최소화하며, 장애아동이 조기에 사회에 통합되어 독립적 기능을 수행할 수 있도록 지원한다. 또한 조기 발견을 기반으로 한 장애아동 가족 상담 및 지원은 가족 양육 스트레스 완화와 가족기능 강화를 도모한다. 이를 위해 중앙정부, 관계 부처 및 지방자치단체 간 협력체계를 구축하고, 조기선별 프로그램과 조기교육·치료 서비스가 연계된 통합 서비스를 제공하는 수직적·수평적 통합체계 마련이 필요하다. 이러한 통합체계는 교육, 보육, 보건, 의료 등 다양한 영역에서 일관되고 효과적인 서비스를 장애아동에게 제공하는 기반이 될 것이다(조광순, 2004).

② 통합교육에 대한 인식 개선 및 통합교육 활성화

영유아기 장애아동의 통합 보육 및 교육은 장애아동의 발달 촉진과 사회성 향상에 긍정적 영향을 미치며, 장애아동 부모가 통합학급 배치를 선호하는 경향이 크다(안수경, 2003). 그러나 중·고등학교 단계에서는 특수학급이나 특수학교로의 분리교육 비율이 높아지는 문제점이 있다. 통합교육 환경은 장애아동의 사회적 고립 해소와 자율적·독립적 사회 구성원으로의 성장을 촉진할 수 있으므로, 일반아동과 장애아동 부모 모두의 인식 개선이 요구된다. 또한 교육현장에서는 개별화교육계획(IEP)에 기반한 맞춤형 교육프로그램 운영과 더불어 통합교육 지원체계 및 전문 인력 확충이 필수적이다.

③ 장애아동 가족의 역량 강화

장애아동 가족은 경제적 부담, 정보 부족, 과중한 역할, 사회적 고립 등 다양한 복합적 어려움을 겪고 있다. 현행 정부 서비스는 제공 방식에서 전문가 중심의 일방적 지원에 그쳐, 가족의 의존성 심화 및 무기력감을 초래한다는 비판이 제기된다. 최근에는 가족 내 자원과 강점에 주목하는 역량 강화 패러다임으로 전환되어, 장애아동 가족이 스스로 문제를 해결할 수 있도록 지원하는 방향으로 변화하고 있다. 구체적으로는 가족 구성원 간 올바른 의사소통과 역할 훈련, 양육 과정에서 발생할 수 있는 문제 해결을 위한 정보 제공, 사회적 지지를 받을 수 있는 지원망 구축 등을 통해 장애아동 가족의 자립성과 역량 강화를 촉진해야 한다.

장애아동 관련 영화

그것만이 내 세상(2018)

한때는 WBC 웰터급 동양 챔피언이었지만 지금은 오갈 데 없어진 한물간 전직 복서 '조하'(이병헌). 우연히 17년 만에 헤어진 엄마 '인숙'(윤여정)과 재회하고, 숙식을 해결하기 위해 따라간 집에서 듣지도 보지도 못했던 뜻밖의 동생 '진태'(박정민)와 마주한다. 난생처음 봤는데… 동생이라고 ?! 라면 끓이기, 게임도 최고로 잘하지만 무엇보다 피아노에 천재적 재능을 지닌 서번트증후군 진태. 조하는 입만 열면 "네~" 타령인 심상치 않은 동생을 보자 한숨부터 나온다. 하지만 캐나다로 가기 위한 경비를 마련하기 전까지만 꾹 참기로 결심한 조하는 결코 만만치 않은 불편한 동거생활을 하기 시작하는데… 살아온 곳도, 잘하는 일도, 좋아하는 것도 다른 두 형제가 만났다!

원더(Wonder)(2017)

"넌 못생기지 않았어, 네게 관심 있는 사람은 알게 될 거야." 헬멧 속에 숨었던 아이 '어기', 세상 밖으로 나오다! 누구보다 위트 있고 호기심 많은 매력 부자 '어기'(제이콥 트렘블레이). 하지만 남들과 다른 외모로 태어난 '어기'는 모두가 좋아하는 크리스마스 대신 얼굴을 감출 수 있는 핼러윈을 더 좋아한다. 10살이 된 아들에게 더 큰 세상을 보여 주고 싶었던 엄마 '이사벨'(줄리아 로버츠)과 아빠 '네이트'(오웬 윌슨)는 '어기'를 학교에 보낼 준비를 하고, 동생에게 모든 것을 양보해 왔지만 누구보다 그를 사랑하는 '비아'도 '어기'의 첫걸음을 응원해 준다. 그렇게 가족이 세상의 전부였던 '어기'는 처음으로 헬멧을 벗고 낯선 세상에 용감하게 첫발을 내딛지만 첫날부터 '남다른 외모'로 화제의 주인공이 되고, 사람들의 시선에 큰 상처를 받는다. 그러나 '어기'는 27번의 성형(?)수술을 견뎌낸 긍정적인 성격으로 다시 한번 용기를 내고, 주변 사람들도 하나둘 변하기 시작하는데...

제 12 장

다양한 가족의 아동보호 서비스

현대사회에서 가족의 형태가 다양화되면서 한부모가족, 조손가족, 다문화가족 등 다양한 가족 유형이 증가하고 있다. 한부모가족은 이혼, 사별, 미혼 등의 사유로 부모 중 한 명과 자녀로 구성된 가족이며, 조손가족은 2세대 부모의 부재로 인해 1세대 조부모가 3세대 손자녀를 양육하는 가족 형태이다. 다문화가족은 대한민국 국민과 결혼이민자 또는 귀화자로 구성된 가족이며, 북한이탈주민가족은 북한이탈주민으로 구성된 가족 형태를 의미한다. 이러한 가족 유형은 증가하는 추세에 있으며, 각각의 가족이 겪는 생활적·정서적·경제적 어려움도 다양하고 복합적이다. 이에 다양한 가족을 위한 복지 서비스는 생계지원, 주거지원, 자녀양육 및 교육지원, 심리상담, 통번역 및 사회적응 프로그램이 있다. 이 장에서 다양한 가족의 유형 및 개념, 다양한 가족의 현황 및 어려움 등을 살펴보고 각 가족 유형에 따른 복지 서비스 및 개선방안을 모색하고자 한다.

1. 한부모가족

1) 한부모가족의 개념 및 현황

한부모가족이란, 배우자의 사망, 이혼, 별거, 유기, 가출 등의 이유로 배우자가 없거나 배우자가 있으나 부모로서의 역할을 수행하지 못하여 아버지 또는 어머니가 18세 미만의 미성년 자녀를 양육해야 하는 가족 형태를 의미한다. 과거에는 '편부모가족', '편모가족', '편부가족' 등으로 지칭되었으나 '치우칠 편(偏)'이 부정적인 인상을 줄 수 있다고 하여 국립국어원에서는 이를 '한부모가족'으로 용어로 순화하였다.

한부모가족을 지원하기 위한 법적 기반은 1989년 제정된 「모자복지법」에 기초하고 있으며, 이후 2002년 「모·부자복지법」을 거쳐 2007년부터 「한부모가족지원법」으로 개정되어 시행되고 있다. 이 법은 한부모가족이 안정적으로 가족기능을 유지하고 자립할 수 있도록 지원함으로써 생활 안정과 복지 증진에 이바지함을 목적으로 한다.

〈표 12-1〉 「한부모가족지원법」

제1장 총칙

제1조(목적) 이 법은 **한부모가족이 안정적인 가족기능을 유지하고 자립할 수 있도록 지원함으로써 한부모가족의 생활 안정과 복지 증진에 이바지**함을 목적으로 한다.

제2조(국가 등의 책임) ① 국가와 지방자치단체는 한부모가족의 복지를 증진할 책임을 진다.

② 국가와 지방자치단체는 한부모가족의 권익과 자립을 지원하기 위한 여건을 조성하고 이를 위한 시책을 수립·시행하여야 한다.

③ 국가와 지방자치단체는 한부모가족에 대한 사회적 편견과 차별을 예방하고, 사회 구성원이 한부모가족을 이해하고 존중할 수 있도록 교육 및 홍보 등 필요한 조치를 하여야 한다.

④ 교육부 장관과 특별시·광역시·특별자치시·도·특별자치도의 교육감은 「유아교육

법」 제2조 제2호의 유치원, 「초·중등교육법」 제2조 및 「고등교육법」 제2조의 학교에서 한부모가족에 대한 이해를 돕는 교육을 실시하기 위한 시책을 수립·시행하여야 한다.

⑤ 국가와 지방자치단체는 청소년 한부모가족의 자립을 위하여 노력하여야 한다.

⑥ 모든 국민은 한부모가족의 복지 증진에 협력하여야 한다.

제3조(한부모가족의 권리와 책임) ① 한부모가족의 모(母) 또는 부(父)는 임신과 출산 및 양육을 사유로 합리적인 이유 없이 교육·고용 등에서 차별을 받지 아니한다.

② 한부모가족의 모 또는 부와 아동은 한부모가족 관련 정책결정과정에 참여할 권리가 있다.

③ 한부모가족의 모 또는 부와 아동은 그가 가지고 있는 자산과 노동능력 등을 최대한으로 활용하여 자립과 생활 향상을 위하여 노력하여야 한다.

한부모가족의 현황을 살펴보면, 2018년 이후 지속적인 감소 추세를 보이고 있다. 혼인 상태 유형 중 이혼이 84.2%로 가장 높은 비율을 차지하고 있으며, 이는 자녀가 있는 가정에서의 이혼 시 자녀의 양육권이 모(母) 또는 부(父)에게 귀속됨에 따라 한부모 가정이 형성되는 주요 원인이 된다. 이에 모(母)가 세대주이거나 세대원이더라도 사실상 가족을 부양하는 '모자가정'과 부(父)가 세대주이거나 세대원이더라도 가족을 부양하는 '부자가정'으로 구분된다.

한부모가정의 구성 유형은 '모+자녀', '모+자녀+기타' 가정이 전체의 68.7%, '부+자녀', '부+자녀+기타' 가정이 31.3%로, 모자가정의 비율이 두 배 이상 높다. 이는 2018년 이후 지속적으로 모자가정 비율이 증가한 수치이다(여성가족부, 2024).

〈표 12-2〉 한부모가구 현황

(단위: 천 가구, %)

	2019	2020	2021	2022	2023
총가구	20,891	21,485	22,023	22,383	22,728
한부모가구	1,529	1,533	1,510	1,494	1,493
한부모가구 비율	7.3	7.1	6.9	6.5	6.6

출처: 통계청 홈페이지(https://unikorea.go.kr/). 2025. 6. 6. 발췌.

〈표 12-3〉 한부모가구 구성 현황

(단위: 천 가구, %)

		2018	2021	2024
표본 크기		2,500가구	3,300가구	3,300가구
가구 구성	모자	51.6	53.4	53.5
	모자+기타	13.9	14.0	15.2
	부자	21.1	20.7	20.3
	부자+기타	13.4	11.9	11.0
혼인 상태 유형	이혼	77.6	81.6	84.2
	사별	15.4	11.6	10.4
	기타	7.0	6.8	5.4

출처: 여성가족부(2024). 2024년 한부모가족실태조사.

2) 한부모가족의 어려움

한부모가족은 모자가정과 부자가정 모두에서 부모와 자녀가 각각 다양한 어려움을 겪는다. 한부모가족이 가장 크게 직면하는 문제는 경제적 어려움이다. 2024년 여성가족부가 발표한 '한부모가족 실태조사'에 따르면, 한부모가족의 월평균 가구소득은 약 294만 6천 원으로, 이는 전체 월평균 가구소득인 488만 7천 원의 60.3%에 해당한다. 특히 모자가정의 월평균 가구소득은 250만 6천 원, 부자가정은 325만 3천 원으로, 모자가정은 전체의 월평균 가구소득의 51% 수준에 그친 것으로 나타났다. 이러한 소득 격차는 한부모가족의 경제적 어려움을 반영하며, 특히 모자가정의 경우 더욱 심각한 빈곤 문제에 직면해 있음을 알

수 있다.

두 번째 어려움은 자녀의 양육과 교육에 대한 부담이다. 한부모가족은 전반적으로 자녀 양육비와 교육비 부담을 크게 느끼고 있으며, 그 비율은 미취학 아동을 둔 가정이 78.0%, 초등학생 자녀를 둔 가정이 81.4%, 중·고등학생 자녀를 둔 가정이 82.1%로 나타났다. 자녀 연령에 따라 구체적인 어려움의 양상에도 차이가 있었는데, 미취학 아동을 둔 가정은 돌봄에 필요한 시간과 인력 부족을 주요 문제로 인식했고, 초등학생 자녀를 둔 가정은 양육과 교육에 필요한 정보 부족, 진로지도에 대한 부담을 크게 느꼈다. 중·고등학생 자녀를 둔 가정은 진로지도와 학업 성적 관리, 여전히 지속되는 정보 부족 문제를 복합적으로 경험하고 있었다.

세 번째, 한부모가족의 정서적 어려움도 주요한 문제로 지적된다. 한부모가 된 배경에는 사망, 이혼, 별거, 유기, 가출 등 다양한 사유가 있으며, 이로 인해 부모는 상실감, 죄책감, 무력감 등 심리적 충격을 경험하고, 이러한 감정은 종종 우울 증상으로 이어진다. 자녀 역시 한쪽 부모의 부재로 인해 정서적 불안정을 겪으며, 또래와의 관계에서 위축되거나 자아존중감이 낮아지는 등 정서적 어려움을 경험하는 경우가 많다. 이러한 심리·정서적 어려움은 시간이 지남에 따라 가족 전체의 기능 저하로 이어질 수 있다.

이처럼 한부모가족은 경제적 빈곤, 자녀 양육 및 교육 부담, 정서적 불안정 등 다양한 측면에서 복합적인 어려움을 겪고 있으며, 이들의 삶의 질 향상을 위해서는 보다 정교하고 다각적인 정책적 접근과 지원이 절실한 상황이다.

3) 한부모가족을 위한 복지 서비스

한부모가족은 사회적 편견, 배우자의 부재로 인한 소득 감소, 부모 역할의 과중, 자녀 양육 및 교육 문제 등 다양한 어려움을 겪고 있다. 이러한 문제를 해결하고자 정부는 한부모가족의 부모와 아동이 안정적으로 가족기능을 유지하고 자립할 수 있도록 다양한 복지 서비스를 제공하고 있다. 현재 우리나라에서 제

공되는 주요 복지 서비스는 다음과 같다.

〈표 12-4〉 2025년도 「한부모가족지원법」 지원 대상 가구소득인정액 기준

(단위: 원/월)

<table>
<tr><th colspan="2">구분</th><th>2인</th><th>3인</th><th>4인</th><th>5인</th><th>6인</th></tr>
<tr><td colspan="2">2025년 기준 중위소득</td><td>3,932,658</td><td>5,025,353</td><td>6,067,773</td><td>7,108,192</td><td>8,064,805</td></tr>
<tr><td>한부모 및 조손가족</td><td>기준중위소득 63%</td><td>2,477,575</td><td>3,165,972</td><td>3,841,597</td><td>4,478,161</td><td>5,080,827</td></tr>
<tr><td rowspan="2">청소년 한부모가족</td><td>기준중위소득 65%</td><td>2,556,228</td><td>3,266,479</td><td>3,963,552</td><td>4,620,325</td><td>5,242,123</td></tr>
<tr><td>기준중위소득 72%</td><td>2,831,514</td><td>3,618,254</td><td>4,390,397</td><td>5,117,898</td><td>5,806,660</td></tr>
</table>

출처: 국가법령정보센터(https://www.law.go.kr). 2025. 6. 6.발췌.

〈표 12-5〉 한부모가족 지원

<table>
<tr><th colspan="3">지원종류</th><th>지원 대상 및 내용</th></tr>
<tr><td rowspan="6">경제적 지원</td><td rowspan="6">저소득 한부모 가족 및 조손 가족 복지 급여</td><td>아동양육비</td><td>• 기준중위소득 63% 이하인 가족의 18세 미만 자녀 [다만, 고등학교 재학(고3 12월까지) 중인 경우 22세 미만 자녀]
– 지원금액: 월 23만 원</td></tr>
<tr><td rowspan="3">추가 아동양육비</td><td>• 기준중위소득 63% 이하인 조손 및 35세 이상 미혼 한부모가족의 5세 이하 아동
– 지원금액: 자녀 1인당 월 5만 원</td></tr>
<tr><td>• 기준중위소득 63% 이하인 25세 이상 34세 이하 청년 한부모가족의 5세 이하 아동
– 지원금액: 자녀 1인당 월 10만 원</td></tr>
<tr><td>• 기준중위소득 63% 이하인 25세 이상 34세 이하 청년 한부모가족의 6세 이상 18세 미만 아동
– 지원금액: 자녀 1인당 월 5만 원</td></tr>
<tr><td>아동교육지원비 (학용품비)</td><td>• 기준중위소득 63% 이하인 가족의 중·고등학생 자녀
– 지원금액: 자녀1인당 연 9.3만 원</td></tr>
<tr><td>생계비 (생활보조금)</td><td>• 한부모가족복지시설 입소 가족 중 기준중위소득 63% 이하인 가족
– 지원금액: 가구당 월 5만 원</td></tr>
</table>

지원종류			지원 대상 및 내용
경제적 지원	청소년 한부모 지원	청소년 한부모 아동양육비	• 기준중위소득 65% 이하 – 지원금액: 월 37만 원 또는 월 40만 원
		청소년 한부모 검정고시 등 학습지원	• 기준중위소득 65% 이하 – 지원금액: 연 154만 원
		청소년 한부모 자립촉진수당	• 기준중위소득 65% 이하 – 지원금액: 월 10만 원
	복지자금대여		• 저소득 한부모가족은 생활 안정과 자립을 위하여 주거자금, 창업자금 등 필요한 자금 대여
	그 밖의 지원		• 감면: 이동통신요금, 전기요금, 도시가스요금 • 수수료 면제: 주민등록, 인감증명, 본인서명사실확인서 발급, 공증인, 확정일자, 자동차 검사 • 경감: 과태료 경감 • 우선 제공: 아이돌봄 서비스, 보육 • 육아휴직 급여 • 취업지원: 고용촉진, 공무원 시험 응시료 면제, 공공시설 매점 및 시설 시 우선 허가, 복권판매업 우선 계약 • 문화이용권 지급
	주택분양 · 임대		• 저소득 무주택 한부모가족 주거지원 – 지원 내용: 국민주택 우선분양, 임대주택 특별공급, 장기공공임대주택 임대료 지원
	한부모 가족 복지 시설	출산지원시설	• 임신한 한부모와 출산 후(1년 이내) 한부모 및 그 자녀(3세 미만)에게 건강 관리, 새로운 변화에 적응할 수 있는 서비스 집중 지원 – 입소 기간(연장 가능 기간): 1년 6개월(6월)
			• 출산 후 해당 아동을 양육하지 아니 하는 미혼모 – 입소 기간(연장 가능 기간): 2년(1년)
		양육지원시설	• 6세 미만 자녀를 동반한 한부모에게 자녀 양육 관련 서비스 집중 지원 – 입소 기간(연장 가능 기간): 3년(1년)
		생활지원시설	• 18세 미만 자녀를 동반한 한부모가족에게 주거와 자립 지원 – 입소 기간(연장 가능 기간): 5년(2년)
		일시지원시설	• 배우자의 학대로 인하여 아동의 건전 양육과 모 또는 부의 건강에 지장을 초래할 우려가 있는 한부모가족 – 입소 기간(연장 가능 기간): 6월(1년)
		한부모가족복지상담소	• 한부모가족에 대한 위기 · 자립상담 및 문제해결 지원

지원종류		지원 대상 및 내용
법률 지원	한부모가족 자녀양육비 청구소송	• 이혼가족 등 한부모가족의 자녀양육비 확보가 가능하도록 법률상담, 소송서류 작성, 화해 권유, 소송대리 등 법률적 지원
	미혼부를 상대로 하는 자녀 인지청구 소송	• 친자 관계 입증을 위한 법률상담, 유전자 검사 및 소송 지원
	자녀양육비 이행 확보	• 상대방이 자녀양육비 지급의무를 이행하지 않을 경우 양육비 확보에 필요한 법률적 지원(강제집행, 과태료, 이행명령, 직접지급명령, 담보제공명령, 감치처분 신청 등)
상담 및 정서 지원	가족지원 서비스	• 가족기능 회복과 정서적 자립 강화를 위한 가족지원 서비스 – 아동의 양육 및 교육 서비스 – 장애인, 노인, 만성질환자 등의 부양 서비스 – 취사, 청소, 세탁 등 가사 서비스 – 교육 · 상담 등 가족 관계 증진 서비스 – 출생 확인 신청을 위한 유전자검사 비용 지원 – 한부모가족에 대한 상담 · 심리치료
	온가족보듬사업	• 한부모 · 조손가족 등 가족기능이 약화된 가족이 가진 복합적 문제 해결 및 욕구 해소를 위해 지속적인 사례관리를 통한 가족기능 회복과 정서 · 경제적 자립역량 강화를 도모하기 위한 지원

출처: 찾기 쉬운 생활법령 정보(https://www.easylaw.go.kr). 2025. 6. 6.발췌.

4) 한부모가족을 위한 복지 서비스의 개선 방안

한부모가족실태조사는 「한부모가족지원법」 제6조에 근거하여 3년마다 실시되고 있다. '2024년 한부모가족 실태조사'에 따르면, 한부모가족의 복지 수요가 다양화되고 있음이 확인되었다. 이를 바탕으로 한부모가족을 위한 복지 서비스 개선 방안을 다음과 같이 정리할 수 있다.

첫째, 한부모가족 지원 정책에 대한 정보 접근성과 홍보 강화가 필요하다. 실태조사 결과, 기초생활보장 등 공적 지원을 받고 있는 한부모가족의 비율은 2018년 32.8%, 2021년 45.8%, 2024년 53.8%로, 점차 증가하고 있다. 이는 정책의 접근성이 개선되고 있음을 시사하나, 여전히 '지원 내용을 알고 있으나 이용

해 본 적이 없다'는 응답이 37.5%에 달했다. 이들은 '구체적인 정보 접근의 어려움', '복잡한 행정 절차'를 주된 이유로 들었다. 따라서 정보의 전달 경로를 다양화하고, 온라인 · 모바일 기반의 신청 절차를 간소화하여 한부모가족이 보다 손쉽게 서비스에 접근할 수 있도록 하는 체계적 홍보와 행정적 지원이 요구된다.

둘째, 한부모가족의 경제적 자립 기반 확대가 필요하다. 한부모 가정 중 정부 지원을 받는 한부모 가정의 비율은 54.4%로, 2018년보다 8.4% 증가하였다. 이는 조사가 시작된 2012년과 비교하면 20% 이상 상승한 수치로, 여전히 절반 이상의 가정이 정부 지원에 의존하고 있음을 보여 준다. 경제적 자립은 한부모가족 지원 정책의 핵심 과제로, 이를 위해 직업능력개발훈련, 자격 취득 지원, 구직상담, 맞춤형 일자리 연계 등의 통합적 지원 프로그램이 보다 체계적으로 운영되어야 한다. 특히 여성 한부모의 경우 경력단절로 인한 취업 곤란이 높은 만큼, 경력복귀 프로그램 강화도 병행되어야 한다.

셋째, 한부모가족의 자녀 양육 및 교육 지원의 질적 · 양적 확대가 필요하다. 현재 지역아동센터, 보육기관 등을 통한 돌봄 서비스가 제공되고 있으나, 경제활동 · 가사 · 돌봄을 병행해야 하는 한부모의 특성상 자녀와 충분한 시간을 보내기 어려운 실정이다. 이에 따라 자녀의 성장 단계에 맞춘 가족 관계 증진 프로그램, 부모교육, 진로상담, 정서지원 상담 등 다층적 서비스를 제공해야 한다. 아울러 지역사회의 사회적 지지망을 활용한 돌봄공동체 구축과 학교 · 기관 간 연계가 강화될 필요가 있다.

2. 조손가족

1) 조손가족의 개념 및 현황

조손가족은 2세대인 부모의 사망 · 생사불명 · 장기 복역 · 유기 · 가출 · 장기간 경제적 능력 상실 등으로 자녀를 부양할 수 없는 상황에서 1세대인 조부모가

3세대인 만 18세 미만 아동 손자녀를 전담해 양육하는 가정 형태를 의미한다.

조손가족의 발생 원인은 부모의 이혼 및 재혼, 부모의 가출 및 실종, 부모의 질병 및 사망, 부모의 실직 및 파산 등으로 부모의 자녀 양육 및 교육 기능이 취약해지면서 조부모가 부모의 역할을 대신하여 수행하게 된 것으로 보고된다.

2022년 인구주택총조사 결과에 따르면, 조부모와 미혼 손자녀로 구성된 가구 수는 약 11.8만 가구이나, 조부모와 양육의 대상인 미성년 손자녀로 구성되어 있는 가구는 4.5만 가구로 전체 조손가구의 38.1%를 차지한다(통계청, 2022).

현재 조손가족의 특수성을 반영한 별도의 법률은 제정되어 있지 않으며, 이로 인해 조손가족은 「한부모가족지원법」에 근거하여 제한적인 범위 내에서 지원을 받고 있다. 「한부모가족지원법」에 따라 조부와 손자녀 또는 조모와 손자녀로 구성된 가구 중 실제로 지원을 받고 있는 조손가정은 약 1,300여 가구에 불과하다. 「한부모가족지원법」상 지원 대상은 원칙적으로 기준중위소득 63% 이하(청소년 한부모는 72% 이하)의 저소득 한부모가 아동을 양육하는 경우에 해당한다. 그러나 예외적으로, 부모가 부재하거나 양육 기능을 수행하지 못해 조부 또는 조모가 실질적으로 아동을 전담하여 양육하는 경우에는 조부모 단독 또는 조부모 중 한 명이 양육자로서 지원 대상에 포함될 수 있다.

〈표 12-6〉 조손가족 현황

(단위: 가구수, 명)

구분	계		조부모+미성년손자녀		조부 또는 조모+미성년손자녀	
	가구	가구원	가구	가구원	가구	가구원
2020	45,262	132,340	26,606	88,275	18,656	44,065
2021	44,615	130,478	26,480	87,774	18,135	42,704
2022	44,595	129,972	26,482	87,562	18,113	42,410

출처: 통계청(2024). 조손가족 아동의 안정적 양육·성장 지원방안.

보건복지부와 통계청의 '가계금융복지조사(2023)'에 따르면, 조손가족의 가구당 연평균 소득은 약 2,200만 원으로, 전체 가구 평균소득의 절반 수준에 불

과하다. 이는 다문화가구(4,500만 원), 장애인가구(3,600만 원)보다도 낮은 수치이다. 이에 약 53%가 기초생활보장 수급자에 해당하는 조부모는 주거, 의료, 교육 등 필수 생활영역에서 구조적 결핍을 경험하고 있으며, 손자녀 또한 가정의 경제적 제약을 인식하여 진로를 선택하는 것으로 나타났다. 손자녀가 대학 진학을 하는 주된 이유는 '원하는 직장을 얻기 위해서'(47.6%)였고, 고등학교 졸업 후 취업을 희망하는 이유는 '사회에 조기 진출하고 싶어서'(38.7%), '가정형편 때문에'(25.8%)로 나타났다. 이는 손자녀 역시 조손가족의 경제적 상황을 실질적으로 체감하고 있다는 점을 시사한다.

이러한 조손가족은 일반 가족과 비교해 지역사회 내에서 고립되고 소외되는 경향이 강하게 나타난다. 가족 상황이 외부에 알려지는 것을 꺼리는 정서와 함께, 손자녀 양육을 위한 거주지 이동으로 인해 지역사회와의 교류가 단절되는 사례가 많았다. 특히 복지 서비스 정보 접근에 있어서도 큰 한계를 보였으며, 복지 서비스 이용 시 33%가 정보를 찾는 데 어려움을 느꼈고, 인터넷을 통한 정보 접근률은 3%에 불과했다. 반면, 정보 취득 경로로 구청이나 주민센터를 이용하는 비율은 62.2%에 달해 오프라인 중심의 접근성을 보였다.

조손가족이 필요로 하는 지원으로는 생계비(67.2%)와 손자녀의 교육비 · 보육료(34.2%) 등 경제적 지원이 가장 시급하였고, 그 외에도 조손가족 복지 서비스에 대한 정보 제공과 연계(18.3%)에 대한 수요도 높게 나타났다. 그러나 이들은 정책적 지원 체계 내로 원활히 유입되지 못해, 위기 상황 발생 시 적절한 개입이나 지원이 제대로 이루어지지 않는 구조적인 한계가 존재한다.

2) 조손가족의 어려움

조손가족의 조부모는 손자녀를 양육하며 손자녀에 대한 정서적 유대감과 책임감, 감사와 기쁨 등 긍정적인 감정도 함께 가지고 있으며, 손자녀 양육에 최선을 다하려는 사명감과 활력을 느끼는 경우도 적지 않다. 그럼에도 불구하고 손자녀 양육으로 인한 경제적 어려움, 체력적 부담, 세대 차이로 인한 갈등, 손자녀의 미래에 대한 염려 등 다양한 어려움을 경험하고 있다. 이에 '2023년 가계금융복지조사'와 '2023년 조손가족 실태조사' 결과를 토대로 조손가족의 어려움을 살펴보면 다음과 같다.

첫째, 경제적 어려움은 조손가족이 직면한 가장 큰 문제로 나타난다. '2023년 조손가족 실태조사'에 따르면, 조부모는 건강상의 이유나 고령으로 인해 경제활동이 어렵고, 안정적 소득을 확보하기 어려운 상황에 처해 있다. 반면, 손자녀의 양육을 위해 필수적으로 지출되는 교육비, 생활비, 의복비 등은 지속적으로 증가하여, 조손가족의 가구당 손자녀 1인당 월평균 양육비는 약 55만 3천 원으로 조사되었다. 이 비용의 적절성에 대해 조부모의 60.7%는 '전혀 적절하지 않거나 적절하지 않은 편'이라고 응답해 경제적 부담을 강하게 인식하고 있음을 보여 준다. 추가 양육비 지원이 가능할 경우, 가장 희망하는 지출 항목은 교육비, 식비, 의복비 순으로 나타났다.

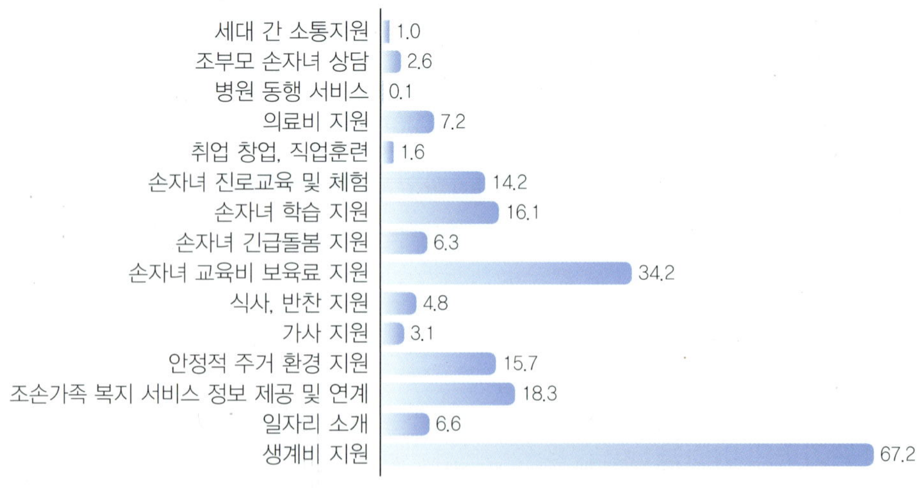

[그림 12-1] 조손가족에 필요한 지원

출처: 여성가족부(2023). 2023년 조손가족 실태조사.

둘째, 조손가족의 건강 문제는 경제적 어려움 다음으로 조손가족의 주요 문제로 나타났다. '2020년 조손가족 실태조사' 연구보고서에 따르면, 조부모는 평

균 3.1개의 만성질환을 앓고 있으며, 응답자의 13%는 등록 장애인인 것으로 나타났다. 또한 전체 조부모 중 57.1%는 우울증 위험군에 해당되며, 전반적으로 높은 스트레스 수준을 경험하고 있다. 고령의 조부모가 손자녀를 전담 양육하면서 신체적 · 정신적 부담이 누적되고 있는 것이다. 손자녀 역시 부모의 부재와 독립적인 생활 요구 속에서 학업 및 일상 문제를 스스로 해결해야 하는 경우가 많고, 그로 인해 정서적 불안과 부담을 느끼는 경향이 크다. 지속적 관리가 필요한 질환을 가진 손자녀의 비율은 15%에 달하며, 이는 아토피 피부염, 정신질환 등 건강 문제와 관련이 있다.

셋째, 세대 차이로 인한 갈등과 소통의 어려움도 조손가족이 겪는 특유의 문제이다. 조부모와 손자녀 간의 생활습관, 가치관, 식습관, 교육방식의 차이는 일상생활 속 갈등으로 이어질 수 있다. 진로지도나 학습 방법에 대한 인식 차이 또한 자녀의 발달을 지원하는 데 한계를 초래한다. 이에 따라 조손가족 구성원 간 긍정적 관계 형성을 위한 프로그램이 요구된다. 예를 들어, 조부모를 위한 양육 교육, 손자녀의 진로적성 개발을 위한 학습지원 프로그램, 세대 간 소통을 촉진하는 여가활동 및 놀이 프로그램 등이 필요하다.

이처럼 조손가족은 경제적 빈곤, 건강 악화, 세대 차이 등 복합적이고 구조적인 어려움에 처해 있으며, 이를 해소하기 위한 정책적 개입과 맞춤형 복지 서비스 강화가 시급하다.

3) 조손가정을 위한 복지 서비스 및 개선 방안

조손가족은 한부모 가정으로 분류되어 「한부모가족지원법」에 따라 한부모가족의 지원과 동일한 지원을 받는다. 「한부모가족지원법」에 따르면, 기준중위소득 63% 이하의 소득인정액을 가진 가구 중 만 18세 미만 아동이 있는 경우에 지원 대상이 되며, 지원 항목에는 아동양육비, 주거양육비, 아동교육지원비(학용품비), 생계비(생활보조금) 등이 포함된다. 조손가족 지원신청 방법은 거주지 관할 읍 · 면 · 동 주민센터 방문 또는 복지로 누리집(www.bokjiro.go.kr)을 통해 가능하다. 그러나 행정 정보에 대한 접근성 부족이나 절차에 대한 이해 부족으로 인해 실제 지원을 받지 못하는 조손가족이 여전히 존재한다.

2023년 실시된 '조손가족 실태조사'와 이를 기반으로 수립된 2024년 정부 국정과제 '조손가족 아동의 안정적 양육 · 성장 지원방안'은 조손가족의 특성을 반영한 맞춤형 복지체계 구축을 목표로 하고 있다. 이에 따라 조손가족 복지 서비스의 개선 방향은 다음과 같다.

첫째, 조손가족지원법의 제정이 필요하다. 현행법상 조손가족은 한부모가족의 한 유형으로 분류되어 지원되고 있으나, 조손가족은 일반적인 한부모가정과는 구조와 양육 환경이 현저히 다르다. 조부모는 고령으로 인해 경제적 · 신체적 취약성이 크며, 양육 경험의 공백 기간, 미래 준비 부족 등의 어려움이 존재한다. 따라서 이러한 특수성을 반영하여 조손가족을 별도로 정의하고, 이에 기반한 맞춤형 복지정책을 수립하기 위한 조손가족지원법 제정이 필요하다.

둘째, 조손가족의 특수성을 반영한 경제적 지원 확대가 요구된다. 조손가족의 경우, 비공식적으로 손자녀를 양육하는 사례가 많아 자격 요건을 충족하지 못해 지원을 받지 못하는 경우가 많다. 또한 부모의 위임장이 필요하다는 요건이 현실과 맞지 않는 경우가 많고, 아동수당이 실질적으로 아동에게 사용되지 않는 사례도 존재한다. 따라서 비공식 양육 가정도 지원받을 수 있도록 제도를 개선하고, 아동 교육비, 의료비 등 실질적인 양육비용에 대한 지원도 확대되어야 한다.

셋째, 조손가족의 발굴과 지원을 위한 시스템 구축이 시급하다. 조손가족은 특성상 외부와 단절된 생활을 하는 경우가 많아, 제도적 접근이 제한된다. 이에 따라 보육교사, 사회복지사, 유치원 및 초등학교 교직원 등 아동 관련 기관 종사자들이 조손가족을 조기에 발견하고 연계할 수 있도록 역할을 강화해야 한다. 또한 지자체는 신청 가정의 실제 양육 구조와 가족 상황을 면밀히 파악할 수 있는 상담체계와 실태조사 기능을 정비하여, 형평성 있는 통합적 복지 서비스가 제공되도록 시스템을 구축해야 한다(보건복지부, 2024).

3. 다문화가족

1) 다문화가족의 개념 및 현황

다문화가족이란, 결혼이민자와 대한민국 국적을 취득한 자로 이루어진 가족을 의미한다. 과거에는 국제결혼가족, 혼혈가족처럼 차별적이고 부정적인 이미지를 줄 수 있는 용어로 지칭하기도 하였으나 2003년 건강시민연대에 의해 다양한 문화가 공존하는 가족이라는 의미의 '많을 다(多), 글월 문(文), 될 화(化)'를 제안하여 '다문화가족'이라는 용어로 일컬어지고 있다.

〈표 12-7〉 결혼이민자와 대한민국 국적 취득자

구분	결혼이민자	대한민국 국적 취득자
내용	• 결혼이민자: 대한민국 국민과 혼인한 적이 있거나 혼인 관계에 있는 재한외국인(대한민국의 국적을 가지지 않은 사람으로서 대한민국에 거주할 목적을 가지고 합법적으로 체류하고 있는 사람)	• 출생, 인지, 귀화를 통해 대한민국 국적을 취득한 자 – 출생: 부(父) 또는 모(母)가 대한민국의 국민인 사람, 출생하기 전에 부(父)가 사망한 경우 그 사망 당시에 부(父)가 대한민국의 국민이었던 사람, 부모가 모두 분명하지 않은 경우나 국적이 없는 경우 대한민국에서 출생한 사람은 대한민국 국적을 취득함 – 인지: 대한민국의 국민이 아닌 자로서 대한민국의 국민인 부 또는 모에 따라 인지(認知)된 자가 일정 요건을 모두 갖추면 법무부 장관에게 신고함으로써 대한민국 국적을 취득할 수 있음 – 귀화: 대한민국 국적을 취득한 사실이 없는 외국인은 법무부 장관의 귀화허가(歸化許可)를 받아 대한민국 국적을 취득할 수 있음

출처: 찾기 쉬운 생활법령 정보(https://www.easylaw.go.kr). 다문화가족. 2025. 6. 10. 발췌.

다문화가족을 위한 지원은 2007년 5월 제정된 「재한외국인 처우 기본법」과 2008년 6월에 제정된 국제결혼중개업체의 등록제 도입 관련 「결혼중개업의 관리에 관한 법률」, 2008년 제정된 이후 여러 차례 개정된 「다문화가족지원법」에 근거하고 있다. 「다문화가족지원법」은 다문화가족 구성원이 안정적인 가족생활을 영위하고 사회 구성원으로서 역할과 책임을 다할 수 있도록 함으로써 다문화가족 구성원의 삶의 질 향상과 사회통합에 이바지함을 목적으로 한다.

〈표 12-8〉「다문화가족지원법」

제1조(목적) 이 법은 **다문화가족 구성원이 안정적인 가족생활을 영위하고 사회 구성원으로서의 역할과 책임을 다할 수 있도록 함으로써 이들의 삶의 질 향상과 사회통합에 이바지**함을 목적으로 한다.

제2조(정의) 이 법에서 사용하는 용어의 뜻은 다음과 같다.

1. "다문화가족"이란 다음 각 목의 어느 하나에 해당하는 가족을 말한다.
   가. 「재한외국인 처우 기본법」 제2조 제3호의 결혼이민자와 「국적법」 제2조부터 제4조까지의 규정에 따라 대한민국 국적을 취득한 자로 이루어진 가족
   나. 「국적법」 제3조 및 제4조에 따라 대한민국 국적을 취득한 자와 같은 법 제2조부터 제4조까지의 규정에 따라 대한민국 국적을 취득한 자로 이루어진 가족
2. "결혼이민자등"이란 다문화가족의 구성원으로서 다음 각 목의 어느 하나에 해당하는 자를 말한다.
   가. 「재한외국인 처우 기본법」 제2조 제3호의 결혼이민자
   나. 「국적법」 제4조에 따라 귀화허가를 받은 자
3. "아동 · 청소년"이란 24세 이하인 사람을 말한다.

제3조(국가와 지방자치단체의 책무) ① 국가와 지방자치단체는 다문화가족 구성원이 안정적인 가족생활을 영위하고 경제 · 사회 · 문화 등 각 분야에서 사회 구성원으로서의 역할과 책임을 다할 수 있도록 필요한 제도와 여건을 조성하고 이를 위한 시책을 수립 · 시행하여야 한다.

② 특별시 · 광역시 · 특별자치시 · 도 · 특별자치도 및 시 · 군 · 구(자치구를 말한다. 이하 같다)에는 다문화가족 지원을 담당할 기구와 공무원을 두어야 한다.

③ 국가와 지방자치단체는 이 법에 따른 시책 중 외국인정책 관련 사항에 대하여는 「재한외국인 처우 기본법」 제5조부터 제9조까지의 규정에 따른다.

다문화가족에 대한 실태조사는 「다문화가족지원법」 제4조에 근거하여 다문화가족의 현황 및 실태를 파악하고 다문화가족 지원을 위한 정책수립에 활용하기 위하여 3년마다 실시되고 있다.

〈표 12-9〉 다문화가구 현황

(단위: 천 가구, %)

	2016	2017	2018	2019	2020	2021	2022	2023
다문화가구수	316,067	318,917	334,856	353,803	367,775	385,219	399,396	415,584
국제결혼건수 (한국인남편 +외국인아내)	14,822	14,869	16,608	17,687	11,100	8,985	12,007	14,710
국제결혼건수 (외국인남편 +한국인아내)	5,769	5,966	6,090	5,956	4,241	4,117	4,659	5,007

출처: 통계청 홈페이지(kostat.go.kr). 인구총조사. 2025. 6. 6. 발췌.

[그림 12-2] 다문화가구수

출처: 통계청 홈페이지(kostat.go.kr). 인구총조사. 2025. 6. 6. 발췌.

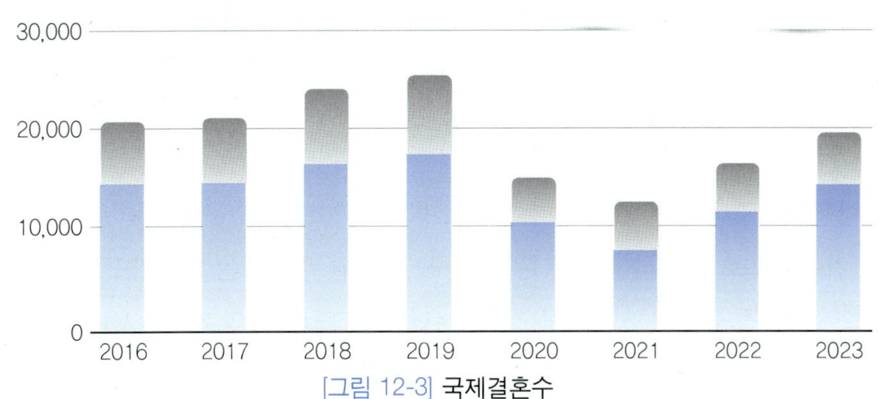

[그림 12-3] 국제결혼수

출처: 통계청 홈페이지(kostat.go.kr). 인구총조사. 2025. 6. 6. 발췌.

'2021년 전국다문화가족 실태조사'는 총 32,000가구를 표본으로 실시되었으며, 코로나19 팬데믹 상황에서도 15,578가구가 조사에 참여하여 48.7%의 응답률을 기록하였다. 이는 실태조사 본조사 중 가장 낮은 응답률이었으나, 표본 수를 확대하여 유효표본 규모에 근접하도록 설계함으로써 실질적으로는 2012년 조사보다 더 많은 가구가 조사에 참여하였다.

2021년 실태조사에 따르면, 총 다문화가구 수는 346,017가구이며, 이 중 결혼이민자 가구가 82.4%, 기타귀화자 가구는 17.6%였다. 기타귀화자 가구의 비율은 2018년 대비 3.3% 증가한 수치로, 다문화가구의 구성이 점차 다양화되고 있음을 보여 준다. 결혼이민자 및 귀화자의 출신 국가는 베트남이 33.4%로 가장 높은 비중을 차지하였고, 그 뒤를 중국(한족 및 조선족 포함) 20.2%, 필리핀 9.8%, 태국 5.6%, 캄보디아 3.2%, 일본 3.2%, 몽골 2.8% 순으로 나타났다.

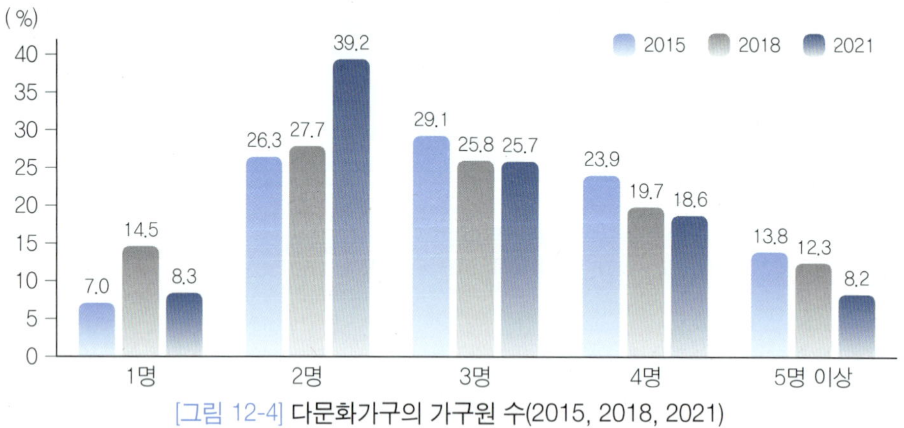

[그림 12-4] 다문화가구의 가구원 수(2015, 2018, 2021)

출처: 여성가족부(2022). 2021년 전국다문화가족 실태조사.

다문화가구의 평균 가구원 수는 2.82명으로, 2015년 3.16명, 2018년 2.92명에서 지속적으로 감소하는 추세를 보였다. 가구원 수별로는 2인 가구의 비율이 39.2%로 가장 높았고, 3인 가구 25.7%, 4인 가구 18.6%, 1인 가구 8.3%, 5인 이상 가구 8.2% 순으로 나타났다. 특히 2인 가구 비율은 2015년 26.3%, 2018년 27.7%에서 2021년 39.2%로 급격히 증가한 것으로 나타나, 다문화가구의 구조가 점차

소규모화되고 있음을 보여 준다.

다문화가구의 지역별 분포를 살펴보면, 도시지역(동 지역)에 거주하는 비율이 76.8%로 높은 반면, 읍·면지역은 32.2%로 나타났다. 또한 서울·경기·인천 등 수도권에 거주하는 비율은 56.1%로, 다문화가구의 거주가 수도권과 동 지역에 집중되어 있는 경향을 보였다.

[그림 12-5] 다문화가구의 자녀 연령(2018, 2021)

출처: 여성가족부(2022). 2021년 전국다문화가족 실태조사.

전체 다문화가구 중 자녀가 있는 가구의 비율은 58.0%이며, 자녀가 없는 가구는 42.0%로 조사되었다. 자녀가 있는 가구의 비율은 2015년 66.8%, 2018년 63.3%에서 감소세를 보이고 있으며, 자녀가 없는 가구의 비율은 점차 증가하고 있다. 자녀가 있는 가구만을 기준으로 했을 때, 평균 자녀 수는 1.53명이며, 자녀가 1명인 가구는 32.5%, 2명은 21.2%, 3명 이상은 4.3%였다. 다문화가족 자녀의 평균 연령은 9.93세로, 2018년 8.32세 대비 1.61세 증가하였다. 이는 최근 3년간 다문화가정에서의 출생 자녀 수가 많지 않다는 점을 반영한 결과로, 전체적으로 다문화 자녀의 연령대가 점점 높아지고 있음을 의미한다.

이러한 결과는 다문화가구의 가족구조 및 자녀 구성의 변화, 거주지 집중 현상, 출신 국가의 다양화 등 다문화사회의 특성을 파악하고, 향후 정책수립 시 이를 반영한 맞춤형 서비스와 지원체계를 마련할 필요가 있음을 시사한다.

2) 다문화가족의 어려움

다문화가족은 가족 내 언어 및 문화 차이, 경제적 빈곤, 사회적 고립, 자녀 양육과 교육에 대한 부담, 사회적 편견과 차별 등 다양한 구조적·심리적 어려움에 직면한다. 이에 따라 '2021 전국 다문화가족 실태조사' 결과를 바탕으로 한 주요 어려움은 다음과 같다.

첫째, 문화 및 언어의 차이로 인한 갈등은 다문화가족이 경험하는 가장 주요한 어려움이다. '2021 전국 다문화가족 실태조사' 전체 응답자 중 52.4%가 '최근 1년간 부부 간 문화적 차이를 경험한 적이 있다.'라고 응답하였다. 이는 2018년 55.9%에 비해 3.5% 감소한 수치로, 일정 부분 문화적 이해가 개선되고 있음을 보여 주나, 여전히 과반 이상이 문화적 차이를 인식하고 있어 지속적인 지원과 개입이 필요한 상황이다. 문화적 차이를 경험한 구체적 영역으로는 '식습관'(52.7%)이 가장 높은 비율을 차지하였으며, 다음으로 '의사소통 방식'(43.4%), '가정 내 역할 기대 차이'(35.5%) 등이 뒤를 이었다. 이러한 결과는 일상생활 속 실천적 문화 요소에서 갈등이 주로 발생하고 있음을 시사한다. 또한 부부 갈등의 주요 원인에 대해서는 '사고방식 및 가치관 차이'가 56.6%로 응답률이 가장 높았으며, '의사소통의 어려움'(37.4%), '양육방식 차이'(26.3%) 등이 뒤따랐다. 이는 문화적 배경의 차이가 단순한 생활양식의 차이에 그치지 않고, 가족 내 의사결정과 관계 형성 전반에 영향을 미친다는 사실을 보여 준다.

둘째, 자녀 양육 및 교육과 관련된 어려움 역시 다문화가족이 공통으로 겪는 문제이다. 자녀 연령에 따라 어려움의 내용은 달랐는데, 만 5세 이하 자녀를 둔 부모의 경우 '한글 교육의 어려움'(26.8%), '양육지원 인프라 부족으로 인한 돌봄 공백'(20.5%), '가족 간 양육방식에 대한 의견 차이'(15.8%)를 주요 문제로 응답하였다. 반면, 만 6세 이상 24세 이하 자녀를 둔 부모는 '자녀의 학습지도 및 학업 관리의 어려움'(50.4%)을 가장 큰 문제로 언급하였으며, '진학 및 진로 정보 부족'(37.6%), '교육비 및 용돈 등 경제적 부담'(32.0%) 등의 어려움이 뒤를 이었다. 다문화가족 아동의 학교 적응 수준은 평균 4.23점(5점 척도 기준)으로 비

교적 높았으나, 2018년 조사에 비해 감소한 수치로, 학교 적응에 대한 지속적인 어려움이 존재함을 보여 준다. 학교 부적응의 주요 원인으로는 '학업 내용의 난해함'(56.2%)과 '또래 관계 형성의 어려움'(55.4%)이 높게 나타나, 다문화가족 자녀가 학습과 사회성 측면에서 복합적인 도전에 직면하고 있음을 알 수 있다.

3) 다문화가족을 위한 복지 서비스

다문화가족이 안정적인 가정생활을 영위하고 사회 구성원으로서의 역할과 책임을 다할 수 있도록 도움으로써 다문화가족의 삶의 질이 향상되고, 사회통합을 이루고자 다양한 복지 서비스를 제공되고 있다. 현재 우리나라에서 제공되고 있는 다문화가족 생활을 위한 지원은 다음과 같다.

〈표 12-10〉 다문화가족생활 지원

국내정착 지원종류		지원 대상 및 내용
사회 적응 지원	다문화에 대한 이해 증진	• 국민과 재한외국인이 서로의 역사·문화 및 제도를 이해하고 존중할 수 있도록 교육, 홍보, 불합리한 제도의 시정이나 그 밖에 필요한 조치를 위한 노력
	사회 적응 지원	• 국적 취득 후 사회 적응 – 재한외국인이 대한민국의 국적을 취득한 경우, 국적 취득한 날부터 3년까지 혜택 – 지원 내용: 결혼이민자에 대한 국어교육, 대한민국의 제도·문화에 대한 교육, 결혼이민자의 자녀에 대한 보육 및 교육 지원, 의료 지원, 건강검진 • 사회통합 프로그램 – 프로그램 구성: 이민자가 국내 생활에 필요한 정보를 체계적으로 습득할 수 있도록 한국어과정, 한국사회이해과정 등으로 구성. 지정된 기관에서 이수 시 국적 취득 필기·면접시험 면제 등의 편의 제공 • 정보통신제품의 지원 – 국가기관과 지방자치단체는 결혼이민자 등에게 유상 또는 무상으로 지능정보 제품 제공 • 외국인에 대한 민원 안내 및 상담 – 전화 또는 전자통신망을 이용하여 재한외국인과 대한민국에 체류하는 외국인은 외국인 종합 안내센터를 통해 외국어로 민원 안내 및 상담 받음

국내정착 지원종류		지원 대상 및 내용
사회 적응 지원	정보 제공	• 다문화가족 지원 정보 제공 – 대한민국에서 생활하는 데 필요한 기본적 정보(아동 · 청소년에 대한 학습 및 생활지도 관련 정보를 포함)를 다문화가족지원 관련 정책 정보, 이민자 정착 성공사례, 어린이집 등의 기관 소개, 한국문화 소개 등을 수록한 생활 안내 책자 등 제공
	교육 지원	• 한국어교육 – 결혼이민자 등은 언어소통능력 향상을 위한 한국어교육 등 지원 – 거주지 및 가정 환경 등에 따라 교육 서비스에서 소외되는 결혼이민자 등과 배우자 및 그 가족 구성원은 방문교육이나 원격교육 등 다양한 방법으로 교육 지원 – 한국생활을 원활하게 하고 한국문화를 이해하기 위한 한국어 배우기. 외국인을 위한 무료 한국어 학습기관들이 많이 있으며, 온라인 한국어교육 프로그램도 늘어나고 있음(다누리 홈페이지 참조). • 가족교육 – 가족 간의 소통을 통한 믿음과 사랑 증진 – 올바른 부모 역할에 대한 이해 증진 – 가족 내 이중언어 사용 활성화로 소통 증진 및 다문화 정체성 함양 • 정보격차해소교육 – 지능정보 서비스 및 지능정보제품의 이용 · 활용을 위한 교육 – 컴퓨터와 인터넷 등을 활용하여 필요한 정보를 검색 · 가공 및 생산하는 방법에 관한 교육 – 그 밖의 정보격차 해소를 위해 시행 필요가 있다고 국가기관이나 지방자치단체가 인정한 교육
	결혼이민자 통번역 서비스 사업	• 한국말이 서툰 결혼이민자의 가족 · 사회생활에 필요한 의사소통 지원을 위한 통 · 번역 서비스 – 베트남어, 중국어, 필리핀어(영어, 타갈로그어), 몽골어, 태국어, 러시아어, 캄보디아어, 일본어, 네팔어 등 센터별 1~4개 언어로 통번역 서비스 제공 • 외국인 상담 및 통역 서비스 안내 – 한국건강가정진흥원 ☎1577-9337, 다누리콜센터 ☎1577-1366
	기초생활 보장제도	– 지원 대상: ① 대한민국 국민과 혼인 중인 사람으로서 다음의 어느 하나에 해당하는 사람, ② 본인 또는 대한민국 국적의 배우자가 임신 중인 사람, ③ 대한민국 국적의 미성년 자녀를 양육하고 있는 사람, ④ 배우자의 대한민국 국적인 직계존속과 생계나 주거를 같이 하는 사람 – 대한민국 국민인 배우자와 이혼하거나 그 배우자가 사망한 사람으로서 대한민국 국적의 미성년 자녀를 양육하고 있는 사람 또는 사망한 배우자의 태아를 임신하고 있는 사람

국내정착 지원종류		지원 대상 및 내용
사회 적응 지원	긴급지원사업	• 본인의 귀책사유 없는 화재, 범죄, 천재지변의 피해자로 국내에 체류하고 있는 외국인 중 긴급지원 대상자에 해당하는 사람은 생계 지원, 의료 지원, 주거 지원, 사회복지시설 이용 지원, 교육 지원, 동절기 연료비 지원, 해산·장제·연료비 지원 등 긴급 지원
주택 지원	국민주택 등 특별공급	• 다문화가족 구성원으로서 배우자와 3년 이상 같은 주소지에서 거주한 자로서 무주택 세대 구성원인 자는 관련 기관장이 정하는 우선순위 기준에 따라 한 차례에 한정하여 1세대 1주택의 기준으로 국민주택 건설량의 10%의 범위에서 특별공급하는 제도
취업 지원	직업교육 및 여성 결혼이민자 취업 지원 사업	• 다문화가족 직업교육 – 대한민국에서 생활하는 데 필요한 직업교육·훈련 및 언어소통능력 향상을 위한 지원 – 다문화가족지원센터별로 지역 환경 및 결혼이민자의 특성 등에 따라 한국어교육, 직업교육 프로그램 제공 • 여성 결혼이민자 취업 지원 사업 – 결혼이민여성 인턴: 다문화가족, 여성결혼이민자와 자녀, 한부모가족, 조손가족 등 취약가족의 자녀와 그 보호자 – 결혼이민여성 직업교육: 여성새로일하기센터에 등록된 구직희망 여성결혼이민자 – 새일센터 인턴: 취업 희망 여성결혼이민지 중 여성새로일하기센터에 구직 등록한 자 – 새일센터 직업교육훈련: 취업 희망 여성결혼이민자 중 여성새로일하기센터에 구직 등록한 자(출산, 육아 등 경력이 단절된 여성을 대상으로 운영하는 직업교육훈련 과정이나, 여성 결혼이민자 등 취업 취약계층에게 직업교육 훈련생 선발 시 우선권 부여) – 결혼이민자 취업지원 사업: 결혼이민자(구인구직 등록 후 상담 등을 통하여 취업 알선) – 의료 통역 및 국제의료코디네이터 양성 사업: 국내 거주 외국인 또는 한국 국적 취득자 등 한국어 구사가 가능한 자(중국·몽골·베트남 등)

출처: 찾기 쉬운 생활법령 정보(https://www.easylaw.go.kr). 다문화가족. 2025. 6. 10. 발췌.

다문화가족의 안정적인 정착과 가족생활을 지원하기 위해, 2024년 2분기 기준 전국에는 총 212개의 다문화가족지원센터가 운영되고 있다. 이들 센터는 다문화가족 및 그 자녀를 대상으로 한국어교육, 취업교육, 방문교육, 통·번역 서비스, 건강 증진 사업, 자조 모임 지원, 자녀 성장 지원, 언어발달 지원, 가족교육, 전문 상담, 사례관리, 정보 제공, 역량 강화 지원 등 포괄적인 서비스를 제공하고 있다.

교육부(2023)는 지역다문화교육지원센터를 통해 다문화학생의 공교육 진입을 지원하고 있으며, 교수·학습자료 제공을 통한 학습 지원, 다문화 수용성 제고, 글로벌 역량 강화를 위한 다양한 교육 지원 사업을 운영하고 있다.

또한, 보건복지부의 복지로(www.bokjiro.go.kr)를 통해 다문화가족을 위한 복지 서비스가 제공되며, 여성가족부 산하 여성새로일하기센터에서는 결혼이민여성을 대상으로 취업 지원과 자립 지원 서비스를 제공함으로써, 다문화가족이 한국사회와 문화에 조기에 적응하고 사회·경제적으로 자립할 수 있도록 지원하고 있다.

4) 다문화가족을 위한 복지 서비스의 개선 방안

다문화가족의 이민자 적응, 정착, 자녀 성장 및 부모 역할 등 가족생활과 관련된 다양한 지원 서비스 이용 경험에 대해 조사한 결과, 전체 응답자의 61.9%가 관련 서비스를 이용한 경험이 있는 것으로 나타났다. 이들이 주로 이용한 기관은 주민센터, 행정복지센터, 다문화가족지원센터 순으로 나타났다. 이러한 결과는 '2021 전국 다문화가족 실태조사'에 기반한 것으로, 이를 바탕으로 다문화가족을 위한 복지 서비스의 개선 방안은 다음과 같다.

첫째, 사회적 편견 해소를 위한 다문화감수성 향상 교육의 확대가 요구된다. 다문화가족에 대한 사회적 편견은 가족 내 갈등, 학교 내 따돌림, 학교폭력 등의 형태로 나타날 수 있으며, 이는 부모와 자녀 모두에게 정서적 충격을 유발하여 가정생활 및 학교생활을 포기하는 원인이 되기도 한다. '2021 전국 다문화가족 실태조사'에 따르면, 2018년 대비 다문화가족 내 학대 및 폭력 경험 비율이 증가하였고, 다문화가족 아동의 순취학률은 초·중·고교 모두 일반아동에 비해 낮으며, 고등교육 취학률 또한 31.0%p 낮은 것으로 나타났다. 이에 따라 사회적 편견 및 차별 문제를 해소하기 위해 기존의 동화주의적 접근에서 벗어나,

다양성을 이해하고 존중하는 방향으로 정책 및 교육의 패러다임을 다문화감수성 중심으로 전환할 필요가 있다.

둘째, 다문화가족 부모 및 아동의 역량 강화를 위한 특화 프로그램 개발이 필요하다. 다문화가족의 안정적인 한국사회 적응과 자립을 위해서는 가족 구성원이 가진 고유한 자산, 특히 이중언어능력 등 문화적 강점을 기반으로 한 역량 강화가 중요하다. 이에 따라 일반교육과정과는 차별화된 언어능력 강화 교육과정, 진학 및 취업 연계 프로그램 등이 개발되어야 하며, 다문화가족의 특성을 반영한 맞춤형 지원 서비스 제공이 요구된다.

셋째, 다문화가족의 다양성을 반영한 지원 서비스 체계로의 전환이 필요하다. 현재의 다문화가족 지원 정책은 초기 적응 중심, 결혼이민여성 및 한국인 남성 배우자 중심의 접근에 치우쳐 있어, 다문화가족 내부의 다양성이 충분히 반영되지 못하고 있다. 그러나 다문화가족이 한국사회에 장기 거주함에 따라, 가족 구성원의 고령화, 자녀의 성장과 독립, 귀화자 증가 등 생애주기 전반에 걸친 새로운 문제가 발생하고 있다. 따라서 장기 거주 및 고령화된 다문화가족의 복합적인 요구를 반영한 정책 설계와 이에 따른 맞춤형 서비스 제공이 절실히 요구된다.

4. 북한이탈주민

1) 북한이탈주민의 개념 및 현황

「북한이탈주민의 보호 및 정착지원에 관한 법률」에 따르면, 북한이탈주민이란, 군사분계선 이북 지역에 주소, 직계가족, 배우자 또는 직장을 두고 있는 사람으로서 북한을 벗어난 후 외국 국적을 취득하지 아니한 자를 의미한다. 이들은 과거에 '귀순자', '탈북자', '실향민', '새터민' 등 다양한 용어로 불렸으나, 현재는 공식적으로 '북한이탈주민'이라는 용어가 사용되고 있다. 그러나 '북(北)'

이나 '탈(脫)'이라는 표현이 내포하는 의미는 '북한으로부터 탈출한 사람'이라는 부정적 뜻을 담고 있어, 남한의 상대적 우월성을 강조하거나 북한이탈주민에 대한 부정적 인식을 심화시킬 우려가 있다는 지적이 제기되고 있다. 이에 따라 해당 용어가 암묵적인 차별과 배제를 유발할 수 있다는 문제의식하에, 용어 사용에 대한 사회적 논의가 지속되고 있다(곽태환 · 안승우, 2023).

북한이탈주민에 대한 법적 기반은 1962년 제정된 「국가유공자 및 월남귀순자 특별원호법」과 1972년 「귀순북한동포보호법」에서 시작되었으며, 1993년 개정된 동명의 법률을 거쳐 1997년 「북한이탈주민의 보호 및 정착지원에 관한 법률」이 제정 · 시행되었다. 해당 법률은 북한이탈주민이 정치 · 경제 · 사회 · 문화 등 모든 생활 영역에서 신속하고 안정적으로 적응 · 정착할 수 있도록 필요한 보호 및 지원 사항을 규정하는 것을 목적으로 한다.

〈표 12-11〉 「북한이탈주민의 보호 및 정착지원에 관한 법률」

제1조(목적) 이 법은 **군사분계선 이북지역에서 벗어나 대한민국의 보호를 받으려는 군사분계선 이북지역의 주민이 정치, 경제, 사회, 문화 등 모든 생활 영역에서 신속히 적응·정착하는 데 필요한 보호 및 지원에 관한 사항을 규정**함을 목적으로 한다.

제2조(정의) 이 법에서 사용하는 용어의 뜻은 다음과 같다.

1. "북한이탈주민"이란 군사분계선 이북지역(이하 "북한"이라 한다)에 주소, 직계가족, 배우자, 직장 등을 두고 있는 사람으로서 북한을 벗어난 후 외국 국적을 취득하지 아니한 사람을 말한다.
2. "보호대상자"란 이 법에 따라 보호 및 지원을 받는 북한이탈주민을 말한다.
3. "정착지원시설"이란 보호대상자의 보호 및 정착지원을 위하여 제10조 제1항에 따라 설치 · 운영하는 시설을 말한다.
4. "보호금품"이란 이 법에 따라 보호대상자에게 지급하거나 빌려주는 금전 또는 물품을 말한다.

제3조(적용범위) 이 법은 대한민국의 보호를 받으려는 의사를 표시한 북한이탈주민에 대하여 적용한다.

제4조(기본원칙) ① 대한민국은 보호대상자를 인도주의에 입각하여 특별히 보호한다.

② 대한민국은 외국에 체류하고 있는 북한이탈주민의 보호 및 지원 등을 위하여 외교적 노력을 다하여야 한다.

③ 보호대상자는 대한민국의 자유민주적 법질서에 적응하여 건강하고 문화적인 생활을 할 수 있도록 노력하여야 한다.

④ 통일부 장관은 북한이탈주민에 대한 보호 및 지원 등을 위하여 북한이탈주민의 실태를 파악하고, 그 결과를 정책에 반영하여야 한다.

제4조의2(국가 및 지방자치단체의 책무) ① 국가 및 지방자치단체는 보호대상자의 성공적인 정착을 위하여 보호대상자의 보호 · 교육 · 취업 · 주거 · 의료 및 생활보호 등의 지원을 지속적으로 추진하고 이에 필요한 재원을 안정적으로 확보하기 위하여 노력하여야 한다.

② 국가 및 지방자치단체는 제1항에 따라 보호대상자에 대한 지원시책을 마련하는 경우 아동 · 청소년 · 청년 · 여성 · 노인 · 장애인 등에 대하여 특별히 배려 · 지원하도록 노력하여야 한다.

1990년대 이전까지 북한이탈주민의 수는 매우 적었으나, 1990년대 중반 북한의 식량난이 심화되면서 그 수가 점차 증가하기 시작하였다. 국내에 입국한 북한이탈주민 수는 2002년 처음으로 1,000명을 넘어섰으며, 2006년에는 연간 입국자 수가 2,000명을 초과하였다. 이어 2007년 2월에는 누적 입국자 수가 1만 명을 돌파하였고, 2010년 11월에는 2만 명을 넘어서는 등 지속적인 증가세를 보였다.

북한이탈주민의 입국 추이는 2005년 이후 꾸준히 증가해 왔으나, 2012년을 기점으로 점차 감소하는 경향을 나타냈다. 특히 2020년 이후에는 코로나19 팬데믹으로 인한 북중 국경 봉쇄 및 이동 제한의 영향으로 입국자 수가 급감하였다. 이에 따라 2020년 입국자는 229명, 2021년 63명, 2022년에는 67명에 불과하였다.

북한이탈주민의 주요 탈북 동기는 다양하게 나타났으며, 통일부의 통계에 따르면 '식량 부족'이 21.6%로 가장 높은 비중을 차지했고, '북한 체제의 감시와 통제를 벗어나 자유를 추구하기 위해'가 20.4%, '가족(자녀)에게 더 나은 생활

환경을 제공하기 위해'가 10.7%로 나타났다. 이러한 수치는 경제적 어려움과 정치적 억압, 가족에 대한 책임감이 북한이탈의 주요 배경으로 작용하고 있음을 보여 준다.

〈표 12-12〉 북한이탈주민 입국 인원 현황

(단위: 명)

	2012	2013	2014	2015	2016	2017	2018	2019	2020	2021	2022	2023	2024
전체	1,502	1,514	1,397	1,275	1,418	1,127	1,137	1,047	229	63	67	196	236
남	404	369	305	251	302	188	168	202	72	40	35	32	26
여	1,098	1,145	1,092	1,024	1,116	939	969	845	157	23	32	164	210

출처: 통일부 홈페이지(https://www.unikorea.go.kr). 2025. 6. 7. 발췌.

〈표 12-13〉 북한이탈주민 성별 현황

(단위: %)

전체		남성	여성	계
2023년		24.7	75.3	100.0
연령대	15~19세	49.6	50.4	100.0
	20대	39.7	60.3	100.0
	30대	26.7	73.3	100.0
	40대	19.3	80.7	100.0
	50대	19.3	80.7	100.0
	60대 이상	29.5	70.5	100.0

출처: 남북하나재단(2023). '2023 북한이탈주민 정착실태조사'.

남북하나재단(2023)의 '2023 북한이탈주민 정착실태조사'에 따르면, 북한이탈주민의 성별 분포에서 여성의 비율은 지속적으로 증가하여 2002년부터 여성 비율이 남성을 앞서기 시작했으며, 총 입국자 33,882명 중 여성 비율은 72.0%에 달하는 것으로 나타났다. 북한이탈주민 대다수가 여성임을 고려할 때, 향후 자녀 출산, 양육 및 교육과 관련된 문제가 주요한 사회적 이슈로 대두될 것으로 예상된다.

〈표 12-14〉 북한이탈주민 정착 및 경제활동 현황

(단위: %)

	2011	2012	2013	2014	2015	2016	2017	2018	2019	2020	2021	2022	2023
생계급여 수급률	46.7	40.8	35.0	32.3	25.3	24.4	24.4	23.8	23.8	23.8	22.8	22.6	22.7
경제활동 참가율	56.5	54.1	56.9	55.3	59.4	57.9	61.2	64.8	62.1	60.1	61.3	63.0	63.4
고용률	49.7	50.0	51.4	51.7	54.6	55.0	56.9	60.4	58.2	54.4	56.7	59.2	60.5
실업률	12.1	7.5	9.7	6.4	4.8	5.1	7.0	6.9	6.3	9.4	7.5	6.1	4.5

출처: 남북하나재단(2023). '2023 북한이탈주민 정착실태조사'.

〈표 12-15〉 북한이탈주민의 만족 및 불만족 현황

(단위: %)

내용		2022	2023
남한생활 만족도	만족	77.4	79.3
	보통	22.2	18.1
	불만족	2.5	2.6
남한생활 만족 주된 이유 (1+2순위)	자유로운 삶을 살 수 있어서	66.7	66.7
	내가 일한 만큼 소득을 얻을 수 있어서	42.4	40.5
	북한보다 경제적 여유가 있어서	31.6	32.6
	내가 하고 싶은 일을 할 수 있어서	22.2	20.3
	자녀에게 더 좋은 미래를 줄 수 있어서	18.0	16.7
	가족과 함께 생활할 수 있어서	10.8	11.3
	주변 사람들의 인정을 받아서	1.5	2.1
	기타	2.6	2.4
남한생활 불만족 주된 이유 (1+2순위)	경쟁이 너무 치열해서	36.4	38.1
	가족과 떨어져 살아야 해서(가족이 북한 · 제3국에 있음)	36.6	37.2
	북한이탈주민에 대한 남한 사회의 차별/편견 때문에	28.0	28.4
	경제적으로 어려워서	17.7	17.7
	남한 사회에 적응이 어려워서	12.5	9.9
	내가 하고 싶은 일을 하지 못해서	7.3	7.1
	주변 사람(가족, 이웃 등)과 갈등 때문에	4.2	3.7
	기타	15.9	22.5

출처: 남북하나재단(2023). '2023 북한이탈주민 정착실태조사'.

남한 생활에 대한 북한이탈주민의 만족도는 2022년 77.4%에서 2023년 79.3%로 소폭 증가하였다. 만족하는 주요 이유(1+2순위 응답 기준)는 '자유로운 삶을 살 수 있어서'가 66.7%로 가장 높았고, '내가 일한 만큼 소득을 얻을 수 있어서' 40.5%, '북한보다 경제적 여유가 있어서' 32.6% 순으로 나타났다. 반면, 남한 생활에 불만족하는 주된 이유는 '경쟁이 너무 치열해서'가 38.1%로 가장 높았으며, '가족이 북한이나 제3국에 있어 가족과 떨어져 살아야 해서' 37.2%, '북한이탈주민에 대한 차별과 편견 때문에' 28.4% 순으로 조사되었다.

이와 같은 결과는 북한이탈주민이 남한 사회에 점차 안정적으로 정착하고 있으나, 여전히 사회적 경쟁과 가족 단절, 차별 문제 등으로 인한 어려움을 경험하고 있음을 보여 준다.

2) 북한이탈주민가족의 어려움

북한이탈주민가족은 북한이탈주민으로 구성된 가족 형태를 의미하며, 크게 세 가지 유형으로 구분된다. 첫째, 가족 전체가 동시에 입국한 경우, 둘째, 가족 일부가 먼저 입국한 후 나머지 가족이 합류한 경우, 셋째, 혼자 입국하여 남한에서 새로운 가정을 이룬 경우이다. '2023 북한이탈주민 정착실태조사' 결과에 따르면, 북한이탈주민가족이 겪는 주요 어려움은 다음과 같다.

남한 정착 초기 북한이탈주민은 북한에서 겪은 기아, 가족 사망과 생이별, 탈북 과정에서의 고난 등으로 심각한 심리적 문제를 안고 입국하는 경우가 많다. 입국 후에는 같은 민족이자 동일한 언어를 사용함에도 불구하고, 상이한 생활환경으로 인해 심한 고립감과 소외감을 경험한다. 특히 초기 정착 단계에서 가장 큰 어려움은 언어와 문화 차이에서 비롯된다. 남한 사회에서 친밀한 대인 관계를 형성하면 심리적 안정과 조기 정착에 긍정적 영향을 미치지만, 남북한 용어 차이, 외래어 사용 증가, 도덕관 및 가치관의 차이, 자본주의 가치관 미정립 등은 북한이탈주민의 학교 및 사회생활 부적응으로 이어질 수 있다.

이와 같은 언어 및 문화 차이는 거주 기간이 길어짐에 따라 점차 완화되지만, 장기 거주에 따른 새로운 문제도 등장한다. 경제적 여유 부족, 자녀 양육 및 교육 문제, 고령화에 따른 노후 준비와 불안감이 대표적이다. 특히 북한이탈주민 대상 경제 지원 정책은 초기 정착 및 젊은 층, 여성의 취업 지원에 집중되어 있어 고령층에 대한 맞춤형 지원은 상대적으로 부족한 상황이다. 또한 북한이탈주민 부모들은 자녀 교육에 대한 높은 열망을 가지고 있으나, 탈북 과정에서 발생한 학업 공백, 남한과 다른 교육과정 및 체계, 부모 역할과 양육 문화에 대한 정보 부족으로 인해 자녀 양육과 교육에 어려움을 겪고 있다.

3) 북한이탈주민가족을 위한 복지 서비스

북한이탈주민의 남한 정착 지원을 위해 국가 차원에서는 다양한 복지 서비스를 제공하고 있다. 「북한이탈주민의 보호 및 정착지원에 관한 법률」에 근거하여 2010년 설립된 통일부 산하 북한이탈주민지원재단은 정부 예산 지원을 받아 북한이탈주민의 초기 정착, 교육, 취업 지원과 취약계층 생활 안정, 탈북 청소년 교육 및 장학금 지원, 남북한 주민생활실태 조사 등 통일 대비 업무를 수행한다. 또한 국내뿐만 아니라 중국 등 제3국에 있는 북한이탈주민에 대한 긴급구호사업도 전개하고 있다.

북한이탈주민 사회정착 지원을 위해 1999년에 설립된 통일부 산하 하나원은 경기도 안성에 본원, 2012년 강원도 화천군에 분소를 운영한다. 입국 시 연령에 따라 영아반, 유치반, 초등반, 청소년반, 성인반, 경로반으로 구분하여 교육을 실시하며, 경기도 안성 본원에서는 여성 성인, 영유아, 청소년반이, 화천 분소에서는 남성 성인반이 교육을 받는다. 교육 과정은 사회경제적 자립 동기 부여를 위한 12주(392시간)의 기본교육과 4주(80시간)의 지역적응교육으로 구성된다. 하나원 교육 이수 후 북한이탈주민은 호적 등재와 함께 정부가 정한 일정 금액의 정착금 지급 및 자격에 따른 취업 기회를 제공받는다.

현재 우리나라에서 제공되고 있는 북한이탈주민가족을 위한 정착 지원, 주거 지원, 취업 지원, 사회복지 및 교육, 상담, 신변 보호에 대한 내용을 살펴보면 다음과 같다.

〈표 12-16〉 북한이탈주민 보호와 지원체제

구분	항목	내용
정착금	기본금	1인 세대 기준 1,000만 원 지급
	지방거주장려금	지방 2년 거주 시 광역시(인천 제외)는 주거지원금의 10%, 기타 지역은 주거지원금의 20%
	가산금	고령, 장애, 장기치료, 한부모 가정 아동보호, 제3국 출생 자녀 양육 등 최대 1,540만 원
주거	주택 알선	임대 주택 알선
	주거지원금	1인 세대 기준 1,600만 원
취업	직업훈련	직업훈련비 전액 지원 및 훈련 기간 중 훈련수당 지급(노동부)
	취업장려금	3년간 근속 시 최대 수도권 1,800만 원, 지방 2,100만 원
	고용지원금 (채용기업주에 지급)	북한이탈주민 취업보호대상자 (단, 2014. 11. 29. 이전 입국자)
	자산형성제도 (미래행복통장)	소득 중 저축액에 대해 정부가 동일한 금액을 매칭하여 지원 (단, 2014. 11. 29. 이후 입국자)
	취업보호담당관	전국 70여 개 고용지원센터에 지정, 취업상담 · 알선
	기타	예비 사회적 기업 지원, 영농 정착, 창업 지원, 취업바우처 등
사회 복지	생계급여	국민기초생활보장 수급권자
	의료보호	의료급여 1종, 2종 수급자
	연금특례	입국 당시 50세 이상~60세 미만은 국민연금 가입특례
교육	특례 편 · 입학	대학 진학 희망자의 경우 특례로 대학 입학 가능
	학비 지원	초 · 중 · 고교 및 국 · 공립대 등록금 면제, 사립대 50% 보조
상담	–	지역적응센터, 전문상담사, 정착도우미 등을 통한 지원
보호 담당관	–	거주지보호담당관(약 240명), 취업보호담당관(70명), 신변보호담당관(약 800명)

출처: 통일부 홈페이지(https://www.unikorea.go.kr). 2025. 6. 7. 발췌.

북한이탈주민에게는 초기 경제적 기반 마련을 위해 정착지원금, 주거지원금, 주택 알선 등이 제공되며, 사회 편입 이후에는 생활 · 의료 보호, 학비 지원, 직

업훈련 및 취업 지원 등이 이루어진다. 또한 다른 가족 유형과는 다르게 북한이탈주민은 해당 거주지의 경찰로부터 신변 보호를 받으며, 특별관리대상(북한의 노동당, 내각, 군, 사회안전성 및 국가안전보위부 출신, 북한 최고권력자의 배우자 또는 친인척, 첨단과학 특수분야 종사자 등)은 국가정보원장의 보호여부 결정 따라 별도의 정착지원시설(안전가옥)에서 신변 보호를 받기도 한다.

4) 북한이탈주민가족을 위한 복지 서비스의 개선 방안

정부는 북한이탈주민이 정치·경제·사회·문화 등 모든 생활 영역에서 신속하게 적응하고 안정적으로 정착할 수 있도록 다양한 보호 및 지원을 제공하고 있나. '2023 북한이탈수민 정착실태조사' 결과와 다수의 선행 연구를 토대로 다음과 같은 구체적인 개선 방안을 제안할 수 있다.

첫째, 북한이탈주민가족의 다양한 특성과 생애주기별 요구를 반영한 맞춤형 지원체계가 필요하다. 조사 결과, 북한이탈주민가족은 초기 정착단계에서 주로 언어 및 문화 적응 문제를 경험하는 반면, 장기 거주자는 자녀 양육과 교육, 여성의 출산 및 양육, 고령층의 노후 준비 등 새로운 문제에 직면한다(곽대희·안승우, 2023). 그러나 현재 복지정책은 초기 적응에 집중되어 있어 장기 거주자에 대한 체계적 지원이 미흡한 실정이다. 따라서 자녀 교육 지원 강화, 부모 역할 적응 프로그램, 고령층 맞춤형 건강 및 복지 서비스 등 생애주기별 특화 지원이 필요하다(이현주, 2022).

둘째, 북한이탈주민가족의 심리적 안정과 사회적 통합을 위한 전문 상담 및 힐링 프로그램을 확대해야 한다. 탈북과정에서 겪는 트라우마와 분리불안, 사회적 낙인감은 정착 초기 심리적 불안을 유발하며, 이는 사회적 고립과 정착 지연으로 이어질 수 있음이 보고되었다(김미선, 2021). 이에 정서적 안정 회복을 위한 맞춤형 심리상담, 집단 치료, 문화교류 프로그램, 사회성 향상 교육 등이 필요하다. 또한 이념 및 문화적 차이로 인한 갈등 해소와 상호 이해 증진을 위한 커뮤니티 기반 지원과 멘토링 프로그램 도입도 효과적인 대안으로 제시된다(통일부, 2023).

셋째, 정책적 · 제도적 차원에서 북한이탈주민가족 지원을 위한 통합적 거버넌스 구축이 요구된다. 현재 중앙정부와 지방자치단체 간 지원체계가 분산되어 있어 서비스 중복 및 누락이 발생하는 사례가 보고되었다(남북하나재단, 2023). 이를 개선하기 위해 중앙정부 주도의 통합 지원체계 마련과 함께 지방단위 맞춤형 서비스 제공이 병행되어야 한다. 또한 북한이탈주민가족 당사자의 의견 수렴과 참여를 강화하여 수요자 중심의 정책 설계 및 실행이 이루어져야 한다.

넷째, 경제적 자립 지원과 일자리 창출 프로그램의 다각화가 필요하다. 정착 초기 취업 교육과 일자리 지원에 집중되어 있으나, 여성 북한이탈주민과 고령자, 장기 거주자의 특성에 맞는 맞춤형 직업훈련 및 창업 지원이 부족한 실정이다(최은주, 2022). 따라서 직무능력 향상 교육, 사회적 기업과 연계한 취업 확대, 유연한 근무 환경 조성 등이 함께 추진되어야 한다.

가족 관련 영화

우리 가족(2014)

라면 한 박스가 이틀, 쌀 20kg이 한 달 안에 없어지고, 빨래도 산더미, 매일 전쟁을 치르는 가족이 있다. 먹고 입고 자는 것이 넉넉하진 않고 티격태격 다툴 일도 많지만 모든 것을 품어주는 총각 삼촌을 닮아가는 열 명의 아이들은 혈연이 아닌 정으로 맺어져 있다. 비슷한 처지의 탈북 청소년들을 받아들이다 보니 김태훈 선생님은 삼촌이 되었고, 아이들은 자식이 되었다.

※ 관련 영상: 총각엄마TV – YouTube

아빠가 되는 중(Fatherhood)(2021)

실화를 바탕으로 제작된 「아빠가 되는 중」. 갑작스럽게 아내를 잃고 혼자 딸을 키우는 싱글대디 '매튜 로걸린'의 이야기. 많은 우여곡절을 겪지만 가족에 대한 사랑의 감정은 더욱 짙어지는 훈훈한 가족 드라마이다.

※ 도서 원작: 『*Two Kisses for Maddy: A Memoir of Loss and Love*』

제 13 장

아동권리와 복지의 전망과 과제

제4차 산업혁명 시대를 맞이한 현대사회는 인공지능, 빅데이터 등 첨단기술의 발전으로 급속한 변화를 겪고 있다. 우리나라는 세계 최저 수준의 출산율로 인한 인구 감소, 가족구조 변화, 이혼·별거 등 가족해체현상 확산이라는 복합적 사회문제에 직면하고 있다. 이러한 사회 환경 변화는 아동의 성장과 발달에 직접적 영향을 미치고 있어, 아동의 권리 보장과 복지정책의 미래 전망 및 과제에 대한 체계적 검토가 필요하다. 아동복지의 궁극적 목표는 모든 아동의 기본적 인권과 권리의 실현에 있다. 우리나라는 1991년 「유엔아동권리협약」 비준 이후 아동을 권리의 주체로 인식하는 패러다임을 바탕으로 아동 중심적 복지정책을 추진해 왔다. 아동복지는 아동을 사회의 능동적 구성원으로 인정하고, 생존권·보호권·발달권·참여권의 4대 기본권을 보장하며, 안전하고 건강한 환경에서 건전한 성장과 발달이 가능하도록 국가·사회·가정이 협력하여 제공하는 체계적 서비스를 의미한다. 본 장에서는 아동권리 이념을 기반으로 하여 요보호아동뿐만 아니라 모든 아동이 가족과 사회의 건전한 구성원으로 성장할 수 있도록 지원하는 가정·지역사회·정부의 역할을 분석하고, 미래지향적 아동복지가 추구해야 할 방향성과 핵심 과제를 제시하고자 한다.

1. 아동권리의 전망과 과제

우리나라의 아동권리 증진을 위한 과제와 나아갈 방향을 제시하고자 한다.

1) 「유엔아동권리협약」에 비추어 본 우리나라 아동권리 현황

아동의 권리는 인간으로서 당연히 누려야 하는 기본적 인권으로서 성인의 권리와 본질적으로 동등한 가치를 지닌다. 그러나 아동은 발달과정상의 특성으로 인해 성별, 학업성취도, 연령, 사회경제적 배경, 출신국가 등에 따른 차별에 노출되기 쉬우며, 자신의 권리를 인식하고 주장하는 능력에 제약이 있어 성인에 비해 권리침해에 취약한 상황에 놓여 있다. 이러한 아동의 특수한 지위와 발달적 특성을 고려하여 아동의 권리를 체계적으로 보장하고자 1989년 유엔총회에서 「유엔아동권리협약(UNCRC)」이 채택되었다.

우리나라는 1991년 11월 20일 「유엔아동권리협약」을 비준함으로써 협약상의 의무를 이행해야 할 국제법적 책무를 지게 되었다. 협약 제44조에 따라 우리나라는 협약 이행 상황에 대한 국가보고서를 유엔아동권리위원회에 정기적으로 제출해 왔다.

유엔아동권리위원회의 제5~6차 통합보고서 심의 결과, 우리나라의 아동권리 증진 노력에 대해 다음과 같은 분야에서 긍정적 평가를 받았다. 「아동복지법」과 「입양특례법」 개정을 통한 입양허가제 도입으로 아동 최선의 이익 원칙이 강화되었고, 「난민법」 제정(2012년)을 통해 난민 아동의 권리보호 기반이 마련되었다. 또한 「학교 밖 청소년 지원에 관한 법률」 제정(2014년)으로 교육소외 아동에 대한 지원체계가 구축되었으며, 아동권리보장원 설립(2019년)을 통해 아동보호 전문기관의 체계화가 이루어졌다. 「아동학대범죄의 처벌 등에 관한 특례법」 제정(2014년) 및 아동학대 예방 · 대응 예산 대폭 확대, 아동수당 도입(2018년)을 통한 보편적 아동복지 실현, 아동정책영향평가 제도 도입(2019년), 「한부모가족지원법」 개정을 통한 지원 확대, 「아동 · 청소년의 성보호에 관한 법

률」 강화, 「남녀고용평등과 일·가정 양립 지원에 관한 법률」 개정을 통한 육아휴직제도 개선 등이 주요 성과로 인정받았다.

반면, 유엔아동권리위원회는 다음과 같은 분야에 대해 우려를 표명하고 개선을 권고하였다. 이주아동과 장애아동에 대한 차별적 처우 및 서비스 접근성 제약, 아동·청소년 자살률의 지속적 증가 및 정신건강 지원체계 미흡, 개인정보보호법상 아동의 사생활 보호권 보장 미흡, 과도한 학업경쟁과 사교육 의존으로 인한 아동의 발달권 및 휴식권 침해, 충분하지 못한 수면 시간과 여가활동 기회 부족 등이 핵심 과제로 지적되었다.

이러한 권고사항을 이행하기 위해 우리나라는 다음과 같은 정책과제를 추진해야 한다. 출생통보제 도입을 통한 모든 아동의 출생등록권 보장, 아동수당 지급 연령 확대 및 급여 현실화, 「아동·청소년의 성보호에 관한 법률」 개정을 통한 성매매 피해 아동에 대한 보호 강화, 아동 관련 예산의 지속적 확대 및 투명성 제고, 가정·학교·사회 모든 영역에서의 체벌에 대한 명시적 금지, 베이비박스 설치 금지 및 익명 출산제 도입 검토 등이 시급한 정책과제로 제시되고 있다. 아동권리의 실질적 보장을 위해서는 법·제도적 개선과 함께 사회 전반의 아동권리 인식 개선, 정부의 강력한 정책 의지, 충분한 재정 투입, 그리고 아동권리 기관들 간의 협력적 운영체계 확보가 종합적으로 이루어져야 할 것이다.

2) 아동권리 증진을 위한 노력

(1) 아동정책 기본계획 수립 및 추진체계 구축

유엔아동권리위원회의 권고사항을 체계적으로 이행하기 위해 정부는 「아동복지법」 제7조에 근거하여 5년마다 아동정책 기본계획을 수립하고 있다. 제1차 아동정책 기본계획(2015~2019)은 "아동이 행복한 세상, 아동이 안전한 사회"를 비전으로 설정하고 아동의 건강한 성장과 발달 지원, 아동보호체계 구축, 아동권리 보장 기반 조성의 3대 정책목표를 제시하였다. 제2차 아동정책 기본계획

(2020~2024)은 “모든 아동이 존중받고 행복한 사회”를 비전으로 하여 아동권리 보장 환경 조성, 촘촘하고 안전한 아동보호, 모든 아동의 공정한 출발 보장, 아동·가족 친화적 사회 환경 조성의 4대 정책목표를 통해 아동보호체계의 공공성 강화와 아동권리 기반의 통합적 정책 추진체계를 구축하고자 하였다.

우리나라는 「아동복지법」 제8조에 따라 국무총리를 위원장으로 하고 관계 부처 장관과 아동복지 전문가로 구성된 아동정책조정위원회를 설치·운영하고 있다. 동 위원회는 아동정책 기본계획의 수립·변경, 아동정책의 조정, 아동정책 추진 상황 점검 및 평가, 아동정책 관련 주요 현안 심의·조정 등의 기능을 담당하여 범정부 차원의 아동정책 거버넌스 체계를 구축하고 있다.

(2) 아동권리보장원 설립과 전문기관 역할 강화

2019년 7월 「아동복지법」 개정을 통해 중앙아동보호전문기관을 확대·개편하여 아동권리보장원을 설립하였다. 아동권리보장원은 「아동복지법」 제45조의 2에 근거하여 아동의 권리와 복지 증진에 관한 사업을 종합적으로 수행하는 국가 차원의 전문기관으로서, 다음과 같은 주요 업무를 담당하고 있다.

첫째, 아동정책에 관한 연구·개발 및 정책지원 업무로서 아동복지 실태조사, 정책연구, 아동정책영향평가 지원 등을 수행한다. 둘째, 아동보호 관련 업무로서 아동학대 예방 및 대응, 가정외보호 아동 지원, 아동 자립 지원 등의 업무를 담당한다. 셋째, 아동권리 증진 업무로서 아동권리 교육·홍보, 아동 참여 활동 지원, 「유엔아동권리협약」 이행 모니터링 등을 수행한다.

특히 아동권리 증진을 위한 핵심 사업으로는 지역 특성을 고려한 아동친화적 놀이 환경 조성 사업, 지역사회 기반 놀이혁신 정책 확산 사업, 대한민국 아동총회 개최 및 운영, 시·도별 아동참여위원회 구성·운영 지원 등을 통해 아동의 의견표명권과 참여권 보장에 중점을 두고 있다.

(3) 포용국가 아동정책과 아동권리 패러다임 전환

우리나라는 "아이는 양육의 대상이 아니라 현재의 행복을 누려야 할 권리의 주체"라는 철학을 바탕으로 '포용국가 아동정책'을 발표하였다. 이는 기존의 선별적 · 잔여적 아동복지에서 보편적 · 예방적 아동복지로의 정책 패러다임 전환을 의미하는 것으로, 아동의 삶의 질 개선과 아동권리 보장에 대한 국가 책임 확대를 목표로 하였다.

아동 정책은「유엔아동권리협약」의 4대 기본권(생존권, 보호권, 발달권, 참여권)을 토대로 ① 보호권(아동이 안전한 환경에서 자랄 권리), ② 인권(차별받지 않을 권리), ③ 참여권(자신의 의견을 표현할 권리), ④ 놀이권(놀고 쉴 권리)의 4개 영역으로 구체화하여 10대 핵심 과제를 제시하였다. 이러한 정책을 통해 정부는 아동을 보호의 객체에서 권리의 주체로 인식하는 근본적 패러다임 전환을 추진하고, 아동의 놀 권리 보장을 위한 가정 · 학교 · 지역사회의 협력체계 구축, 아동보호체계의 공공성 및 전문성 강화, 아동의 주체적 참여 기반 확대 등을 통해「유엔아동권리협약」의 실질적 이행과 아동권리의 종합적 보장을 위한 제도적 기반을 지속적으로 발전시켜 나가고 있다.

3) 아동권리 증진을 위한 향후 과제

(1) 아동권리보장원의 기능 및 지원체계 강화

우리나라는 아동복지 서비스의 공적 책임성 강화와 분산된 아동복지사업 지원기구의 통합을 통해 2019년 7월 아동권리보장원을 설립하였다. 아동권리보장원은「아동복지법」제45조의2에 근거하여 아동정책 및 복지 관련 사업을 종합적으로 수행하는 중앙 차원의 전문기관으로서, 아동복지 전달체계의 허브 역할을 담당하고 있다.

아동권리보장원은 기존에 민간에 위탁 운영되던 중앙입양원, 드림스타트사업지원단, 실종아동전문기관, 중앙아동보호전문기관, 지역아동센터중앙지원단, 중앙가정위탁지원센터, 디딤씨앗통장지원단, 아동자립지원단 등 8개 기관을 통합하여 설립된 공공기관이다. 이러한 통합을 통해 아동복지 서비스의 공공성을 강화하고, 분산된 서비스 체계를 통합적 관점에서 재정립하여 아동보호 서비스의 효과성과 효율성을 제고하고자 하였다. 그러나 아동권리보장원이 아동권리 실현을 위한 중심기관 역할을 효과적으로 수행하기 위해서는 다음의 과제들이 해결되어야 한다. 첫째, 법적으로 규정된 기능을 충실히 수행할 수 있는 조직 역량 강화가 필요하다. 아동정책의 기획 · 개발 · 평가, 아동보호 서비스 제공, 아동권리 교육 · 홍보 등 다양한 업무를 수행하기 위해서는 충분한 예산 확보와 전문성을 갖춘 인력 배치가 필수적이다. 둘째, 중앙정부와 지방자치단체, 민간기관 간의 협력체계 구축을 통해 아동복지 전달체계의 연계성과 통합성을 강화해야 한다. 셋째, 아동권리 모니터링 및 평가 체계를 체계화하여 아동정책의 실효성을 지속적으로 점검하고 개선할 수 있는 환경을 조성해야 한다.

(2) 아동의 삶의 질 향상을 위한 종합적 접근

'한국 아동 · 청소년 삶의 질 2022' 보고서에 따르면, 우리나라 아동 · 청소년의 삶의 만족도는 OECD 회원국 중 27위로 상당히 낮은 수준을 보이고 있다. 주관적 삶의 만족도는 2017년 6.99점에서 2020년 6.80점으로 감소하였고, 부정정서는 2017년 2.67점에서 2022년 2.94점으로 증가하는 등 우려할 만한 수준이다(통계청, 2022). 이러한 결과는 우리나라 아동 · 청소년의 삶의 질이 객관적 지표뿐만 아니라 주관적 만족도 측면에서도 국제적으로 낮은 수준에 머물러 있음을 짐작할 수 있다.

우리나라는 1991년 「유엔아동권리협약」을 비준한 후 아동 · 청소년의 인권 보장을 위해 관련 법률을 정비하고 다양한 정책을 개발해 왔다. 하지만 성과 중심의 사회 분위기와 치열한 교육 경쟁, 입시 위주의 학교 시스템으로 인해 아동이 많은 스트레스를 받고 있으며, 이에 따라 아동의 행복도와 권리 의식을 높이는 것이 중요한 과제가 되었다.

아동의 삶의 질을 개선하려면 다각적인 방법이 요구된다. 첫째, 아동의 몸과 정신건강을 돕는 종합적인 지원 체계를 갖추어야 한다. 청소년 정신건강 관련 서비스를 확대하고, 학교 중심의 건강 관리 프로그램을 활성화하며, 아동 비만과 영양 상태 관리를 체계화하여 아동이 전면적으로 성장할 수 있게 도와야 한다. 둘째, 아동에게 적합한 교육 여건을 만들어 무리한 학습 압박을 덜고, 상상력과 인격 형성이 조화롭게 이루어지는 교육 체계로 전환해야 한다. 셋째, 아동이 놀고 쉴 수 있는 권리를 법과 제도로 제공하고, 가족과 지역 공동체의 협력 체계를 강화해야 한다.

(3) 아동에 대한 사회적 인식 전환과 권리 문화 확산

우리나라는 여전히 아동의 의견을 청취하고 이를 정책 결정 과정에 반영하는 절차가 미흡하여 아동에 대한 근본적인 인식 변화가 필요한 상황이다. 많은 성인은 아동을 신체적·인지적으로 미성숙한 존재로 인식하고, 보호와 통제의 대상으로 여기는 전통적 관점을 유지하고 있다. 이러한 현실에서 2021년에는 「민법」 제915조 "친권자는 그 자를 보호 또는 교양하기 위하여 필요한 징계를 할 수 있다."라는 징계권 조항을 삭제하여 법적으로 체벌을 금지하였다. 그러나 법제도 개선에도 불구하고 사회적 인식 변화는 여전히 미흡한 상황이다. 실제로 친부모에 의한 아동학대 사건이 지속적으로 발생하고 있는 현실은 아동권리 보장에 대한 우리 사회의 의식 수준을 보여주는 지표라 할 수 있다.

아동에 대한 사회적 인식 전환을 위하여 다음과 같은 노력이 필요하다. 첫째, 체계적이고 지속적인 아동권리 교육을 통하여 아동을 권리의 주체로 인식하는 문화를 확산시켜야 한다. 이는 성인뿐만 아니라 아동 자신도 포함하여 전 사회 구성원을 대상으로 하는 포괄적 교육이어야 한다. 둘째, 대중매체와 사회적 캠페인을 통해 아동권리에 대한 사회적 관심을 높이고 인식 개선을 촉진해야 한다. 셋째, 아동 참여 기회를 확대하여 아동이 자신과 관련된 문제에 대해 의견을 표명하고 의사결정 과정에 참여할 수 있는 제도적 장치를 마련해야 한다.

궁극적으로는 아동이 보호의 대상에서 권리의 주체로 인식되고, 사회의 동등한 구성원으로서 존중받을 수 있는 사회적 공감대 형성이 필요하다. 이를 통해 아동권리 보장이 당연한 사회적 가치로 자리 잡을 수 있도록 지속적이고 체계적인 노력을 기울여야 할 것이다.

2. 아동복지의 전망과 과제

우리나라 아동복지 서비스는 아동의 욕구를 최우선으로 고려한다는 이념하에 아동의 출생과 더불어 기본권을 보장하고 삶의 질 향상을 위하여 제공되어야 한다. 아동이 존중받으며 안전한 환경에서 건강하게 성장할 수 있도록 하기 위해, 아동복지의 현황을 살펴보고 향후 발전 방향을 제시하고자 한다.

1) 우리나라 아동복지의 현황과 주요 과제

(1) 영유아보육 서비스의 과제

영유아보육 서비스는 가치관의 변화, 기혼 여성의 경제활동 참여 증가, 가족구조 변화에 따른 자녀 양육 기능 강화를 위한 보편적 아동복지정책의 핵심 영역이다. 1989년 「영유아보육법」 제정 이후 2004년 보육의 질 향상을 위한 평가인증제 도입, 2012년 만 5세 누리과정 시행을 통한 교육·보육에 대한 국가 책임 강화 등 보육의 양적·질적 성장을 이루어 왔다. 그러나 2023년 보육과 유아교육의 단계적 통합을 통해 2025년 어린이집과 유치원의 통합모델 적용 계획 발표에 따라 다음과 같은 과제들이 제기되고 있다.

첫째, 관리체계 일원화에 따른 업무 이관 범위 결정이 필요하다. 2023년 어린이집과 유치원의 관리체계가 교육부로 일원화되었으나, 어린이집은 시·도 및 시·군·구에서, 유치원은 시·도교육청 및 지역교육지원청에서 관리하는 이원

화된 체계를 유지하고 있다. 지원 수준과 업무 범위의 차이, 돌봄 여건의 상이함을 고려한 체계적인 통합 방안 마련이 시급하다.

둘째, 유보통합을 위한 재정 지원 기반 구축이 필요하다. 현재 유아교육재정은 유아교육지원특별회계를 통해, 보육재정은 중앙재정과 지방자치단체 재정으로 이원화되어 있다. 만 3~5세 누리과정 지원금의 경우 어린이집도 유아교육지원특별회계에서 지원받고 있어, 유보통합을 위해서는 재정통합을 위한 법적 근거 마련과 충분한 재정 확보가 필수적이다.

셋째, 영유아교사 양성체계 개편과 처우 개선이 요구된다. 유보통합 과정에서 교육·보육의 질 제고를 위해서는 유아교사와 보육교사 간의 갈등을 최소화하고 교사의 전문성 강화 및 근무 여건 개선을 통한 체계적인 인력 관리가 이루어져야 한다.

(2) 아동학대 대응 및 보호서비스의 과제

우리나라는 2000년 「아동복지법」 개정을 통한 아동학대 예방 규정 신설, 2014년 「아동학대범죄의 처벌 등에 관한 특례법」 제정 등을 통해 아동학대 대응체계를 강화해 왔다. 아동보호전문기관 설치·운영을 통해 학대 예방과 피해아동 보호에 노력하고 있으나 다음과 같은 과제를 안고 있다.

첫째, 아동학대에 대한 사회적 인식 개선이 필요하다. 우리나라 아동학대 신고접수 선수는 선진국 대비 낮은 수준으로, 2014년 신고의무자 범위 확대 및 교육 의무화에도 불구하고 전 국민 대상의 아동학대 심각성에 대한 인식 제고가 시급하다. 대중매체를 활용한 공익광고 등 다각적인 홍보 노력이 요구된다.

둘째, 피해아동뿐만 아니라 가족 및 학대행위자에 대한 통합적 지원이 필요하다. 2022년 아동학대 사례 31,830건 중 대부분의 학대행위자가 아동의 부모인 것으로 나타나, 피해아동의 분리보호와 함께 가족기능 회복을 위한 상담·교육·심리치료 등의 법적 의무화가 필요하다.

셋째, 아동학대 예방을 위한 사전 개입 체계 강화가 요구된다. 아동학대 예방

교육의 부모 및 아동 대상 확대, 영유아 가정방문 서비스 도입, 고위험 가정에 대한 조기 개입 등 예방 중심의 제도적 개선이 선행되어야 한다.

(3) 가정위탁과 입양 서비스의 과제

가정위탁보호서비스가 단순한 대리양육서비스가 아닌 원가정 복귀를 지원하는 가족지원서비스로 발전하기 위해서는 다음과 같은 과제 해결이 필요하다.

첫째, 위탁아동 중심의 개별 보호계획 수립이 요구된다. 위탁아동의 연령과 위탁 사유에 대한 정확한 사정을 바탕으로 개별화된 서비스 계획을 수립해야 한다. 위탁아동을 위한 자조모임 활성화, 위탁가정과 친부모를 대상으로 한 전문적 양육교육 및 상담 등 체계적인 사후관리를 통해 원가정 복귀 가능성을 높여야 한다.

둘째, 전문가정위탁 활성화를 위한 지원 강화가 필요하다. 영유아, 학대피해아동, 장애아동 등 특별한 돌봄이 필요한 아동의 가정위탁 보호 비율이 낮은 현실을 개선하기 위해 전문가정위탁에 대한 경제적 지원 확대와 전문 위탁부모의 돌봄 역량 강화 프로그램이 필요하다.

셋째, 원가정 복귀율 향상을 위한 친부모 지원 강화가 필요하다. 현재 원가정 복귀율이 저조한 상황에서 친부모에 대한 경제적 지원, 부모역할 교육, 전문상담 서비스 제공, 위탁아동과의 정기적 면접교섭 지원 등을 통해 부모로서의 책임감 유지와 양육역량 강화를 도모해야 한다.

입양서비스가 아동 최선의 이익을 보장하는 전문적 서비스로 발전하기 위해서는 다음과 같은 과제를 살펴볼 필요가 있다.

첫째, 입양대상아동의 발생 예방을 위한 노력이 필요하다. 보호대상아동의 발생 원인 중 큰 비중을 차지하는 미혼모 문제에 대해 청소년 성교육 강화, 미혼모에 대한 경제적 지원 확대, 양육교육 및 정보 제공 등을 통해 원가정에서의 양육이 가능하도록 지원해야 한다.

둘째, 입양 후 사후서비스 내실화가 필요하다. 현행 1년간의 사후관리 기간을

연장하고, 보건복지부 위탁기관의 대면 사후관리를 강화하여 입양가정의 안정적 정착을 지원해야 한다. 또한 아동권리보장원을 중심으로 한 통합적 사후서비스 체계를 구축하여 입양아동과 입양가정의 다양한 욕구에 대응해야 한다.

셋째, 새로운 입양체계의 안정적 정착이 요구된다. 2025년 7월부터 「국내입양에 관한 특별법」과 「국제입양에 관한 법률」에 따른 국가 · 지방자치단체 중심의 공적 입양체계가 원활히 이루어질 수 있도록 관련 기관 간 협력체계 구축, 전문인력 확보, 예산 지원 등이 뒷받침되어야 한다.

(4) 시설보호아동을 위한 과제

우리나라의 시설보호사업은 점차 축소되고 가정형 보호로의 전환이 이루어지고 있으나, 여전히 보호대상 아동 2명 중 1명이 시설보호를 받고 있어(보건복지부, 2023) 다음과 같은 개선이 필요하다.

첫째, 시설보호아동의 사회정서적 발달 지원 강화가 요구된다. 부모 상실이나 가족 해체를 겪은 아동이 가족 간 유대감을 경험하기 어려운 현실을 고려하여, 물질적 지원과 함께 사회정서적 발달을 위한 전문 프로그램 확충이 필요하다.

둘째, 시설 종사자 대비 보호아동 비율 개선이 필요하다. 현재 종사자 1인당 아동 수가 과다하여 개별 아동에 대한 세심한 보호가 어려운 상황이다. 이에 적정 비율 기준과 종사자 처우를 개선하여 아동 중심의 보호 환경을 조성해야 한다.

셋째, 보호종료아동의 자립 지원 강화가 시급하다. 보호 종료 후 경제적 · 정서적 어려움에 직면할 수 있는 현실을 고려하여, 경제적 지원뿐만 아니라 교육 · 주거 · 취업 지원 등 통합적이고 지속적인 자립지원체계 구축이 필요하다.

(5) 장애아동을 위한 과제

「장애아동 복지지원법」에 근거하여 의료비 지원, 보조기구 지원, 장애아동수당, 발달재활서비스 등 다양한 복지 서비스를 제공하고 있으나 다음과 같은 과제가 남아 있다.

첫째, 장애아동 가정에 대한 경제적 지원 확대가 필요하다. 장애아동 양육으로 인한 경제활동 제약과 추가적인 의료비 · 교육비 부담을 고려하여 장애아동 수당의 현실화 및 재활치료사업 확대가 요구된다.

둘째, 의료 및 재활서비스 접근성 향상이 필요하다. 조기 개입의 중요성을 고려하여 의료기관 및 재활시설 확충을 통해 영유아기부터 연속적이고 체계적인 발달 지원 서비스를 제공해야 한다.

셋째, 장애아동 서비스 전달체계의 일원화가 시급하다. 현재 발달재활서비스(보건복지부), 특수교육 치료지원서비스(교육부), 직업재활서비스(고용노동부)로 분산된 전달체계를 일원화하여 통합적이고 효율적인 서비스 제공체계를 구축해야 한다.

2) 아동복지 증진을 위한 향후 과제

(1) 보편적 · 예방적 복지 서비스로의 패러다임 전환

아동복지서비스는 기존의 보호대상아동 중심의 선별적 복지에서 모든 아동을 대상으로 하는 보편적 복지로 확대되어야 한다. 제1차(2015~2019), 제2차(2020~2024) 아동정책 기본계획을 바탕으로, 모든 아동의 권리 존중과 건전한 보호 · 육성을 기본방향으로 설정하여, 아동과 일차적 보호자인 부모를 함께 지원하는 통합적 아동정책을 설계해야 한다.

보육과 교육의 사회적 책임 강화, 부모 양육지원을 위한 돌봄서비스 확충, 부모교육 강화 등을 통해 가정이 아동에게 안전한 환경이 될 수 있도록 지원해야 한다. 이를 통해 사후 대응 중심에서 예방 중심의 아동복지정책으로 전환하여 아동의 건전한 성장과 발달을 보장해야 한다.

(2) 아동복지예산의 확충과 효율적 배분

아동복지정책의 실효성 확보를 위해서는 충분한 예산 확보가 전제되어야 한

다. OECD 회원국 대비 낮은 수준의 복지예산과 유엔아동권리위원회의 취약계층 및 빈곤아동 예산 확충 권고를 고려하여, 보편적·예방적 복지 서비스 제공을 위한 적정 예산 확보가 필요하다.

2005년 이후 아동복지 관련 정책예산이 중앙정부에서 지방정부로 이양되면서 지방자치단체장의 정책 의지에 따른 편차가 발생하고 있다. 모든 아동이 거주 지역에 관계없이 동등한 복지 서비스를 받을 수 있도록 중앙정부 차원의 일관된 아동정책 추진 방안을 마련하고, 국고보조사업의 확대를 통한 지역 간 격차 해소가 필요하다.

(3) 공공 중심 아동보호체계의 안정적 정착

2020년 10월 도입된 '공공중심 아동보호체계'의 효과적 운영을 위해서는 전문인력의 역할 수행 역량 강화가 핵심이다. 시·군·구 아동보호팀에서 보호대상아동의 보호조치, 양육점검, 원가족 복귀를 통합적으로 관리하는 체계가 정착되기 위해서는 아동학대전담공무원과 아동보호전담요원의 전문성 확보가 필수적이다. 아동학대 조사·상담은 아동학대전담공무원이 담당하고 있으며, 피해아동과 학대행위자에 대한 사례관리는 아동보호전문기관이 담당하는 이원화된 구조에서 공공영역과 민간영역의 명확한 역할 분담과 상호협력 기반 마련이 필요하다. 이를 통해 보호대상아동에 대한 국가의 공적 책임을 강화하고 아동보호 서비스의 질적 향상을 도모해야 한다.

?! 생각해 봅시다

1. 아동의 핵심 권리인 생존권, 보호권, 발달권, 참여권을 실현하기 위해 국가, 사회, 가정이 담당해야 할 구체적 역할은 무엇이며, 이들 간의 책임 분담은 어떻게 이루어져야 하는지 논의해 보세요.

참고문헌

강동욱 · 문영희(2011). 아동학대. 서울: 청목출판사.

강현아 · 정익중 · 양경해(2015), 가정위탁아동의 양육환경과 장기적 발달성과: 일반위탁과 친족위탁의 비교를 중심으로, 한국아동복지학, 50, 1-26.

경향신문(2023. 11. 30.). 스웨덴, 한국 아동 입양 잠정 중단. https://www.khan.co.kr/world/world-general/article/202311301435001

곽금주 · 유제민 · 김금주(2007). 빈곤아동에 대한 보호요인과 탐색요인 탐색: 만 3세 유아를 대상으로. 한국심리학회지, 20(1), 1-9.

곽태환 · 안승우(2023). 북한이탈주민의 용어 인식과 사회적 차별에 관한 연구. 통일연구, 45(2), 123-145.

곽태환 · 안승우(2023). 정명(正名)의 관점에서 본 북한이탈주민 명칭 고찰- '2세대 실향민' 명칭을 제안하며-. 유교사상문화연구, 95, 149-177.

관계부처합동(2019). 포용국가 아동정책.

관계부처합동(2015). 제1차 아동정책 기본계획(2015~2019). 세종: 보건복지부.

관계부처합동(2020). 제2차 아동정책 기본계획(2015~2019). 세종: 보건복지부.

공계순 · 박현선 · 오승환 · 이상균 · 이현주(2013). 아동복지론. 서울: 학지사.

교육부(2023). 2023 특수교육통계.

교육부(2023). 출발선 평등을 위한 2023년 다문화교육 지원계획(안).

교육부(2023. 1. 30.). 유보통합으로 '출생부터 국민 안심 책임교육 · 돌봄 실현' [보도자료]. https://www.moe.go.kr/boardCnts/viewRenew.do?boardID=294&boardSeq=93776&lev=0&m=020402

교육부(2024) 세계 최고 영유아교육 · 보육을 위한 유보통합 실행 계획(안).

국가기록원(n.d.). 「e-기록 속으로」 5월호 기획특집 _ 미래의 주인공 청소년을 생각하다 "청소년 헌장". https://theme.archives.go.kr/next/pages/new_newsletter/2017/html/vol_113/sub01.html

국가법령정보센터(2025). 찾기 쉬운 생활법령 정보: 다문화가족. https://www.easylaw.go.kr

국가법령정보센터(2025). 한부모가족지원법. https://www.law.go.kr

국가인권위원회. (2021). 유엔 인권조약기구 일반논평 및 일반권고(2021년 개정판): 아동권리위

원회 일반논평.

국가통계포털(2025). 한부모가구 현황. 통계청. https://unikorea.go.kr

국립특수교육원(2018). 장애 개념에 관한 보고서.

국립특수교육원(2018). 특수교육학 용어사전. 하우.

국제아동인권센터(n.d.). 이행현황. http://incrc.org/monitoring_rok/

국제아동인권센터(n.d.). 국제아동인권센터. http://incrc.org/uncrc/

굿네이버스(2019). 우리나라의 아동권리 이행을 위한 과제: UN 아동권리 위원회 제5·6차 최종견해를 중심으로 (아동권리 이슈포커스, Vol. 17).

권지성·변미희·안재진·최운선(2010). 입양가족의 개방입양 경험에 대한 질적 사례연구, 사회복지연구, 41(2), 5-34.

김경민·정익중(2009). 위탁아동의 친가정 경험이 심리사회적 적응에 미치는 영향, 한국가족사회복지학, 25, 93-120.

김경희·김연수·손가현(2022). 아동학대 대응체계 변화에 따른 아동보호전문기관의 심층사례관리 과제: 아동학대전담공무원의 경험을 중심으로. 사례관리연구, 13(3), 57-81.

김광혁(2009). 아동학대 및 방임이 아동발달에 미치는 영향. 사회과학논총, 24(2), 27-45.

김담이·오세현·박성희(2022). 아동학대 조사 공공화 정책 이후 아동보호전문기관 상담원의 근무 경험에 대한 현상학 연구. 한국사회복지학, 74(4), 153-187.

김미선(2021). 탈북민의 심리적 고충과 사회적 통합 방안 연구. 한국사회복지학, 37(4), 89-110.

김민정·박순득·정혜란·강인숙(2021). 아동권리와 복지. 서울: 동문사.

김봉수·김도우·이은주(2023), 위기아동 보호를 위한 가정위탁제도의 활성화에 관한 연구, 한국공안행정학회, 32(2), 35-67.

김성경·김혜영(2021). 현대사회 아동복지론. 경기: 양서원.

김시아·김아래미·안현미(2022). 2022년 아동정책영향평가 자체평가 연구. 서울: 아동권리보장원.

김시아·민소영(2024). 아동정책의 방향성 탐색을 위한 전문가 델파이 조사 연구. 아동과 권리, 28(4), 335-357.

김시아·조소연(2023). 아동정책영향평가와 아동정책기본계획 연계 통합 방안(아동정책 Brief 제3호). 아동권리보장원.

김유경·변미희·임성은(2010), 국내 입양실태와 정책방안연구. 한국보건사회연구원.

김은정·이상정·박신아·김주일(2018). 아동정책영향평가제도 도입방안 연구. 한국보건사회

연구원.

김재환 · 최지원 · 곽미정(2022). 아동권리와 복지. 서울: 창지사.

김정래(2020). '인간의 조건'과 아동권리인식. 아동과 권리, 24(2), 125-150.

김지경 · 송현주 · 김균희 · 윤현솔(2023). 2023년 청소년종합실태조사. 여성가족부 · 한국청소년정책연구원.

김태성 · 송병돈(2002). 빈곤과 사회복지정책. 서울: 청목.

김현자 · 이명숙 · 노성향 · 박선영 · 이지영(2023). 아동권리와 복지. 어가.

김희진(2021). 존중받고 존중하는 영혼을 위한 아동인권. 푸른들녘.

남북하나재단(2023). 2023 북한이탈주민 정착실태조사 보고서. 서울: 남북하나재단.

노충래 · 신혜령 · 박은미 · 강현아(2007). 가정위탁보호 활성화 방안 연구. 보건복지부.

노혜련 · 김미원 · 조소연(2021). 예방과 통합의 관점에서 본 아동복지론. 서울: 학지사.

대한민국 법제처(1987). 대한민국헌법. 국가법령정보센터 https://www.law.go.kr

대한민국 법제처(2007). 재한외국인 처우 기본법. 국가법령정보센터 https://www.law.go.kr

대한민국 법제처(2007). 한부모가족지원법. 법제처 국가법령정보센터 https://www.law.go.kr

대한민국 법제처(2008). 결혼중개업의 관리에 관한 법률. 국가법령정보센터 https://www.law.go.kr

대한민국 법제처(2008). 다문화가족지원법. 법제처 국가법령정보센터 https://www.law.go.kr

대한민국 법제처(2008). 제3 · 4차 유엔아동권리협약 통합 국가보고서.

대한민국 법제처(2021). 한부모가족지원법. 국가법령정보센터 https://www.law.go.kr

대한민국 법제처(2022). 영유아보육법. 국가법령정보센터 https://www.law.go.kr

대한민국 법제처(2023). 청소년기본법. 국가법령정보센터 https://www.law.go.kr

대한민국 법제처(2024). 아동복지법. 국가법령정보센터 https://www.law.go.kr

대한민국 법제처(2025). 장애아동 복지지원법. 국가법령정보센터 https://www.law.go.kr

대한민국 법제처(2025). 장애인복지법. 국가법령정보센터 https://www.law.go.kr

류정희 · 이상정 · 이주연 · 이상균 · 정선욱 · 김현수 · 진화영(2022). 2022년('19년~'21년 실적) 아동보호전문기관 성과평가 연구. 보건복지부 · 한국보건사회연구원.

모상현 · 김영지 · 김윤나 · 이중섭(2010). 국제기준 대비 한국 아동 · 청소년 인권수준 연구Ⅴ : 발달권 · 참여권 정량지표. 한국청소년정책연구원.

문화체육관광부(2019. 5. 23.). 아동이 행복한 나라 만든다… '포용국가 아동정책' 발표. 대한민국 정책브리핑. https://www.korea.kr/news/policyNewsView.do?newsId=148861072

문화체육관광부(n.d.). 대한민국 정책브리핑. https://www.korea.kr

민소영 · 이정애 · 김시아 · 장희선 · 김영지 · 박선영 · 서혜진 · 이은주 · 이혜진 · 조소연 · 이하진 · 유한별(2023). 제5 · 6차 유엔아동권리협약 권고사항 이행상황 분석 연구. 보건복지부 · 아동권리보장원.

박정란 · 서홍란(2001). 아동복지론. 서울: 양서원.

법제처(2025). 장애인 등에 대한 특수교육법 시행령 [별표: 특수교육대상자 선정 기준(제10조 관련)] (시행 2025년 2월 28일). 법제처 국가법령정보센터 https://www.law.go.kr

법제처(2025). 장애인복지법 시행령 [별표 1: 장애의 종류 및 기준에 따른 장애인] (시행 2025년 4월 23일). 법제처 국가법령정보센터 https://www.law.go.kr

백경숙 · 변미희(2001). 공개 입양부모를 위한 사전 · 사후서비스 프로그램 개발을 위한 기초조사연구. 아동과 권리, 5(2), 81-95.

백혜영 · 손희원 · 이지희(2024). 아동복지론. 서울: 신정.

보건복지부(2019. 7. 16.). 아동정책 · 서비스 통합지원 '아동권리보장원' 출범: 흩어졌던 아동관련 중앙지원업무 통합해 체계적 지원. 대한민국 정책브리핑. https://www.korea.kr/news/policyNewsView.do?newsId=148862731

보건복지부(2016. 5. 3.). 아동권리헌장 제정. https://www.mohw.go.kr/board.es?mid=a10411010300&bid=0019&act=view&list_no=337395&tag=&nPage=52

보건복지부(2021. 11. 19.). 유엔(UN) 아동권리협약 30년의 발자취, 아동권리의 미래를 그리다. https://www.mohw.go.kr/gallery.es?mid=a10607030000&bid=0003&tag=&act=view&list_no=368555

보건복지부(n.d.). https://www.mohw.go.kr

보건복지부(2015). 제1차 아동정책 기본계획.

보건복지부(2020). 2020년도 아동분야 사업안내.

보건복지부(2022). 2022 보육통계.

보건복지부(2022). 2022년 장애아동 실태조사.

보건복지부(2022). 보호대상아동 현황보고.

보건복지부(2022). 제4차 중장기 보육 기본계획(2023–2027).

보건복지부(2023). 2023 보건복지통계 연보. https://www.index.go.kr/unity/potal/main

보건복지부(2023). 2023년 아동학대 주요 통계.

보건복지부(2023). 제6차 장애인정책종합계획(2023～2027).

보건복지부(2024). 2024 보건복지통계 연보.

보건복지부(2024). 2024 장애아동가족지원 사업안내.

보건복지부(2024). 2024 장애인연금 사업안내.

보건복지부(2024). 2024년 아동분야 사업 안내.

보건복지부(2024). 조손가족 아동의 안정적 양육 · 성장 지원방안.

보건복지부(2024. 1. 22.). 국제 입양법 시행 위한 협의 체계 마련 예정. 대한민국 정책브리핑. https://www.korea.kr/briefing/actuallyView.do?newsId=148925015&call_from=naver_news

보건복지부(2025). 2025년 장애아동가족지원 사업안내. 보건복지부. https://www.mohw.go.kr

보건복지부(2025. 7. 19.). 공적입양체계 시행. 대한민국 정책브리핑. https://www.korea.kr/news/policyNewsView.do?newsId=148942838

보건복지부 · 아동권리보장원(2021). 아동권리 인식조사 보고서.

보건복지부 · 아동권리보장원(2024). 입양실무메뉴얼.

보건복지부 · 아동권리보장원(2025). 아동정책영향평가 매뉴얼.

보건복지부 · 통계청(2023). 가계금융복지조사.

성영혜 · 김연진(1994). 아동복지. 서울: 동문사.

세이브더칠드런 코리아(2020). 조손가족 실태조사 연구보고서.

송은철(2020). 보육 서비스 질적 제고를 위한 정책개선 방안 연구. 광주대학교 박사학위 논문.

송정애(2013). 아동복지론. 경기: 양서원.

송정애(2015). 아동복지론: 이해와 실천. 경기: 양서원.

아동권리보장원(2022). 대한민국 아동권리 100년사.

아동권리보장원(2023). 가정위탁지원센터 업무 매뉴얼.

아동권리보장원(2023). 함께 만드는 어린이 존중용어 사전.

아동권리보장원(n.d.). https://www.ncrc.or.kr/

아동권리보장원(n.d.). 아동권리보장원 소개. https://www.ncrc.or.kr/ncrc/

아동권리보장원(n.d.). 아동권리역사관. https://lib.ncrc.or.kr/user/page/conts1_3.do

아동권리보장원(n.d.). 아동정책영향평가. https://child.ncrc.or.kr/

아동권리보장원(n.d.). 아동학대 개입절차. https://www.ncrc.or.kr/ncrc/cm/cntnts/cntntsView.do?mi=1030&cntntsId=1033

아동권리보장원(n.d.). 아동학대 유형 및 징후. https://www.ncrc.or.kr/ncrc/cm/cntnts/cntntsView.do?mi=1030&cntntsId=1029

아동권리보장원(n.d.). 유엔아동권리협약(UNCRC). https://www.ncrc.or.kr/uncrc_child/index.

html#page=1
안수경(2003). 영유아기 장애아동 통합교육의 효과 및 부모 인식 연구. 유아교육연구, 23(4), 123-139.
안수경(2003). 장애영유아 교육 내실화를 위한 기관연계 방안. 국립특수교육원 특수교육정책 포럼.
안재진(2002). 아동학대 신고 의도에 영향을 미치는 요인. 서울대학교 석사학위논문.
안재진(2015). TV드라마에 나타난 입양인의 이미지에 대한 연구. 인간발달연구, 22(1), 55-75.
양진희(2011). 국내 입양유아 가정의 사례를 본 성공적인 국내 입양 활성화 방안에 관한 연구. 한국유아교육학회, 31(2), 29-56.
어윤빌렉(2015). 몽골 빈곤 아동복지 서비스의 문제점과 개선 방안 연구. 개신대학교 대학원 석사학위논문.
여성가족부(2006). 새싹플랜 제1차 중장기 보육계획(2006～2010).
여성가족부(2010). 2010년 조손가족 실태조사.
여성가족부(2021). 2021년 전국 다문화가족 실태조사.
여성가족부(2021). 2021년 한부모가족 실태조사.
여성가족부(2022). 2021년 전국 다문화가족 실태조사 보고서.
여성가족부(2023). 2023년 조손가족 실태조사.
여성가족부(2024). 2024년 한부모가족 실태조사.
여성가족부(2024). 2024년 한부모가족지원사업 안내.
오정수 · 정익중(2011). 아동복지론. 서울: 학지사.
유니세프 한국위원회(n.d.). https://www.unicef.or.kr/
육아종합지원센터(n.d.). https://central.childcare.go.kr
이명진 · 최문경 · 조주연(2007). 부모의 아동학대가 청소년 비행에 미치는 영향. 사회연구, 8(2), 9-42.
이봉주 · 김세원(2014). 아동학대가 아동 · 청소년 발달에 미치는 영향에 대한 종단적 연구. 아동과 권리, 18(2), 163-195.
이상정 · 이주연 · 전진아 · 김수진 · 임성은 · 신영규 · 류정희 · 하태정 · 권영지 · 김시아 · 김지현 · 유민상(2023). 2023 아동종합실태조사. 보건복지부 · 한국보건사회연구원.
이선애 · 현정희 · 표정민 · 박은지(2022). 아동권리와 복지. 서울: 정민사.
이선애 · 현정희 · 표정민 · 박은지(2022). 장애아동의 정의와 지원 방안 연구. 한국유아교육학회지, 26(3), 45-67.

이완정 · 권혜진 · 양성은(2009). 아동빈곤. 한국아동학회지, 30(6), 337-347.

이욱(2008). OECD 영유아 교육 · 보육정책 II .육아정책개발센터.

이재연 · 황옥경 · 강현아 · 서영숙 · 이완정 · 구은미 · 정선아(2019). 아동권리와 복지. 서울: 창지사.

이정림 · 최효미 · 정주영 · 오유정 · 이정아(2014). 3-5세 누리과정 유아관찰척도를 활용한 누리과정 효과 분석 연구. 서울: 육아정책연구소.

이주연 · 이상정 · 임성은 · 조정우 · 김희진(2023). 보호대상아동의 가정보호 활성화 연구. 세종: 한국보건사회연구원.

이주연 · 한선희 · 박세경 · 손여옥 · 서영민(2024). 해외 아동학대 대응체계 탐색 연구. 보건복지부 · 한국보건사회연구원.

이철수(2009). 사회복지학사전. 경기: 혜민북스.

이한우 · 정정란(2013). 아동복지론. 경기: 양서원.

이현주(2022). 북한이탈주민 가족의 생애주기별 복지욕구 분석. 복지정책연구, 28(1), 55-78.

이혜영 · 이혜원(2011). 위탁부모의 양육태도와 위탁아동의 심리사회적 적응이 가정위탁보호 지속에 미치는 영향. 학교사회복지학회, 20, 151-174.

이혜원(2007). 아동권리와 아동복지. 서울: 집문당.

임신육아종합포털 아이사랑. https://www.childcare.go.kr

장용환 · 송지혜(2011). 아동기의 학대경험이 청소년 자아존중감 및 자살생각에 미치는 영향. 정책과학연구, 20(2), 80-104.

장인협 · 오정수(2000). 아동 · 청소년복지론. 서울: 서울대학교출판부.

장인협 · 이혜경 · 오정수(2007). 사회복지학. 서울: 서울대학교 출판부.

장정은 · 전종설(2019). 가정위탁의 시작에서 종결까지: 일반가정위탁모의 장 · 단기 사례비교를 중심으로. 한국가족복지학회, 65, 67-102.

정옥분 · 정순화 · 손화희 · 김경운(2022). 아동권리와 복지. 서울: 학지사.

정익중 · 박현선 · 구인회(2006). 피학대아동이 비행에 이르는 발달경로. 한국사회복지학, 58(3), 223-244.

정익중 · 오정수(2023). 아동복지론. 서울: 학지사.

조광순(2004). 장애아동 조기 발견 및 서비스 체제의 개선 방안. 유아특수교육연구, 4(2), 71-112.

조광순(2004). 장애아동 조기 발견과 서비스 통합체계 구축 방안. 한국특수교육학회지, 6(1), 45-62.

조덕상 · 한정민(2024). 여성의 경력단절 우려와 출산율 감소. KDI FOCUS, 2024(132). 1-12.

조소연 · 김시아 · 이미라(2025). 아동 · 청소년 · 가족 공공 전달체계 국제비교. 한국아동복지학회.

조형숙 · 백소영 · 이수민 · 이은형(2022). 아동권리와 복지. 경기: 정민사.

주정일 · 이소희(2003). 아동복지실천론. 경기: 교문사.

주정현(2017). 빈곤이 아동에게 미치는 영향과 빈곤아동 복지 서비스 방안. 한국복지실천학회, 8(1), 107-129.

찾기 쉬운 생활법령 정보(2025). 한부모가족 지원 관련 법령 및 서비스 안내. https://www.easylaw.go.kr

최유정 · 홍나미 · 정익중(2024). 공개 입양 결정 이후 입양부모의 경험에 관한 질적사례연구. 한국사회복지학, 76(1), 341-367.

최은영(2019). 한부모 및 재혼 가정 부모교육 활성화 방안. 육아정책연구소.

최은주(2022). 북한이탈주민 여성과 고령층을 위한 취업지원 프로그램 개선 방안. 사회복지실천연구, 30(3), 35-60.

통계청(n.d.). https://kostat.go.kr

통계청(2019). 2018 인구주택총조사.

통계청(2022). 아동 · 청소년의 삶의 질.

통계청(2022). 인구주택총조사.

통계청(2024). 한국의 SDG(지속가능발전목표) 이행보고서 2024.

통계청(2025). 인구총조사. https://kostat.go.kr/ansk

통계청(각 연도). 가계금융복지조사 원자료.

통일부(2023). 북한이탈주민 사회통합 지원 정책 보고서.

표갑수(2002). 아동복지론. 서울: 나남출판.

표준국어대사전(n.d.). https://stdict.korean.go.kr/main/main.do

한국 아동권리학회(n.d.). http://www.kccr.or.kr/

한국방정환재단(n.d.). https://children365.or.kr/

한국방정환재단(n.d.). 국내어린이선언. https://children365.or.kr/

한국보건사회연구원(2023). 2022년 빈곤통계연보.

한국보육진흥원(n.d.). www.kcpi.or.kr

한국아동권리학회(2015). 아동복지 현장에서의 아동권리 레토릭. 서울: 교육과학사.

한국장애인개발원(2023). 2022년 장애아동 실태조사 보고서. 한국장애인개발원.

한국장애인개발원(2023). 2023 장애통계연보. 한국장애인개발원.

한미현 · 문혁준 · 강희경 · 공인숙 · 김사희 · 안선희 · 안효진 · 양성은 · 이경열 · 이경옥 · 이진숙 · 천희영(2007). **아동복지**. 서울: 창지사.

한미현 · 문혁준 · 강희경 · 공인숙 · 박보경 · 안선희 · 안효진 · 양성은 · 이경열 · 이경옥 · 이진숙 · 천희영 · 조한숙(2022). **아동권리와 복지(제2판)**. 서울: 창지사.

허민숙(2020). 지속가능한 자립: 자립지원전담기관 운영실태와 개선과제. 국회입법조사처.

허선(2016). 아동빈곤의 현황과 정책과제: 기초보장 사각지대 빈곤아동을 중심으로. **보건복지포럼**, 234, 19-30.

헤럴드경제(2024. 2. 24.). 해외입양 중 미혼모 비중 99 %…우리금융, 여가부 · 천주교 손 잡고 나선다[0.7의 경고, 함께돌봄 2024], https://news.heraldcorp.com/view.php?ud=20240223050682.

황옥경(2016). 엔아동권리위원회의 권고와 아동권리협약 이행분석, **아동과권리**, 20(4), 609-631.

황옥경(2017). 아동권리의 헌법 명시. **아동과 권리**, 21(4), 479–496.

황해익 · 남미경 · 서보순 · 김병만(2016). **아동권리와 복지**. 경기: 정민사.

Adamec, C. A., & Pierce, W. L. (2000). *The encyclopedia of adoption*. NY:Facts on file, Inc.

Akin, R. A. (2010). *Predentors of Foster Care Exits to Permanency: A Competing Risks Analysis of Reunification, Guardianship, and Adoption*. University of Kasas.

Ariès, P. (2003). **아동의 탄생**(문지영 역). 새물결. (원서 출판 1973년)

Berrick, J. D., Barth, R. P., & Needell, B., (1994). A comparison of kinship foster homesand foster family homes: Implications for kinship foster care as family preservation, *Children and Youth Services Review*, *16*(1-2), 33-63.

Bordo, S. (2005). Adoption. *Hypatia*, *20*(1), 230-236.

Browne, K. (1995). Preventing child maltreatment through community nursing. *Journal of Advanced Nursing*, *21*(1), 57-63.

Children's Defense Fund. (1993). *Family support*(CDF report 15).

Cole, E. S., & Donley, K. S. (1990). History, values, and placement policy issues in adoption. In D. M. Brodzinsky & M. D. Schechter (Eds.), *The psychology of adoption*. NY: Oxford University Press.

Downs, S, E., Emestine Moore, E. J. M., & Costin, L. B. (2004). *Child welfare and family services*(7th ed.). Boston: Allyn and Bacon.

Downs, S. W., Moore, E., Mcfadden, E. J., & Costin, L. B.(2007). *Child welfare and family services: polices and practice*(8th ed.). Boston: Allyn & Bacon.

Heckman, J. (2006). *The economics of investing in early childhood.* Presentation given at the Niftey conference. University of New South Wales, Sydney, 8 February 2006.

Kadushin, A. (1988). *Child welfare services* (4th ed.). NY: Mcmillan.

Kempe, C. H., Silverman, F. N., Steele, B. F., Droegemueller, W., & Silver, H. K. (1962). The battered-child syndrome. *Jama, 181*(1), 17-24.

Kosher, H., Ben-Arieh, A., & Hendelsman, Y. (2016). *Children's rights and social work.* Cham, Switzerland: Springer.

Munujin, A., & Nandy, S. (Eds.) (2012). *Global child poverty and well being: Measurement, concepts, policy and action.* UK: University of Bristol.

Pecora, P. J., Whittaker, J. K., Barth, R. P., Borja, S., & Vesneski, W. (2018). *The child welfare challenge: Policy, practice, and research.* Routledge.

Pecora, P., Whiittaker, K., Maluccio, A. N., & Bath, R. P. (2000). *The child welfare challenge, policy, practice, and reseach* (2nd ed.) NY: Walter de Gruyter.

Petr, C. G. (2003). *Social work with children and their families: Pragmatic foundations.* Oxford university press.

Pollite, E., Scemantri, A. G., Yunis, F., & Scrimshaw, N. S. (1985). Congitive effects of iron deficiency anemia. *The Lancet, 325*, 158-159.

Roosa, M. W., Deng, S., Nair, R. L., Lockhart, B. G. (2005). Measures for studying poverty in family and child research. *Journal of Marriage and Family, 67*(4), 971-988.

Saleebey, D. (2012). The strengths perspective. In E. J. Mullen (Ed.), *The profession of social work* (pp. 163–189). Oxford University Press.

Shireman, J. (2023). *Critical issues in child welfare.* NY: Columbia Univeristy.

Tobin, J. (2013). Justifying children's rights. *International Journal of Children's Rights, 21*(3), 395–441.

UNICEF Innocenti – Global Office of Research and Foresight. (2024). *Young visionaries: Child rights youth foresight report 2024.* UNICEF Innocenti. https://q3t.ncrc.or.kr/ncrc/na/ntt/selectNttInfo.do?mi=1368&bbsId=1062&nttSn=7998&cataGori=all&tabName=all

UNICEF(2012). 2012 세계아동현황보고서. 서울: 유니세프한국위원회.

United Nations Treaty Collection. (n.d.). *Convention on the Rights of the Child: Status of treaties.* https://treaties.un.org/Pages/ViewDetails.aspx?src=IND&mtdsg_no=IV-11&chap-

ter=4

United Nations. (2000). *Optional Protocol to the Convention on the Rights of the Child on the involvement of children in armed conflict.* https://treaties.un.org/pages/ViewDetails.aspx?src=TREATY&mtdsg_no=IV-11-b&chapter=4

United Nations. (2000). *Optional Protocol to the Convention on the Rights of the Child on the sale of children, child prostitution and child pornography.* https://treaties.un.org/pages/ViewDetails.aspx?src=TREATY&mtdsg_no=IV-11-c&chapter=4

United Nations. (2011). *Optional Protocol to the Convention on the Rights of the Child on a communications procedure.* https://treaties.un.org/pages/ViewDetails.aspx?src=TREATY&mtdsg_no=IV-11-d&chapter=4

저자소개

윤경미 서원대학교 유아교육과 교수

김시아 서울장신대학교 사회복지학과 객원교수

오새니 유한대학교 사회서비스학과 아동보육전공 교수

이혜정 백석문화대학교 유아교육과 교수

정희윤 동남보건대학교 · 수원여자대학교 유아교육과 겸임조교수

조소연 숭실대학교 사회복지대학원 겸임교수

조안나 강남대학교 유아교육과 교수

홍은숙 신안산대학교 아동보육과 조교수

아동권리와 복지

초 판 1쇄 인쇄 2026년 1월 30일
초 판 1쇄 발행 2026년 2월 6일

지 은 이 | 윤경미 · 김시아 · 오새니 · 이혜정 · 정희윤 · 조소연 · 조안나 · 홍은숙
펴 낸 이 | 김기섭
편 집 인 | 이혜란
펴 낸 곳 | 창지사 www.changjisa.com
08589 서울시 금천구 가산디지털 1로 83 파트너스타워 1차 9층
전화 (02)719-2211~3
팩스 (02)701-9386
등 록 | 1977년 4월 28일 · 제1-421호

ISBN 978-89-426-1892-7 (93370)

값 27,000원